소매상을 복구하라

· 리테일 아포칼립스 탈출을 위한 소매상 혁명 ·

RETAIL RECOVERY

소매상을 복구하라

· 리테일 아포칼립스 탈출을 위한 소매상 혁명 ·

마크 필킹턴 지음 | 이선애 옮김

동아엠앤비

들어가며

2020년 3월 23일, 영국 정부는 연초부터 전 세계를 휩쓴 신종 전염병인 코로나바이러스-19, 즉 코로나19의 위협에 대응하여 필수 소비재를 취급하는 업체 이외의 모든 점포를 일괄적으로 폐쇄한다고 발표했다. 미국은 연방 차원의 봉쇄령을 내리지는 않았지만 3월 중순부터 뉴욕, 뉴저지, 캘리포니아 등 주요 주에서 봉쇄령을 내리기 시작했다. 이러한 움직임은 어느 정도는 예상된 결과였다. 코로나19로 인한 감염자와 사망자 수가 봉쇄령을 내리기 전 몇 주 동안 급격히 증가했으며 중국, 이탈리아, 스페인과 같은 국가들은 이미 경제를 폐쇄하기 시작했기 때문이었다.

이러한 발표는 영국과 미국의 주요 소매금융 그룹 경영진에게 큰 충격을 안겼다. 막스 앤 스펜서, 존 루이스 앤 파트너스, 월마트 및 타깃과 같이 식품 사업을 영위하는 일부 업체는 어느 정도 보호를 받을 수 있겠지만, 비필수 범주에 속하는 소매업체는 치명적인 매출 손실에 직면하게 되었던 것이다.

코로나19 사태는 온라인 서비스 준비도 측면에서도 선도 기업과 후발 기업을 갈라놓았다. 선견지명을 가지고 온라인 비즈니스에 어느 정도 준비를 마쳤던 유통 업체의 경우, 온라인 쇼핑 사업부에서 발생하는 수익 덕분에 전면적인 타격은 면할 수 있었다. 예를 들어 영국의 패션 업체인 넥스트는 지난 20년 동안 온라인 매출을 전체 사업의 50%까지 확대했으며, 방역을 위해 창고를 일시적으로 폐쇄하고 나서는 영업을 재개할 수 있었다.[1] 그러나 패스트 패션 그룹인 프리마크처럼 인터넷을 거부한 기업은 매장이 폐쇄되면서 매출이 일절 발생하지 않는 암담한 상황에 직면하게 되었다.[2]

영국과 미국에서 감염을 우려하는 사람들이 집에 틀어박혀 있었을 때, 그들은 식량 조달이라는 걱정거리에 직면하게 되었다. 당장은 신선 식품을 조달할 수 있을 것 같기는 했지만 코로나 사태가 얼마나 오래 지속될지 아무도 몰랐기 때문에 공포에 질린 사람들이 화장지, 표백제와 같은 필수품을 비롯하여 치약이나 밀가루, 쌀, 파스타처럼 오래 보관할 수 있는 식품들을 사재기하면서 재고가 바닥나 버렸다.

초기에는 식품 공급 업체와 유통 업체가 본업을 지속하면서(비록 사람들의 관심사는 아니었지만) 사람들의 생계를 유지하는 임무를 훌륭히 수행해 냈지만 이후 몇 주 동안 일일 사망자 수가 수천 명으로 폭증하자 사람들은 상점에 가는 것 자체를 불안해하기 시작했다. 많은 소비자들은 온라인 구매로 눈을 돌렸고, 취약 계층들은 이웃이나 지역 상점이 따로 방문해서 도움의 손길을 내밀어 주어야만 했다.

온라인의 부상

기존 유통 업체들이 남긴 공백은 온라인 업체들이 시장에 진출하면서 메울 수 있었다. 초기에는 주문량이 폭증하면서 홈페이지가 매끄럽게 운영되지 못하는 등 시행착오를 겪었지만, 온라인 업체들은 서버 용량을 늘리면서 이에 빠르게 대응했고, 점점 더 많은 소비자들이 아마존 프레시, 인스타카트, 테스코, 오카도 등이 제공하는 배송 서비스를 이용하게 되었다.

식료품은 원래 다른 영역보다 온라인 전환이 늦은 산업이었다. 시장 리서치 기관인 민텔의 조사에 따르면, 코로나 사태 이전인 2018년에 영국 식료품 온라인 판매 비중은 7% 수준에 불과한 반면, 전체 소매 판매 중 전자상거래 비중은 18%로 식료품의 두 배이상이었다.[3] 가장 큰 걸림돌은 배송 비용이었다. 식료품은 마진이 낮으면서 배송 비용은 높은 사업이었다. 그러나 팬데믹 상황이 되자 고객들은 기꺼이 배송 비용을 부담하게 되었고, 2020년 6월에 이르러서는 영국 전체 식료품 판매 중 온라인 판매 비중은 13%까지 상승했다. 이는 3월의 7.4% 대비 큰 폭으로 상승한 수치이다. 이러한 현상은 미국에서도 마찬가지로 RBC 캐피털 마켓의 조사에 따르면 일주일에 한 번 이상 온라인에서 식료품을 구매하는 미국인의 비율은 2018년의 22%에서 2020년 4월 7일 기준 42%로 크게 뛰어올랐다.[4]

비식료품 분야에서는 온라인으로의 전환 현상이 더욱 두드러졌다. 한 예로, 패션 분야에서는 대부분의 오프라인 경쟁 업체들이 완전히 영업을 중단해야 했기 때문에 이커머스 업체들의 시장 점유율이 거의 3배나 증가했다.[5] 2020년 6월 말 기준 영국 전체의 온라인 분기 매출은 전년 대비 56% 증가했다.[6] 이에 따라 온라인 점유율은 2019년 4월 18%에서 2020년 6월경 거의 3분의 1 수준까지 상승했다. 많은 소비자가 배송 서비스의 편리함에 익숙해지면서 새로운 소비 행태가 고착화된 것이다.

2020년 여름에 비정상적인 무더위가 이어지는 중 사람들이 더위에 시달리면서도 집에서 나오지 않자 시내 중심가와 쇼핑몰에서는 상황의 심각성을 보여 주는 실적이 나오기 시작했다.

소매 기업이 입은 피해

영국 소매 판매는 2020년 3월에 전년 대비 4% 감소하였으며, 초기 록다운의 여파가 절정에 달했던 4월에는 18%나 감소했다.[7] 마찬가지로 미국에서도 소매업 판매액은 2020년 3월에 4%, 4월에 20% 감소했다. 의류 업체의 상황은 더욱 암울했다.[8] 영국 내 의류 판매는 3월에 35%, 4월에는 69%까지 감소했다.[9]

그 결과 데번햄스, 오아시스, 웨어하우스, L.K.베넷, 로라 애슐리 및 캐스키드슨 등의 영국 소매업체들이 파산하고 있다는 참담한 소식이 하나둘씩 전해졌다.[10] 마찬가지로 미국에서도 니만 마커스, 제이 크루, 로드 앤 테일러나 JC페니 같은 대기업 그룹이 챕터 11(편집자 주: 미국 연방파산법의 기업회생절차)에 따라 파산 보호를 신청했다.[11]

영국의 아카디아 그룹(필립 그린 경이 소유한 탑숍, 도로시 퍼킨스, 버튼 등 최신 유행 브랜드의 모회사)과 같은 대기업도 벼랑 끝에서 흔들리고 있는 것으로 보인다(2020년 11월 말에 아카디아 그룹도 법정 관리에 들어가게 되었다). 과거에 탄탄한 실적을 냈던 소매업체들도 예외는 아니다. 예를 들어 L 브랜즈가 시카모어 인베스트먼트에 빅토리아 시크릿을 매각하려고 진행 중이던 협상은 취소되었고, 경영자인 존 루이스는 초기 록다운이 끝난 후에도 매장을 다시 운영하지 않을 가능성이 높다고 발표했다.[12] 알바레즈 앤 마샬의 연구 결과에 따르면 비식품 소매업체는 2020년 연간 매출이 전년 대비 17% 감소할 가능성이 높으며, 매출 규모로는 370억 파운드 이상의 손실이 예상된다고 한다.[13]

브랜드와 상업용 부동산 업체에 미친 영향

피해를 입은 것은 소매업체뿐만이 아니었다. 브랜드 공급자, 제조업체 및 마케팅 대행사와 같이 소매 비즈니스에 의존하는 산업이 여럿 있었고 많은 기업들이 심각한 영향을 받았다.

그리고 이 밸류체인(편집자 주: 제품이나 서비스의 창출 및 관리를 수행하는 기업 소속 직원의 그룹, 가치 사슬)의 이면에는 쇼핑몰과 쇼핑센터와 같이 수조 달러에 달하는 자산을 소유하고 있는 상업용 부동산 산업이 존재하고 있다. 소매업체들이 문을 닫게 되면 임대료 수익이 사라지게 되고, 임대료 수익이 사라지게 되면 상업용 부동산 기업들 또한 물을 잃은 물고기 마냥 숨을 헐떡이는 신세가 되고 만다.

영국의 트래포드 센터와 레이크사이드 쇼핑몰을 소유하고 있는 기업인 인투는 2020년 6월에 파산을 선언했고, 사이먼 프로퍼티스 그룹이나 세리티지 그로스 프로퍼티와 같은 미국의 거대 기업

들도 기업 가치가 최고가 대비 80% 하락했다.[14]

코로나19로 인한 위기는 수년간의 쇠퇴로 이미 심하게 약화되어 있던 소매 산업을 강타했다. 지난 10년 동안 전자상거래의 부상, 통신 혁명, 세대 변화, 비용 증가 압력, 불공정한 세금 시스템, 보호무역주의 정책, 사모펀드 경영권 인수 등의 요인들이 치명적인 연쇄 효과를 일으키며 소매 산업을 잠식해 들어갔다. 1장에서 이러한 요인들에 대해 더 상세히 살펴보겠지만, 이러한 위협 요인들로 인해 이미 산업 내의 많은 기업들이 문을 닫게 되었고 코로나 위기가 닥치면서 생존 경쟁에서 그나마 승리한 업체들마저 더 취약한 상황에 놓이게 되었다는 주장에는 복잡한 논거가 필요하지 않다. 많은 소매업체들은 록다운이 종료된 이후에도 영업을 재개하지 못하리라 여겨진다.

불안한 회복

록다운이 종료된다고 해도 소매 산업이 즉시 회복되기는 어려울 것이라는 전망에는 몇 가지 근거가 있다. 첫째로 경제가 재개되는 범위가 부분적일 것이고, 영국이나 일부 유럽 국가, 미국에서 2020년 가을부터 2021년에 이르는 기간 동안 그러했듯이 변이 바이러스의 유행이 진행되거나 하면 다시 록다운이 시행될 수도 있기 때문이다.

2020년 11월에 몇 군데의 글로벌 제약사에서 백신을 개발했다는 희망적인 소식이 전해졌지만 소매 산업이나 요식업, 숙박업과 같은 다른 산업에 드리워진 불확실성은 걷히지 않았다. 백신의 보급

속도나 접종률, 그리고 백신으로 형성된 면역이 새로운 변이에도 효과적일지 등에 대한 의문이 남아 있었기 때문이다.

둘째, 소비자 신뢰 지수와 소비 여력은 여전히 약세를 지속할 것으로 예상되었기 때문이다. 정부에서 충분한 지원금을 국민들에게 지급했음에도 불구하고 영국 실업자 수는 25% 이상 증가했고 2020년 9월 기준으로는 실업률이 거의 5%에 도달했다. 같은 해 11월에는 일시 휴직 상태인 근로자 수가 960만 명에 달했다.[15] 2020년 3월 4.4%였던 미국의 실업률은 11월에는 거의 7.0% 수준으로 상승하면서 실업률을 집계하기 시작한 이래 가장 빠른 상승세를 보여주었다.[16]

셋째로 코로나19가 발생하기 이전에도 글로벌 경제는 이미 느슨한 재정 정책과 제로에 가까운 금리로 10년 사이클의 정점에서 불안정한 균형을 간신히 유지하고 있었으며, 많은 전문가들은 경제에 어떠한 충격이 가해지게 되면 경기 사이클이 장기 침체 국면으로 전환될 것이라고 예견했다.[17] 아마도 인류 역사상 가장 큰 충격일 것으로 생각되는 코로나 팬데믹 변수를 감안하면 글로벌 경기 침체 리스크는 여전히 높은 상황이다.

소매 산업의 위기는 경제와 사회 모두에 극도로 부정적인 변수이다. 2019년 기준으로 소매 산업은 영국과 미국에서 민간 고용을 가장 많이 창출하는 주체였다. 영국에서는 공급 업체, 브랜드, 서비스 제공 업체 및 상업용 부동산 업체 등 소매 산업에 의존하는 다른 산업을 모두 포함하면 전체 민간 부문 고용의 약 4분의 1을 차지했다.[18]

미국에서는 소매 산업의 고용 창출력이 직간접적으로 4,200만 명 또는 전체 민간 부문 고용의 약 3분의 1을 차지하고 있었기 때문에 경제에서 훨씬 더 중요한 의미를 지니고 있었다. 따라서 코로나 위기가 주요 산업에 매우 심각한 타격을 주었다고 해도 과언이 아니다.[19]

대전환의 기회

코로나 사태는 소매 산업과 경제 전반에 분명히 부정적인 영향을 미쳤지만 브랜드, 소매업체 및 부동산 업체들이 자신들의 전략을 전면 검토하지 않을 수 없는 '버닝 플랫폼(역자 주: 큰 위험을 감수하고 변화를 모색할 수밖에 없는 상황)' 환경이 형성되었다는 점은 더 중요하다. 기업이 당면하고 있는 핵심 전략 과제들을 간과하고 경영진의 시야를 가렸던 안일함이 모두 걷혀지면서 업계 전체가 대전환을 할 계기가 생긴 것이다. 뒤에서 다시 고찰해 보겠지만, 이 고통스러운 기간 동안에 산업 혁명이 처음으로 시작된 이후 촉발되어 온 변혁 중 가장 거대한 변화가 시작되었다.

이러한 어려운 변화를 겪으면서 눈에는 보이지 않지만 실제로는 매우 의미 있는 소매 산업 부흥을 위한 토대가 마련되고 있었다. 어디를 보더라도 우리는 코로나19의 여파로 오래된 질서의 잔해에서 새로운 회복의 싹이 움트고 있는 것을 볼 수 있다. 새로운 브랜드, 가치를 제공하는 새로운 방법, 소비자를 끌어들이고 경제를 다시 오픈하기 위한 열정을 형성하는 새로운 방법 등과 같은 새싹이 고개를 들고 있는 것이다.

지치지 않는 열정으로 아이디어를 발전시켜 준

에이전트 앤드류 헤이워드와

이 작업이 가진 가능성을 믿어 준

블룸스버리 비즈니스 출판사의 발행인

이안 홀스워스에게 감사드린다.

그리고 이 책을 집필할 때

사랑과 지지를 아끼지 않은 나의 가족에게도

감사의 마음을 전하고 싶다.

목차

2부 소매의 회복

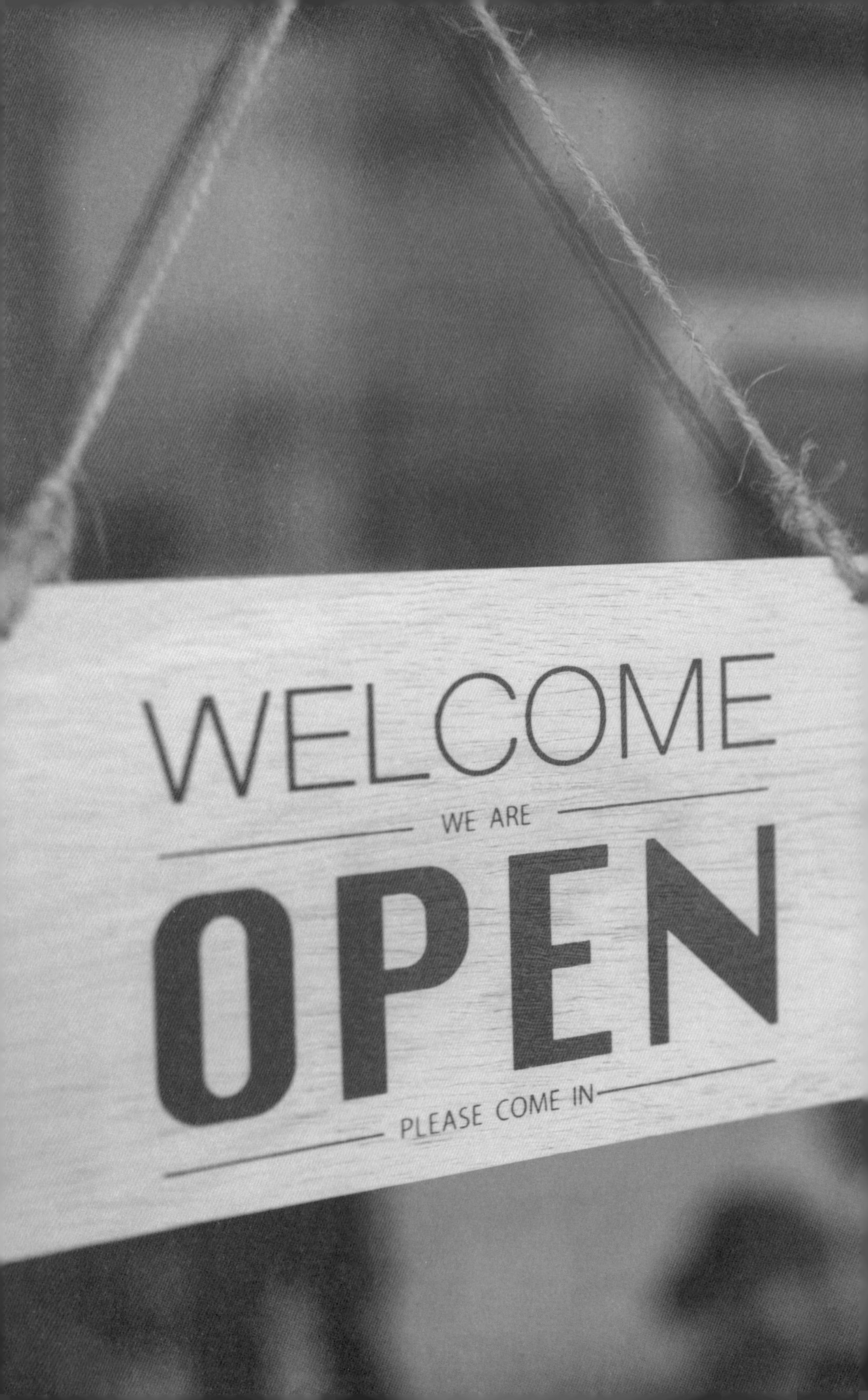
WELCOME
WE ARE
OPEN
PLEASE COME IN

1부

소매 아포칼립스,
그 근원은

1장
예견된 위기
-오랜 시간 배양되어 온 원인들

코로나19가 불러온 2020년의 위기는 이미 수년간 쇠퇴되면서 약해진 소매 산업을 강타했다. 예전에는 안정적이라고 여겨졌던 소매 산업은 2015년 이후 여러 기업의 파산, 매장 폐쇄 및 구조 조정으로 타격을 받았다.

영국에서는 데번헴스, 하우스 오브 프레이저, 마더케어나 BHS와 같은 거대 소매 기업이 파산했고, 미국에서는 시어스, 케이마트, 토이저러스, 바니스, 클레어스, 에어로포스테일 등의 브랜드가 무너졌다.[1] 많은 상점들이 문을 닫았으며 쇼핑몰과 번화가의 절반은 공실 상태가 되었다. 상황의 심각성을 반영하듯, 전문가들은 이런 현상을 '리테일 아포칼립스(오프라인 소매업의 종말)'라고 불렀다.

왜 이런 상황이 벌어졌는지 이해하기 위해서는 당시 업계에 영향을 미치고 있던 장기적인 변화를 살펴볼 필요가 있다. 주요 원인은 다음의 세 가지로 나눌 수 있다. 첫째는 기술 혁신을 통한 공급망의 변화, 둘째는 세대 간 불평등 심화로 인한 수요 측면에서의 변화, 셋째는 비용 압박, 불공정한 세금 정책과 경영권 문제를 포함하여 소매 산업에 영향을 미치는 기타 요인이 되겠다.

공급망의 변화

우리 모두에게 친숙한 전통적인 공급망은 산업 혁명 시대 이후 존속해 왔다. 18세기 중반 시작된 산업 혁명으로 인해 수동 생산 방식이 기계 생산으로 전환되며 생산량이 크게 증가했다. 생산된 제품을 소비자에게 전달하기 위해서는 대량 유통 시스템이 필요하게 되었는데 '공급망'으로 통칭되는 이 시스템은 다음과 같은 네 단계로 구성되어 있다.

공장 → 브랜드 → 점포 → 소비자

공장은 낮은 비용으로 많은 양의 제품을 생산했다. 브랜드 업체는 제품을 브랜딩한 후 소비자 수요를 창출하기 위해 마케팅에 어마어마한 자금을 쏟아 부었으며, 영업 인력을 고용하여 제품을 소매업체에 판매했다. 소매업체는 소비자들의 주거 지역 인근에 상점을 내고 직원을 통해 최종 소비자에게 제품을 판매했다. 이 가치 사슬에서 소비자들은 매장을 방문하고 제품을 구매하여 집으로 가져가는 역할을 담당했다. 제품과 상품이 이 공급망을 따라 이동하면서 비용이 발생하게 되었다. 제조에 사용되는 원가 자체는 상당히 낮았지만 공급 사슬 내에 속한 구성원들이 조금씩 자신의 이

윤을 더하면서 제품이 소비자에게 다다를 때 즈음의 가격은 원가의 7배에서 8배 정도 높게 책정되었다.

정보 또한 공급망을 따라 흘러갔다. 소비자가 제품에 대해 인지하고 있는 정보의 약 90%는 광고, PR, 매장의 판매 직원들을 통해 브랜드 업체나 소매업체에서 얻은 것이다. 전체적인 사슬을 움직이는 것은 규모의 경제였다. 공장, 브랜드, 광고, 판매 직원, 매장 등은 고가의 투자를 요했기 때문에 대기업만의 전유물이었다. 이는 브랜드나 소매 사업에 대한 진입 장벽으로 작용했으며, 결국 소수의 사업자가 산업을 수직적으로 통합하는 일종의 과점 상황이 형성되었다.

소비자들은 그 과정에서 상대적으로 수동적인 역할만을 수행했으며, 파블로프의 개와 같이 광고 메시지를 여과 없이 받아들이고 광고에서 시키는 대로 매장을 방문했다. 소비자들의 선택지는 자신이 거주하고 있는 지역 인근에 위치한 소수의 매장으로 사실상 제한되었다. 이 공급망 형태는 산업 혁명 이후 1990년대 후반까지 거의 200년 동안 유지되었다. 그러다 두 개의 충격파가 브랜드와 소매업체가 지배하고 있던 구태의연한 세계를 혼란에 빠뜨렸다. 바로 커뮤니케이션 혁명과 이커머스 혁명이었다.

온라인 상거래의 성장은 공급망의 매장 단계를 뛰어 넘고 제품에 대한 소비자의 접근성을 크게 향상시키면서 소매 산업에 대안을 제시했다. 이와 동시에 인터넷 검색, 소셜 미디어, 소비자 리뷰, 인플루언서 블로그의 발전 등을 포함하는 커뮤니케이션 혁명은 그간 정보를 독점하고 있던 브랜드의 영향력을 크게 약화시키면서,

소비자들에게 거의 완벽에 가까운 정보를 제공했다.

소비자가 인터넷 사이트를 통해서 공장에서 제품을 직접 구매하고 인터넷에서 제품에 대한 정보를 독자적으로 얻을 수 있게 되자 공급망의 환경은 크게 변화되어 가치 사슬이 다음과 같이 바뀌었다.

공장 → 인터넷 브랜드 → 소비자

소비자는 공장도가의 7배에서 8배를 지불하는 대신 훨씬 낮은 가격으로 제품을 살 수 있게 된 것이다. 유통 단계가 짧아지면서 소비자들이 잠재적으로 절감하게 되는 비용은 전 세계를 통틀어 15조 달러에 달하는 것으로 추산된다.

이러한 비용 절감은 매스미디어 마케팅 예산, B2B(기업 간) 영업 직원 인건비, 매장 구축 비용, 임대료, 전기료 및 매장 직원 인건비 등 눈에 보이는 부분에서만 국한되지 않았다. 재고 관리 또한 크게 바뀌었다. 공장에서 브랜드의 창고로, 브랜드 창고에서 소매업체 물류 센터로, 그 이후 각 매장으로 이어지던 긴 흐름에는 막대한 재고가 필요했기 때문에 큰 비용이 소요되었다. 이와는 달리 중앙에서 통합 관리되는 이커머스 물류 창고는 더 낮은 양의 재고로도 충분히 운영할 수 있다.

비용상의 이점 외에 새로운 방식으로 영업을 하게 되면서 효율성 측면에서도 장점이 발견되었다. 기존에는 전통 미디어에 광고를 실시할 때에 광고가 판매에 미치는 정확한 효과를 측정하기 어려웠다. 한 전문가는 "예산의 절반이 낭비되고 있다는 사실은 알고 있는데, 문제는 어느 쪽의 절반이 낭비인지 알 수가 없다는 것이다!"라고 한탄하기도 했다.

그에 반해 현대화된 웹 마케팅 기법은 훨씬 개인화되고 정확하다. 광고주들은 페이스북이나 인스타그램과 같은 소셜 미디어에서 고도로 타깃팅된 잠재 고객 리스트를 구할 수 있으며 구글 애드의 경우에는 소비자가 구글에서 특정 제품을 검색하면서 스스로 잠재 고객 리스트에 자신의 이름을 올려놓는다. 또한 퍼포먼스 마케터(역자 주: 집행한 광고/마케팅의 성과를 분석하고 그 효율을 최적화할 수 있는 전략을 기획하는 마케터)는 개별 소비자들의 참여 수준, 클릭율 및 판매 전환율을 분석하여 특정 광고가 이들 소비자에게 얼마나 성과를 내고 있는지를 추적할 수 있다. 전체 판매 현황과 마케팅 깔때기(역자 주: 매출이 어떤 경로로 발생하는지를 분석하는 이론)를 실시간으로 볼 수 있으므로 실적에 따라 광고를 도입하거나 교체, 또는 철회할 수 있다.

소비자가 홈페이지나 매장에 방문한 뒤의 행태에도 큰 차이점이 있다. 소비자가 오프라인 매장에 방문할 때는 제품이 어디에 있는지 잘 모를 때가 많다. 반면 웹 사이트에 가면 검색 엔진을 통해 사용자들이 제품을 직접 찾을 수 있다. 무엇보다 온라인에서는 결제가 훨씬 용이하다. 많은 사이트에서는 빠르고 사용하기 편한 간편 결제를 도입하고 있는데, 오프라인 매장에서 결제하기 위해서는 직원을 찾기도 힘들 뿐더러 오래 줄서서 기다려야 하는 번거로운 과정을 거쳐야 한다.

배송 문제도 빼놓을 수 없다. 복잡한 도로 사정, 대중교통, 주차 문제, 쇼핑 후 무거운 짐을 집으로 가지고 가야 하는 문제를 감안하면 오프라인 매장에 가는 것 자체가 어려운 일이다. 클릭 몇 번으로 물건을 구매하면 집 앞까지 제품이 배송되는 온라인 쇼핑의 간편함과 비교해 보라. 이렇듯, 단순히 '제품 구매' 과정만 놓고 오프라인 매장과 온라인 쇼핑몰이라는 두 채널을 대조해 보면 온라인 쪽이 여러 측면에서 우세하다.

앞서 언급한 과정상의 이슈 외에도 온라인이 오프라인에 비해 유리한 영역은 두 가지가 더 있다. 제품 선택과 고객 관계 관리다. 대형 오프라인 상점은 상당한 상품 구색을 갖춰 놓을 수 있지만 유형의 공간 제약이 있는 반면 온라인 웹 사이트는 매우 적은 비용으로 제품을 추가할 수 있으므로 '무한한 공간'을 활용할 수 있다. 한 예로 아마존에는 3억 5,000만 종류 이상의 제품이 판매되고 있지만 세계 최대 백화점인 메이시스 매장에 진열된 제품은 1999년 기준으로 420만 개에 불과했다.[2]

마지막으로, 온라인 상점은 오프라인 매장에 비해 훨씬 더 정교하게 고객 데이터를 수집하고 사용할 수 있다. 대부분의 오프라인 사업자는 개인으로서의 고객에 대해 잘 알 수가 없다. 이에 비해 온라인 사업자는 고객에 대한 거의 모든 정보를 알고 있다. 신규 고객인지 기존 고객인지, 고객의 인적 정보는 어떠한지, 어떤 제품을 선호하는지, 그 외에도 훨씬 많은 정보가 있다. 그리고 발전된 고객 관리 기법을 이 정보에 적용하여 효과적인 마케팅으로 소비자들에게 접근한다.

이러한 장점으로 무장한 온라인 기업들은 1990년대 후반에서 팬데믹 위기가 벌어지기까지 20년 동안 오프라인 소매업체로부터 꾸준히 시장 점유율을 잠식해 왔다. 오프라인 업체들도 문제가 임박해 있다는 위기감을 갖기는 했지만 대처는 다소 안일했다. 그 결과 2017년에는 아마존이 미국 온라인 시장의 43%를 차지한 반면, 1990년대에 시장을 독식하던 월마트나 베스트 바이, 메이시스 3개 사의 합산 시장 점유율은 12%에 불과했다.[3]

수요 측면에서의 변화

공급망의 변화에 더해, 수요 측면에서도 소매 산업을 점차 약화시키는 변화가 일어났다. 바로 세대 간 불평등 심화 현상이다. 역사적으로 보았을 때, 적어도 1950년대 이후로는 소매 산업 성장을 주도한 것은 젊은 세대였다. 10대와 20대들이 패션, 뷰티, 음악, 소비자 가전 등의 분야에서 트렌드를 이끌었다. 나이가 들어 결혼을 하고 아이를 낳게 되자 그들은 부동산을 사서 가구, 장식품, 아동복, 장난감 같은 물건들로 집을 채워 나갔다. 그러나 1990년대 중반 이후의 젊은 세대들은 경제적으로 점점 더 쪼들리게 되었기 때문에 예전처럼 쉽게 결혼하고, 가정을 꾸리고, 부동산을 구입할 여유가 없어졌다. 여기에는 여러 요인이 있다.

첫째, 실질 임금은 연방준비위원회와 다른 중앙은행의 저금리 통화 정책에 힘입어 지난 20년 동안 폭발적으로 상승한 자산 가격을 따라가지 못했다. 예를 들어, 잉글랜드와 웨일즈의 주택 가격 중간값은 1997년에서 2017년 사이 380% 상승한 반면 소득은 68%

상승하는 데 그쳤다.[4] 둘째, 긱 경제(역자 주: 기업이 정규직 고용을 줄이고 필요에 따라 임시 계약직을 늘리는 형태의 고용), 고용 안정성 저하, 낮은 연금 소득 등의 원인으로 고용 불안정성이 점점 더 높아졌다. 셋째, 등록금이 비싸지면서 많은 젊은이들이 학자금 대출을 갚는 데 어려움을 겪고 있다. 이러한 현상의 결과, 사회는 이제 심각한 세대 간 불평등 상황에 놓이게 되었다. 2018년 기준으로 45세 이상 인구가 영국 전체 부의 86%를 소유하고 있었고, 45세 미만은 14%에 그쳤다. 미국은 각각 89%와 11%로 나이 든 세대로의 부의 편중 현상이 더욱 심각했다.[5]

현금이 부족한 밀레니얼 세대는 결혼, 자녀, 주택 구입을 미루고 있다. 부모와 함께 거주하는 20대 영국인의 수가 1940년 이후 최고 수준을 기록하고 있다.[6] 나이 든 세대들은 패션과 뷰티 제품을 덜 소비하고, 이미 가구를 소유하고 있으므로 여행이나 헬스케어 등 다른 분야에 돈을 소비하는 경향이 있기 때문에 소매 산업에는 큰 보탬이 되지 않는 고객이다.[7] 젊은 세대들은 점점 얇아지는 지갑을 열 때면 값비싼 소매 브랜드 제품을 소비하는 대신, 가성비가 높은 새로운 세대의 온라인 브랜드로 눈을 돌린다.

이처럼 수요 측면의 문제와 공급 측면의 솔루션이 맞아 떨어지며 기존의 고비용 브랜드 및 소매 산업에 퍼펙트 스톰(역자 주: 다발성 악재로 인한 위기)을 불러왔고, 참담한 결과로 돌아왔다.

다른 요인들

앞서 서술한 주요 원인 외에도 팬데믹 위기 이전 5년 동안에 걸쳐 소매 산업을 약화시킨 요인으로 두 가지를 더 볼 수 있다.

첫 번째는 정부 정책에 따라 직간접적으로 부과되는 비용 증가로 인한 부담이다. 영국에서는 국민 생활 임금(역자 주: 법정 최저 임금을 대체하는 영국의 복지 제도로서, 물가를 반영하여 근로자와 그 가족이 기본 생활을 영위할 수 있도록 지급하는 임금 개념) 적용, 견습세(역자 주: 2017년부터 영국 정부가 청년의 일자리 창출을 위하여 연간 임금 총액이 300만 파운드를 넘는 기업으로부터 임금 총액의 0.5%를 부과하는 세금) 부과, 사업세율 인상 등의 정부 정책이 소매 산업에 큰 타격을 주었다. 그 뿐 아니라 2016년 6월에 실시된 국민 투표에서 브렉시트(영국의 EU 탈퇴)안이 통과됨에 따라 파운드화 가치가 하락하면서 제품 소싱 비용이 증가했다.[8]

미국은 이민 제한으로 실질 임금이 상승했고 중국산 제품에 대한 관세가 인상되면서 판매 원가도 상승했다. 게다가 소매업체들은 주세와 지방세를 모두 부담해야 했지만, 온라인 경쟁 업체들 중 많은 기업들은 주 경계 바깥에서 제품을 배송하면서 세금 부담을 회피할 수 있었다.[9]

소매 산업에 큰 타격을 준 두 번째 요인은 팬데믹 위기 이전 10년 동안 사모펀드 회사가 상당수의 소매 기업을 인수했다는 사실이다. 벤처 캐피털리스트들은 과거에는 안정적인 현금 흐름을 창출하는 소매업이 매력적인 투자처라고 생각했기 때문에 막대한 부채를 짊어지고 많은 자금을 쏟아부었다. 그러나 불행히도 사모펀드는 단기 실적에 극도로 치중하는 경향이 있는데, 이는 거대한 변화를 겪으며 큰 투자를 요하고 있는 소매 산업의 업황과 맞물리면서 상황이 매우 악화되었다. 장기적인 비전이 필요한 바로 그 시점에, 산업을 제대로 이해하지 못하는 사람들이 회사를 경영하게 된 것이다.

2012년에서 2019년 사이 파산한 미국 최대 소매업체 14개 중 10곳이 사모펀드가 운영하던 기업이라는 사실이 우연은 아닐 것이다. 대표적으로는 토이저러스(베인 캐피털, LP, 콜버그 크래비스 로버츠, 보나도 리얼티 트러스트), 클레어스(아폴로), 시어스(ESL 인베스트먼트) 등이 있다.[10]

요약

요약하자면, 코로나19가 전면에 등장하기 전부터 이러한 문제들이 복합적으로 작용하면서 수면 아래에서 소매 산업의 위기를 배양하고 있었다. 온라인 업체들의 시장 점유율은 2015~2019년 동안 꾸준히 상승하여 2019년 11월에는 영국에서 19%, 미국에서 14%에 이르렀다.[11] 오프라인 업체들의 외형은 온라인에 꾸준히 잠식되어 온 반면 수익성은 비용 증가로 크게 악화되었다.

불행한 사실은 소매 산업은 효과적으로 구조 조정하기 어렵다는 점이다. 매장이 폐점되면 대규모 상각이 일어나고, 재고는 소실되며, 상당한 규모의 정리 해고와 보상금 지급 등이 연쇄적으로 발생한다. 이에 더하여, 브랜드 가치가 훼손될 리스크가 높다.

이것이 바로 코로나 사태가 닥친 시점에서의 유통업 상황이다. 5년 동안의 손실과 시장 점유율 하락으로 약해졌던 오프라인 업체들은 팬데믹이라는 위기 상황을 타개해 나가기에는 너무 약해진 상태였다.

2장
세계를 점령한 공포의 망령
-코로나바이러스 팬데믹

2019년 12월 27일, 대부분의 서양 소매 기업의 경영진은 크리스마스 이후 시즌 세일에 집중하느라 멀리 떨어진 중국에서 벌어진 사건에 신경을 쓰지 못했다. 하지만 제1차 세계 대전의 도화선이 되었던 1914년 6월 28일 사라예보의 총성(역자 주: 오스트리아-헝가리 제국의 후계자 프란츠 페르디난트 대공 부부가 보스니아-헤르체고비나 수도 사라예보에서 세르비아 민족주의 조직에 속한 청년에게 살해된 사건)처럼, 중국 중부 작은 마을에 사는 한 무명 의사가 보낸 메시지는 전 세계에 큰 반향을 일으킬 대사건이었다.

이 날 우한 후베이성 중서통합병원 호흡기내과 과장인 장지셴 박사는 중국 보건당국에 자신이 원인 불명의 신종 폐렴 환자 수십 명을 치료하고 있다고 보고했다. 발병의 진원지는 살아있는 동물 및 해산물을 판매하는 후아난 해산물 B2B 시장이었다.[1]

며칠 후, 중국의 연구원들은 코로나 계열에서 신종 바이러스를 발견하고는 코로나(CO) 바이러스(VI) 질병(D) 2019를 나타내는 COVID-19라고 명명했다.

2020년 1월 11일, 중국 국영 언론은 후아난 시장의 단골 고객인 61세 남성이 코로나19로 인한 첫 번째 사망자라고 발표했다.[2] 불행히도 이 시기는 수억 명의 중국인이 중국 전국과 해외로 여행을 떠나는 춘절 연휴가 막 시작되는 시점이었다.

멀리 떨어진 나라에 사는 사람들에게는 처음에는 아주 먼 이야기처럼 느껴졌지만, 아무에게도 알려지지 않았던 이 신종 바이러스는 국경을 넘어 다른 나라까지 전파되었다. 1월 29일 요크의 한 호텔에서 환자 두 명이 발병하면서 영국 내 감염이 시작되었다.[3]

영국 정부는 초기에는 극히 소극적으로 대응했다. 증상이 있는 국민들에게 자발적으로 사회적 거리두기와 자가 격리를 권고하기는 했지만 최초 발병일로부터 거의 두 달 뒤인 3월 23일까지 중국이나 이탈리아처럼 록다운 조치를 취하지는 않았다.[4] 고위 정치인들은 모여서 상황 보고를 듣기만 했고, 마치 운명의 장난처럼 영국 총리인 보리스 존슨은 2020년 4월 5일 양성 판정을 받고 병원에 입원하게 되었다.[5]

미국의 대응은 더 일관성이 없었다. 2020년 1월 19일 워싱턴에서 우한을 최근 방문했던 한 남성이 코로나 양성으로 판명되면서 이른 시점에 감염이 시작되었지만 연방 정부는 전국적으로 봉쇄 조치를 취하는 대신 록다운 시행 여부를 각 주 정부의 자율적 결정에 맡겼다.[6] 결국 3월 중순에 캘리포니아를 시작으로 대다수의 주 정부는 '자택 대피' 명령을 시행했다.[7]

두 국가 모두 상대적으로 늦은 시점에 봉쇄 조치를 취함으로써 전염병이 널리 확산되고 감염을 통제하는 데 더 오랜 시간이 걸리게 되었다.

소매 산업에 대한 영향

발병 초기 단계에서 소매업체들은 비교적 낙관적인 태도를 견지했다. 2월 말 전미소매협회(American National Retail Federation)는 연간 매출 성장률 전망치를 3.5%~4.1%로 유지하고 있다고 발표했고, 메이시스의 제프 제네트 CEO 역시 "우리는 현재 코로나19가 미칠 부정적인 영향력을 2020년 실적 전망치에 반영하지 않고 있다." 라고 2월 25일 밝혔다.[8]

제네트는 또한 "경기 침체가 예상된다. 현 시점에서 특별히 우려하고 있지는 않지만 경기의 흐름을 주시하고 있다."라고 덧붙였다.[9] 이렇듯 대부분의 사람들은 중국발 공급 쇼크를 우려하는 데 그쳤을 뿐이다. 그러나 실제로는 글로벌 공급망은 생각보다 견고하게 유지되었으며 3월 말에 이르자 소매업체에게는 공급망이 더 이상 문제가 아니게 되었다. 록다운이 시행되자 유럽과 북미에 소재한 대부분의 오프라인 소매업체들은 영업을 중단해야 했다.

식료품점, 약국, 생활용품점 등의 필수 소매점은 계속 영업할 수 있었지만 다른 모든 상점들은 매장을 닫아야만 했다. 당시 이 조치는 3주만 시행할 계획이었다. 그러나 결과적으로 영국에서는 6월 15일까지, 미국에서도 주마다 다르기는 하지만 거의 비슷한 시기까지 록다운이 지속되었다.[10]

이 말은 3개월 동안 실질적으로 영업을 전혀 할 수가 없었다는 뜻이었다. 소매 산업에서 이처럼 오랜 기간 영업을 중단한다는 것은 유례없는 사건이자 큰 재앙이었다. 세계 대전 당시 독일 공군이 런던을 폭격하는 중에도 상점들은 영업을 계속했다. 번화가와 쇼핑몰의 모든 상점이 문을 닫은 광경은 공포 영화에서나 나올 법한 장면이었다.

비필수 유통을 담당하는 나머지 소매업체들은 즉각적이면서도 처참한 영향을 받게 되었다. 상당한 규모의 이커머스 채널을 보유한 소매업체들은 재난으로부터 무언가를 얻을 수 있었지만 온라인 사업에 투자하지 못한 소매업체들은 즉각적으로 매출이 최대 100% 감소했다. 같은 기간 동안 영업을 금지당했던 식당과 카페도 마찬가지였다.

정부 지원

정부의 구제 조치로 일부 완충 효과가 발생하기는 했다. 영국에서는 리시 수낙 재무장관이 코로나로 실직하게 된 근로자의 임금을 2,500파운드 한도로 80%까지 부담하는 긴급재난지원금(Furlough scheme)을 지급했다.[11] 재난지원금 정책은 2020년 10월까지 시행되며 시간이 지날수록 정부 지원금이 축소되게 되어 있었다. 6월에 이르자 거의 900만 명의 근로자가 재난지원금 지급 대상에 포함되었는데 이는 노동 인구의 약 25%에 달하는 수준이었다.[12]

또한 영국 정부는 2020년 4월부터 2021년 4월까지 12개월 동안 록다운으로 인한 강제 휴무 기간에 대해 법인세를 유예하고,

2020년 3월부터 6월 사이에 납부해야 하는 300억 파운드 상당의 부가가치세를 2021년 3월 31일까지 연기한다고 발표했다. 또한, 시중 은행을 통해 중소기업에 3,300억 파운드 규모의 정부 지원 대출을 지원했다.[13]

　마찬가지로 미국에서는 연방 정부가 소매업체 같은 소규모 사업체에 대한 여러 지원 방안이 포함된 코로나19 특별 구제 법안인 케어스 액트(CARES Act, Coronavirus Aid, Relief and Economic Security)를 통과시켰다.[14] 급여 보호 프로그램(Paycheck Protection Program) 같은 경우에는 2020년 6월 말까지 회사가 근로자의 고용을 유지하고 급여를 지급하면 부채를 탕감해 주는 조건으로 6,690억 달러의 대출을 제공했다. 이는 두 달 치의 급여, 임대료, 모기지 이자, 전기 및 수도 요금을 충당할 수 있는 규모였다.[15] 또한 고용주가 근로자에 대해 분담해야 하는 사회 보장 세금을 최대 2년간 납부 연기할 수 있도록 허가해 주고 연간 소득이 7만 5,000달러 이하인 사람들에게는 1,200달러의 세액 공제 혜택을 제공했다.[16]

　그러나 이러한 지원책은 초기 록다운의 단기적인 영향을 완화하는 효과는 있었지만, 소매 산업에 가해진 극심한 타격을 근본적으로 막지는 못했다. 미국소매협회(NRF)의 매튜 셰이 회장은 케어스 액트에 대해 "소매 산업을 위한 필수적인 가교지만 실제로 현금이 유입되지 않으면 신속하게 회복되지는 않을 것이다."라고 논평했다.[17]

　백화점 체인인 시어스 캐나다에서 CEO로 근무했고 현재는 콜롬비아대학의 소매 산업 리서치 책임자로 있는 마크 코헨은 연방

대출로 부채가 과도한 기업을 소생시킬 수 있을지에 대해서 회의적인 입장을 표했다. 그는 "팬데믹 상황에서 위기를 겪고 있으며 이미 상당한 채무를 지고 있는 기업이 조건이 좀 더 낫다고 할지라도 추가적인 대출을 통해 회복할 가능성은 낮다."고 말했다.[18]

영국 소매 컨소시엄(British Retail Consortium)의 CEO인 헬렌 디킨슨 역시 여러 사람을 대변하여 "이번 위기는 그 규모를 추정하기조차 어렵다."고 언급했다.[19]

오프라인 소매업체 대 온라인 업체

코로나 사태 기간 중에도 사람들은 먹고 살아야 했기 때문에 식료품과 그 외의 필수 소매업에 대한 영향은 상대적으로 덜했다. 하지만 패션과 같은 분야에서는 거의 전체 매출 규모에 달하는 손실이 발생했다. 예를 들어 영국의 중저가 패스트 패션 브랜드 프리마크는 첫 록다운이 실시된 3월 23일부터 다시 매장을 연 6월 15일까지 매출을 하나도 내지 못했다.[20]

반면에 온라인 기업은 엄청난 성장세를 기록했다. 2019년 11월 기준 19%였던 영국 전자상거래 시장 점유율은 2020년 5월 기준 거의 33%까지 상승했는데, 과거에는 비슷한 수준의 성장률을 달성하기까지 10년의 시간이 필요했다.[21] 2020년 6월 세인즈버리의 전임 사장인 마이크 쿠프는 "우리 회사의 시장 점유율 8%를 빼앗아가는데 25년이 걸렸던 온라인 식품 업체들이 이번에는 8주 만에 15%를 가져갔다. 마치 내일이 없는 것처럼 무서운 속도로 우리의 점유율을 잠식해 들어오고 있다."고 불안을 토로했다.[22]

미국에서는 2020년 2분기 전체 소매 판매액이 4% 이상 감소했음에도 불구하고 온라인 판매는 44% 증가했다. 이에 따라 이커머스의 점유율은 전년 동기 약 14%에서 거의 20%까지 상승했다.[23] 오프라인 소매 기업들은 수백만 명의 직원을 정리 해고했지만 아마존은 수요 성장을 따라가기 위해 7만 5,000명의 직원을 신규 채용한다고 발표했다.[24]

피해를 입은 것은 소매업체들뿐만이 아니었다. 레스토랑들은 전혀 영업을 할 수가 없었기 때문에 파산하고 말았다. 영국 주류업협회(BBPA, British Beer and Pub Association)의 CEO인 엠마 맥클라킨은 "업계가 정부가 발표한 정책들에 직접적인 타격을 받아 실존위기에 직면해 있다."며 "정부가 현금과 유동성을 업계에 공급하는 적극적인 지원책을 즉시 발표하지 않으면 순식간에 수천 개의 펍이 문을 닫고 수십만 명의 실업자가 양산될 것"이라고 호소했다.[25]

많은 소매업체들은 주요 공급처에 대한 주문을 취소했고, 폭탄을 공급망으로 돌렸다. 방글라데시 의류 제조 수출업자 협회(BGMEA, Bangladesi Garment Manufacturers Exporters Association)는 서구 의류 브랜드들이 수백억 달러에 달하는 기존 주문을 취소하거나 연기하자 백만 명 이상의 방글라데시 의류 노동자가 급여를 받지 못하거나 실직했다고 발표했다.[26]

BGMEA의 데이터에 따르면 프리마크, 마탈란, 에든버러 울른밀 등의 브랜드들은 자신들의 손실을 최소화하기 위해 총 14억 파운드의 주문을 취소했으며 10억 파운드의 주문을 추가로 연기했다. 이 중 13억 파운드어치의 주문은 이미 생산 중이거나 완료된 상태

였다.[27]

브랜드와 부동산 업체에도 피해 전염

소매상점들이 문을 닫으면서 브랜드도 어려움을 겪었다. 운동복 브랜드인 언더아머의 경우 2020년 1분기 매출액이 23% 감소했다고 발표했다. 언더아머는 미국에 위치한 유통센터에서 약 600명의 직원을 구조 조정했고, 매장 폐쇄 기간을 연장했으며, 2020년 손익 추정치를 철회했다. 전년에는 2,300만 달러의 흑자를 기록했지만 2020년 1분기에는 5억 9,000만 달러의 순손실을 기록했기 때문이다.[28]

미국의 화장품 회사 레블론은 2020년 첫 3개월 동안 매출이 18% 감소했고 영업 손실이 1억 8,200만 달러를 기록했다고 발표했다. 이는 전년 동기 2,300만 달러 대비 증가한 수치이다. 영업 손실 증가분의 대부분은 코로나19로 인한 재무 손실이 반영된 1억 2,400만 달러의 비현금성 무형손상차손이었다.[29]

많은 소매 점포들은 건물주와 임대료를 다시 협의했다. 데번햄스, 뉴룩, 아카디아, 프리마크, JD스포츠, 버거킹 등의 여러 브랜드는 건물주에게 지불하기로 한 임대료를 지불하지 않겠다고 거부했다. 뉴룩은 임대인에게 임대료를 줄여 주지 않으면 P플랜(역자 주: 사전 계획 회생. P플랜은 회생 계획안을 마련한 후 법정관리를 신청하는 것으로 P플랜이 적용될 경우 법정관리를 거쳐 부도 상태로 간주되므로 기존 계약과 채무가 취소됨)에 들어가겠다고 선언했다.[30]

그러므로 이 폭탄은 상업용 부동산을 소유한 업체들에게까지 이어졌다. 버밍엄과 런던에서 각각 대형 쇼핑몰인 불링 브렌트 크로스를 소유하고 있는 해머슨은 2020년 2분기에 전체 임대료 중 37%의 임대료만 받았다고 밝혔다.[31] 맨체스터의 트래퍼드 센터와 런던 인근에서 대형 쇼핑몰 레이크사이드를 소유하고 있는 인투는 2020년 6월 법정 관리에 들어갔다.[32]

뉴욕의 한 저명한 상업용 부동산 중개인은 2020년 4월 초부터 미국의 소매업체들이 임대료 지불을 거부했다고 밝혔다. 매트리스 펌과 더 치즈케익 팩토리 등의 임차인은 임대료를 납부하지 않겠다고 선언했다.[33] 미국 최대 쇼핑센터를 소유하고 있는 사이먼 프로퍼티스 그룹은 4,500명의 직원 중 거의 3분의 1을 해고했다.[34] 미국의 상업용 부동산 투자 신탁(REIT)인 CBL은 2020년 6월 1일부터 이자를 납부하지 못했고, 2020년 11월에는 챕터 11에 따라 파산을 선언했다.[35] 워싱턴 프라임과 펜실베이니아 부동산 투자신탁도 재정적으로 어려움을 겪고 있다는 소문이 돌았다.[36]

불확실성의 지속

록다운 조치로 경제에 큰 충격을 받은 미국과 영국은 2020년 중반부터 경제를 다시 개방하기 시작했지만, 코로나의 2차 확산은 이미 예견되어 있었다. 감염자 수는 2020년 9월부터 급증하기 시작하여 연말과 2021년 초에 최고조에 달했다.

영국 정부는 마지못해 2020년 11월에 2차 록다운을 시행했다.[37] 미국에서는 새로운 규제를 도입해야 하는지에 대한 여부를 놓고 11월 대선에서 뜨거운 논쟁이 벌어졌다. 이 토론 중, 트럼프 당시

대통령 본인과 멜라니아 트럼프 영부인이 코로나에 감염되었다는 뉴스가 보도되었다.[38]

소매 산업이 가장 성수기인 휴가철에 코로나라는 재앙을 겪으면서 영국 산업 연맹(CBI, Confederation of British Industry)의 캐롤린 페어번 이사는 "영국 기업에 황량한 한겨울이 닥칠 것"이라고 예측했다.[39] 2020년 11월 다수의 백신 개발에 성공했다는 뉴스조차 소매업체의 상황을 반전시키기는 역부족이었다. 새로운 변종에 대한 백신의 효과와 모든 사람이 백신 접종을 받을 의사가 있을지에 대한 의문, 그리고 백신이 언제 보급될 수 있을지가 불확실했기 때문이다.[40]

결론적으로 코로나19의 발생에 의한 록다운과 언제 정상 상황으로 복귀할 수 있을지에 대한 불확실성이 겹치며 이미 수년간 구조적으로 쇠퇴의 길을 걷고 있었던 오프라인 소매 산업에 치명적인 영향을 미쳤다.

3장
1929년 경제 대공황의 그림자

    많은 금융 전문가들은 팬데믹 사태가 종료되면 V자형의 회복세를 보일 것이라고 예측했다. 각국의 정부와 중앙은행의 양적 완화 조치로 인해 록다운이 끝나는 즉시 세계 경제가 회복될 것이라고 믿었던 것이다.

    이 책을 집필하는 시점의 주식 시장 상황을 보면 이러한 관점이 확실히 유효하다는 사실을 시사하고 있다. 2021년 2월 현재 다우존스 산업 평균 지수는 3만 1,000포인트를 넘겼는데, 이는 1년 전인 2020년 2월 26일보다 높은 것은 물론이고 코로나19 사태 이후 최저치인 2020년 3월 23일과 비교해 보면 무려 69% 상승한 수치이다.[1]

    그러나 위기를 극복했다며 자신의 업적에 대해 자화자찬을 늘어놓고 있는 대서양 주변 국가의 정치인들의 말과는 달리 코로나19 이전의 세상으로 돌아갈 가능성에 대해서는 매우 보수적으로 접근해야 할 필요가 있다.

보수적인 접근이 필요한 다섯 가지 이유

첫째, 현재 글로벌 경제는 엄청난 양의 재정적 진통제로 긴급 마취된 상태이다. 앞서 서술한 바와 같이 많은 국가에서 기업이 고용을 유지하기 위한 우대 제도를 도입하고 있지만 이러한 인센티브가 중단되는 즉시 기업은 근로자를 해고할 가능성이 크다. 마찬가지로 임대료나 납세 및 기타 부채에 대한 지급 유예 조치 또한 언젠가는 종료될 것이며 어느 시점에서는 결국 지불을 해야만 할 것이다.

둘째, 록다운이 해제된다고 하더라도 모든 소비자들이 봉쇄가 종료되자마자 뛰쳐나와서 예전과 같은 방식으로 이동하고, 쇼핑하고, 식당에서 식사하고, 사람들을 만날 가능성은 낮다. 바이러스에 대한 감염 우려가 완전히 사라지지 않는 한 많은 사람들은 여전히 조심할 것이다. 효과적이고 안전이 보장된 백신이 완전히 보급될 때까지 현재와 같은 기조가 계속될 것으로 예상되며, 완전한 일상 회복까지는 상당한 시간이 걸릴 것으로 보인다. 또한, 빈곤 국가들에서 지속적인 감염이 확산되고 있고 세계 곳곳에서 다양한 변이 바이러스가 출현하고 있어 세계 경제는 지속적인 도전에 직면하고 있다. 신종 변이 바이러스가 기존 백신에 내성이 생길 수도 있다는 우려도 제기되고 있다.

셋째, 회복이 고르게 나타나지 않을 가능성이 있다. 팬데믹으로 극심한 타격을 입은 일부 산업은 정상으로 돌아가기까지 몇 년이 걸릴 수도 있으며, 그에 따라 많은 일자리가 없어질 수도 있다. 반면 팬데믹으로 생산 능력이 감소하게 된 일부 산업에서는 공급 부족으로 인해 제품 가격이 상승하게 될 수 있다. 실업률이 높은 상황에서 인플레이션이 일어나는 스태그플레이션이 일어나게 되면 딜레마에 빠진 정책 입안자들이 통화 및 재정 정책을 긴축하면서 회복이 지연되고 자산 가치가 하락할 가능성이 있다.

넷째, 록다운이 사람들의 재정 상태에 미치는 영향을 고려해야 한다. 무급 휴직이 계속되면서 가계는 수입원을 잃었고 기업은 사업 부진으로 이익이 감소했다. 바이러스에 대한 우려가 완전히 가시지 않은 상황에서 사람들은 예전과 같이 여행을 떠나지 않을 것이고, 그 결과 항공과 관광 산업은 치명적인 타격을 입게 될 것이다.[2] 높은 실업률도 소비자 지출을 제한하는 요소이다. 일례로 2021년 1월 미국의 실업률은 6% 이상을 기록했다.[3]

다섯째, 구호물자 지원을 위해 정부는 엄청난 규모의 차입을 일으켰다. 영국 예산책임청(Office for Budget Responsibility)에 따르면 영국 정부가 실시하는 지원책의 총 비용은 1,230억 파운드로 추산된다.[4] 그 뿐 아니라 법인세 인하나 소득세, 국민보험(National Insurance), 부가가치세 감소 등으로 세금 수입이 급감했다.[5]

결과적으로 2019년 4월 110억 파운드였던 영국 정부의 차입금은 2020년 4월에는 620억 파운드로 급증했으며 정부 부채는 GDP의 98%에 육박했다.[6] 이해를 돕기 위해 덧붙이자면, 2008년 금융위기 당시 영국의 국가 부채는 GDP의 50% 수준이었다.[7]

미국에서는 더 무시무시한 수치들이 나오고 있다. 케어스 액트에 수반되는 비용은 2조 달러 이상으로 추산되었으며 많은 경제학자들은 위기가 끝나기 전에 이 법안을 비롯한 기타 지원책에 4조

달러 이상의 비용이 수반될 것이라고 예측했다.[8] 반면 연방 및 주·지방정부의 세수는 큰 타격을 입었는데, 뉴욕시에서만 74억 달러의 세금 수입이 줄어들었다.[9] 그 결과 미국 정부 부채는 2020년 10월에는 27조 달러에 달했으며 이는 GDP의 100%를 초과하는, 사상 최고치이다.[10] 이 부채를 갚기 위해 미국은 수년간 세율을 더 높이고 정부 지출을 낮추어야 할 것이다. 마치 제2차 세계 대전 이후 영국의 상황처럼 모든 국민들이 가까운 장래에 긴축의 굴레에 시달리게 될 것으로 보인다.

경제 사이클

마지막으로 서론에서 고찰한 바와 같이 우리는 팬데믹이 발병하기 직전의 세계 경제가 사이클의 어느 국면에 있었는지 생각해 볼 필요가 있다. 2008년 리먼 사태가 경기에 미칠 영향을 우려한 각국 중앙은행들이 금리를 경쟁적으로 낮추면서 2020년 1월 시점에 세계 경제는 10년 이상의 성장을 구가하는 매우 긴 호황 사이클의 정점에 있었다.[11] 통상적인 사이클의 주기는 7년이므로 많은 전문가들은 가까운 시일 내에 경기 침체가 올 것이라고 예상하고 있었다. 어떤 형태이든 기폭제만 있으면 경기 침체는 예견된 수순이라는 것이었다.[12]

코로나19는 전 세계에 동시다발적으로 영향을 미친 변수이기 때문에 아마도 인류 역사상 가장 악영향이 큰 '방아쇠'라 할 수 있을 것이다. 따라서 앞으로 경기 불확실성이 상당히 높아지는 시기가 올 전망이다. 이미 선견지명 있는 전문가들은 우려를 내놓고 있다. 데이비드 맬패스 세계은행 총재는 "코로나19는 세계 경제에 파멸적인 타격"이라고 언급했다.[13] 2021년 1월 국제통화기금(IMF)은 2020년 세계 경제가 3.5% 역성장했다고 추산했는데, 이는 경제 위기가 최고조에 이르렀던 2008년의 제로 성장률보다도 훨씬 더 부정적이다.[14]

영국 통계청(Office of National Statistics)과 미국 상무부의 경제분석국(Bureau of Economic Analysis) 역시 자국의 2020년 GDP가 각각 9.9%와 3.5% 감소했다고 발표했다.[15] 이 모든 사실은 경기 불확실성이 높은 고통스러운 시기가 지속된다는 사실을 가리키는 것으로 금융 시장이 그토록 바라는 장밋빛의 V자형 회복과는 거리가 멀다. 만약 경기 침체 국면이 현실화된다면 기업의 경영진들에게는 경제 대공황 이후 최악의 글로벌 경제 위기 상황에서 살아남기 위한 새롭고 혁신적인 사고가 필요할 것이다.

마지막까지 살아남기
-소매 산업에 미치는 영향

전통적인 소매업체들에게 이러한 경제 시나리오는 재앙과 다르지 않았다. 앞서 살펴본 바와 같이 소매 산업은 2015년경 이후 수년간 쇠퇴하며 이미 약화되어 있었으며 많은 점주들에게 코로나와 그로 인한 침체는 일종의 쿠데타였다. 오프라인 업체들은 범세계적으로 상당한 피해를 입었다. 이를 하나씩 살펴보기로 하자.

영국

○ 소매

2020년 영국에서는 업체들의 줄도산 및 폐업과 구조 조정이 이어졌다. 데번햄스, 아카디아, 웨어하우스, 오아시스, 클락스, 직소, L.K.베넷, 로라 애슐리, 캐스키드슨, 에든버러 울른 밀 그룹(봉마르쉐, 예거, 피콕스 등의 브랜드 보유), 몬순, 액세서라이즈, 머진 미디어 스토어즈, 빅토리아 시크릿 UK 등 잘 알려진 소매 기업들이 지급 불능을 선언하거나 폐업했다. 앤틀러 UK(캐리어), 퀴즈(패션), 알도 UK(신발), 빌즈(백화점), 존슨스 슈즈, 도슨스 뮤직, 오토노미 프로젝트(의류), 롬복(가구), 브라이트하우스(가정용품), TJ 휴즈 아울렛 사업부(할인점), 파운드스트레처(할인점), 오드빈스(주류 판매점), 히어링 앤 모빌리티, 호킨스 바자(장난감과 게임), 고 아웃도어스, 롱 톨 샐리(플러스 사이즈 패션), 오크 퍼니처랜드 앤 올리버 스위니(패션) 등의 브랜드도 같은 운명을 겪었다.[1]

이러한 피해 업체 외에 다른 회사들도 힘든 시간을 보내야 했다. 프리마크는 첫 번째 록다운 기간 동안 월 6억 5,000만 파운드의 매출이 감소했고 넥스트는 매출이 10억 파운드로 떨어졌다.[2] 딕슨스 카폰의 이익은 2019년 3억 3,900만 파운드에서 2020년 1억 6,600만 파운드로 하락했고, 오피스(신발)는 매장 절반을 폐쇄한다고 발표한 후 시장에 매물로 나왔다.[3] 테드 베이커(패션)는 2020년 8월 말에 매출이 46% 감소했으며 세전 손실 3,900만 파운드를 기록했고 950명을 해고했다고 발표했다.[4]

데번햄스는 2020년 12월 1일 청산 절차에 돌입할 것이라고 발표했으며 자사의 118개의 매장과 1만 명의 직원을 구조 조정한 후 온라인 전용 사업부만 2021년 1월 26일경 5,500만 파운드에 부후에 매각했다.[5]

탑숍과 도로시 퍼킨스 브랜드를 보유한 아카디아 그룹은 2020년 11월 30일에 법정 관리에 들어가며 '번화가의 황제'로 명성을 떨쳤던 오너 필립 그린의 길고 파란만장한 경력을 마감했다. 탑숍과 미스 셀프리지 브랜드는 ASOS에 3억 3,000만 파운드에 매각되었다. 버튼, 도로시 퍼킨스, 월리스도 마찬가지로 부후에 2,300만 파운드에 매각되었고, 에반스는 2,300만 파운드에 시티 시크에 인수되었다. 두 경우 모두 매각에 앞서 오프라인 부문을 구조 조정했는데, 이로 인해 아카디아가 보유한 444개 매장 중 대부분을 폐점하고 1만 3,000명의 직원을 해고해야 했다. 필립 그린 경은 회사의 퇴직연금 계정에 3억 5,000만 파운드의 손실을 남기고 아카디아를 떠났다.[6]

존 루이스는 2020년 7월 반기 결산 기준 6억 3,500만 파운드의 세전 손실을 기록함과 동시에 2,800명에 달하는 인력 구조 조정과 8개 매장 폐쇄 계획을 알렸다(전년 동기에는 1억 9,200만 파운드의 이익을 기록했다). 또한 존 루이스는 옥스포드가에 위치한 플래그십 스토어 규모를 축소하고 직원들에 대한 보너스 지급을 유보한다고 발표했다.[7] 세인즈버리(슈퍼마켓)는 2020년 11월경 420개의 아르고스 단독 매장을 철수하고 3,500명의 직원을 해고한다고 밝혔다.[8]

그나마 살아남은 기업들은 이 책을 집필하고 있는 현재, 영업을 계속할 수 있는지를 타진하기 위하여 건물주 또는 기타 채권자와 임대료 또는 채무를 조정하기 위한 협상에 돌입한 상황이다. 업계 전체적으로 2020년 9월까지 9개월 동안 1만 4,000개의 점포가 문을 닫는 등 기록적인 수의 폐점이 이어졌다. 2019년에는 영국 전 지역에서 4,500개의 매장이 폐점되는데 그쳤지만 2020년에는 주요 브랜드와 소규모 개인 매장을 모두 합산하여 2만 개의 매장이 문을 닫을 것으로 추산됐다.[9]

매장 폐쇄나 혹은 그에 상응하는 수준의 위기를 겪고 있다고 발표한 기업 중에는 카폰 웨어하우스(531개 매장), 아카디아(444개), 아르고스(420개), 파운드스트레처(250개), 브라이트홈(240개), 부츠(200개), 트래비스 퍼킨스(툴스테이션과 웍스 매장까지 합산하여 165개), 데번햄스(124개), 막스 앤 스펜서(100개), 아카디아(100개), 오아시스/웨어하우스(90개), 고 아웃도어스(67개), TM 르윈(66개), 할포드(60개), 캐스키드슨(60개), 오드빈스(56개), 버진 미디어(53개), 클락스(50개), 하비스(50개), 잭 윌스(50개), 로라 애슐리(50개), 에든버러 울른 밀(50개), 오피스(50개), M&Co.(47개), 몬순-액세서라이즈(35개), 빅토리아 시크릿(25개), DW스포츠(25개), 빌즈(22개), 슈 존(20개), 앤틀러(18개), 직소(13개), 존 루이스(8개) 등이 있었다.[10]

동시에 아카디아(1만 3,000명), 데번햄스(1만 2,000명), 막스 앤 스펜서(7,000명), 부츠(4,000명), 아르고스(3,500명), 카폰 웨어하우스(2,900명), 고 아웃도어스(2,400명), 파운드스트레처(2,000명), 에든버러 울른 밀(860명), 오드빈스(550명) 등의 브랜드에서 기록적인 수의 해고나 실직 위기가 진행되고 있었다. 이렇게 2020년 한 해 동안 추산 17만 5,000개 이상의 소매 일자리가 사라졌는데 이는 2019년의 9만 3,000개에 비해 크게 증가한 수치로 소매 산업에 있어 근래 25년 중 최악의 해였다.[11]

영국의 경기 침체와 중동 등에서 발생한 이슈들로 인해 명품 시장도 심각한 영향을 받았다. 예를 들어 버버리는 2020년 6월 결산 분기에 유럽과 중동 매출이 75% 감소하자 500명 감원 계획을 발표했다. 해로즈는 '해외여행의 황폐화'로 인해 680개의 일자리가 줄어들었다고 발표했으며 아스피날 오브 런던(가죽 제품), DVF

스튜디오(다이앤 본 퍼스텐버그 패션)는 기업자율협정(CFA, Company Voluntary Arrangements) 시행을 발표했다.[12]

○ 카페와 레스토랑

카페와 레스토랑은 가장 큰 타격을 받은 업종이며 록다운이 끝난 후에도 4분의 1은 다시 영업을 재개하지 않을 것으로 예상된다. 대부분의 사람들이 재택근무에 들어가면서 주요 도심 지역이 특히 큰 타격을 입었다. 칼루치오, 벨라 이탈리아, 르 뺑 쿼티디앙, 카페 루즈, 라 이구아나스, 프랭키 앤 베니스, 가평클스, 치키토, 바이런 버거스, 피자 익스프레스, 비스트로 피에르, 바피아노, 고메 버거 키친 등의 기업들이 파산하거나 영업을 종료했다.[13]

출퇴근하는 직장인 손님들의 비중이 높은 회사는 록다운 기간 동안 매우 커다란 충격을 받았다. 한 예로, 어퍼 크러스트를 소유하고 있는 SSP 그룹은 2020년 7월에 전년 대비 글로벌 매출이 95% 감소했기 때문에 영국 매장과 본사 근로자를 최대 5,000명 해고할 것이라고 발표했다. 2020년 12월에 이르자, 동사는 2,800개의 매장 중 3분의 1만 영업을 할 수 있었다고 밝혔다.[14] 비슷한 상황에 처한 프레타 망제도 68%의 매출 감소로 인해 30개의 매장을 폐쇄하고 3,000명의 직원을 해고한다고 2020년 8월 발표했다.[15]

펍과 바 업종도 심각한 영향을 받았다. 2020년 11월, 영국 주류업 협회는 전 영국의 거의 3분의 1에 해당하는 1만 2,000개의 펍과 바가 두 번째 록다운 이후 완전히 폐업해야 할 것이라고 경고했다.[16]

레볼루션 바는 파산했고, 45개의 유명 클럽을 보유한 도쿄 인더스트리는 2020년 9월에 1,800명을 해고하며 '동면 상태'에 들어가겠다고 밝혔다. 브루어스 페어, 프리미어 인, 비피터 등을 보유한 화이트브레드나 마스턴스, 그린 킹, JD 웨더스푼과 같은 주요 펍 기업들은 대규모 해고를 실시하거나 또는 해고를 계획 중이라고 발표했다.[17]

○ 영화관, 부동산 중개인, 은행

영화관도 큰 타격을 받았다. 2021년 1월, 주주들이 자금을 수혈해 파산 위기에 처한 세계 최대 영화관 체인인 AMC를 가까스로 위기에서 구해 냈다. 2020년 10월에는 세계 2위 영화관 사업자 시네월드가 영국에서 127개, 미국에서 리걸 시네마 536개를 폐쇄하고 잠재적으로 4만 5,000명을 구조 조정하겠다고 발표했다. 또 다른 영화관 체인 뷰는 전체 영화관의 25%에 대해 일주일에 3일만 가동하겠다고 밝혔다.[18]

부동산 중개업자도 피해를 비껴가지 못했다. 햄프턴스 인터내셔널, 베어스토우 이브, 개스코인-피스를 소유한 컨트리와이드는 코로나 사태 이전에 이미 어려움을 겪고 있었는데, 2020년 저조한 실적으로 인하여 전체 지점의 23%를 폐쇄했다고 전했다. 컨트리와이드의 2020년 상반기 매출은 4,400만 파운드 감소했고, 주가는 고점 대비 99% 하락했으며 결국 2020년 12월에 1억 3,000만 파운드라는 헐값에 코넬스에 매각되었다. 폭스턴스도 마찬가지로 2020년 3분기 매출이 10% 감소했으며 주가는 고점 대비 91% 하락했다.[19]

시중 은행 또한 예외가 아니었다. 은행들은 2015년부터 2019년 사이 4년 동안 3,303개의 지점을 폐쇄하며 오프라인 비중을 줄여왔지만 코로나19의 출현으로 상황이 훨씬 더 악화되었다. 냇웨스트 은행은 2020년 8월에 지점에 근무하는 직원 550명을 감원하겠다고 발표했으며 TSB, 바클레이즈, 로이즈 은행, HSBC UK, 버진 머니-클라이데스데일 은행 등은 지점을 닫겠다고 선언했다.[20]

북미

○ 소매

미국의 상황은 더 나빴다. UBS 은행은 이전의 경기 침체 기간 동안 폐업한 업체 수의 3배 이상의 소매업체가 지난 5년 동안 문을 닫았다고 발표했다. 또한 10만 개 이상의 소매상점이 폐업하고 그 결과 전체 점포 수가 2019년 88만 3,000개에서 2025년에 78만 2,000개로 감소할 것이라는 전망도 함께 내놓았다. 상업용 부동산 데이터 기업인 코스타는 2020년 한 해 동안 소규모 독립 매장을 제외하고 대형 체인점 수만 약 1만 2,200개 감소한 것으로 추산하였는데, 이는 역사상 최악의 해였던 2019년의 9,000개에 비해 훨씬 높은 수치이다.[21]

니만 마커스, JC페니, 로드 앤 테일러, 브룩스 브라더스, 제이크루, 피어1 임포츠, 아세나 리테일, 테일러드 브랜즈, 센츄리, 골드 짐, 페일리스, GNC, 파피루스, 럭키스, 아트 반 퍼니처, 어스 페어, 슈타인 마트, 모델스 스포팅 굿즈, 기타 센터, 튜즈데이 모닝, 구디스, 펠리스 로열, 빌즈, 피블즈, 골드만스, 무지 USA, 더 페이퍼스토어, 트

루 릴리전, 럭키 브랜드 진스, 지스타로우 등이 운영하는 점포들이 파산하거나 폐점되었다.[22]

대규모 폐점을 겪지 않은 소매 기업들도 급격히 악화된 실적을 발표했다. 딕스 스포팅 굿즈는 2020년 1분기 동일 점포 매출이 29% 감소했고, 반스 앤 노블은 정리해고와 뉴욕 플래그십 스토어 폐점 계획을 발표했다. 노드스트롬의 2020년 2분기 실적 발표에 따르면 매출은 전년 대비 20억 달러 감소했고 순손실은 2억 5,500만 달러를 기록했다. 한편 메이시스는 2020년 2분기에 4억 3,100달러의 손실을 기록했다. 아메리칸 이글 아웃피터스는 5월 2일 결산 기준으로 분기 손실 4억 3,100만 달러를 기록했다. CEO인 제이 쇼텐스타인은 성명을 통해 "매장 폐점과 공격적인 재고 정리로 1분기 재무 상황에 상당한 영향을 받았다."고 밝혔다.[23]

고용 또한 부정적인 영향을 받았는데, 미국 노동통계국(US Bureau of Labor Statistics)은 럭셔리 사업부를 별개로 하더라도, 2020년 6월 오프라인 매장 직원 190만 명이 직업을 잃었다고 발표했다.[24] 랄프 로렌은 전체 인력의 15%에 해당하는 3,700명의 직원을 해고했고 프랑스 럭셔리 그룹인 LVMH는 티파니에게 제안한 인수안을 철회하려 했으나 실패했다.[25]

소매 산업 내에서도 코로나19는 여러 부문의 수익성에 큰 변화를 가져왔다. IHL 그룹의 설립자이자 회장인 그렉 버젝의 말을 인용하면 "팬데믹으로 인해 소매 산업 역사상 손에 꼽을 만한 수준의 거대한 부의 이동이 일어나고 있다."고 한다. IHL에 따르면 북미 지역에서 백화점이나 의류 소매 판매업자들과 같은 일반 상품 판매업자와 가구, 가전제품, 보석, 스포츠 용품 판매업체 등의 내구 소비재 소매업체들의 매출 중 1,250억 달러 가량이 식료품, 대규모 판매업체, 창고형 마트, 그리고 아마존 등 온라인 업체로 옮겨 갔다. 후자의 업체들은 필수품을 판매한다는 이유로 영업을 계속할 수 있었던 반면, 전자의 업종은 코로나로 영업을 중단해야 했기 때문이다.[26]

한편 S&P는 빅토리아 시크릿과 갭의 신용등급을 하향 조정했다. 앞에서 알아본 바와 같이, 빅토리아 시크릿의 미래는 사모펀드인 시카모어 인베스트먼트가 인수 계약을 철회한 후 불안해 보였다. 빅토리아 시크릿 브랜드를 보유하고 있는 모기업인 L 브랜즈가 막대한 부채와 고통스러운 손실을 안고 생존할 수 있을지 심각한 우려가 제기되었다.[27]

IHL의 분석 대상은 유명 브랜드에 치중된 감이 있지만, 코로나19가 소규모 소매업체에 미치는 영향은 훨씬 치명적이었다. IHL에 따르면 50개 이하의 매장을 보유한 소규모 소매업체에서 대형 소매업체로 막대한 부의 이전이 일어난 것으로 드러났다. IHL은 록다운 기간 동안 약 2,500억 달러의 매출이 중소 업체에서 대기업으로 옮겨갔다고 추산했다.

버젝은 "월마트, 코스트코, 타깃 등은 대부분의 지역에서 영업을 허가 받고 의류, 스포츠 용품, 물품, 문방구와 기타 용품을 판매할 수 있었지만 중소 업체들은 영업을 중단해야 했다. 안타깝게도 이 중 많은 수가 생존하지 못했다."라고 한탄했다. 그는 현금 고갈로 인해 28만 5,000개에 달하는 소매업체, 접객업, 극장, 레스토랑 등

의 중소기업이 문을 닫게 될 것이라고 예상했다.[28]

○ 레스토랑과 체육 시설

영국과 마찬가지로 레스토랑 업계는 크게 타격을 받았고, 그 결과 척 E. 치즈, 르 뺑 쿼티디앙, 딘 앤 델루카, 캘리포니아 키친과 같은 여러 회사들이 파산을 선언했다. 스타벅스는 2020년 6월 코로나19로 인한 매출 손실을 최대 32억 달러로 예상했고 400개 매장의 폐쇄 계획을 발표했다. 20년 6월 결산 기준으로 스타벅스는 6억 7,800만 달러의 분기 순손실을 기록했다.[29]

록다운이 길게 이어지면서 체육 시설 또한 부정적인 영향을 크게 받았다. 2020년 6월에 24시간 피트니스는 챕터 11에 의거한 파산 보호를 신청했으며 130개 이상의 지점을 폐쇄한다고 발표했다.[30]

캐나다

캐나다에서는 2020년 중 다음의 소매업체들이 파산 또는 매장 폐점을 발표했다(괄호 안은 매장 수).

알도(1,500개), 칼턴 카드(78개), 어디션 엘르(77개), 타임 마터니티(54개), 로이스 앤 로나(34개), 론슨스(18개), 텐 사우전드 빌리지(10개), 아미 앤 네이비(5개), 링스 오브 런던(5개), 세일 아웃도어스(아웃도어 의류), 레이트만스(의류), 헨리스(사진), 부트레거(청바지), 클레오(여성 의류), 리키스(의류)[31]

5장
글로벌 단위의 충격

이 책은 주로 영국과 미국 시장에 초점을 맞추고 있지만 코로나19 위기가 전 세계의 소매 시장을 뒤흔들고 있는 현상이라는 사실에는 주목할 만한 가치가 있다. 1997년 아시아 '호랑이 경제'의 위기, 2001년 닷컴 붕괴, 2008년 미국 서브프라임 붕괴 등 이전의 경제 위기가 특정 산업이나 지역에 국한되었다는 점을 감안하면 코로나로 인한 팬데믹의 범위는 범세계적이라는 것은 상당히 이례적인 일이다.

유럽

유럽 전역에 걸쳐 바이러스 감염이 심각한 모든 곳에서 소매 산업은 광범위한 피해를 입었다. 네덜란드에서 가장 큰 소매업체인 헤마는 2020년 8월에 파산했고, 브룸 앤 드레스만 백화점의 15개 점포를 인수한 허드슨 베이 네덜란드 역시 결국 파산했다.[1]

스웨덴에서는 MQ(패션)와 홀란드 앤 바렛 스웨덴(건강식품)이 파산을 선언했고, 유명 패션 소매업체인 H&M의 매출은 2020년 11월 결산 기준 연 매출이 18% 감소했으며 2020년에는 50개 매장을 폐점하고, 2021년에는 250개 매장을 추가 폐점할 계획이라고 밝혔다. 세계 최대의 가구 소매업체인 이케아 또한 2020년 6월에 영국 매장을 포함하여 여러 개의 매장을 영구 폐점했다고 발표했다.[2]

경영 상태가 부진한 독일의 갈레리아 카르슈타트 카우프호프 백화점 체인은 2020년 4월 파산 신청을 했고 9월에 거의 50개에 달하는 매장을 폐쇄하고 5,000명의 직원을 해고하는 회생 계획에 동의했다. 독일에 본사를 두고 있는 이탈리아 레스토랑 체인 바피아노 또한 포겐폴(고급 주방용품)과 에스프리(패션) 브랜드 파산을 선언했다. 독일 소매 협회(German Retail Association)의 슈테판 겐트 회장은 2021년 1월 발표한 성명에서 전체 독일 소매업체의 6분의 1에 해당하는 5만 개의 소매 점포가 코로나19 팬데믹으로 인해 파산할 가능성이 있다고 언급했다.[3]

프랑스에서는 2019년 노란 조끼 운동(역자 주: 2018년 10월 처음 시작된 정부의 긴축 재정과 유류세 인상안으로 인해 발생한 반정부 시위)으로 전국의 시내 중심가들이 폐쇄된 이후 코로나바이러스가 또 한 번 소매 산업을 강타했다. 피해는 상당히 심각했다. 프랑스의 소상공인 연합인 CPME는 2020년 4월에 가게와 레스토랑 등으로 구성된 소기업의 55%가 파산을 우려하고 있다고 밝혔다.[4]

의류 소매업체 오케스트라 프레마망 또한 2020년 4월에 법정 관리를 신청했다. 프랑스 내에 3,900명의 직원과 634개의 매장을 보유하고 있는 패션 회사 카미유, 나프나프(총 직원 1,170명의 패션 그룹), 라 할(매출 8억 4,700만 유로, 직원 5,400명의 패션 회사), 앙드레(신발 소매업체), 알리니아(직원 2,000명의 가구 소매업체)도 파산 보호를 신청했다. 콩포라마(직원 9,000명의 가구 소매업체)는 파산 직전이라는 소문이 돌았고 프랑스 정부에서 3억 유로의 구제 금융을 지원받아 유동성 위기를 겨우 벗어났다.[5]

프랑스 전국에 61개의 대형 점포를 보유하고 있는 프랑스 고급 백화점의 대명사인 갤러리 라파예트는 팬데믹으로 인한 록다운으로 영업에 어려움을 겪으면서 10억 달러의 손실을 기록했다. CEO인 니콜라스 위제는 "매우 어려운 상황이다. 5월 11일에 샹젤리제 거리에 있는 매장을 다시 열었지만 많은 고객들이 아예 사라졌다는 사실을 직시해야 한다."라며 방문객이 정상 시기 대비 20% 감소했다고 밝혔다.[6]

이탈리아의 백화점 그룹인 라 리나센테는 2020년 6월에 연간 매출이 최대 25% 감소할 것으로 예측했으며, 신발 소매업체인 제옥스는 상반기 매출이 39% 감소할 것으로 전망했다.[7]

스페인에서는 자라 브랜드를 운영하고 있는 세계 최대 의류 소매업체 인디텍스가 팬데믹 기간 동안 큰 타격을 받았으며, 2020년 4월 30일 결산 분기 매출이 44% 감소한 33억 유로에 그쳤다고 공시했다. 인디텍스는 분기 순손실 4억 900만 유로를 기록했으며 1,200개의 매장을 닫을 계획이라고 발표했다.[8]

스페인 최대 백화점 그룹인 엘 코르테 잉글레스는 록다운 기간인 2020년 3월과 5월 사이에 5억 1,000만 유로의 손실을 기록했으며 2만 2,000명의 직원을 해고했다. 피치에서는 엘 코르테 잉글 레스에 대해 부정적인 등급 전망을 부여했다.[9]

프랑스나 스페인, 이탈리아, 그리스와 같은 남부 유럽의 대부분 국가는 관광 의존도가 높기 때문에 여행 제한 조치는 이 지역의 상점과 레스토랑에 특히 큰 타격을 입혔다.

그 손실은 가히 드라마틱한 수준이었다. 유럽연합집행위원회(European Commission)는 2020년 5월 EU의 호텔과 레스토랑 수입의 절반이 감소한 것으로 추정했다. 금융 그룹인 UBS에 따르면 관광 수입이 3월에만 이탈리아에서 95%, 스페인에서 77% 감소했다. 2008년 금융 위기에서 벗어나기 위해 관광 수입에 크게 의존했던 전체 남유럽 지역에서, 여행 산업이란 국가 경제에 매우 중요한 업종 그룹이다. 2021년 1월에 유럽 대부분이 2차 록다운을 실시하면서 생존에 필사적인 사업주들은 정부가 조치를 취하도록 요구하고 있었다. EU 내 시장 위원인 티에리 브르통은 호텔, 레스토랑, 여행사를 붕괴 위기에서 건져 내기 위해 유럽의 막대한 경기 부양 패키지 자금을 이용한 '마셜 플랜(역자 주: 미국이 제2차 세계 대전 이후 유럽을 지원하기 위해 수립했던 대규모 원조 계획)'을 촉구했다.[10]

아시아

아시아에서 일본의 소매 산업은 국내 록다운과 중국을 중심으로 한 외국인 관광객 수 급감으로 타격을 받았다. 일본 백화점 협회(Japan Department Stores Association)에 따르면 2020년 상반기에 205개 회원사 매장 중 의류 매출이 40% 감소하면서 사상 최대 감소폭을 기록했다. 이는 일본인들이 외출을 삼가는 동시에 외국인 관광객 수 또한 90% 이상 감소했기 때문이다.[11]

2020년 3월부터 5월까지 3개월간 상위 4개 백화점 그룹인 J 프론트 리테일링(다이마루와 마츠자카야 점포), 타카시마야, 소고 & 세이부, 그리고 마츠야의 합산 영업 손실은 거의 370억 엔에 달했다.[12]

홍콩에서는 2019년 정치적 시위 동안 입은 손실에 이어 코로나 피해가 소매업체를 휩쓸었다. 2020년 10월 누적 매출은 전년 대비 27%나 감소했다.[13]

홍콩 소매 관리 협회(Hong Kong Retail Management Association)에 따르면 2020년 6월 말까지 약 1만 400명의 소매업 근로자가 해고되고 5,200개의 상점이 문을 닫은 것으로 추정되며 서베이에 응답한 152개 회사의 96%가 코로나 위기 이후 적자를 기록하고 있다고 한다. 폴리 폴리와 링스 오브 런던(시계, 주얼리)은 홍콩에서 철수한다고 발표했으며 이에 따라 12개의 매장이 폐쇄되었다.[14]

싱가포르의 소매 산업은 코로나19가 창궐하기 1년 전부터 연속 월 매출 감소로 어려움을 겪고 있었다. 싱가포르 정부 추정으로는 코로나19의 출현으로 싱가포르 경제는 2020년에 전체적으로 6~6.5% 위축된 것으로 판단된다. 트레이딩 이코노믹스에 따르면 2020년 봄 판매는 절반으로 감소했다. 유명한 로빈슨 백화점 그룹과 탑숍, 에스프리, 스포츠링크, 유니버설 트래블러의 현지 지사는 2020년 10월에 문을 닫아야 했다. 2020년 9월 당시 소매 판매는 전년 대비 거의 13% 감소했다.[15]

2020년 3월 오프라인 매장 채널을 통한 한국의 소매 판매는 사회적 거리두기 조치와 중국인 등 외국인 관광객 감소로 8% 감소했다. 2020년 5월 실업률은 10년 만에 최고치를 기록했다. 한국 내 선두 소매 기업인 신세계는 2020년 상반기 동안 매출이 28% 감소했고 제주도의 롯데와 신라 면세점은 2020년 5월에 문을 닫았다.[16]

호주와 남아프리카

호주의 소매 산업 시장은 2020년 봄에 최대 18% 감소했으며 그 결과 많은 소매업체가 피해를 입었다. 사업을 축소하거나 중단한 기업으로는 디자인웍스·젯츠 스윔웨어, 진스웨스트, 지스타 오스트레일리아, 해리스 스카프 백화점, 직소 오스트레일리아 등이 있다. 10개 매장 폐점을 발표한 대기업 백화점 그룹인 데이비드 존스나 100개의 매장 문을 닫은 패션 소매업체 콜레트, 타깃 마트 내에 위치한 매장 75개를 폐쇄한 웨스파머스 또한 어려움을 겪고 있다. 한편으로 노니 B, 리버스, 밀러스, 케이티와 같은 브랜드를 소유한 패션 소매 기업인 모자이크 브랜드도 250개 매장을 폐점하겠다고 발표했다.[17]

남아프리카 공화국 경제는 코로나 사태가 발생하기 전인 2019년에 이미 침체에 빠져 있었다. 엎친 데 덮친 격으로 과밀한 흑인 거주 구역 내에서 사회적 거리두기를 실시하기는 현실적으로 어려울 뿐더러 의료 시설 수용 능력에도 한계가 있어 팬데믹이 남아프리카에 미친 영향은 매우 심각했다.

소매 판매는 2020년 봄 최대 50%까지 감소했고 10월에도 여전히 2% 감소하는 등 회복에 시간이 걸리고 있다. 실업률은 2020

년 3분기에 30% 이상으로 상승했으며, GDP는 2010년 수준 이하로 감소할 것이라는 예측이 제기되었다.[18]

많은 대규모 소매업체가 록다운으로 인해 상당한 타격을 입었다. 에드가스 백화점과 저가 소매점인 제트를 보유하고 있는 에드콘은 파산 신청을 했으며 3만 9,000명의 근로자가 실직 위기에 처하게 되었다. 호주의 울워스 백화점과 데이비드 존스를 보유하고 있는 기업인 울워스 홀딩스는 2020년 6월 결산 기준 세후 순이익이 20% 이상 급감했고, 2020년 9월 S&P 등급도 하향 조정되었다. 트루워스도 큰 영향을 받아 2020년 6월 결산 기준 연 매출이 28%나 감소했고, 월마트가 소유하고 있는 할인점(마크로와 게임 슈퍼마켓)은 상반기 동안 매출이 10% 감소했으며 6,500만 달러의 손실을 기록했다. 스캔들을 일으킨 주택 소매업체인 슈타인호프의 손실 규모는 2020년 중 2배 이상 증가하여 두 배 이상인 17억 달러를 기록했다.[19]

브릭스(브라질, 러시아, 인도, 중국)

브라질은 코로나의 영향을 극심하게 받은 국가로 2021년 1월 중순까지 800만 명 이상의 확진자가 발생했으며, 이는 세계에서 세 번째로 많은 수이다. 여기에 사회적 거리두기가 효과를 거두지 못하고 빈곤 지역 의료 시설 부족 등 사회 문제까지 내포되어 있다. 브라질 경제부는 2020년 9월 연간 GDP 감소폭이 거의 5%에 달하여 소매 부문에 치명적인 영향을 미칠 것이라고 예측했다.[20]

로하스 레너(의류)는 심각한 매출과 이익 감소를 우려하고 있는 한편 매거진 루이자(전자 제품)는 절대 수익 규모 자체가 크게 하락했다. 패션 소매업체인 레스토크는 2020년 6월 채권단과 부채 구조 조정에 합의했다고 발표했다.[21]

러시아도 코로나 상황이 심각했고 2021년 1월 중순까지 확진자 수가 거의 350만 명에 근접했다. 확진자 수가 계속적으로 증가함에도 불구하고 러시아는 2020년 가을에 경제 제한을 다시 풀었고 2차 확산이 뒤따랐다. 경제도 팬데믹에 연이은 유가 폭락으로 큰 타격을 입었다.[22]

러시아의 소매 판매는 2020년 봄에 23% 급락했으며 11월에는 감소폭이 줄긴 했으나 전년 대비 3% 감소세를 유지하고 있었다. 이는 실업률이 39%까지 급등했기 때문이다. 러시아 소매 기업 협회(Russian Association of Retail Companies)에 따르면 2020년 중 러시아의 비식품 소매 손실은 6조 800억 루블(800억 달러)로 예상되었다. 소매업을 포함한 소규모 기업 중 약 3분의 1이 위기 기간 동안 파산할지도 모른다고 우려하고 있다.[23]

브라질이나 러시아와 마찬가지로 인도는 2021년 1월 중순까지 확진자 수가 거의 1,050만 명까지 증가하면서 팬데믹으로 인한 사회적 고통이 극에 달했다. 도시 밀집도가 매우 높은 인도의 거대 도시는 사회적 거리두기가 실시되기에 이상적인 환경이 아니었고, 빈민층도 록다운 기간을 견딜 만한 경제적 여력이 없었다. 인도의 취약한 병원 시스템 또한 환자들을 수용하기에는 역부족이었다.[24]

세계은행은 2020년 인도 경제가 전년 대비 9.6% 위축될 것으로 전망했고, 2020년 5월 전 인도무역연맹(Confederation of All India

Traders)은 소매업체 중 최대 20%가 연내에 폐업할 가능성이 있다고 밝혔다. 유명 패션 브랜드인 판탈롱을 보유하고 있는 아디티야 버를라 패션 앤 리테일과 랄프 로렌, 테드 베이커, 아메리칸 이글과 같은 서구권 프랜차이즈 브랜드의 인도 법인은 2020년 9월 분기 수익이 절반으로 감소했다. 다른 대규모 소매업체들도 피해를 받았다. 릴라이언스 리테일은 2020년 6월 결산 분기 이익이 50% 줄었고, 퓨처 리테일도 2분기 손실이 거의 7억 달러에 달했으며 애비뉴 슈퍼마트도 2020년 9월 분기 이익이 38% 감소했다.[25] 실적 악화로 인해 퓨처 리테일은 2020년 8월에 릴라이언스에 인수되었다.

반면, 중국은 코로나 피해가 비교적 적은 편이다. 중국 정부는 확진자가 증가하기 시작한 2020년 1월 중순에 신속하게 국가 봉쇄 조치를 취해 3월에는 감염 사례가 발생하지 않게 되었고, 3월 말부터는 경제 활동을 재개했다. 그러나 코로나 감염 자체는 심각하지 않았지만 소매 판매는 회복이 더뎌 1월과 2월에는 21% 감소했고, 3월에는 16%, 4월에는 7.5% 감소했다. 발병이 시작되기 전인 2019년 12월에는 8% 성장을 기록한 데 비해, 소비는 8월까지 회복 기조로 돌아서지 못했다.[26]

중국 경제는 국내 뿐 아니라 글로벌 제조 수요 감소에도 타격을 입었다. 2019년 12월 대비 수출은 2020년 1월과 2월에 39% 감소했으며 2020년 9월까지는 반등하지 못했다. 중국 정부는 수출 감소를 상쇄하기 위해 17억 달러에 달하는 긴급재난지원금을 지급하며 내수를 부양하고자 했다.[27]

코로나 이전에도 중국은 이미 알리바바나 징동닷컴과 같은 세계에서 가장 발전한 이커머스 업체를 보유하고 있었다. 코로나 위기는 이러한 이커머스 업체들이 시장 점유율을 높일 수 있는 기회였고, 이들은 이 기회를 충분히 활용했다. 온라인 판매는 2020년 첫 5달 동안 12% 성장했으며 2020년 5월까지 전자상거래의 실제 상품 판매 점유율은 26%까지 상승했다. 매년 6월에 열리는 '618 쇼핑 대축제(역자 주: 징동닷컴이 창립기념일인 6월 18일마다 프로모션을 진행하자 다른 쇼핑몰들도 이날 전후로 행사를 진행하게 되면서 중요 행사로 자리 잡음)'에서 징동닷컴의 매출은 전년 대비 74%나 성장했다.[28]

중동

럭셔리 쇼핑의 본거지로 유명한 아라비아만(灣)은 코로나19의 발생으로 산산이 흩어졌다. 이 지역의 기업은 온라인으로의 전환이 더뎠고 '중동의 소비자들은 오프라인 쇼핑을 좋아하기 때문에 이커머스에 많은 투자를 할 필요가 없다'는 인식이 지배적이었다. 그 결과 이커머스 점유율은 2018년에 5% 미만으로 영국의 20%에 비해 4분의 1 수준이었다. 그러나 코로나바이러스의 출현으로 이러한 전략의 약점이 드러났고 이에 따라 소매 산업은 막대한 피해를 입었다. 오프라인 점포와 쇼핑몰이 문을 닫은 상황에서 이커머스 매출 규모는 2020년에 240억 달러까지 성장하면서 전체 소매 판매의 9% 이상을 차지하게 되었다. 반대로 오프라인 매출은 급격히 감소했다. EFG 헤르메스(글로벌 투자은행)는 2020년 매출이 20% 이상 감소할 것으로 예측했다. 두바이 상공회의소에서 설문 조사한 결과, 두바이 레스토랑 및 호텔 비즈니스 소유자의 절반은 코로나19로 인

해 영업을 중단하게 될 것으로 예상한다고 응답했다.[29]

스타벅스, 포터리 반, 치즈케익 팩토리 등의 브랜드를 운영하고 있는 걸프만 최대 프랜차이즈 체인인 쿠웨이트 알샤야 그룹은 2020년 4월 아라비안 비즈니스에 게재된 내부 직원 영상에서 암울한 전망을 제시했다. 존 하든 CEO 대행은 영상을 통해 "현재 우리 매장 중 5% 미만이 영업중이다. 매출은 95% 감소했지만 비용 구조는 그대로 유지되고 있다. 세계 어디를 가도 이런 상황에서 사업을 끌고 나갈 수 있는 기업은 없을 것이다."라고 밝혔다.[30]

두바이 몰을 소유하고 있는 에마르 프로퍼티스는 두 개의 신규 프로젝트, 즉 2020년 엑스포 세계 박람회 사이트 근처의 몰과 두바이 힐스 주거 지역에 위치한 18만 5,000 제곱미터 규모의 몰 건설을 중단했다. 중동 최대 쇼핑몰 운영 업체인 마지드 알 푸타임은 로이터와의 인터뷰에서 몰에 입점 예정이었던 소매상점들이 현금을 확보할 수 없었기 때문에 동사의 5번째 프로젝트이자 오만에서 가장 큰 쇼핑센터인 14만 5,000 제곱미터 크기의 몰 오브 오만 개점을 연기한다고 선언했다.[31]

또한 중동은 유가가 배럴당 50달러 선에서 최저점에서는 실질적으로 0달러 밑으로 급락했던 석유 경기 악화에 따른 영향을 받았다. 걸프협력회의(GCC) 회원국 정부의 재정은 석유 판매 수익에 크게 의존하고 있었기 때문에 유가가 하락하자 지출을 줄여야 했으며, 이에 따라 이들 정부는 장기 긴축으로 방향을 전환했다. 이러한 상황에서 소매 업황의 빠른 회복을 기대하기는 힘들다.

햄리스, 하우스 오브 프레이저, YO! 스시, 허밍버드 베이커리 등을 비롯한 많은 요식업 브랜드를 보유한 다우드 그룹의 전무 이사이자 고메 걸프의 창업자인 사미 다우드는 "우리 브랜드들의 매출을 들으면 아마 엄청난 농담이라고 생각할 것이다. 예전에는 2만 다르함, 5만 다르함, 10만 다르함 매상을 기록하던 브랜드들의 매출이 100다르함, 300다르함, 700다르함으로 떨어졌다. 사람들이 쇼핑몰에 오는 이유는 이제 친구들과 어울려 돌아다니려는 게 아니라 그저 물건만 사러 오는 것이다. 소매 사업이라는 측면에서 보면 확실히 이런 경향을 볼 수가 있는데, 특히 식음료 매장에는 손님들이 발길을 아예 끊었다. 큰 이유는 질병에 대한 공포 때문이고 이런 현상은 당분간 지속될 것"이라고 언급했다.[32]

비용 구조를 통합하여 규모의 경제를 실현하려는 소매업체들의 움직임에 따라 사업 종료나 합병 등이 줄을 이었다. 토이 스토어나 홀마크를 보유하고 있는 걸프 그리팅 제너럴 트레이딩은 2021년 1월에 청산되었다. 썬앤샌드 스포츠 체인을 보유하고 있는 걸프 마케팅 그룹은 2020년 12월에 알 푸타임으로부터 로얄 스포팅 하우스를 인수했다.[33]

소매 해외 여행업

마지막으로 2019년 수익이 거의 800억 달러였던 거대 비즈니스이자, 코로나 사태 이전에는 2025년 예상 시장 규모가 1,500억 달러를 넘을 것으로 예상되었던 해외여행 및 면세점 시장에 대해 언급하려고 한다. 코로나19로 해외여행이 전면적으로 중단되었기 때문에 공항 내 소매 판매업에는 거대한 재앙이 닥쳤다.[34]

히드로 공항은 2020년 9개월 누적 손실이 15억 달러에 달한다고 공시했고, 호주 시드니 공항은 2020년 5월 중순까지 항공편이 98% 감소했다고 발표했다. 공항에서 일하는 매장 직원 브렌다는 2020년 6월 가디언지와의 인터뷰에서 "마치 유령 도시 같다. 고가 브랜드 상점은 모두 문을 닫았다."라고 울상을 지었다.[35]

향후 격리 기간 조치 등 관광 목적 여행에 대한 규제와 비즈니스 미팅들이 줌으로 대체되고 있는 현상 등을 고려하면 글로벌 소매 경제를 구성하는 핵심 부분인 여행과 면세점 산업은 한동안 침체될 전망이다.

요약하자면 글로벌 전통 소매 업황은 암울해 보인다. 역사적으로 전 세계의 소매 산업이 동시에 타격을 입은 경우는 거의 없었다. 위기는 일반적으로 특정 산업이나 시장, 또는 지역에 한정해서 발생하기 마련인데 이렇게 전 세계가 동시에 하나의 변수에 의해 영향을 받는다는 사실은 새로우면서도 참으로 충격적인 일이다.

6장
그 많던 기업은 다 어디로 갔을까?
-브랜드에 대한 타격

공급망 내의 소매업체와 레스토랑 뒤에는 상점과 식당에서 유통되는 제품을 만들고 마케팅하는 브랜드와 제조업체가 있다. 브랜드와 제조업체는 소매업체와 레스토랑에 제품을 판매하고 있으며 이 산업에는 수백만 명의 일자리가 달려 있다. 소매 점포들이 록다운을 겪으면서 제품을 생산하는 브랜드의 비즈니스는 고갈되어 버렸다. 코로나19의 침공으로 인한 팬데믹 위기가 막 시작되었을 때, 소매업체들이 재고를 줄이면서 브랜드의 사업 환경은 더욱 악화되었다.

의류

헤인즈브랜즈(언더웨어)의 2020년 1분기 매출은 1억 8,100만 달러 감소했고, 2019년 1분기에 8,100만 달러에 달했던 순이익은 2020년 1분기에는 800만 달러의 순손실로 전환되었다.[1] 울포드

AG(양말)는 2020년 3월 첫 2주 사이 매출이 50% 하락하면서 주가가 고점 대비 82% 하락했다.[2] 랭글러, 리, 반스 브랜드를 보유한 VF 코퍼레이션은 2019년 1분기에는 1억 2,900만 달러의 이익을 냈으나 2020년 1분기 매출이 전년 대비 11% 감소하면서 4억 8,400만 달러의 순손실로 전환되었다.[3]

유명 스포츠웨어 브랜드인 언더아머는 1분기 순손실 5억 9,000만 달러를 기록했는데, 이로 인해 15억 5,000만 달러 규모의 순자산, 즉 자본의 상당 부분이 잠식되었다(역자 주: 기업이 순이익을 내면 이익잉여금으로 자본 항목에 가산이 되고, 반대로 순손실을 기록하면 결손금으로 자본에서 차감됨. 이에 따라 순손실이 계속적으로 누적되면 이익잉여금이 모두 차감되고 결국 자본금이 잠식되며, 자본금이 일부 잠식되면 부분 자본잠식, 모두 잠식되면 완전 자본잠식이라고 표현함).[4]

타미 힐피거, 캘빈 클라인 등의 브랜드를 보유했던 의류 제조업체 필립스-반 호이젠(PVH, Phillips-Van Heusen)도 1분기 매출이 43% 감소하면서 주가가 고점 대비 50% 하락했으며, 45억 달러 순자산 대비 상당히 부담되는 규모인 10억 9,700만 달러의 순손실을 기록했다.[5]

장난감

바비 인형을 제조 및 판매하는 마텔은 1분기 매출이 거의 1억 달러 감소했고 순손실은 2019년 동기 1억 7,600만 달러 대비 2억 1,100만 달러로 증가하면서 주가가 최고점 대비 80% 이상 하락했다.[6] 모노폴리와 플레이도우 판매사인 해스브로도 7,000만 달러의

순손실을 기록했다.[7]

뷰티

뷰티 산업은 코로나 사태 이전에 급속한 성장을 지속하고 있었다. 그러나 코로나19 이후 사람들이 집에 머무르는 시간이 증가하면서 화장품 등 뷰티 제품에 대한 수요가 감소하자 큰 타격을 입었다. 유일한 예외를 찾자면 록다운 기간 동안 오히려 성장한 스킨케어 제품군이다. 오랜 부진을 겪고 있었던 브랜드인 레블론은 2020년 3분기 누적 매출이 전년 대비 26% 감소했고 3억 8,500만 달러의 순손실을 기록했다. 레블론은 과도한 부채를 지고 있었고, 2021년 1월에는 시가 총액이 최고점 대비 98% 하락하면서 회사의 장기 전망에 대해 의문을 남겼다. 2020년 11월, 레블론은 파산을 피하기 위해 부채를 재조정했다.[8]

맥스 팩터, 커버걸, 캘빈 클라인을 보유한 코티는 2020년 6월 말 매출이 25% 감소하고 순손실이 3억 6,400만 달러로 증가한 상황에서 유동성을 확보하기 위해 웰라 사업부를 KKR 벤처 캐피털에 매각했다. 웰라 사업부 매각으로 일부 현금을 확보했음에도 불구하고 코티는 도저히 감당할 수 없는 80억 달러 이상의 부채를 안고 있었기 때문에 무디스는 코티의 주식에 높은 신용 위험 등급을 부여했다.[9]

프랑스의 뷰티 대기업인 로레알마저 2020년 3분기 누적 매출이 7% 감소했다고 공시했다. 로레알이 온라인 및 모바일 매출을 끌어올리는 데 미리 투자하지 않았더라면 실적은 훨씬 더 큰 폭으로 감소했을 것이다. 동기간 동안 로레알의 비대면 매출은 60% 증가하면서, 매출 비중이 25%까지 상승했다.[10]

거대 뷰티 기업인 에스티 로더 또한 2020년 6월 말 기준 매출이 4% 감소했고 순이익이 전년 대비 60% 감소했다고 발표했다. 에스티 로더는 2020년 8월에 최대 2,000명 감원과 단독 매장 10~15% 폐점 계획을 발표했다.[11]

생활 소비재

식음료나 가정용품과 같은 생필품을 제조하는 생활 소비재 분야는 팬데믹 기간 동안 상당히 좋은 실적을 거두었다. 세제, 통조림 식품, 청소용 물티슈, 화장지 등의 품목은 특히 록다운 초기 몇 주 동안 패닉 바잉(역자 주: 시장 심리가 불안해질 때 물량을 최대한 확보하기 위한 사재기 현상을 말하며, 일반적으로 거래량이 급증하면서 가격도 함께 상승함)과 재고 비축 덕분에 수요가 증가했고, 일부는 가격이 상승하기도 했다. 그러나 일부 기업은 상대적으로 저조한 실적을 보였다.

유니레버는 2020년 3분기 누적 매출이 2% 감소했는데, 가정용 비누 등 사업부 매출은 증가했지만, 관광객 감소로 인한 아이스크림 매출 감소와 레스토랑 및 카페에 공급하는 물량이 감소하면서 상쇄된 부분이 크기 때문이다.[12]

크래프트 하인즈 컴퍼니는 2015년 크래프트 제너럴 푸드와 하인즈 간의 대규모 합병 이후 어려움을 겪고 있으며 2021년 1월 주가는 2017년 고점의 3분의 1에 불과했다. 코로나 이전인 2019년 4분기에도 순매출이 이미 미국 내 치즈, 커피, 편육, 베이컨 수요 감소로 전년 대비 5.1% 감소했으며, 대표 커피 브랜드인 맥스웰 하우스에 대한 공정가치 2억 1,300만 달러를 포함하여 전체 6억 6,600만 달러를 상각 처리했기 때문이다. 크래프트 하인즈 컴퍼니는 2020년 3분기 누적 손실 6억 7,600만 달러를 기록했는데, 이는 주로 치즈 사업부 매각 관련 비용으로 인한 것이었다.[13]

2021년 1월 중순 기준 코카콜라 주가도 최고점 대비 14% 하락했다. 주가가 하락한 이유 중 일부는 탄산음료가 건강에 악영향을 미친다는 우려가 증가하면서 장기적으로 매출이 감소했기 때문이었다. 이에 더해 사람들의 외출이 감소하면서 전체 매출의 절반을 차지하던 펍이나 레스토랑 등 B2B 매출이 둔화되어 2020년 2분기 매출이 28% 감소하는 등 코로나 타격도 컸다. 결국 코카콜라는 미국, 캐나다, 푸에르토리코에서만 4,000명의 희망퇴직자를 모집할 수밖에 없었다.[14]

공급망 또한 차질을 겪었다. 미국 최대 육류 생산업체인 타이슨 푸드는 코로나19 위기 속에서 '식품 공급망이 무너지고 있다.'고 경고했다. 타이슨 푸드는 공장과 관련하여 11,000명 이상의 확진자가 발생하며 타격을 받았으며 아이오와주의 돼지고기 가공 공장을 비롯해 미국 전역에 위치한 여러 공장을 폐쇄하거나 생산량을 줄여야만 했다.[15]

담배 브랜드인 럭키스트라이크나 로스만스를 보유하고 있는 브리티시 아메리칸 타바코(BAT)는 오래 제기되어 온 건강 문제로 인한 흡연 인구 감소와 함께 코로나로 흡연이 금지되면서 2020년 1월 중순까지 남아프리카, 멕시코, 아르헨티나 등의 시장에서 점유율을 최고점 대비 거의 절반 가까이 상실했다. 말보로와 벤슨 앤 헤지스를 소유한 필립 모리스 인터내셔널도 2021년 중순까지 최고 점유율 대비 3분의 1을 잃었다. 필립 모리스 인터내셔널은 코로나로 인해 글로벌 생산 능력의 20%에 해당하는 설비를 가동 중단해야 했고, 2020년 2분기 매출이 10% 감소했다.[16]

다농이나 액티멀과 같은 유제품 브랜드를 보유하고 있는 프랑스 회사 다농도 코로나로 부정적인 영향을 받았으며 2021년 1월 중순 주가는 2019년 최고점 대비 35% 하락했다. 2020년 3분기 누적 매출은 5.4% 감소했는데, 이는 여행과 레스토랑 영업 중단으로 인해 에비앙 등의 생수 사업 매출이 21% 감소한 영향이다.[17]

맥주 브랜드 버드와이저와 스텔라 아르투와를 보유하고 있는 AB 인베브는 2021년 1월 주가가 최고점 대비 절반으로 하락했다. 2020년 첫 세 달 동안 전체 판매량이 9.3% 감소했는데, 특히 중국 매출은 46%나 감소했다.[18]

전반적으로 보면 코로나19로 인한 팬데믹은 소매점, 바, 레스토랑과 같은 고객지향 B2B 매출 비중이 큰 기업에게는 매우 가혹한 시기라는 사실을 알 수 있다.

D2C 채널

코로나19가 글로벌 환경에 미친 영향을 경험한 이후, 많은 브랜드들은 고객과 직접 소통하는 온라인 D2C(Direct to Consumer, 역자주: 제조업체나 브랜드가 가격 경쟁력을 높이기 위해 유통 단계를 제거하고 자사몰 등에서 소비자에게 직접 제품을 판매하는 방식) 채널 개발의 필요성을 느끼게 되었다. D2C 채널에 선제 투자한 브랜드들은 체감적으로 코로나바이러스로 인한 팬데믹 상황이 덜 고통스럽게 느껴졌다. 나이키의 주가는 2021년 1월 기록적인 수준을 기록했는데, 이는 2019년에 이미 매출의 20% 이상을 차지하는 강력한 디지털 사업 채널을 구축했기 때문이다. 온라인 매출이 84% 성장하면서, 2020년 11월 결산 기준으로 나이키의 분기 매출은 9% 증가했다. 또한 나이키는 건강과 피트니스에 대한 소비자들의 우려가 높아지면서 미래에 장기적으로 긍정적인 영향을 미칠 것으로 기대한다고 말했다. 나이키의 디지털 사업 비전에 대해서는 이후 48장에서 자세히 살펴볼 예정이다.[19]

불행히도 다른 브랜드들은 나이키와 같이 일관된 D2C 채널을 확보하지 못했다. 대부분의 브랜드들은 기존 유통 채널이 장기적으로 쇠퇴 국면에 접어들었다는 분명한 증거에도 불구하고 소매나 레스토랑 고객들에게 대한 의존도를 낮추지 못하고 있으며 자체 웹사이트를 통한 매출은 여전히 미미한 수준이다. 한 예로 헤인스브랜즈는 2019년에 'D2C 채널'의 매출 비중이 12%를 기록했지만, 여기에는 아마존과 다른 온라인 마켓플레이스 뿐만 아니라 아울렛 스토어와 오프라인 소매점 고객들의 이커머스 사이트를 통한 매출도 포함되어 있다. 자사몰을 통한 '진정한 D2C' 매출 비중은 5% 이하로 추정된다.[20]

언더아머는 2018년 매출의 12%가 자사몰과 타사 홈페이지를 포함한 전자상거래 채널을 통해 발생했다고 밝혔다. 온라인 매출 중 50%가 타사 홈페이지에서 이루어졌다고 가정하면 자사몰에서는 전체 매출의 6%가 발생했다고 추정된다. 앞서 본 사례들을 감안하면, 그 정도 수준으로는 코로나로 인한 소매 아울렛이 영업을 중단하는 영향을 상쇄하기에는 충분하지 않다.[21]

레블론의 온라인 사업은 2019년 회사 전체 순매출의 9.5%를 차지했다. 그러나 여기에도 아마존 등 타사 웹사이트를 통한 판매가 포함되므로 자체 홈페이지를 통한 매출 비중은 아마 앞서 언급한 두 회사와 크게 다르지 않은 수준일 것이다.[22] PVH, 마텔, 해스브로는 사업보고서에서 온라인 채널 매출 비중을 언급조차 하지 않았는데, 그런 사실로 미루어 짐작할 때 이들 회사는 D2C 채널의 중요성을 제대로 인식하지 못하는 것으로 보인다. 코티의 온라인 매출은 2020년 6월 결산 분기에 전체의 10%를 차지했지만 이 중에는 타사 웹사이트를 통한 매출도 포함되므로 자체 홈페이지를 통한 매출은 그 절반인 약 5% 정도로 추산된다.[23]

팬데믹 이전에 펩시의 온라인 매출 비중은 2% 미만이었으며, 이마저도 주로 타사 웹사이트를 통해 이루어졌다. Pepsi.com 및 Gatorade.com 등 펩시의 주요 브랜드 홈페이지는 2020년 11월 현재 고객에게 직접 제품을 판매하지 않고, 고객을 파트너사의 웹사이트나 매장으로 보냈다.[24]

코카콜라는 2019년 사업 보고서에서 온라인 채널에 대한 언급조차 하지 않았고, 소비자들이 홈페이지에서 제품을 구매할 수도 없었다. 그러나 앞서 보았듯 코로나19 위기가 회사를 강타하자 마침내 소비자들에게 제품을 직접적으로 판매할 수 있는 채널을 마련해야 한다는 것을 깨닫게 되었다. 2020년 4월 CEO인 제임스 퀸

시는 "우리는 특히 온라인 채널에서 몇 가지 급격한 소비자 행동 변화를 받아들일 것이다."라고 말했다.[25]

유니레버의 2019년 사업 보고서에는 온라인 매출 비중이 전체의 6%라고 언급되어 있지만 여기에도 마찬가지로 아마존이나 소매 고객 웹사이트 등 타사를 통한 매출이 포함되므로 자체 홈페이지 매출은 이보다 낮을 것이다.[26]

네슬레는 온라인 사업에 많은 공을 들인 결과, 2019년에 온라인 매출 비중을 8.5%까지 끌어올렸지만 이 수치에도 역시 타사 웹사이트를 통한 판매가 포함되어 있다.[27]

다른 소비재 기업들은 온라인 판매 비중이 아주 낮거나 온라인 매출이 전혀 없는 곳도 있다. 몬델레즈의 온라인 매출 비중은 코로나가 발생하기 이전인 2019년 기준 4~6% 수준이며, 크래프트 하인즈 컴퍼니는 홈페이지를 통해 제품을 직접 판매하지 않았다. 다농은 2018년 온라인 매출 비중이 4%에 불과했으며 심지어 모든 온라인 매출은 타사 웹사이트에서 발생했다.[28]

AB인베브는 인터넷 채널에 대해 일부 언급하기는 했지만 온라인 판매 비중은 밝히지 않았다. BAT와 필립 모리스 인터내셔널은 사업 보고서에서 온라인 매출에 대해 언급조차 하지 않았다.[29]

채널 간의 충돌

언뜻 보면 이러한 브랜드들이 왜 적극적으로 소비자에게 직접 다가가지 않았는지 이해하기 어렵다. D2C 채널을 확보하게 되면 브랜드들은 마진을 잠식하고 최종 소비자와 연결되는 것을 막는 중간 유통망(소매업체)으로부터 자유로워질 수 있기 때문이다. 소비자와 직접적으로 연결되면 두 가지 이점이 발생하게 된다. 바로 비용 절감과 고객 관계의 개인화이다.

우리는 1장에서 디지털 네이티브 D2C 브랜드가 어떻게 유통 비용을 절감하여 고품질 제품을 더 나은 가격에 공급할 수 있었는지를 보았다. 또한 이들 브랜드들은 소비자 행동을 훨씬 더 잘 이해할 수 있었기 때문에 고객과 일대일 관계를 형성할 수 있었다. 마지막으로, 그들은 기존 브랜드가 타사 유통망을 통해 할 수 있는 것보다 브랜딩 과정을 훨씬 더 잘 통제할 수 있었다. 기존 브랜드들도 D2C 채널 구축에 투자한다면 이러한 이점을 얻을 수 있다. 그러나 이 문제를 좀 더 깊이 들여다보면 코로나19 이전에는 브랜드들이 기존 소매 유통망의 눈치를 너무 보아 왔다는 점을 알 수 있다. 또한 D2C 채널 구축 비용이 만만치 않은 것도 브랜드들이 투자를 주저한 이유이다. 특히 이 비용적인 부분은 디지털 기반의 D2C 브랜드와는 달리, 기존 브랜드들이 소셜 미디어 브랜드 구축과 개인화된 마케팅 기술이 부족했기 때문에 더욱 문제시되었다.

앞서 고찰하였듯이, 주요 브랜드들은 자체 온라인 매출 채널을 확보하지 못한 상황에서 코로나 기간 동안 소매 및 레스토랑 유통의 상당 부분이 마비되어 매출에 큰 타격을 입었다.

7장
비명을 지르는 쇼핑몰

1장에서 다뤄 본 바와 같이, 소매의 위기는 코로나19가 전 세계를 강타하기 전인 2015년부터 2020년까지 오랜 기간에 걸쳐 숙성되어 왔다. 소매업체들이 줄도산하고 수백 개의 상점이 문을 닫게 되자 이들이 입점하고 있던 쇼핑몰과 쇼핑센터에도 막대한 타격이 가해졌다.

백화점과 같은 주요 임차인을 잃으면서 쇼핑센터는 치명적인 타격을 받았다. 미국 백화점의 월 매출은 2002년 200억 달러에서 2020년 93억 달러로 급감하여 백화점들은 대거 폐점에 들어갔다. 쇼핑몰 면적의 30%를 차지해 온 주요 임차인인 백화점이 사라지면서 쇼핑몰도 뒤이어 몰락하게 되었다.

미국에서는 전체의 약 3분의 1에 해당하는 400개의 쇼핑몰이 문을 닫았거나 장기 침체로 접어들었다. 이러한 현상을 조명하는 웹사이트(deadmalls.com)도 생겨났다. 캔자스시티의 메트로 노스

몰, 클리블랜드의 랜달 파크 몰, 밀워키의 노스리지 몰, 미주리주 플로리산트의 제임스타운 몰과 같은 쇼핑몰들은 한때 지역 사회의 번화가였지만 지금은 사진가인 세프 롤리스가 사진집 '미국의 부검: 국가의 죽음'에서 날카롭게 포착한 것처럼 텅 빈 폐허가 되었다.[1]

코로나19의 출현으로 쇼핑몰이 받는 압박은 매우 크게 증가했다. 심지어 아메리칸 드림 몰과 허드슨 야드와 같은 특급 개발 프로젝트조차 어려움에 봉착했다.

미국

○ 아메리칸 나이트메어

뉴저지 메도우랜즈의 아메리칸 드림 메가몰 프로젝트는 모든 회의론을 불식시킬 프로젝트가 될 것이라고 기대되고 있었다. 북미에서 가장 큰 300만 제곱피트 규모의 이 대형 럭셔리 몰에는 테마파크, 아이스링크, 수상 놀이 공간, 실내 스키 센터, 그리고 450개 이상의 상점이 있다. 그러나 팬데믹으로 오프라인 점포들이 문을 닫기 전부터 입점을 희망하는 업체가 없다는 불안 역시 피어오르고 있었다. 2019년 10월 첫 출시 당시에 아메리칸 드림은 오픈한 소매 상점은 단 한 개이며, 2020년 1월에 첫 3개월 동안 총 방문자 수가 79만 명, 즉 하루 9,000명꼴에 불과하다고 발표했다. 이는 애초에 예측했던 일일 방문자 수 10만 9천 명의 10분의 1도 안 되는 수준이다.

팬데믹이 미국을 강타하여 뉴저지와 미국 대부분이 자택 대피령이 내려지면서 아메리칸 드림은 2020년 3월 16일부로 문을 닫게 되었다. 결과는 참담했다. 아메리칸 드림은 팬데믹으로 촉발된 구조 조정의 일환으로 쇼핑몰의 자산 관리 및 운영팀의 7%에 해당하는 약 100명의 직원을 해고했다고 밝혔다.

아메리칸 드림 몰이 2020년 10월 1일에 다시 영업을 재개한 시점에서는 여전히 33개의 상점만 열려 있었고 쇼핑몰 소유주인 트리플 파이브는 14억 달러의 부채를 불이행하여 담보로 제공했던 플래그십 자산인 몰 오브 아메리카와 웨스트 에드먼튼 몰에서 발생하는 순이익의 49%를 양도해야 했다.

채권 시장 뉴스 사이트인 더 본드 바이어는 투자자들이 트리플 파이브 채권을 기피하면서 채권 등급이 하위 등급인 정크로 떨어졌다고 보도했다. 더 본드 바이어는 기사에서 "아메리칸 드림은 악몽이다."라는 한 애널리스트를 인용했다.[2]

○ 허드슨 야드의 공포

또 다른 주요 프로젝트로는 뉴욕에 위치한 허드슨 야드 몰이 있다. 2019년 3월 15일, 맨해튼 웨스트 사이드에 위치한 250억 달러 규모의 고층 유리 타워가 화려하게 오픈했다. 7층짜리 소매 쇼핑몰과 세련된 레스토랑을 자랑하는 이 쇼핑몰에는 공원, 호텔, 거대한 클라이밍 구조물, 두 동의 고급 콘도가 있었다. 허드슨 야드에는 주거 및 상업 공간 1,800만 제곱피트에 100개 이상의 고급 상점이 입점하여 12만 5천 명의 사람들이 매일 거주하거나, 근무하거나, 쇼핑을 할 것으로 예상되었다. 그러나 안타깝게도 코로나19가 발병하며 이곳은 황무지가 되었다. 콘도 분양은 둔화되고 팬데믹으로 인한 자택 대피령에 따라 상점과 레스토랑이 문을 닫았다. 관광객의 감소 또한 쇼핑몰 건설시 계획된 수요의 큰 부분에 공백을 낳았다.

가장 큰 피해를 입힌 주체는 쇼핑몰의 3개 층, 즉 188,000 제곱피트의 초대형 공간을 차지하는 앵커 세입자인 니만 마커스 그룹이었다. 허드슨 야드 지점은 2019년에 문을 열었으며, 텍사스에 본사를 둔 럭셔리 소매점인 니만 마커스 그룹의 첫 번째 뉴욕 매장이었다. 불행히도 니만은 2020년 5월에 파산을 했고 이후 매장을 폐쇄하기로 결정했다. 허드슨 야드에 있는 많은 소매업체들의 임대차 계약서에는 공동 임차 조항이 있어 앵커스토어가 문을 닫을 경우 임대료를 재협상하거나 상가를 빠져나갈 수 있었기 때문에 이는 쇼핑몰에 끔찍한 소식이었다.

허드슨 야드가 2020년 9월에 재개장했을 때, 매장 중 50개만 영업을 재개했으며 이벤트 공간인 허드슨 머캔타일은 파산했다. 소유주인 릴레이티드 컴퍼니스는 2020년 4월에 소매 임대료의 26%만 간신히 건졌고 8월에도 50%만 받을 수 있었다.

허드슨 야드의 주요 입주사인 로펌 보이스 쉴러 플렉스너는 2020년 10월에 맨해튼으로 통근하는 직원이 정상 시기의 10%에 불과하기 때문에 쇼핑몰에 입주한 트리 레벨 오피스를 철수하겠다고 발표했다.

많은 전문가들은 허드슨 야드가 56억 달러의 공적 보조금을 받았기 때문에 그 규모를 감안하면 실패할 가능성이 낮다고 논평했지만 가디언이 묘사한 것처럼 '허드슨의 공포'가 수반하는 최종 비용은 훨씬 더 클 수도 있다. 허드슨 야드 자금 지원에 대해 심도 있게 연구한 뉴 스쿨 포 소셜 리서치의 브리짓 피셔는 "여기서 가장 중요한 점은 뉴욕시가 허드슨 야드 투자를 구조화할 때 엄청난 위험을 감수했다는 것이고, 결국 잘못될 경우 그 비용은 납세자들이 부담하게 된다는 것이다."라고 우려했다.[3]

이 두 대형 쇼핑몰마저 어려움을 겪고 있다면 미국 전역에 위치한 다른 소규모 쇼핑센터들이 처한 상황은 쉽게 상상할 수 있다. 셧다운이 쇼핑몰과 그 소매점에 미치는 즉각적인 재무적 영향과 별개로, 폐쇄된 공간에서 오랜 시간을 보내야 하는 환경과 관련하여 코로나 관련 안전 문제도 있다. 많은 쇼핑몰들은 마스크 착용을 의무화하고 사회적인 거리를 충분히 두기 위해 수용 인원을 줄여야 했으며, 이로 인해 몰을 방문하는 고객 수는 늘어나기가 더욱 힘들어졌다.

○ 못 내, 안 내!

입점 업체들이 임대료를 내지 못하게 되자 쇼핑몰의 수익은 크게 줄어들었다. 미국 상업용 부동산의 임대료 거의 절반이 2020년 4월과 5월에 미지급되었으며 9월까지 미지급률은 86%까지 상승했다. 또, 많은 세입자들은 변동 임대료 등 보다 유연한 조건으로 임대를 전환하려고 했다. 한 예로 2020년 6월에 노드스트롬은 건물주에게 2020년에 지급해야 할 전체 임대료의 절반만 지급하겠다고 선언했다. 갭, 반스 앤 노블, H&M, 풋 라커와 같은 다양한 브랜드들이 임대료 지급을 연기하거나 취소했다. 2020년 6월, 사이먼 프로퍼티스 그룹은 매장 임대료를 지불하지 않았다는 이유로 갭을 상

대로 6,600만 달러의 소송을 제기했다.[4]

영국

영국에서도 주요 상점들이 입은 손실은 번화가 경기에 치명적인 영향을 미쳤다. 뉴캐슬의 쉴즈 로드, 리버풀의 월튼 로드, 웨일즈의 토니팬디와 같은 덜 부유한 지역에서는 가게의 3분의 1이 문을 닫았다. 영국은 미국만큼 쇼핑몰이 많지는 않지만 같은 종류의 어려움에 처해 있다. 노팅엄의 브로드마시, 메이든헤드의 니콜슨스, 스코틀랜드 폴커크의 칼렌다 스퀘어와 같은 쇼핑센터는 문을 닫거나 상당수의 임차인을 잃었다.[5]

2020년 여름 짧은 리오프닝 기간에도 록다운 기간 동안 쇼핑몰들이 타격을 받은 정도가 업태에 따라 각기 다르다는 지적이 제기되었다. 영국 소매 컨소시엄에 따르면, 2020년 7월 영국에서 쇼핑센터의 방문객은 전년 대비 40% 이상 감소했으며 '부정적인 영향을 가장 직접적으로 받는 업태'였다고 한다. 반면 공원 상점가는 '더 넓은 개방 공간' 덕분에 방문객이 20% 감소하는 데 그쳤다.[6]

중국

코로나로 인한 재앙은 서구권만의 문제가 아니다. 많은 중국 쇼핑몰도 몰락할 위험에 처해 있다. 중국에서는 2005년부터 2015년까지 엄청난 부동산 붐이 일어났고 이 기간 동안 무려 4,600개의 쇼핑몰이 건설되었다. 이 수치는 전 세계에 새로 건설된 쇼핑몰의 절반을 넘는 수준이다. 그러나 중국에서는 알리바바와 징동닷컴을 비롯한 온라인 쇼핑 업체들이 눈부시게 성장하면서 오프라인 소매 업체와 부동산 개발 업자들에게 큰 충격을 주었다. 온라인 쇼핑 산업의 발전으로 중국의 유통 산업은 전통적인 소매 매장 구조를 뛰어 넘어 온라인 플랫폼으로 직행하게 되었다. 결과적으로 신축 쇼핑몰들은 제대로 문을 열지 못했다. 동관의 뉴 사우스 차이나 몰은 테넌트를 채우기 전 몇 년 동안이나 비어 있었다. 상하이의 바이나 오후이 몰은 2020년에 절반은 비어 있었고 베이징의 e-월드몰은 완전히 폐쇄되었다.[7]

소매 산업 둔화로 이미 장기적으로 침체에 빠진 상가 소유주들과 번화가의 건물주들은 코로나19 사태가 닥치면서 한층 압력을 받게 되었다. 다음 장에서는 코로나19 사태가 더 넓은 금융 시장에 미친 영향에 대해 고찰해 보고자 한다.

8장
혼란, 혼란, 또 혼란

앞서 고찰해 보았듯이, 코로나19가 발생하기 이전 5년 동안 이미 소매 산업이 장기적인 침체로 들어서며 쇼핑몰, 쇼핑센터와 번화가에 상업용 부동산을 보유하고 있는 부동산 투자 신탁(REIT)은 이미 심각한 영향에 노출되었다. 이들 REIT는 소매업체와 계약한 임대차 계약을 담보로 장기 대출을 일으켜 건물의 건축 자금을 조달해 왔다. 대개 5년에서 10년의 장기 계약을 맺는 영국의 경우와 같이 다른 나라에서도 임대차 계약은 일반적으로 안정적인 수익 기반이라고 인정받아 왔다. 부채를 기반으로 자산을 취득하는 이러한 사업 모델은 소매업체들이 빠른 속도로 파산하거나, 영국의 CVAs(Company Voluntary Arrangements, 회사 자발적 계약)나 미국의 챕터 11 등의 파산 보호 조치로 임대 계약에서 벗어낼 때까지는 잘 유지되어 왔다.

그러나 소매업체가 위기에 빠지자 REIT의 사업 모델도 무너지기 시작했으며, 이에 따라 주가도 지속적으로 하락했다. CMBS(Commercial Mortgage-Backed Securities, 상업용 부동산 모기지 담보 증권)에 묶인 REIT의 부채 가치도 급격히 악화되었다. 막대한 자산이 증발했다. 이코노미스트는 2017년에 미국 내 소매 및 그에 관련된 부동산이 차지하고 있는 총자본의 규모는 2조 5천억 달러로 추산된다고 보도했다.[1]

진퇴양난에 빠진 REIT

코로나19로 인한 위기는 막대한 부채 부담과 함께 침체하고 있는 상업용 부동산 대기업들에게 두 번째 충격을 가했다. 록다운 조치로 인해 쇼핑몰과 쇼핑센터가 몇 달 동안이나 영업을 하지 못했고, 이는 즉시 부동산 그룹의 수익에 막대한 손해로 이어졌다.

다우존스 US 소매 REITS 인덱스는 2020년 2월과 2021년 1월 사이 33% 하락했고, 일부 REIT는 아예 상장 폐지될 처지에 놓였다. 실제로 2020년 11월 초 CBL 앤 어소시에이츠와 펜실베니아 리얼 에스테이트 인베스트먼트 트러스트(PREIT)는 하루 간격으로 파산했다.[2]

CBL은 조지아주 더글라스빌의 아버 플레이스, 일리노이주 록포드의 체리베일 몰, 테네시주 프랭클린의 쿨스프링스 갤러리아와 같은 B·C급 쇼핑몰과 쇼핑센터로 이루어진 포트폴리오를 운영하고 있었다. 변종 바이러스가 발생하면서 CBL은 생존에 치명적인 위협을 받았다. 노스캐롤라이나에 위치한 애쉬빌 몰의 트래픽은 2020년 9월 전년 대비 30% 감소했으며 록다운 기간 동안 임차인

들이 납부한 임대료는 전체의 27% 수준에 그쳤다.[3]

PREIT는 사우스캐롤라이나주 플로렌스의 매그놀리아 몰, 위스콘신주 라크로스의 밸리 뷰 몰, 펜실베이니아주 스크랜턴의 뷰몬트 몰 같은 소규모 상업용 부동산을 운영하고 있었는데 모두 코로나19 사태로 큰 타격을 받았다.

고점 기준으로 CBL과 PREIT의 합산 시가총액은 거의 150억 달러에 달했으나, 코로나 이후에는 거의 휴지 조각이 되었다. 채권 가치 또한 급격히 하락했다.[4]

다른 대규모 REIT들은 CBL이나 PREIT처럼 부도 위기에 당면하지는 않았으나 2020년 중 고전을 면하지 못했다. 워싱턴 프라임의 주가는 고점 기준으로 180달러까지 상승했으나 2021년 1월에는 9달러 언저리까지 떨어졌다. 워싱턴 프라임은 CBL이나 PREIT와 마찬가지로 인디애나주 카멜에 위치한 클레이 테라스, 펜실베이니아주 화이트홀에 있는 화이트홀 몰, 노스캐롤라이나주 롤리에 있는 노스 리지 쇼핑센터 등 B등급 쇼핑몰 부동산 포트폴리오를 보유하고 있었다. S&P는 워싱턴 프라임의 신용 등급을 정크로 떨어뜨렸고 2020년 6년 동사의 주가가 소폭 반등하자 투자 커뮤니티인 시킹 알파는 '데드캣 바운스(역자 주: 주가가 초단기 반등에 힘입어 일시적으로 회복하는 것처럼 보이는 상태)가 얼마나 갈까?'라는 기사를 게재했다.[5]

1,000억 달러의 자산과 2,200만 제곱미터 이상의 총 임대 가능 면적(Gross Leasable Area, GLA)을 보유한 미국 최대의 REIT인 사이먼 프로퍼티스 그룹도 수년간 지속된 소매 산업의 침체로 인해 심각한 피해를 입었다. 사이먼 프로퍼티스 그룹은 불행히도 2020

년 2월 경쟁사인 토브먼 센터를 경영권 프리미엄 50%를 포함하여 주당 52.5달러에 현금으로 인수하는 계약을 체결하면서 리스크에 대한 노출도를 높인 상황이었다.[6]

토브먼은 뉴저지의 숏힐스 몰, 플로리다의 밀레니아 몰, 캘리포니아의 비버리 센터와 같은 양질의 쇼핑몰을 보유하고 있었지만, 계약서의 잉크가 마르기도 전에 록다운 조치가 시행되면서 사이먼이 취득한 이들 쇼핑몰은 문을 닫아야 했고 토브먼에게 지급해야 할 36억 달러의 부채만 남았다.

당연한 수순으로 사이먼 프로퍼티스는 거래를 철회하려고 했고, 2020년 하반기에 이르러서야 법정 소송이 종료되었다. 양측의 변호사가 인지한대로, 소송 당시 토브먼이 보유한 자산에서 발생하는 순영업 수익이 31% 감소했기 때문에 소송은 아주 복잡해졌다. 결국, 양사 간의 분쟁은 사이먼이 토브먼에게 지급하기로 한 인수 가격을 18% 하향 조정하라는 판결을 받으며 2020년 12월 말에 종결되었다. 힘겨운 2020년을 보낸 사이먼의 주가는 2021년 1월에 고점 대비 39% 하락했다.[7]

총체적 난국의 CMBS

위기에 빠진 것은 REIT의 주가만이 아니었다. REIT는 자산을 취득하기 위해 CMBS(Commercial Mortgage-Backed Securities, 상업용 부동산 모기지 담보 증권)를 통해 대출을 일으켰다. CMBS의 연체율은 2020년 4월 2%에서 6월에는 10% 이상으로 수직 상승했다. 특히 소매 CMBS의 연체율은 4%에서 18%로 급등했다.[8]

2020년 미국의 상업용 모기지 규모는 약 4조 6,000억 달러에 달했고, 그 중 절반은 대형 은행의 재무상태표에 반영되어 있었다. 2020년 4월 월스트리트에서 일하는 한 시니어 뱅커가 배니티 페어와의 인터뷰에서 밝힌 바에 따르면, 약 2,600명의 CMBS 대출 차주가 은행에 전체 대출의 12%에 해당하는 5,000억 달러의 대출에 대해 구제 요청을 했으며 이 중 30%는 소매 부동산 관련 대출이었다.

그는 "비교적 초기였던 3월의 디폴트율이 12%였는데, 이는 2008년 금융 위기 당시의 CMBS 채무 불이행 비율보다 더 높은 수준이다. 하지만 위기가 진행되면서 디폴트율은 여기에서 더 급등할 전망"이라고 말했다.

월스트리트의 일부 은행은 CMBS에 대한 노출도가 경쟁사 대비 더 높았다. 2020년 4월 웰스 파고의 재무상태표에 반영된 부동산 모기지 규모는 약 1,250억 달러였고, 뱅크오브아메리카와 JP 모건 체이스도 각각 850억 달러와 650억 달러의 부동산 모기지 대출을 보유하고 있었다. 이는 악성 주택담보대출이 담보부 채무 (Collateralized Debt Obligations, CDO)로 포장되어 처참한 결과를 낳았던 2008년의 서브프라임 위기를 연상시키고 있다. 최악의 경우 이러한 현상은 몇 년 동안 지속될 수도 있다.[9]

영국

수백 개의 소매업체가 무너지면서 부동산 그룹들이 연쇄 도산의 위기에 처한 영국의 상황도 비슷했다. 레이크사이드와 트래포드 센터를 비롯하여 영국 전역에 17개의 쇼핑센터를 보유하고 있던 영국 최대의 소매 부동산 그룹 인투는 2020년 6월에 파산했다. 록다운이 발효된 후 인투는 전체 임대료의 겨우 29%만 수금할 수 있었다.[10] 버밍엄의 벌링 쇼핑센터와 런던의 브렌트 크로스, 그리고 옥스포드셔에 위치한 유명 아울렛 비세스터 빌리지를 보유한 해머슨은 2021년 1월 주가가 고점의 3% 수준까지 폭락했다. 신용평가 기관인 피치는 해머슨이 향후 파산할 가능성이 상당히 높다는 전망을 반영하여 등급을 '부정적'으로 하향하였다. 해머슨은 부도를 막기 위해 2020년 9월에 5억 5,200만 파운드의 긴급 채권을 발행했다.[11]

영국 최고의 쇼핑몰인 웨스트필드를 필두로 유럽과 미국에서 최고급 쇼핑몰을 여러 개 보유하고 있는 유니베일-로담코-웨스트필드(URW)의 주가는 2021년 1월 중순에 고점 대비 70% 이상 하락했다. 메도우홀과 캐나다 워터를 보유한 브리티시 랜드도 2021년 1월 중순까지 주가가 최고점에서 65% 하락했으며 자산 포트폴리오 가치가 10억 파운드 하락했다고 밝혔다. 영국의 '빅4' 소매 부동산 그룹의 기업 가치 폭락은 소매 산업의 위기와 코로나19가 상업용 부동산의 가장 핵심적인 부분에 미친 피해를 단적으로 보여 주고 있다.[12]

숙박업과 오피스 REIT

고통을 겪은 것은 소매 REIT만이 아니었다. 여행 및 관광 산업이 중단되며 호텔 산업도 심각한 어려움에 처했다.

힐튼 호텔을 소유하고 있는 파크 호텔스 앤 리조트의 2021년 1

월 주가는 최고점 대비 44% 하락했다. 로스앤젤레스의 몬드리안과 바이스로이, 보스턴의 W 호텔 등 유명 자산을 소유한 페블브룩 호텔 트러스트도 비슷한 시기에 주가가 거의 60% 하락했다. 세도나의 로베르주, 시카고의 더 그웬, 레이크 타호의 랜딩 리조트 앤 스파를 보유하고 있는 다이아몬드 락도 기업 가치의 55%가 증발했다.[13]

상업용 부동산 시장에서 큰 비중을 차지하고 있는 또 다른 부문은 오피스 공간 사업이다. 록다운이 시행되면서 대부분의 사람들이 재택근무를 시작했고 줌이나 마이크로소프트 팀즈를 통해 화상 회의로 대면 모임을 대체하게 되었다. 코로나19로 인한 팬데믹이 종식되더라도 기업들이 다시 대규모 사무실 공간으로 복귀할지는 미지수이다. 시킹알파는 미국 기업의 절반 이상이 코로나19 여파로 사무실 축소를 계획하고 있다고 밝혔다. 페이스북과 구글은 코로나 초기에는 직원들에게 재택근무 제도를 2021년까지 시행할 계획이라고 공지했지만 나중에는 트위터처럼 대부분의 직원들이 무기한으로 재택근무를 할 수 있도록 정책을 수정했다.[14]

소프트뱅크가 투자한 공유 오피스 기업인 위워크가 특히 큰 타격을 입었다. 위워크의 사업 모델은 장기 계약을 통해 공간을 확보한 다음 스타트업이나 초기 기업에게 소규모이자 더 유연한 형태를 갖춘 대신 높은 가격에 재임대하는 것이었다. 유연한 계약 조건 덕분에 코로나19 위기가 닥쳤을 때 많은 고객들은 위워크와의 임대 계약을 해지할 수 있었다.

2020년에 위워크는 직원 수를 대폭 줄이고, 가능한 한 많은 장기 임대 계약을 해지하면서 구조 조정에 돌입했다. 예를 들어 홍콩에서는 기존에 확보했던 공간 전체의 5분의 1을 철수했다. 이러한 자구 노력에도 불구하고 신용평가사인 DBRS 모닝스타는 470억 달러에 달하는 임대 계약 관련 부채를 감안하면 회사의 생존이 의문시된다고 말하며 위워크의 신용 등급을 하향했다. IPO가 철회되기 전인 2019년 9월에 470억 달러 이상으로 상승했던 회사의 기업 가치는 2020년 5월에 30억 달러 미만으로 하락했다. 위워크 지분의 대부분을 보유하고 있는 소프트뱅크는 2019년 말에 약정했던 30억 달러 규모의 지분 취득 계약을 취소하려고 했고, 이에 일부 위워크 이사진들은 소프트뱅크에 소송을 제기했다.[15]

미국에서 가장 큰 오피스 REIT들도 큰 타격을 받았다. 오피스 시장의 선두 업체인 보스턴 프로퍼티스의 2021년 1월 중순 기준 주가는 최고점에서 3분의 1 이상 하락했다. 보네이도 리얼티 트러스트는 같은 기간 동안 60% 하락을 기록했다. 소규모 도시 비중이 상대적으로 큰 에퀴티 커먼웰스는 주가가 반토막났다. 엠파이어 스테이트 빌딩을 소유한 엠파이어 리얼티 트러스트는 2020년 6월에 회장을 해임했으며, 전체 세입자의 3분의 1이 임대료 탕감을 요구하고 있다는 뉴스가 전해지면서 2017년 9월에는 22달러였던 주가가 2021년 1월에는 9달러까지 하락했다. 상황을 더욱 악화시켰던 점은 2020년 중 오피스 시장에 추가 공급 물량이 많았다는 사실이다. 2018~2019년 사이 미국에서 건설 중이었던 오피스 공간의 시장 가치를 합산하면 1,300달러 이상으로 지난 10년 동안의 그 어느 때보다 훨씬 높았다. 공급 과잉과 코로나19는 오피스 시장의 균형을 완전히 무너뜨렸다.[16]

코로나19가 소매, 숙박업, 오피스 등에 관련된 부동산 시장에 미치는 영향을 고려하면 상업용 부동산 시장 전체에 큰 위기가 닥칠 가능성이 잠재하고 있다. 그리고 이 위기는 부동산 시장에 투자한 연금 펀드의 투자 손실로 이어지며 많은 사람들에게 손실을 미칠 것이다. 연기금은 안전성과 견실한 수익률 때문에 부동산에 대한 투자를 늘려 왔고, 전체 포트폴리오 대비 부동산 투자 비중은 2000년 5%에서 현재는 평균 10%까지 상승했다. 미국 CMBS 연체율이 2020년 1월 2%에서 8월에는 10% 이상으로 상승했다는 점을 감안하면 상업용 부동산의 안전성은 애초의 기대치를 하회할 것으로 판단된다.[17]

9장

승자에게는 전리품을
-닷컴 기업들의 승리

소매 산업의 침체와 록다운으로 인한 최대 수혜자는 온라인 기업들이었다. 온라인 부문은 앞에서 살펴본 바와 같이 수년간 글로벌 소매 시장에서 점유율을 확대해 왔다. 그리고 코로나19의 등장은 이러한 현상을 엄청나게 가속화시켰다. 2019년과 2020년 초 사이의 침투율 변화를 살펴보면 변화의 정도를 실감할 수 있다.

영국의 이커머스 매출 비중은 전체 소매 판매의 2020년 2월에는 19%를 차지했지만 2020년 3월에는 22%로 상승했으며 4월에는 30%, 5월에는 33%를 기록했다. 과거에는 점유율이 이 정도로 상승하기 위해서는 10년의 시간이 필요했다.[1]

2019년 미국의 전자상거래 비중은 전체 거래액의 14%를 차지했다. 코로나19 발생 이후 전체 소매 판매는 15% 감소했지만 온라인 판매는 2020년 4월 기준 49% 증가했으며, 2분기 전자상거래 점유율은 거의 20%까지 상승했다.

특정 부문에서는 이커머스의 약진은 더 크게 나타났다. 영국 의류 부문의 경우 이커머스는 2020년 5월 기준 거의 50%까지 상승하는 등 엄청난 성장을 구가했다.[2]

온라인 마켓플레이스

인터넷 기업 중에서도 가장 눈에 띄는 승자는 아마존으로, 2020년 매출이 전년 대비 39% 증가했다. 아마존은 10만 명의 직원을 신규 고용하고 2021년 1월 시가 총액이 거의 1조 5,900억 달러에 이르렀다고 발표했다.[3] 아시아의 거대 기업 알리바바의 반기 수익은 2020년 9월 기준 32% 증가했으며, 경쟁자인 징동닷컴의 일반 상품 순매출도 2020년 2분기에 34%, 3분기에 29% 증가했다.[4]

영국에서는 패션 온라인 마켓플레이스가 호황을 누렸다. 부후는 소매 브랜드 카렌 밀런, 코스트, 오아시스, 웨어하우스, 데번햄스, 도로시 퍼킨스, 왈리스, 버튼 등의 온라인 판매권을 획득하면서 2020년 매출이 36%나 성장했다(해당 브랜드의 영국 내 오프라인 점포 판매권은 취득하지 않았으며 오프라인 점포들은 폐쇄되었다).[5]

ASOS도 2020년 8월 결산 회계연도 기준 매출이 19% 성장하였으며, 2020년 12월과 직전 3개월 동안 매출이 23% 증가하는 한편 탑숍 브랜드 판권을 확보했다. 독일의 유명 온라인 플랫폼인 잘란도의 매출 또한 2020년에 25% 증가했다.[6]

식료품

온라인의 침투를 오랫동안 방어해 온 식료품 부문도 영국 시장에서 온라인 부문에게 자리를 내주었다. 2019년 12월 5%에 불과하던 온라인 점유율은 2020년 5월에 11% 이상으로 상승했다. 초기에는 접속자가 몰리면서 홈페이지가 정상적으로 작동하지 않으며 불안한 출발을 보였으나, 배달 가능한 물량을 크게 늘리면서 6월 중순까지 영국 가정 5곳 중 1곳 꼴로 인터넷을 통해 식료품을 구매하게 되었으며, 전체 고객 수도 570만 명으로 증가했다.[7]

막스 앤 스펜서가 일부 지분을 보유하고 있는 온라인 식료품 사이트인 오카도는 록다운 기간 동안 사람들이 외출을 삼가하고, 특히 고위험군들이 무기한 격리되면서 주문이 크게 증가했다. 오카도의 CFO인 던컨 테이튼 브라운은 "주문이 쇄도하면서 매장에 대기열 시스템을 도입했다."고 밝혔다. 오카도의 매출은 2020년 6월 중순까지 12주 동안 42% 증가했다.[8]

오카도의 설립자이자 CEO인 팀 스타이너는 "온라인 식료품 기업은 변곡점에 처해 있다."며 "현재의 위기는 전 세계적으로 사람들이 소비하는 채널을 영구적으로 변화시키고, 이 변화를 매우 가속화시키는 촉매로 작용하고 있다. 이는 글로벌 식료품 산업의 지형을 재편할 것이다. 온라인 식료품 판매 산업의 급격한 성장으로 인해 우리에게 그 어느 때보다도 큰 기회가 주어졌다."라고 말했다.[9]

온라인 식료품 판매업이 넘어야 할 장애물은 낮은 유통 마진과 높은 배송 비용이었다. 이에 따라 온라인 식료품 기업은 고객에게 배달료를 청구했고, 이는 소비자가 유입되는 데 큰 방해 요인으로 작용했다. 그러나 록다운 기간 동안 사업의 규모가 성장하면서, 특정 지역에는 화물을 가득 싣고 배송을 할 수 있게 되면서 배송 비용 부담이 현저히 감소했다. 그러면서 일부 사업자들은 무료 배송 서비스를 실시하기 시작했다. 아마존은 무료 배송 서비스를 제공하는 아마존 프라임 로열티 요금제에 아마존 프레시도 통합하기로 결정했다.[10]

직접 판매 D2C 방식

앞서 언급한 대형 온라인 플랫폼 외에도 특정 제품에 초점을 맞춘 거대한 D2C 네트워크가 생겨났는데, 팬데믹 기간 동안 좋은 성과를 달성했다. 식사 보조제 브랜드인 휴엘은 2019~2020년 매출이 43% 성장했으며 흑자를 기록했다. 온라인으로 CBD(cannabidiol, 칸나비디올) 제품을 판매하는 이퀼리브리아는 2020년에 매월 20%의 성장을 기록했다. 그라운드 앤 하운드 커피는 35%의 성장을 구가했고, 바크박스 펫 용품 구독자 수는 58% 증가했다.[11]

서비스 산업 분야를 들여다보면, 열정적인 트레이너가 코칭하는 사이클링 머신과 디지털 피트니스 클래스를 서비스하는 온라인 체육관 운동 브랜드인 펠로톤은 록다운 기간 동안 운동 시설이 문을 닫으면서 기하급수적으로 성장할 수 있었다. 동사의 글로벌 회원 수는 2020년 6월말 기준 전년 대비 두 배 이상 증가한 310만 명에 이르렀고, 매출은 전년 대비 172% 증가한 6억 700만 달러를 달성했다.[12]

온라인 음식 배달 서비스도 물론 팬데믹 수혜를 받았다. 딜리버루의 추정 매출액은 2018년 4억 7,600만 파운드에서 2020년 10억 파운드로 증가했으며, 실적 성장을 바탕으로 최대 50억 파운드의 기업 가치로 IPO를 추진하게 되었다. 저스트잇은 2020년 3분기 매출이 46% 증가했고, 그럽허브 또한 같은 기간 동안 매출이 53% 증가했다고 발표했다. 개인이 운영하는 많은 레스토랑과 카페도 록다운 기간 동안 배달 서비스를 시작했다.[13]

　　요약하자면 코로나19의 출현과 그에 따른 록다운 조치 덕분에 전자상거래 기업들은 큰 기회 요인을 누리게 되었으며 수억 명의 소비자가 일상적인 소비를 하기 위해 온라인 쇼핑몰에 접속하게 되었다. 온라인 업체들은 정교한 고객 관리 시스템을 통해 고객을 유지하는 데 특화된 역량을 보유하고 있으므로 고객들은 온라인 쇼핑 행태를 유지할 것으로 예상된다.

10장
긍정적 측면과 부정적 측면

코로나19 팬데믹 동안 발생한 변화 중 눈여겨볼 점은 재택근무의 확산이었다. 코로나 이전 시대에도 유연 근무와 화상 회의에 대한 논의가 이루어졌고 많은 기업들이 겉으로는 이러한 유연 근무제나 화상 회의를 시도하겠다고 말했지만, 관성에 따라 다들 사무실에 출근하여 회의에 참여했고, 국제 미팅이나 컨퍼런스에 참여하기 위해 출장을 다니곤 했다. 그러나 2020년 3월부터 강제로 대면 미팅과 출장이 금지되자 대부분의 사람들이 재택근무로 전환하고 비대면 소통을 할 수밖에 없게 되었다. 화상 회의(줌과 구글 행아웃, 마이크로소프트 팀즈 등)와 클라우드 기반 문서 공유(구글 닥스, 슬랙 등) 기반 기술이 발전하면서 재택근무나 비대면 회의가 충분히 가능해졌고, 시행 후 며칠이 지나자 기업들은 꼭 직접 대면을 하지 않아도 업무에 큰 지장이 없다는 사실을 알게 되었다.

각국 정부가 시행한 록다운이 전 세계적으로 종료된 이후에도 기술 산업을 시작으로 많은 기업이 재택근무를 계속 시행하기로 결정했다. 트위터 창업자인 잭 도시는 직원들이 '영원히' 재택근무를 이어갈 수 있다고 말했고, 메타(구 페이스북)의 CEO인 마크 저커버그도 직원들이 무기한 재택근무를 할 수 있다고 발표했다.[1]

쇼피파이 CEO인 토비아스 뤼트케는 "현 시점에서 쇼피파이는 기본적으로 디지털 기업이다. 우리는 2021년까지 사무실을 폐쇄하고 새로운 현실에 맞추어 재조정할 것이며 그 이후에는 대부분 직원이 영구적으로 재택근무를 하게 될 것이다. 사무실이 중심이 되던 시대는 끝났다."라는 트윗을 남겼다.[2]

구글, 마이크로소프트, 모건 스탠리, JP 모건, 캐피털 원, 질로우, 슬랙, 아마존, 페이팔, 세일즈포스 및 기타 주요 회사도 재택근무 옵션을 확대했다.[3]

테크 기업이나 은행이 아닌 다른 산업에 속한 회사들도 같은 방향으로 움직이고 있다. 푸조, 시트로엥, DS, 오펠 및 복스홀을 제조하는 프랑스 자동차 제조업체 그룹 PSA는 비생산직 직원이 원격으로 근무하는 '민첩성의 새 시대'를 발표했다. PSA의 대변인은 "코로나19 위기 상황에서 재택근무가 긍정적인 경험이며 효율적인 조치라는 점을 확인하면서 그룹 PSA는 재택근무를 강화하고 생산과 직접적으로 관련되지 않은 직군은 기본적으로 재택근무를 권장하기로 결정했다."라고 말했다. 또한 필요할 때는 대면 협업을 할 수 있도록 사무실을 재설계하기는 했지만 1,000명 이상의 직원이 근무하던 사무실을 파리 중심부에서 도시 외곽의 소규모 사무실로 옮기면서 사무실 유지 비용을 절감했다.[4]

대부분의 직원들도 재택근무 확산을 지지하는 것 같다. 2020년 5월 갤럽의 여론 조사에 따르면 일부 직원들은 직장으로 돌아갈 수 있게 되었지만, 4분의 1만이 사무실 복귀를 희망하는 것으로 나타났다. 4분의 1은 코로나19 감염 우려로 복귀를 원하지 않으며, 전체 직원의 절반은 재택근무를 선호한다고 응답했다.

글로벌 워크플레이스 애널레틱스의 회장 케이트 리스터는 "근로자의 77%가 팬데믹이 종식된 후에도 최소한 일주일에 한 번 이상 재택근무 하기를 희망하고 있으며, 25~30%는 2021년 말까지는 일주일에 이틀 이상 재택근무를 하게 될 것"으로 추정했다.[5]

긍정적 측면

매일 출퇴근할 필요가 없어지면 거의 모든 것이 바뀌게 된다. 사람들은 더 이상 대도시에 살 필요가 없으므로 단기적으로는 현재의 거주지를 유지하겠지만 장기적으로는 더 저렴하고 자연에 가까운 곳으로 이사 갈 수 있다. 많은 사람들이 생활비 부담을 덜기 위해 이미 주요 도시 외곽의 베드타운(대도시 부근 교외의 위성 도시)에서 거주하면서 매일 도심으로 통근하고 있다. 만약 격주에 한두 번만 출근을 해도 된다면 거주의 자유가 얼마나 커질지 상상하기는 어렵지 않을 것이다. 이러한 변화는 여러 측면에서 부수적인 장점이 있다. 예를 들어, 출퇴근하거나 출장을 가는 사람들이 줄어들게 된다면 환경에 긍정적인 영향을 미칠 것이다. 이러한 점은 뒤에서 자세히 논의할 예정이다.

사회 경제적인 균형 또한 개선될 것이다. 메타의 공동 창업자인 마크 저커버그는 "일부 대도시에 거주하고 있거나, 이사할 사람들만 채용하게 되면 여러 지역에 거주하고, 다양한 배경을 가지고 있고, 다른 관점을 가진 사람을 채용할 기회를 놓치게 됩니다."라는 의견을 설파했다.[6]

부정적 측면

반면, 특히 단기적으로는 그다지 바람직하지 않은 측면 또한 예상된다. 이미 도심의 주택 임대가 붕괴될 조짐이 나타나고 있다. 2020년 4월 맨해튼의 신규 임대 계약이 71% 급락했으며, 설문 조사에 따르면 뉴욕의 기술이나 금융 업계 종사자 중 거의 4분의 3이 가능하면 뉴욕을 떠나고 싶어 하는 것으로 나타났다.[7]

런던의 2020년 3월 평균 임대료는 전년 대비 0.5% 하락했는데, 이는 월간 데이터가 처음으로 집계되기 시작한 2014년 이후 가장 큰 하락폭이다. 참고로 2월 임대료는 1.5% 상승했다.[8]

보유 자산 중 런던 비중이 높은 영국의 주요 오피스 부동산 기업의 가치 평가 또한 망가졌다. 캐피털 앤 컨트리스 프로퍼티스의 주가는 2021년 1월까지 고점 대비 69% 하락했고 랜드 시큐리티스 그룹의 기업 가치는 거의 4분의 3 하락했으며, 피치는 동사의 신용 등급을 '부정적'으로 하향했다.[9]

매일 시내로 출퇴근을 하게 되면 다른 활동이 따라오게 된다. 출근길에 매일 스타벅스에서 커피를 사거나, 도심 레스토랑에서 점심 식사를 하기도 하고, 새 옷을 고르기 위해 백화점에 들르거나, 퇴근 후 펍에서 한 잔 하며 외식을 하는 것 등이다. 출퇴근 인구가 감소하면서 이에 수반되는 경제 활동들도 중단되기 시작했다. 대신 사람들은 재택근무를 하고, 편한 티셔츠와 홈웨어를 입고 생활하고, 집에서 식사를 하고, 집 근처나 인터넷에서 쇼핑을 하고, 대도시에서 새 친구를 사귀기보다는 거주 지역의 학교 친구들이나 온라인 친구들과 함께 최신 정보를 공유한다.

결과적으로 주요 도시에서 특히 소매 관련 경제 활동이 급격히 감소하게 되었다. 법률 회사 어윈 미첼과 센터 포 이코노믹스 앤 비즈니스 리서치의 이코노미스트들은 첫 번째 록다운이 최고조에 달했을 때 기준으로 런던의 기업들이 매일 5억 7,500만 파운드의 손실을 입고 있으며 코로나 팬데믹의 시작부터 2020년 8월 말까지 런던 경제에 끼친 총 비용은 GDP 손실액 669억 파운드 정도라고 추산했다. 이 비용에는 35억 파운드의 런던 교통국의 운임 수익 손실, 4억 파운드의 런던 의회 세금 손실, 그리고 거의 5억 파운드의 그레이터 런던 당국의 세수 손실이 포함되었다.[10]

미국에서도 뉴욕 등의 도시들이 비슷한 피해를 입었다. 2020년 9월 뉴욕의 실업률은 16%에 달했으며 이는 전국 평균의 두 배 수준이다. 뉴욕의 호텔 객실 중 3분의 1만이 고객을 확보했고, 총격 사건이 증가했고, 뉴요커들은 교외로 이주하기 시작했으며, 기업들은 오피스 공간을 철수하고 있었다. 이 모든 증상들은 1975년 뉴욕이 재정적으로 붕괴되었던 시기를 연상시킨다.

1970년대 재정 위기 당시 뉴욕시에서 근무했던 전직 주 공무원 리차드 라비치는 2020년 9월, "우리는 비극을 눈앞에 두고 있고 뉴욕에 무슨 일이 일어날지 모르고 있다."라며 사태가 더 악화될 것

이라고 생각한다는 의견을 내놓았다.[11]

코로나19와 재택근무로 인한 사람들의 습관 변화로 인해 도심의 세속적인 소비가 크게 감소할 것이다. 프라푸치노, 유기농 버거, 해피아워, 새로 개봉된 영화, 그리고 특별한 패션 상품과 같이 현대 도시인이라면 빠지지 않을 수 없는 소비의 유혹에서 벗어나게 되기 때문이다.

사람들이 도시를 떠나면서 경제의 균형에 중대한 변화가 발생하게 되었다. 도시의 주거용 부동산 가격은 하락하는 반면, 주변 지역의 집값은 상승했다. 중심가에 있는 상점, 카페, 바, 레스토랑은 고객이 감소한 반면 지역의 마을 상점과 유기농 농장 가게들은 반사 이익을 누리고 있다. 사회 활동 측면에서는 사람들이 대도시와 도시에 모이는 최근 트렌드보다는 스포츠 클럽, 커뮤니티 센터 등 지역 모임에 참석하던 1950년대 스타일이 부활할 수 있다. 무엇보다도 사람들은 지출을 줄이고 더 단순하면서 스트레스가 적은 삶을 즐기게 되었다. 이는 개인에게는 좋은 현상이지만 경제에 있어서는 잠재적인 재앙이다.

11장

'코로나 세대'의 출현

타임 매거진은 2020년 3월에 휴학을 하고 캘리포니아 버클리에 위치한 지붕 위로 올라간 클레이비 로버트슨이라는 어린 학생의 이야기를 소개했다. 그는 대공황 이후 사회 안전망 약화에 대한 졸업 논문을 쓰고 있었고 기분 전환이 좀 필요했다. 지붕 위에 올라간 로버트슨은 샌프란시스코 만에 있는 배의 흐릿한 윤곽을 볼 수 있었다. 그 배는 바로 코로나19에 감염된 사람들을 미국으로 수송하는 다이아몬드 프린세스 크루즈선이었다.

그로부터 두 달 후, 로버트슨의 학위 과정은 끝이 났지만 그는 온라인 졸업식에 로그인조차 하지 않고 고향으로 돌아가 부모님과 함께 살았다. 공교롭게도 여행업에 종사하던 로버트슨의 부모님들은 일자리를 잃었고 로버트슨이 원하는 모든 일자리도 꽁꽁 얼어붙었다. 로버트슨은 "나는 이제 대공황(the Great Depression)에 관한 글을 쓰는 학생이 아니다. 나 스스로가 우울증(depression)을 앓고

있다."라고 말했다.[1]

이 이야기는 이 시대의 청년들이 직면하고 있는 재난 상황을 잘 보여 주고 있다. 이전의 밀레니얼 세대가 10년 전 글로벌 금융 위기의 영향을 받은 것처럼 코로나 시대에 성년을 맞이한 세대는 이 충격적인 상황을 경험하며 트라우마를 입고, 성격이 형성될 것이다.

앞서 살펴보았듯 젊은 세대들은 코로나 이전에도 부의 분배 변화로 인해 이미 많은 압력을 받고 있었다. 1장에서 우리는 신용 버블이 부동산과 금융 상품을 포함한 대부분 자산들을 구축하는 과정을 보았으며, 그 결과 영국과 미국 전체 부의 85%가 45세 이상 인구에게 귀속되어 청년층에게는 겨우 15%만 남게 되었다는 사실을 살펴보았다. 청년 세대들이 무거운 학자금 대출과 '긱 경제'를 안고 살아갈 수밖에 없게 되면서 삶의 사다리에 오르기 어려워져 부모님에게서 독립하지 않고 결혼과 출산을 미루는 과정도 고찰해 보았다.

청년 세대는 이미 불만이 가득하다. 2020년 하버드 케네디 스쿨 정치 연구소가 젊은 미국인을 대상으로 실시한 설문 조사에 따르면 18~29세 사이의 미국인 중 8%만이 미국 정부가 제대로 작동하고 있다고 생각하고 있으며, 스스로를 '매우 애국적'이라고 평가하는 젊은이는 5명 중 1명 미만이었다.[2]

일시 정지된 영화

이 모든 상황은 코로나19 여파로 젊은 세대가 직면하고 있는 위기에 비하면 무색할 것이다. 우선 세계 경제 침체는 2008년 금융 위기 당시보다 훨씬 더 심각한 수준이다. 글로벌 GDP는 3.5% 역성장할 것으로 예상된다. 또 다른 한 가지 문제는 막대한 등록금을 내고 대학에 입학한 학생들이 온라인 수업으로는 기존 교육의 질을 누릴 수 없을 뿐 아니라 기대했던 캠퍼스 라이프도 즐기지 못하게 되었다는 점이다.[3]

많은 젊은이들이 교육을 제대로 마치지 못하거나 제대로 졸업하지도 못했다. 영국 정부는 2020년 3월 20일부로 모든 중, 고등학교와 대학교를 폐쇄하고 9월까지 문을 열지 못하게 했다. 그 결과 학위나 A등급을 받기로 했던 학생들은 모두 적절한 교육을 받지 못했고, 시험이 취소되어 시험 외 과목별 평가, 모의고사 결과 등 다양한 근거를 토대로 계산된 성적으로 대체됐다.[4]

대부분의 주에서 2020년 3월 중순부터 고등학교와 대학을 폐쇄했던 미국의 상황도 마찬가지였다. 미국의 학생들 역시 '가짜' 학위로 살아가야 한다. 기업체들은 이들의 성적을 얼마나 믿을 수 있는지 의문을 제기하고 있다.[5]

무엇보다, 청년들의 취업이 너무나 어렵다. 하버드 케네디 스쿨 정치 연구소의 여론 조사 책임자인 존 델라 볼프는 "젊은 층에게 특히 큰 영향을 미치는 25%의 실업률이 어떤 의미를 가지는지를 청년층이 완전히 이해했다고 생각하기는 어렵다. 어떤 분야든 기회가 거의 없다. 마치 일시 정지된 영화 같다."라고 말했다.[6]

기회의 상실

설상가상으로 많은 젊은이들이 자가 격리로 인해 밖으로 나가 일자리를 찾을 수조차 없다. 2020년도 졸업생들은 팬데믹으로 집 안에서 옴짝달싹하지 못하게 갇히면서 완전히 얼어붙었다.

구직 사이트 핸드셰이크가 대학생 1,000명을 대상으로 실시한 설문 조사에 따르면 미국 대학생의 약 30%가 여름 인턴십 채용을 취소당했다. 온라인 구인 구직 플랫폼인 집리크루터 소속 노동 이코노미스트 줄리아 폴락에 따르면 집리크루터의 전체 게시물 수는 2020년 2월 중순에서 7월 중순 사이에 거의 절반으로 감소했고, 특히 신입 직원 구인 게시물은 75% 이상 급감했다.[7]

영국의 경우도 비슷한 상황이다. 레솔루션 파운데이션의 보고서에 따르면 청년 실업률은 2020년 초 10%에서 9월 20%로 증가했으며, 긴급재난지원금 지급이 종료되면 실업자 수가 100만 명을 넘길 가능성도 있다.[8]

애버리스트위스 대학의 상법 전공생인 저스틴 타놉지트는 2020년 6월부터 보험 중개인 포지션에 지원하려고 했다. 2주 후, 그녀는 면접이 취소되었다는 연락을 받았다. 그녀는 "너무 슬프고 좌절감을 느낀다. 대학을 떠나 취업을 준비하는 게 긴장되었지만 한편으로는 기대되었기 때문이다."라고 말했다.[9] 북아일랜드 뉴타운아드 출신의 영화·TV 전공자인 22세의 리아 캠벨은 졸업할 때 더블린과 벨파스트에서 프로덕션 회사에 취업할 수 있는 기회가 줄을 이었지만 모두 코로나19로 인해 촬영을 연기했다. 그녀는 "그때가 최적의 자리에 최적의 타이밍이었다. 하지만 자가 격리가 풀려서 기회에 도전할 수 있게 되기까지 한 달을 더 기다려야 하는데, 모든 기회가 갑자기 다 사라져 버렸다."라며 슬퍼했다.[10]

프랑스 리옹에서 온 엘리즈 로리엇-프레버스트는 2020년 6월에 석사 학위를 마쳤다. 그녀는 50군데의 회사에 지원서를 보냈지만 긍정적인 답을 거의 받지 못했다. "'지원해 주셔서 감사합니다. 하지만 코로나19로 인해 채용 과정이 중단되었음을 알려드리며, 상황이 바뀌게 되면 알려드리겠습니다.'라는 응답을 받고 있지만 언제 다시 연락이 올지는 아무도 모른다. 이쯤 되면 내가 일을 할 수 있는 분야가 있기는 할까 의문이 든다. 경쟁이 치열한 제 전공 분야의 포지션이 다시 열릴 때까지 할 수 있는 일이 아무 것도 없다. 베이비시터 일도 할 수가 없고, 학교에 다닐 때 하던 일을 하면서 돈을 벌 수 조차 없다."[11]

소매업, 식당, 호텔 등의 기업들은 전통적으로 젊은이들을 대상으로 많은 일자리를 창출해 왔지만 팬데믹으로 인해 심각한 타격을 입었다. 노동 통계국에 따르면 2020년 4월 한 달 동안에만 미국의 레저와 호텔 산업의 고용자 수는 47% 감소했고, 770만 명의 신규 실업자가 양산되었다.[12]

소매업체와 브랜드에 미치는 영향

이러한 상황이 소매업체와 브랜드에 미치는 영향은 무엇일까? 일단 표면적으로는 긍정적인 소식은 아니다. 과거를 돌아보면 젊은 세대들은 브랜드나 소매 산업, 특히 의류나 미용, 가정용품 등의 분야에서 가장 중요한 소비 계층이었다. 코로나19 사태로 소비 여력이 위축되고, 중장기적으로 경기 침체가 지속될 가능성이 있으므로 향후 몇 년간 소비 수준에 불균형이 발생할 수 있다.

그러나 거시적인 수준에서 브랜드와 소매업체에게 좋은 환경은 아니겠지만, 젊은 세대는 자신들만의 특정한 수요와 관심사를 가지고 있으며, 이러한 소비자의 니즈에 능숙하게, 그리고 민감하게 접근할 수 있는 기업들에게는 성공할 수 있는 기회가 열려 있다. 어떻게 젊은 소비자층을 공략할 수 있는지에 대해서는 2부에서 다루도록 하겠다.

12장
베니스 운하에 돌아온 물고기

록다운이 전 세계로 확산되면서 환경에도 큰 영향이 가해졌다. 공장이 가동을 멈추고 항공편들이 운항을 중단하며 출퇴근 이동량이 감소하자 마치 지구의 숨통이 트이는 것 같았다.

세계 최대 탄소 배출국인 중국의 탄소 배출량은 2020년 2월 초에서 3월 중순 사이 약 18% 감소했으며, 질량 기준으로는 2억 5천만 톤이 감소했다. 유럽에서도 약 3억 9천만 톤의 탄소 배출량이 감소했다. 이산화탄소의 주요 배출원인 승용차 교통량이 거의 40% 감소한 미국 또한 마찬가지였다. 이산화질소 배출 수준도 2019년 동기 대비 40% 줄었다.[1]

베니스 운하에서 물고기가 서식하는 모습이 관찰되었으며 캘리포니아의 골든 게이트 브리지에서는 코요테가 나타났고, 백악관에서 몇 마일 거리에 있는 워싱턴에 있는 한 주택의 정원에 사슴이 풀을 뜯으러 왔다. 에너지 및 청정 대기 연구 센터에 따르면 2020년

4월 유럽에서 천식 환자가 전년 대비 6,000명 감소했다. 인류가 액셀러레이터에서 발을 떼자 자연이 얼마나 빨리 되살아났는지를 보면 매우 경이로우면서도 생명을 긍정하는 무언가를 느끼게 된다.[2]

프랑스 철학자 브루노 라투르는 코로나19의 경험이 우리에게 귀중한 교훈을 주었다고 주장했다. 예전에는 세계 경제를 멈추는 것이 불가능해 보였지만, 실제로는 단기간에 브레이크를 밟을 수 있다는 것이다. 그는 2020년 4월 가디언과의 인터뷰에서 "이번 사태를 겪으면서 깨닫게 된 새로운 사실은 세계 경제 시스템에서 적색경보 신호가 나타나자 각국 정부가 한꺼번에 브레이크 레버를 당겨 '진보의 열차'를 멈출 수 있었다는 점이다."라고 말했다.[3]

각국의 지도자들이 바이러스의 확산을 막기 위해 글로벌 경제를 단기적으로나마 멈추었던 경험을 바탕으로, 향후 젊은이를 중심으로 한 환경론자들이 환경오염을 멈추기 위해 경제를 일부 멈춰야 한다는 주장을 펼칠 가능성이 생기게 되었다.

코로나19 위기 동안 지속 가능한 제품에 대한 소비자 수요가 크게 증가했고 순환 경제에 대한 관심도 높아졌다. 중고 매장과 온라인 사이트를 통한 의류 재활용이 급격히 증가한 한편, 낭비적인 의류 생산과 소비를 유발하는 패스트 패션 산업에 대한 경각심이 커졌다.[4]

패션 재활용 온라인 사이트 수요도 크게 성장했다. 중고 의류 선두 기업인 스레드업의 고객은 2020년 5월에 31% 증가했으며 2021년 3월에 기업공개에 성공했다. 록다운 기간 동안 런던에 기반을 둔 경쟁사인 디팝은 판매된 품목 수가 300% 증가했다. 온라인에서 구제 스니커즈를 판매하는 스톡X는 같은 기간 동안 판매 실적이 크게 신장되었다. 프로모션 기간과 휴일 효과를 제외한다면 매출 상위 20일 중 18일은 2020년 2분기 중에 있었다.[5]

소비주의에 대한 사망 선고

코로나19 발병 시기에 접어들면서 1990년대와 2000년대 초반을 지배했던 개인주의와 소비주의에 대한 회의론이 대두되기 시작했다. 젊은 세대들(MZ세대)은 사회에 만연한 불평등, 2008년 글로벌 금융 시스템 붕괴, 증가하는 환경 문제 등의 문제를 양산하는 기성 가치관에 의문을 제기하고 있었다. 코로나19는 지난 20년간 지속되어 온 소비주의 위주의 경제관에 마지막 대못을 박는 촉매로 작용할 수 있다. 세계적으로 수백만 명이 코로나로 사망하고 기업의 파산과 실업이 매일 뉴스에 나온다면, 누가 사치품을 말도 안 되는 가격에 소비하고 싶어 하겠는가?

뉴욕 대학 스턴 스쿨 오브 비즈니스에서 명품 브랜드 및 마케팅을 강의하는 토마이 세르다리 교수는 "공급망은 붕괴되고, 패션 또한 계절성을 잃었다. 자기 자신에게 사회적인 질문을 던지고 있는 현시점에서 디자이너 명품 브랜드를 구매할 사람이 누가 있을까? 한꺼번에 너무 많은 일들이 벌어지고 있다. 패션 산업에 대한 관점을 바꾸어야 할 때"라고 의견을 피력했다.[6]

물질주의가 한계에 봉착했다는 사회적 합의가 형성되었다. 많은 사람들은 과도한 소비의 결과로 지구가 말 그대로 죽어가고 있다고 생각한다. 이케아의 최고 지속가능경영 책임자(CSO, Chief

Sustainability Officer)였던 스티브 하워드는 "글로벌 관점에서 보면 서구 사회는 아마도 정점에 도달한 것으로 생각되며 이미 석유 피크에 대한 담론이 제기되고 있다. 붉은 육류 피크, 설탕 피크, 물건 피크, 가구 소비 피크에도 도달했다고 말하고 싶다."라고 말했다.[7]

2부에서 살펴보겠지만, 우선 순위의 변화는 향후 브랜드와 소매 산업에 중대한 영향을 미칠 전망이다.

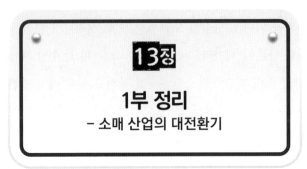

13장

1부 정리
- 소매 산업의 대전환기

앞서 논의한 영향과 트렌드를 종합해 보면, 소매업체와 브랜드가 현재 매우 심각한 도전에 직면하고 있음을 알 수 있다.

● 가장 먼저 코로나와 록다운 조치로 인한 단기적인 영향이 밀어닥쳤다. 이전에는 한 번도, 심지어 전쟁 중에도 세계 경제가 이처럼 동시에 셧다운된 적이 없었다. 이것만으로도 많은 소매업체들은 치명적인 타격을 입었으며, 생존의 위기에 처하지 않은 기업들도 심각한 영향을 받았다.

● 그런 다음 코로나 중기에 이르면서 회복에 대한 희망이 조금씩 비쳤다. 각국 정부는 조심스럽게 자국 경제를 리오프닝했으나, 코로나의 추가 확산으로 주요 지역 또는 전체 국가가 다시 타격을 받았다. 코로나19가 여전히 전 세계에 걸

처 확산되고 있고, 이 글을 쓰는 시점에 세계의 빈곤 지역 곳곳에서 절망적 단계에 도달했다는 점을 감안해 보면 이 기간 동안 해외여행이나 무역이 정상적으로 작동할 가능성 은 크지 않아 보인다.

● 마지막으로, 코로나19 사태가 최악의 국면을 통과한 후에도 전 세계는 여전히 코로나19의 장기적인 영향 아래 놓일 것 이다. 경제의 일부 부문에서는 심각한 실업률과 소비력 위 축, 그리고 다른 부문에서는 공급 부족과 인플레이션으로 고통 받을 것으로 예상된다. 각국 정부는 막대한 국가 부채 를 발행하고, 재정 정책을 긴축하며, 세금을 인상하여 이러 한 상황에 대응할 것이다. 바이러스에 감염되었던 사람 중 일부는 영구적인 후유증을 앓을 것이다.

코로나가 발병하기 이전에 글로벌 경제가 이미 취약해져 있었 다는 점을 감안해 보면 이 모든 변화가 소매업체, 브랜드, 그리고 상 업용 부동산 기업들에게 어떠한 영향을 미칠지 상상하는 것은 어 렵지 않은 일이다. 기존의 소매 산업을 구성하는 큰 부분이 사라지 게 될 것이다. 우리는 기업들의 줄도산과 끊이지 않는 오프라인 점 포 폐점 릴레이, 이전 경쟁자들이 비용을 통합하여 규모의 경제를 이루기 위해 마지못해 합병을 하는 등의 행태를 목도하게 될 것이 다. 레스토랑과 호텔은 코로나바이러스의 위협이 사라질 때까지 정 상 수준으로의 회복은 요원하기 때문에 더 큰 문제에 처하게 될 것이다. 소매업체의 '문'이 영원히 닫히게 되면서 브랜드와 시장의 접점이 급격히 좁아지게 되고, 결국 브랜드는 더 강한 압박을 받게 될 것이다. 그리하여 브랜드 업체들이 사업을 중단하거나 비용 기반을 통합하기 위해 합병을 실시할 전망이다.

오랫동안 안전한 투자처로 생각되어 왔던 상업용 부동산 관련 리스크는 당분간 매우 높아질 것으로 예상된다. 소매업체들이 임대료 부담을 줄이기 위해 건물주에게 임대료를 할인해 주지 않으면 파산할 것이라고 강경한 입장을 취하면서 부채 부담이 높은 REIT는 어려움을 겪을 것이다. 이들의 파산이 야기한 충격이 결국 은행 등 금융권에 전가되면서 2008년 금융위기와 같이 금융 기관들에 문제가 생겨 정부의 구제 금융이 필요해질 가능성도 있다. 소비자 시장에서 활동하는 주요 업체들에게는 그야말로 '퍼펙트 스톰'이 불어 닥칠 것으로 우려된다.

필요는 발명의 어머니

그러나 이 거대한 위기가 새로운 창의성을 기르는 토양이 되고 있다. 옛 질서의 잔해로부터 불사조가 탄생하고 있다. 혁신적인 스타트업에서 새로운 비즈니스 모델이 등장하고 있으며, 일부 기성 기업들도 급진적인 새로운 솔루션을 모색하기 시작했다.

이 위기에서 굳이 긍정적인 점을 찾자면 마침내 옛 질서에 긴 거미줄이 걷히게 되었다는 점이다. 브랜드, 소매, 상업용 부동산 산업은 1997년 제프 베이조스가 차고 벽에 손으로 'Amazon.com'이라는 간판을 써 붙인 이후 변화의 중심에 놓이게 되었다. 그러나

2015년부터 그 기반이 흔들리기 시작했음에도 불구하고, 기성 산업은 현실에 안주하면서 자신들이 소중히 여기는 신념, 문화, 그리고 행동 양식을 바꾸지 않았다. 기존의 대형 업체들은 자신들이 성공 공식을 가지고 있다고 생각했기 때문에 동굴을 파고 들어가 변화에 대한 의지를 닫아 버렸기 때문이다. 다가오는 변화에 대한 경고의 목소리는 자신의 목적을 위해 '소매 산업의 종말'을 과장하는 거짓 예언자 카산드라(트로이의 왕 프리아모스의 딸이다. 태양의 신 아폴론이 그녀를 사랑해 예지 능력을 주었으나 그의 사랑을 거부하자 그 대가로 카산드라의 예언을 아무도 믿지 않게 해 버렸다.)나 자기 PR론자라는 오명을 쓰게 되었다.

포스트 코로나 시대에 관해 좋은 점은 아무도 이를 장담할 수 없다는 사실이다. 소매업의 종말은 실제로 일어나 현실이 되었다.

그러나 적어도 땅은 다시 정리가 되었고 혁신적 사고의 녹색 싹이 마침내 새로운 여명의 빛으로 나아갈 수 있게 되었다. 대규모 재해가 역설적으로 업계에 대전환의 계기를 마련한 것이다. 이로써, 새로운 브랜드와 소매 산업이 장기적으로 성장할 수 있는 소매 산업 회복의 발판이 마련되었다.

다음 2부에서는 이러한 회복을 견인할 핵심 테마들을 고찰하고, 3부에서는 소매업체, 브랜드 및 쇼핑센터 중 선구자들이 과거의 잿더미에서 어떻게 새로운 미래를 창조하고 있는지 심층 케이스 스터디를 검토해 보고자 한다.

2부

소매의 회복

14장
옴니버스 전략을 이해하라

2부를 시작하기에 앞서, 코로나19 위기가 어떻게 소매업체와 브랜드들이 세상을 바라보는 방식을 변화시켰는지를 먼저 살펴보려고 한다.

1부 말미에서 언급했듯이 이번 위기에서 한 가지 순작용을 꼽자면, 코로나로 인해 업계가 사고의 전환을 하게 되었다는 점이다. 변화의 폭이 어느 정도였는지를 파악하기 위해서는 먼저 소매 산업의 구조를 이해할 필요가 있다. 그간 소매 산업은 제조업체, 브랜드, 그리고 소매 상점으로 이루어진 공급자들이 공급망을 독점해 왔고, 수동적인 소비자들에게 제품을 '밀어'왔다. 그리고 소비자들이 상품을 접할 수 있는 채널은 오직 오프라인 상점뿐이었다.

1990년대 후반에 인터넷이 등장하면서 소비자의 제품 구매 채널에 대안이 생기게 되었고 소매업체들이 소비자에 대해 가지고 있었던 우위가 상대적으로 약화되었다. 오프라인 소매업체들은 자체 홈페이지를 열기는 했지만, 인터넷이라는 채널의 잠재력을 이해하지 못하고 기존 방식대로 오프라인 매장에 집중했다. 1장에서 살펴보았던 이점을 바탕으로 이커머스 시장이 성장하고 순수 온라인 업체들이 이커머스 시장을 장악하면서 전통 소매 산업은 상대적으로 여러 가지 피해를 입게 되었다. 이쯤 되면 전통 소매업체들이 태도를 바꿨을 거라고 생각하기 마련이다. 하지만 코로나19 위기가 닥치기 전에는 기존 업체들은 과거의 전략을 고수하며 안주하고 있었다.

정부가 록다운을 시행하면서 전쟁, 혁명과 같은 대격변의 시기에도 변치 않고 열려 있었던 가게들이 폐쇄되었고, 오프라인 채널이 완전히 차단되었다. 침묵만이 메아리치는 텅 빈 상점 앞에서, 마침내 깨달음이 찾아왔다. 이는 오프라인 채널이 더 이상 생존과 소비의 필수 조건이 아니며 이제는 고객이 상점과 가게를 '방문하고 싶도록' 만들어야 되는 시대가 왔다는 깨달음이었다.

이러한 유통 산업 패러다임의 대전환을 이해할 때 반드시 유념해야 할 점은 이 변화가 단지 이커머스에 대한 생각에서 그치지 않고, 훨씬 더 근본적인 부분까지 바뀌었다는 사실이다. 왜냐하면 코로나 발생 전 지난 20년 동안 소매업체들도 자체 홈페이지를 운영해 왔지만 근본적인 사고방식은 그대로 남아 있었기 때문이다.

6가지 핵심 테마

소매 산업이 대전환기를 맞으면서 산업 전반이 훨씬 더 깊은 부분까지 변화되었다. 이 변화는 다음의 6가지 핵심 테마로 요약할 수 있는데, 각 테마들은 서로 밀접하게 연결되어 있다.

1) 생산자 우위 시장, 독과점 경쟁 구도, 공급 부족과 제한된 접근 채널 등에 기인한 '미는(push)' 시스템에서 소비자 우위 시장, 완전 경쟁에 가까운 산업 구조, 정보 대칭성, 상품에 자유자재로 접근할 수 있는 '당기는(pull)' 시스템으로의 전환.

2) 리서치와 세분화 연구를 바탕으로 매스 마케팅에서 개별 고객 데이터를 기반으로 한 개인화 마케팅으로의 변화.

3) 이커머스 혁명과 커뮤니케이션 혁명(소셜 미디어, 리뷰 시스템, 인플루언서 등)이 현실화되며 전통적인 공급망이 무너지고, 전통적인 밸류 체인에서 마진을 취하던 제조업체, 브랜드 B2B업체, 소매업체가 사라지면서 더 단순하고 직접적인 유통 구조로 대체.

4) 제조업체로부터 소비자까지 물건을 유통시키는 과정에서 오프라인 상점 채널이 유일하거나 최선의 방법이 아니며, 상품 전달 메커니즘이라는 측면만 순수하게 놓고 보면 이커머스가 더 나은 채널이라는 깨달음.

5) 비즈니스 모델을 소비자의 시각에서 보기 위해서는 각 채널이 경쟁적인 관계가 아니라 보완적인 관계라는 점을 먼저 이해해야 할 필요가 있음.

6) 재고가 가득 쌓여 있고, 브랜드와 고객 서비스라는 두 가지 무기로만 운영되던 전통적인 오프라인 상점의 모델은 이미 구식이 되었고, 이제는 고객에 제공할 수 있는 부가가치가 무엇인지를 끊임없이 고민해야만 생존할 수 있다는 냉혹한 현실.

2부의 뒷부분에서는 소매 산업의 회복 가능성을 자세히 들여다보고 미래에 대한 로드맵을 설정하기 위해 이상의 6가지 테마에 대해 하나하나 고찰해 보려고 한다.

15장
소비자의 영향력을 인정해라

1장에서 논의한 바와 같이, 지난 20년은 생산자와 소비자 간 관계에 대한 근본적인 혁명의 시기였다. 나는 개인적인 이야기를 통해 이 변화에 대해 설명하려고 한다.

1988년, 내가 한 브랜드 제조업체의 본사에서 마케팅 매니저로 일하기 시작했을 때 선임자들은 공장이 원활하게 가동될 수 있도록 협조해야 한다고 나를 가르쳤다. 제조 담당자들은 업무를 단순화하고 싶어했다. 처음에 생산 목표를 설정한 이후에는 품목이나 수량이 특별히 바뀌기 전까지 계속 같은 식의 일을 반복하기를 원했던 것이다. 획일화된 생산 전략 덕분에 회사는 비용을 절감하고 수익을 낼 수 있었다. 회사의 경영진들은 '마케팅에 미쳐서' 매출에는 별 도움이 되지도 않는 신제품을 여러 개 쏟아 내어 제조 공정만 복잡하게 만드는 일은 삼가라고 지시했다.

내 멘토 중 한 명은 프록터 앤 갬블의 열렬한 추종자였다. 그는 프록터 앤 갬블이 세간에 마케팅 회사로 알려져 있지만, 실제로는 생산이 가장 핵심적인 회사의 경쟁력이라고 말했다. 즉, 생산 비용을 최소화하기 위해서는 대량 생산이 필요하고 대량 생산을 위해서는 대량 소비가 필요했으며, 대량 소비를 유도하기 위해서는 대규모 광고가 필요하다는 것이었다.

나는 곧 두 가지에 대한 확신이 필요하다는 사실을 깨달았다. 첫째는 내가 출시하는 모든 신제품들은 우리 회사의 기존 제품을 사용하지 않는 신규 고객을 대상으로 기획되어야 한다는 점이었다. 둘째는 기존 제품의 매출이 잠식당하지 않고 신규 매출을 창출하기 위해서는 상당히 많은 수의 목표 소비자를 확보해야 한다는 사실이었다.

그래서 나도 다른 브랜드들의 전략을 따라했다. 우선 고객 세분화 전략에 따라 다양한 니즈를 가진 다양한 고객 그룹이 있는지 알아보기 위해 소비자를 분석해 보았다. 시장을 세분화할 수 있다면 우리 회사가 현재 서비스하고 있지 않은 영역을 파악해 빈 영역에서 신제품을 출시할 수 있다고 판단했기 때문이다.

기억을 되짚어 보면 당시에 시장을 세 개의 분야로 나누고 각각에 대한 제품 개발을 진행했던 것 같다. 이 이야기의 핵심은 이 모든 과정이 제품 생산을 중심으로 일어났다는 사실이다. 당시에는 고객을 개인화하여 이해하고 접근하는 것을 바람직하다고 생각하지 않았다. 짧은 주기로 다양한 제품을 생산할 수 있는 생산 시설의 유연성이 없었기 때문이다.

당시에는 고객 개개인에 대한 정보가 거의 없었다. 우리 회사에는 백화점이나 다른 소매업체에 우리 제품을 B2B로 판매하는 영업 사원만 있었고, 최소한의 고객 서베이를 제외하고는 고객과 직접적으로 접촉할 수 있는 채널이 전무했기 때문이다. 흥미로운 사실은 우리의 고객인 소매업체들도 마찬가지였다는 점이다. 매일 고객을 대면하고 있으면서도 고객 관리 카드에 등록할 수 있는 것 이외의 어떤 개인 정보를 수집할 생각도 하지 않았던 것이다. 제품을 생산하고 판매하는 기업은 최대한 많은 제품을 소매업체에 '판매'한 다음 대량 광고를 통해 최종 소비자에게 '판매'하는 것만을 목표로 삼았다.

제품 광고를 기획할 때도, 나는 제품을 개발할 때와 같은 방식으로 일을 처리했다. 우리 회사의 제품이 타깃하고 있는 특정 고객군들이 어떤 감정 버튼을 눌렀을 때 움직이는지 먼저 파악을 하고, 실력 있는 광고 대행사에 이 버튼을 최대한 세게 누를 수 있는 광고를 제작해 달라고 맡긴 것이었다.

생산자 우위 시장에서 소비자 우위 시장으로

여기에서 핵심은 생산자가 제조부터 유통까지의 과정에서 주도권을 쥐고 있었다는 점이다. 생산자들은 고객에게 구매욕을 자극하는 데 필요한 최소한의 정보 외에는 관심을 두지 않았다. 브랜드들은 고객의 욕구와 욕망을 반영하여 아주 정교하게 브랜드 이미지를 쌓아 올렸다. 생산자들은 고객이 지향하는 삶을 가능한 한 완벽하게 그려내기 위해 최선을 다했다. 이러한 과정은 철저하게 통제되었으며 이 공식에서 한 치라도 벗어나서는 안 되었다.

그리고 대체로는 이 공식은 꽤 잘 먹혔다. 생산자는 광고를 했고, 고객들은 상점에 와서 상품을 구매했다. 상점들은 물건을 팔 수 있어서 행복했고 재고를 다시 채웠다.

6개의 대형 브랜드와 10개의 유통 업체로 이루어진 소매업계 분위기는 상당히 화기애애했다. 업계 내에서는 모두 서로를 알고 있었고 전시회나 업계 자선 행사에서 함께 어울리곤 했다.

당시 시장은 경쟁이 치열해 보였지만 소수의 기업 간 경쟁이었다. 생산 시설, 브랜드, 점포를 건설하는 데 많은 비용이 들었기 때문에 브랜드와 소매업체들의 명단은 지난 20년에서 30년 동안 거의 그대로였다.

처음으로 직장에 취업했을 때 나를 놀라게 한 다른 한 가지 사실은 공급망에 비용이 누적되는 방식이었다. 나는 당시 우리 회사 제품 중 하나를 업그레이드하려고 했는데, 상사는 제품을 바꾸게 되면 수익성이 너무 심하게 악화된다고 꾸짖었다. 실질적 제조 비용은 50펜스밖에 증가하지 않았지만, 회사는 이를 3배로 반영해 B2B 가격은 1.5파운드 상승했다. B2B 가격이 오르자 소매업체들은 입고가 상승분을 추가로 3배 더 올려 최종적으로 소매가격은 4.5파운드 올랐다. 영업 담당 임원은 내가 추가하는 부품 하나가 어떤 파급효과를 미치는지 확실히 말을 해 주었다.

그때 인상 깊었던 것은 가격이 비싸지는 것이 물건 자체 때문이 아니라 제품이 공장의 문을 나서서 소비자의 손에 이르기까지의 유통 과정에 관련된 인건비와 다른 비용 때문이라는 사실이었다. 중간 유통 비용이 너무 비싸다고 걱정하는 사람은 아무도 없었다. 소비자들은 제조에 사용되는 직접 비용이 얼마인지 알 수 없었고 제조업체들은 소비자들에게 원가를 알려 주지 않았다. 진입 장벽이 높았던 덕분에 가격이나 마진 책정을 교란할 수 있는 신규 사업자가 업계에 유입되지 않았으며, 무엇보다 대부분의 소비자들은 자신들이 사는 곳 근처의 몇 개 매장에서 물건을 구매할 수밖에 없었기 때문에 선택의 폭이 좁았다.

제품에 대한 소비자의 지식 대부분은 생산자가 광고, PR, 또는 패키징을 통해 소비자들에게 알려 주거나 상점 직원들이 물건을 팔 때 설명하는 정보뿐이었다. 소비자들은 검증된 브랜드가 아니면 불안해했고 신규 사업자는 무명 브랜드를 선택하는 리스크를 지지 않으려는 소매업체들의 벽을 넘어야 했다.

앞서 묘사한 20년 전 이야기를 현재와 비교해 보자. 편하게 앉아서 구글 검색창에 내가 찾는 카테고리를 입력하기만 했는데 5억 600만 개의 물건이 검색되었다. 반면 예전에 영국에서 1위를 차지했던 브랜드를 검색해 보았지만, 처음 10페이지 안에 검색되지 않아서 포기해야만 했다.

화목하고 작았던 예전의 소매업계는 수요와 공급, 생산자와 소비자 사이의 관계가 근본적으로 바뀌면서 사라져 버렸다. 모바일 커머스는 말 그대로 온 세상을 소비자의 손 안으로 가져왔다. 알리바바의 소비자 사업부인 알리익스프레스는 중국 공장에서 우리 집 앞까지 바로 배송되는 400만 개의 선택지를 제시해 준다. 그리고 아무도 50펜스짜리 부품에 대해 이야기하지 않는다. 완제품이 4달러도 안 되기 때문이다.

그런데 이 물건은 괜찮은 걸까? 이런 궁금증이 들기도 한다. 페이지 하단을 보면 이 제품은 8,000개 이상의 리뷰를 받았고 평점은 5점 만점에 4.6점이라고 적혀 있다. 브랜드 이름을 검색해 봤는데, 팔로워 숫자만 수십만 명이다. 아마도 괜찮은 제품 같다.

다른 웹사이트를 열어 보니 질문지가 있다. 이 질문지에 답을 하면 나만의 맞춤형 제품을 만들 수 있다고 한다. 이렇게 하나하나 개별화된 제품을 생산하려면 생산 라인 스케줄이 엉망이 되지 않을까? 나는 이런 생각을 잠시 떠올리지만, 생산의 편리성을 걱정하는 사람은 나밖에 없는 것 같다. 공장들은 이제 모두 전산화되어 있기 때문에 생산하는 제품을 즉시 바꿀 수 있기 때문이다.

뉴스 사이트를 방문해 본다. 이 사이트는 내가 어떤 제품에 관심이 있는지 이미 알고 있어서, 관련 광고를 띄운다.

온라인에서 어떤 제품을 구매했는데 파손된 상태로 도착했다. 고객 센터에 불만 사항을 신고했는데 웹사이트에 아무 변화가 없어서 판매 회사에서 운영하는 인스타그램 계정의 피드에 다소 신랄한 말투로 불만 사항을 적어 놓는다. 몇 시간 안에 판매 회사에서 누군가 전화를 걸어서 제품 값은 환불해 주고 사은품을 주겠다고 한다. 대접받는 기분이 든다. 이런 변화들이 일어난 이유는, 우리가 소비자로서 강력한 힘을 가지고 있기 때문이다. 다시 말해 주도권이 생산자에게서 소비자로 옮겨진 것이다.

세 가지 혁명

나는 이 이야기를 쓰면서, 상황이 얼마나 많이 변했는지 깨달고 새삼 충격을 받았다. 이 변화의 배경에는 세 가지 혁명이 깔려 있다.

1) 상품 유통에서 소매 산업을 제치고 가장 효율적인 채널로 자리매김한 이커머스 혁명.
2) 브랜드 평판이 광고가 아니라 소비자 리뷰, 인플루언서들의 의견에 좌우되도록 만든, 그리고 제품에 대해 소비자에게 완전한 정보를 전달하는 커뮤니케이션 혁명.
3) 생산의 유연성을 크게 제고한 제조 혁명.

이 세 가지 혁명은 함께 전체 브랜드 및 유통 공급망을 뒤집고 모든 규칙을 바꾸었다. 코로나19 사태는 이 모든 과정을 10년 정도 앞당겼다.

소매업체들이 홈페이지에 대한 투자를 늘린다고 하더라도 이 문제를 쉽게 개선할 수는 없을 것이다. 훨씬 더 복잡한 문제이기 때문이다. 소비자의 막대한 영향력을 인정하고 고객 중심으로 비즈니스를 완전히 전환할 때에야 비로소 기존 업체들이 근본적으로 변할 수 있다.

16장
상품 판매를 넘어서는 가치를 제공하라

사고의 전환을 달성하기 위해 필요한 핵심 요소는 고객의 눈으로 세상을 보자는 마음가짐이다. 오늘날의 소비자들은 그들이 생산자에 대해 누리고 있는 우월적인 힘을 본능적으로 이해하고 있다. 그들은 상품에 대한 선택의 폭이 끝없이 넓다는 점이나, 일반적으로는 온라인에서 검색해 보면 더 싼 가격에 물건을 구매할 수 있다는 점을 잘 알고 있다. 그렇다면 그들은 왜 기존 브랜드나 상점에서 계속 물건을 구매하는 것일까?

이 질문에 대한 대답은 대부분의 소매업체들은 '상품'을 파는 것만 생각하지만 소비자들은 '상품' 자체를 훨씬 넘어서, 종합적인 관점에서 자신의 니즈를 바라보기 때문이다.

상품 및 서비스

대부분의 소매 부문에는 '상품' 비즈니스가 있고, 그에 대응되

는 '서비스' 비즈니스가 있다는 점은 상당히 흥미롭다. 예를 들자면,

- 뷰티 부문에는 미용 용품 판매점이 있고 미용실이 있다.
- 장난감 부문에는 장난감 가게가 있고 키즈 카페나 놀이 센터가 있다.
- 소비자 가전제품 부문에는 전자기기 판매점과 전기 기사가 있다.
- 의료 부문에는 약국이 있고 의료 클리닉이 있다.
- 의류 및 액세서리 부문에는 패션 제품 매장이 있고 스타일링 컨설턴트가 있다.
- 가정용품 부문에는 가구점과 인테리어 디자이너가 있다.
- 가드닝 부문에는 가드닝 용품 상점이 있고 정원사나 조경 건축가가 있다.
- 스포츠 부문에는 스포츠 용품 매장이 있으며 스포츠 센터, 체육관 및 개인 트레이너가 있다.
- 책 부문에는 서점이 있고 북클럽과 도서관이 있다.
- 식품 부문에는 식료품점이 있으며 카페, 레스토랑 및 음식 배달 서비스가 있다.
- 자동차 부문에는 자동차 부품 매장과 자동차 수리 서비스가 있다.
- 음료 부문에는 주류 판매점과 바 또는 펍이 있다.

그런데 대부분의 경우, 서비스를 제공하는 사람은 상품을 판매하는 사람보다 고객에게 높은 가격을 부과한다. 소비자가 상품보다 서비스에 대해 더 많은 비용을 지불할 의사가 있기 때문이다.

소비자의 '진정한' 니즈

이러한 현상에 대한 이유는 무엇일까? 그 답을 찾자면 소비자의 진정한 니즈는 '상품' 그 자체가 아니라 자신이 현재 가지고 있는 문제를 해결하거나 자신의 삶을 더 나아지게 하고 싶은 욕구에 있기 때문이다. 따라서, 스포츠 용품 매장에 갈 때 소비자가 원하는 진정한 니즈는 '피트니스' 그 자체이다. 약국에 갈 때에는 '건강'을, 장난감 가게에 갈 때에는 '아이들을 위한 행복(그리고 아마도 우리 자신을 위한 약간의 평화와 고요함)'을 바란다. 마찬가지로 소비자가 미용 용품 가게에 갈 때에는 '매력'을 찾고, 슈퍼마켓에서 맥주를 살 때에는 '휴식'이나 '기분 좋게 취하는 느낌'을 사러 가며, 텔레비전에 쓸 케이블 선을 구매할 때에는 '재미'나 '머리를 식힐 수 있는 여흥 거리'를 찾는 것이다.

이러한 관점에서 브랜드에서 물건을 구매하는 행위는 앞서 나열한 소비자의 숨겨진 니즈조차 넘어서는 이점을 고객에게 제공할 수 있다. 브랜드들이 소비자들과 상호작용하는 방식은 고객에게 어떤 느낌을 줄까? 브랜드는 고객을 한 개인으로서 대하는가? 고객의 시간을 소중히 생각하는가? 고객에게 진정으로 '관심'을 갖는가? 고객의 목소리에 귀를 기울이는가?

최근에 나는 새 집으로 이사를 했고 새로 인터넷망과 텔레비전 서비스를 신청했다. 예전에 이용하던 회사는 정말 문제가 너무 많았고, 화가 난 나는 그 회사의 SNS 계정에 항의하는 댓글을 달았다. 나는 다른 사람들한테 여기를 이용하지 말라고 글을 썼고 다른 사람들도 비슷한 댓글을 다는 것을 보고 기분이 좋았다.

그래서 나는 이사를 하면서 업체를 바꾸기로 했다. 서비스를 신청하려고 고객센터에 전화를 했는데, 상담 직원과 통화를 하면서 정말 놀랐다. 상담원이 서비스 신청을 접수받는 데 45분 가까이 시간을 할애했기 때문이었다. 심지어 시스템에 문제가 있어서(록다운 기간 중이었기 때문에 상담원들이 재택근무 중이었다.) 처리하는 데 너무 오랜 시간이 걸려 죄송하다고 사과까지 했다. 상담원은 "문제가 해결이 안 되면 다시 처음부터 진행을 하셔야 되기 때문에, 신청이 제대로 접수될 때까지는 불편하시겠지만 계속 통화 부탁드려요. 한 번에 끝내는 게 더 편하시겠지요?"라고 말했다.

그 때 바쁜 상황이긴 했지만, 나는 상담원의 응대에 기분이 좋아졌다. 상담원이 나를 진심으로 대하고 있다는 기분이 들었기 때문이다. 사실, 새 회사의 기술은 예전 회사보다 오히려 좋지 않았지만 나는 새 회사가 고객을 대하는 태도에 큰 감명을 받았기 때문에 SNS 계정에 칭찬 글을 올렸다. 여기서 중요한 점은, 내가 그 전화 통화에서 짧은 시간이나마 사회가 그렇게 각박하지만은 않다는 느낌을 받았다는 것이다. 그 회사는 고객과의 소통을 통해 상품과 서비스 그 이상의 부가가치를 창출했다.

사회적인 가치

소비자의 브랜드에 대한 이미지에 영향을 주는 또 다른 변수는 해당 브랜드가 추구하는 가치가 자신의 기준과 일치하는지, 그리고 그 브랜드가 세상에 선한 영향을 미친다고 소비자가 느끼는지에 대한 여부이다.

앞서 논의한 바와 같이, 과거 브랜드나 소매업계는 상품 판매에만 집중했다. 브랜드라면 응당 좋은 품질의 물건을 합리적인 가격에 판매하고, 충분한 서비스를 고객에게 제공해야 하는 의무가 있다는 인식은 갖고 있었지만, '사회적인 가치' 같이 손에 잡히지 않는 개념에는 그리 많은 공을 들이지 않았다. 상품의 공급이 부족하고 소비자들이 상품을 원하는 만큼 구매할 수 있다는 사실만으로 만족하던 옛 시절에는 이러한 브랜드들의 전략에 큰 문제가 없었다. 그러나 소비자들이 원하는 만큼 상품을 구입할 수 있는 현재의 공급 과잉 상황에서 이러한 전략은 더 이상 유효하지 않게 되었다.

소매업체와 브랜드가 상품과 서비스만을 무기로 새로운 경쟁자들과 싸우고자 한다면 이기기 어려울 것이다. 판매하고자 하는 제품이 차별화하기 어려운 상품이라면, 물건과 서비스 이상의 브랜드 스토리를 전달해야만 한다. 교육 수준이 높고 이상주의적인 가치관을 가진 젊은 소비자들에게는 이러한 브랜드 스토리가 특히 더 중요하다.

아이웨어의 와비 파커, 신발의 올버드, 음료의 SF 베이 커피와 같이 지난 10년 동안 생겨난 '혁신 브랜드'들은 '사회적인 가치'를 기업 가치의 중심에 두고 있다고 공표했다. 이러한 브랜드들은 젊은 소비자 층에게 큰 호응을 얻었고, 특히 소셜 미디어에서 적극적인 지지를 받으면서 큰 성공을 거두었다. 이후에 20장에서 이 주제에 대해 더 깊이 다룰 예정이지만, 가격 경쟁을 하는 수많은 경쟁자와 브랜드들 틈에서 사회적인 가치를 천명하는 기업은 분명히 차별화될 것이다.[1]

요약하자면

소매업체와 브랜드가 상품 판매에만 집착하지 않고 시야를 넓힌다면 다음의 세 가지 사실을 깨닫게 될 것이다.

1) 소비자는 브랜드나 소매업체가 판매하는 상품 그 자체를 훨씬 넘어서는 니즈를 가지고 있다.
2) 기업에 대한 소비자의 감정은 고객과 소통하는 방식에 따라서 강력한 혐오에서부터 애착과 충성에 이르기까지 달라질 수 있다.
3) 사회적인 가치는 소비자가 제품을 구매하고 회사에 대한 충성도를 가질 수 있는 강력한 동기 부여가 될 수 있다.

브랜드와 소매업체가 고객의 눈으로 세상을 보고 소비자의 넓은 니즈를 충족하는 동시에 고객과 따뜻한 관계를 맺을 수 있다면, '상품 판매' 경쟁의 늪에서 벗어날 수 있다. 2부의 다른 장에서는 창의적인 브랜드와 소매업체들이 어떤 전략으로 현재의 위기를 헤쳐 나가고 있는지 살펴보려고 한다.

17장

판매 비즈니스를 '서비스화'하라

16장에서 우리는 소비자의 진정한 니즈는 그들이 실제로 구매하는 제품을 훨씬 넘어선다는 사실을 고찰해 보았다. 일부의 성공한 소매업체들은 이러한 점을 이미 이해하고서 기본적인 '상품 판매' 비즈니스를 소비자의 광범위한 요구를 충족시킬 수 있는 서비스 비즈니스로 전환했다.

미국 최고의 드럭스토어 그룹인 CVS헬스는 대기업 중에서도 혁신적인 사례이다. CVS헬스는 고객이 상점에 들러 의약품과 의료 기기를 구매할 때 원하는 진정한 니즈는 건강 개선이지만, 미국의 의료 시스템은 대부분의 사람에게 매우 복잡하고 비용도 많이 든다는 점을 이해하고 있었다. 이러한 깨달음을 바탕으로 CVS헬스는 고객의 기본적인 건강 욕구에 대한 토탈 솔루션을 제시하는 '헬스 허브'라는 새로운 서비스를 출시했다. 이 서비스에는 혈액 검사, 당뇨병 모니터링, 예방 접종, 식이 요법 및 체중 감량 조언, 수면 무호

흡증 치료, 병원 이송 지원 등이 포함되어 있었다. 의료 전문가인 '케어 컨시어지(역자 주: 원래 관리인이나 안내인을 뜻하지만 요즈음은 고객의 요구에 맞추어 모든 것을 일괄적으로 처리해 주는 가이드라는 의미로 쓰이고 있음)'가 고객을 보살피며, 이들은 시간을 따로 할애하여 고객 본인과 가족의 건강 요구 사항을 파악하고 보험 문제 해결에도 도움을 준다.[1] 비즈니스에 대한 접근 방법을 상품 판매에서 고객의 요구 이해로 전환한 결과, 회사는 내구성이 뛰어난 새로운 의료 기기, 소모품, 다양한 신제품 및 서비스의 조합을 추가하며 판매하는 제품과 서비스의 범위를 크게 확대했다. 대부분의 서비스가 무료이고 관련 제품을 한 번에 구매할 수 있게 되었기 때문에 고객 입장에서는 예전처럼 병원에 갔다가 따로 약국에 들러서 의약품이나 의료 기기를 수령하는 것보다 훨씬 더 저렴하고 편리하게 의료 서비스를 이용할 수 있게 되었다.

케어 컨시어지는 온 가족을 만나게 되므로 한 명의 고객을 맡게 되면 고객 관계가 결국 넓어지게 되어 있다. 예를 들어, 여성 고객 한 명이 당뇨병 약을 구입하러 와서 상담을 진행하는 과정에서 자신의 아버지도 무릎 류머티즘 치료를 받아야 한다는 이야기를 하게 된다. 케어 컨시어지는 다음에는 아버지도 모시고 오라고 말을 한 다음, 아버지에게 필요한 무릎 보호대를 준비해 둔다. 케어 컨시어지 코너는 전체 매장의 약 20%를 차지하므로 CVS는 필요한 공간을 확보하기 위해 고객이 자사 웹사이트와 연동된 아이패드를 통해 직접 온라인 주문을 하고 자택으로 배송시킬 수 있는 스낵 같은 상품의 재고를 줄였다. CVS는 테스트 스토어에서 본격적인 의

료 기기 재고를 늘리는 등 제품 구성을 바꾸어 보았다.[2]

CVS헬스에서 최고 혁신 책임자(Chief Transformation Officer)로 일하고 있는 알란 롯빈 박사는 "우리 회사가 신규로 출시한 헬스허 브 서비스에 대한 고객 반응은 매우 긍정적이다. 매장에서 근무하 는 직원은 물론이고 약사, 임상 간호사, 케어 매니저, 지원 스탭 등 으로 구성된 원격 팀이 연계하여 제공하는 서비스가 고객들의 반 향을 불러일으키고 있다. 우리는 고객이 진정으로 원하는 통합적이 고, 고객의 니즈에 진정으로 부응하는 서비스를 제공하고 있다는 사실이 자랑스럽다."라고 말했다.[3]

실험은 성공적이었다. 케어 컨시어지를 설치한 매장은 만성 질 병 서비스 관련 방문객이 15% 증가하면서 설치하지 않은 매장 대 비 좋은 실적을 기록했다. 이러한 성공을 바탕으로 CVS헬스는 2021년 내에 케어 컨시어지 서비스를 1,500개 매장으로 확대할 계 획이라고 발표했다. 동사의 2020년 3분기 매출은 팬데믹 상황임에 도 불구하고 3.5% 증가했다.[4]

그룹 프낙 다티 또한 오래 전부터 단순한 상품 구매를 넘어서 는 소비자 니즈를 이해해 온 기업이다. 이 회사는 프랑스의 유명한 전자기기 업체로 지난 40년 동안 '신뢰의 계약'이라는 이름의 마케 팅 정책을 유지해 왔다. '신뢰의 계약'은 최저가 보장, 장비 선택, 그 리고 연중무휴로 운영되는 양질의 서비스 정책을 바탕으로 하고 있 다. 지난 수십 년 동안 그룹 프낙 다티는 고객의 가정을 방문하여 고장 난 기기를 빠르게 고쳐 주면서 고객을 위해 항상 그 자리에 있다는 신뢰를 쌓아 왔다. 그로 인한 고객 신뢰 덕분에 그룹 프낙 다티는 최근의 코로나 사태를 극복하고 2020년 3분기 중 7.3%의 매출 성장을 이루어낼 수 있었다.[5]

　베스트 바이 또한 소비자 가전 판매업에서 상품 판매 비즈니스를 '서비스화'하는 데 성공하였다. 동사에 대해서는 38장에서 자세히 분석하였다.

18장
고객의 감정을 어루만져라

지난 장들에서 우리는 브랜드와의 커뮤니케이션이 고객의 감정을 어떻게 변화시키는지 살펴보았다. 브랜드와 고객 간의 바람직한 상호작용에서는 고객이 다음 중 한 가지 이상의 느낌을 받을 수 있어야 한다.

- 배려: 고객이 만족할 때까지 더 많은 노력을 기울이거나 고객에게 충분한 시간을 하는 등 기업이 고객을 배려하고 있다는 느낌을 주는가?
- 고객 개인에 대한 관심: 브랜드가 고객을 집단의 일부가 아닌 한 개인으로 대하고 있다는 느낌을 주는가?
- 참여: 고객이 브랜딩 과정에 참여할 수 있고, 기업이 고객의 소리에 귀를 기울이는가?
- 소속감: 브랜드가 고객에게 소속감을 주고 있는가?

배려를 위해

대부분의 기업은 자신이 고객을 생각한다고 주장할 것이다. 하지만 수백만 건의 매출과 수천 명의 직원들로 구성된 기업이 정말로 고객에 대한 배려를 실천하기는 어려운 일이다. 기업은 악성 고객에 대한 우려 때문에 일반적으로 엄격한 교환·반품 정책을 운영하고 있다. IT 시스템은 융통성이라고는 없어 누구나 자동 응답 ARS를 상대할 때 짜증이 났던 경험이 한 번쯤은 있을 것이다. 소매업계에서 일한다는 것은 힘들고, 오랜 시간 근무하면서도 급여 수준이 낮다는 뜻이기 때문에 직원들이 늘 열정을 갖고 일하기는 어렵다. 고객을 진정으로 배려하기 위해서는 더 유연한 접근 방식, 직원들에 대한 더 큰 신뢰, 기술 개선이 선행되어야 한다.

미국의 유명 백화점인 노드스트롬은 진심 어린 배려로 고객을 대하는 기업 문화를 구축하는 데 성공한 좋은 사례이다. 노드스트롬은 수십 년 앞선 서비스 문화를 자랑하고 있으며 고객의 행복을 위해 감동적인 서비스를 제공한 미담은 셀 수 없이 많다. 1975년, 노드스트롬은 예전에 타이어 가게였던 곳에 새로 매장을 열었다. 어느 날 한 고객이 스노우타이어 한 세트를 매장에 가져와 반품을 요청했다. 물론 노드스트롬은 백화점이기 때문에 타이어를 판매하지 않는다. 하지만, 노드스트롬은 고객에게 무안 한마디 주지 않고 타이어를 반품해 주었고, 고객은 구매 가격 전액을 환불받았다.[1]

어떤 고객은 여러 켤레의 신발을 신어 보았지만, 자신의 발에 맞는 사이즈 재고가 없었다. 고객이 구매를 포기하려고 하자 점원은 노드스트롬의 다른 매장에 일일이 전화를 걸어 원하는 사이즈가 있는지 문의했지만, 결국 가까운 경쟁 업체인 메이시스에서만 원하는 상품을 구할 수 있었다. 매장 직원은 메이시스에 신발을 주문해 고객의 집으로 배송해 주었으며, 비용은 노드스트롬에서 부담했다.[2]

세 번째 이야기를 해 보면, 한 고객이 딸의 결혼식에서 입을 아르마니 턱시도를 찾아 오레곤주 포틀랜드의 노드스트롬 매장을 돌아다녔다. 원하는 물건을 구하지는 못했지만, 매장 직원은 만일의 경우에 대비하여 고객의 치수를 재었다. 다음날, 그 고객은 턱시도를 구할 수 있다는 전화를 받았다. 매장 직원은 뉴욕에 알아보니 재고가 하나 있어서 시카고로 가는 트럭에 턱시도를 실었다고 말했다. 그리고 그 직원은 휴게소에서 시카고의 트럭에서 만나서 포틀랜드로 턱시도를 운반해 올 사람을 보냈다. 다음날 직원은 턱시도를 고객의 주소로 배송했고, 고객이 상품을 받고 보니 턱시도가 이미 자신의 치수에 맞게 수선되어 있다는 사실을 알게 되었다. 이 이야기에서 더욱 인상적인 사실은 당시 노드스트롬에서는 아르마니 턱시도를 아예 팔지 않았다는 점이다.[3]

이 이야기들은 좀 극단적인 사례겠지만, 그럼에도 불구하고 규칙에 얽매이지 않고 최상의 고객 서비스를 추구하는 노드스트롬의 문화를 잘 보여 주고 있다. 노드스트롬의 고객 서비스 철학의 핵심은 고객의 불편 사항을 해결할 때 직원들에게 높은 자유도를 부여하는 데 있다. 입사 첫날 신입 사원은 두 가지 규칙을 교육받는다. 첫 번째 규칙은 '최선의 판단을 하라.'이며 두 번째 규칙은 '규칙에 얽매이지 말라'이다. 이러한 정책은 매우 엄격한 규정을 통해 직원

을 통제하는 대부분의 소매업체들의 조직 문화와 상반된다.[4]

　　앞서의 예는 오래된 이야기지만 노드스트롬에는 여전히 서비스 문화가 살아서 건재하다는 증거가 있다. 예를 들어, 노드스트롬은 고객이 콜즈나 메이시스 같은 다른 백화점에서 구입한 물건도 온라인 반품을 받아 준다. 자사의 매출을 올리는 것보다 고객의 니즈를 우선으로 생각하기 때문이다. 흥미롭게도, 이러한 고객은 매장에서 반품을 하는 동안 다른 품목을 구매하는 경우가 많다. 그리고 강력한 서비스 차별화는 실제로 경영에 도움이 되고 있다. 코로나 이후 백화점 업계 전체가 위기에 처해 있지만 노드스트롬은 경쟁사들에 비해 양호한 실적을 거두고 있다. 2019년 4월 기준으로 9개월 누적 매출 감소율을 보면 JC페니는 -8% 이상, 니만 마커스는 -5.7%를 기록한 반면, 노드스트롬은 -2.2%에 그쳤다. 노드스트롬의 2020년 3분기 실적은 코로나19로 인한 피해에도 불구하고 5,300만 달러의 순이익을 기록했다.[5]

고객 개인에 대한 관심을 위해

　　한 브랜드와 소통하는 것이 즐거운지를 결정하는 핵심 요소 중 하나는 브랜드가 고객을 한 개인으로 대하는지 여부이다. 물론, 이 개념은 전혀 새로운 것이 아니다. 사람들이 한 장소에서 오래 거주하고 개인 소매상점이 더 많았던 예전에는 상점 주인들이 고객을 한 명 한 명 아는 경우가 많았다. 아직도 작은 마을에서는 이런 식이지만, 사람들의 이동이 잦고 개인 상점 대신 대기업의 체인이 자리를 잡은 대도시나 큰 마을에서는 고객을 개인적으로 알 기회가 없어졌다. 고객 당 매출 단가가 높은 명품과 럭셔리 브랜드만이 시간과 노력을 들여 고객을 관리하고 있지만, 이러한 예외를 제외하고는 소매업체들은 고객을 한 개인이 아닌 전산화된 데이터로만 대하고 있다. 이 주제에 대해서는 다음 장에서 자세히 다룰 예정이다.

고객을 한 개인으로서 대하기 위해서는 고객과의 소통에 충분한 시간을 들여야 한다. 옛날에는 고급 가게에서 쇼핑하면서 고객들이 이러한 특권을 누릴 수 있었지만, 오늘날에는 직원 수도 줄어들고, 직원들의 이직도 잦아 이런 문화가 사라져 버렸다. 물건을 판매할 때, 특히 중간 규모의 시장에서 고객에게 많은 시간을 들이기 어려운 것은 사실이다. 하지만, 일부 혁신적인 기업들은 D2C 브랜드를 중심으로 새로운 시도를 계속해 왔다.

D2C 브랜드에서는 신규 고객 모집 과정과 기존 고객에 대한 반복 서비스 과정을 구분한다. 디지털 영역에서 신규 고객을 확보하는 데는 많은 비용이 들지만 리마케팅은 상대적으로 저렴하다. 보다 효율적으로 고객을 확보하려는 방법의 일환으로, 많은 소비자 직영 브랜드들은 쇼룸(때로는 팝업 형태로)을 열어, 소비자들에게 혁신적인 제품을 소개하고 신규 고객을 모집하고 있다. 이들은 보통 고객과 처음 소통을 할 때 많은 시간과 비용을 투자하는데, 이는 고객 관계를 장기적인 관점에서 접근하기 때문이다.

일례로, 프리미엄 남성 D2C 브랜드인 보노보스는 잠재 고객들에게 최고의 첫 경험을 제공하기 위해 '가이드숍'이라는 서비스를 출시했다. 가이드숍 서비스는 예약제로 운영이 되는데, 고객이 예약을 하면 세련된 퍼스널 쇼퍼들이 한 시간에 걸쳐 음료를 대접하고 고객의 패션 취향을 파악한 후, 고객에게 어울릴만한 자사 제품을 추천해 준다. 보노보스가 이 서비스를 제공하는 이유는 고객에게 제품을 '판매'하기 위해서가 아니다(실제로 고객은 가이드숍에서는 물건을 구매할 수 없다). 대신 고객과의 관계를 형성하여 온라인에서 제품을 반복 구매하도록 유도하는 것이 서비스의 기획 의도이다. 매장을 고객에게 브랜드 경험을 제공하는 수단으로 이용하고 실제 구매 채널은 온라인으로 유도하는 이 전략에 대해서는 뒤에서 다시 논의하려고 한다. 47장에서는 보노보스의 전략을 더 자세히 다룰 예정이다.[6]

온라인 브랜드인 모다 오퍼란디 또한 오프라인 쇼룸을 활용하여 VIP 고객에게 특별한 경험을 제공하고 있다. 이 회사의 주요 비즈니스 모델은 디자이너 패션쇼의 영상을 고객에게 보여 주면서 고객이 패션쇼에 나온 하이엔드 패션 제품을 바로 구매할 수 있게 해 주는 것이다. VIP 고객들은 런던, 뉴욕, 홍콩의 고급 타운하우스에 있는 모다 오퍼란디 쇼룸을 미리 예약할 수 있다. 고객이 쇼룸에 도착하면, 자신의 취향과 사이즈에 맞는 아이템이 모두 준비된 전용 공간으로 안내받게 된다. 퍼스널 쇼퍼들이 음료와 스낵과 함께 밀착 서비스를 제공한다.[7]

이 모든 경험은 VIP 고객에게 보상을 해 주고 온라인상에서 장기적으로 고객의 충성도를 제고할 수 있도록 설계되었다. 보노보스와 마찬가지로 모다 오퍼란디는 물리적 공간과 개인적인 소통이 가지는 고유한 힘을 활용하여 고객이 온라인에서 결코 느낄 수 없는 '대접받는 느낌'을 경험하도록 해 준다.

참여를 위해

앞서 15장에서 보았듯 과거에는 고객이 브랜드의 활동에 직접적으로 참여할 수 있는 통로가 거의 없었다. 마케팅 부서는 고객의 기본적인 니즈를 파악하고 시장을 세분화하기 위한 연구에만 집중했기 때문에 개별 고객의 니즈에 대해서는 잘 알지 못했고, 고객과 브랜드를 철저히 분리했다. 기업은 극도로 고도화된 전략에 따라 브랜딩을 추진했으며, 브랜드의 이미지나 고객과의 소통을 매우 철저히 통제했다.

최근의 소비자, 특히 젊은 소비자층은 전통적인 '차갑고, 무기질적이며, 광택이 나는' 브랜딩 전략을 거부한다. 더 높은 투명성과 더 높은 참여도, 더 높은 관계성을 원하기 때문이다. 이들은 회사가 아니라 사람(예를 들어 브랜드 창업자)과 직접 소통하고 있다는 느낌을 원한다. 불미스러운 상황이 벌어진다고 하더라도, 브랜드가 이를 정직하게 소통하고 개선을 위해 진정으로 노력하는 모습을 보인다면 모든 것이 완벽하지 않아도 소비자들은 받아들여 준다. 오늘날의 브랜드 관리는 같은 카테고리의 매니아 커뮤니티 구성원들을 대상으로 제품을 제안한다는 관점에서 일종의 오픈소스 소프트웨어로 볼 필요가 있다. 많은 혁신 브랜드가 이러한 전략을 채택했으며, 브랜딩 초기부터 제품 개발과 마케팅 등의 영역에서 소비자 참여를 유도했다.

여성복 D2C 브랜드인 이블린은 고객이 신제품을 함께 디자인하고 피팅과 제품 테스트에 참여하도록 하고 있다. 예를 들어, 처음으로 여성용 바지 컬렉션을 런칭할 때 1년 이상 제품의 모양과 핏을 디자인하고 다듬은 뒤 일부 고객들이 시제품을 착용해 볼 수 있는 행사를 기획했다. 당첨된 고객들은 누구보다 먼저 시제품을 접할 수 있는 기회를 얻었을 뿐 아니라, 제품을 착용한 후의 의견과 피드백이 반영되는 특권을 누렸다. 고객들은 특별 대우를 받는다는 느낌을 좋아할 수밖에 없고 이블린은 고객도 회사의 일부라는 기분을 느끼게 해 주었기 때문에 곧 유명세를 얻었다.[8]

브랜드 초기 단계부터 고객 참여를 유도한 다른 사례로는 킥스타터를 들 수 있다. 킥스타터는 창업자들이 자사 제품을 선보이고 관심 있는 사람들로부터 펀딩을 유치하는 스타트업 펀딩 사이트이다. 여기에서 흥미로운 점은 킥스타터를 통해 자금을 기부한 사람들은 일부 샘플이나 런칭 파티 초대장 정도를 제외하고 유형의 대가를 거의 받지 않는데도 상당히 많은 펀딩이 유치된다는 사실이다. 이는 참여한다는 행위 자체가 사람들에게 돈을 기부할 만한 충분한 동기를 부여한다는 사실을 보여 주고 있다. 실제로 킥스타터는 매우 강력한 플랫폼이 되었기 때문에, 새로운 브랜드들은 자금이 충분하고 외부 투자가 필요하지 않은 상황에서도 인지도를 높이고 소비자층을 구축하기 위해 킥스타터에 펀딩을 신청하곤 한다.[9]

마케팅 커뮤니케이션 활동도 전통적인 브랜드 메시지에서 벗어나 진화하고 있다. 젊은 MZ 세대는 기업의 마케팅 메시지에 상당히 회의적인 태도를 취하고 있다. 이들은 기업의 마케팅 메시지보다는 사용자 리뷰, 인플루언서의 평가, 혹은 지인의 트윗 등 다른 소비자들의 객관적인 정보를 더 신뢰한다. 많은 브랜드들은 제품을 사용하는 고객의 사진과 동영상(UGC, User Generated Content)을 통해 홍보를 진행하고 있으며, 마케팅 담당 임원들은 엄격하고 획일화된 규칙을 통해 커뮤니케이션의 방향을 통제하던 과거에 비해 점차 느슨하고 편안한 홍보 방식을 채택하고 있다.

아메리칸 이글의 속옷 라인인 에어리는 UGC를 활용한 마케팅을 아주 잘 하고 있는 브랜드이다. 에어리는 라이벌인 빅토리아 시크릿처럼 완벽한 아름다움을 이미지로 내세우는 대신에 소비자들이 브랜드의 성격을 정의할 수 있도록 해주면서 충성 고객층과 깊은 관계를 맺었다. 빅토리아 시크릿의 광고에는 현실감 없는 아름다운 슈퍼모델들이 등장하지만 에어리는 행복하고, 편안하며, 자신의 몸에 만족하는 실제 고객들의 모습을 그려 낸다. 에어리의 바디 포지티브 캠페인인 '#AerieREAL'은 고객의 소셜 미디어 피드에서 입소문을 타며 돈 한 푼 들이지 않고 자사 브랜드를 홍보하고 있다.[10]

팬데믹 중에서도 에어리는 눈부신 실적을 기록했다. 이커머스 매출이 83% 성장하면서, 2020년 3분기 전체 매출은 34% 증가했다. 애널리스트들은 에어리의 기업 가치가 5년 안에 30억 달러 규모에 이를 것이라고 예측했다. 이와는 대조적으로 빅토리아 시크릿은 쇠퇴의 길을 걷고 있다. 빅토리아 시크릿의 매출은 2020년 3분기에 무려 14%나 감소했고, 시카모어 파트너스가 인수 제안을 철회하면서 2020년 5월에 거래가 결렬되었다. 에어리에 대한 자세한 사례 조사는 39장에 실려 있다.[11]

이 사례의 핵심은 브랜드 커뮤니케이션 전략이 전통적인 유료 광고를 기반으로 하는 중앙집중 방식에서 고객들의 자연스러운 호응을 기반으로 하는 분산형 전략으로 변화하고 있고, 그 초점도 피상적인 브랜드 이미지에서 단순하지만 심도 있는 질문에 대한 답으로 변하고 있다는 점이다. 즉, 실제로 브랜드의 제품이나 매장, 그리고 메시지가 어떻게 발전하기를 원하는지 고객들과 같이 고민하고 답을 도출해야 하는 시대가 되었다.

소속감을 위해

브랜드와 고객 간의 커뮤니케이션에서 영향을 미치는 마지막 변수는 팔로워 사이에 소속감이 존재하는지 여부이다. 오늘날 성공한 브랜드들은 소비자들이 자신이 관심과 가치를 공유하는 커뮤니티에 속해 있다고 느끼기를 원한다는 사실을 잘 이해하고 있다. 많은 사람들은 외롭기 때문에 소속감에서 정서적인 가치를 얻는다. 이러한 성향은 코로나19 이후에 특히 강화되었다.

많은 브랜드들은 단순히 제품 판매를 넘어서 브랜드에 대한 소속감을 강조하면서 성공 사례를 일구어 냈다. 가장 유명한 사례는 여성의 건강과 자신의 몸을 긍정하는 메시지를 던지는 고급 액티브웨어 브랜드 룰루레몬이다. 룰루레몬은 온라인과 오프라인 모두에서 커뮤니티를 기반으로 한 행사를 다양하게 개최하고 있다. 코로나 전에는 매년 2만 명 이상이 참여하는 워싱턴주 시애틀의 시위즈 하프 마라톤을 후원했고, 2020년에는 9일간 온라인으로 버추얼 시위즈를 주최했다. 오프라인 상점에서는 그 지역의 유명 강사들과 함께 무료 요가 클래스를 제공하기도 한다. 룰루레몬의 팔로워들은 브랜드 소셜 미디어 피드에 자신의 운동 일지와 함께 룰루레몬 제품을 사용하여 운동을 하고 있는 사진을 활발히 게시하고 있다. 이

모든 커뮤니티 빌딩 활동이 성과를 거두면서, 룰루레몬의 2020년 3분기 매출은 22% 성장했다.[12]

잘 알려진 또 다른 사례로는 영국의 사이클링 브랜드 라파가 있다. 이 브랜드는 매장을 고객들끼리 만나 함께 여행을 계획할 수 있는 일종의 클럽하우스로 활용했다. 소정의 회비를 내면, 회원들은 매장에서 무료 커피와 빵을 이용할 수 있으며 회원 전용 딜이나 라이드 행사에 참여할 수 있다. 라파에 대한 자세한 사례 조사는 45장에 실려 있다.[13]

세 번째 사례는 영국의 운동복 브랜드인 짐샤크로, 18세에서 25세 사이의 운동 중독자들로 구성된 거대한 커뮤니티를 형성했다. 짐샤크는 렉스 그리핀, 니키 블랙케터 등 약 20명의 인플루언서와 제휴하고 있으며, 이들의 소셜 미디어 팔로워 수는 합치면 약 2천만 명에 이른다. 이 커뮤니티의 핵심은 팬들이 자신이 좋아하는 인플루언서를 만날 수 있는 정기 짐샤크 밋업과 엑스포 이벤트였다. 오프라인 이벤트를 개최할 수 없는 팬데믹 기간 동안, 짐샤크는 정기 온라인 이벤트를 개최하면서 팔로워들을 유지했다. 나이키와 아디다스가 과점하고 있는 운동복 시장에서, 짐샤크의 매출은 빠른 속도로 성장했고 2020년에는 13억 파운드의 기업 가치를 인정받으며 투자를 유치했다. 이에 대한 사례 조사는 40장에서 다루었다.[14]

이상에서 살펴본 바와 같이 최근 크게 성공한 브랜드들은 제품을 판매하는 단순한 행위를 넘어, 인정과 참여, 그리고 소속감과 같은 고객의 심층적인 니즈를 충족시킬 수 있는 올바른 관계를 형성하는 데 집중해 왔다.

19장
마케팅을 철저히 개인화하라

고객의 참여를 이끌어 내고 이들을 한 개인으로 대하기 위해서는 각 고객에 따라 마케팅 메시지를 개인화할 수 있어야 한다. 웹 애널리틱스, 빅데이터, 인공지능 등 새로운 기술 덕분에 기업들은 개인과 일대일 관계를 맺을 수 있게 되었다. 다음 이야기에서는 이러한 사례를 단적으로 볼 수 있다.

어느 날, 미국의 한 타깃 매장에 화난 남성 고객이 찾아와 타깃이 자신의 딸에게 '임신을 축하드립니다!'라는 메일과 육아용품 쿠폰을 보냈다고 항의했다. 그 딸은 아직 고등학생이었다. 타깃이 고등학생에게 임신하라고 부추긴단 말인가?

점장은 어찌된 일인지 영문을 몰랐지만, 일단 고객에게 먼저 사과를 했다. 몇 주 후, 이 일이 여전히 신경 쓰였던 점장은 고객에게 다시 사과를 하기 위해 전화를 걸었다. 그런데 그 고객은 자신이 딸과 대화를 나누어 보았는데, 실제로 딸이 임신을 했다는 사실을 알게 되었다고 인정했다.

이 모든 사건이 일어나게 된 배경은 타깃의 시스템이 고객의 구매 패턴을 분석하는 과정에서 탈지면, 무향 바디 오일, 비타민 등 특정 제품의 조합을 주문하는 고객은 임신했을 가능성이 높다고 인지했기 때문이었다. 타깃의 마케팅 부서에서는 이러한 분석을 바탕으로 가족도 알기 전에 딸의 임신을 알아차리고 전단지를 보낸 것이다. 이 이야기는 조금 불편한 느낌을 불러일으키기는 하지만, 어쨌든 현대 디지털 분석 기술과 개인화의 힘을 잘 보여 주고 있다.[1]

전통적인 마케팅 모델에서는 고객들이 광고를 보고 매장에 와서 제품을 구입하도록 하기 위해 TV나 옥외 광고판, 언론 매체의 '벽'에 대규모 광고를 집행했다. 기업이나 마케팅 회사에서는 고객을 이해하려고 딱히 노력하지 않았고, 브랜드와 소매업체들은 누가 자사 제품을 구매했는지를 알 수 없었다.

대중에서 개인으로

이커머스 혁명은 이 모든 환경을 바꾸었다. 구매 건별로 추적을 할 수 있었고, 배송을 위해서는 고객의 개인 정보를 수집해야 했으며, 온라인 광고 미디어를 통해 방문자가 회사 홈페이지에 얼마나 유입되는지를 분석할 수 있었고, 마케팅과 판매가 모두 같은 채널에서 발생하게 되었기 때문에 브랜드들은 개별 고객을 거의 완벽하게 알게 되었고 이 데이터를 고객 행동을 예측하고 고객의 의사 결정에 영향을 미치는 데 활용했다.

대부분의 경우, 소매업체들은 이러한 시대의 흐름을 활용하지 않고 기존 방식을 고수했다. 소매업체의 온라인 광고는 디지털 네이티브 기업들이 하는 것처럼 고도로 표적화된 퍼포먼스 마케팅이 아니라 일반적인 브랜드 구축에 초점을 맞추고 있었다.

개인화된 마케팅은 상당히 정교하게 진행되었다. 전문 퍼포먼스 마케터는 온라인상에서 소비자의 모든 움직임을 추적할 수 있다. 고객이 소셜 미디어 피드를 따라 움직이는 경로를 추적하고, 얼마나 많은 고객이 광고를 클릭하는지, 얼마나 많은 사람들이 동영상을 시청하는 등 콘텐츠를 소비하는지, 얼마나 많은 사람들이 브랜드 웹사이트를 방문하는지, 그리고 얼마나 많은 사람들이 실제로 제품을 구매하는지를 확인할 수 있다.

페이스북과 같은 소셜 미디어는 회원이 올리는 게시물을 통해 많은 정보를 취득한다. 소셜 미디어 기업은 사용자의 관심사, 취미, 좋아하는 것과 싫어하는 것에 대해 모두 알고 있다. 이러한 정보를 바탕으로 소셜 미디어 기업은 특정 계층을 대상으로 하는 브랜드 광고 패키지를 판매한다. 예를 들어 강아지 호루라기를 판매하려는 사람은 강아지를 좋아하는 사람에게 타깃 광고를 할 수 있다.

퍼포먼스 마케팅

퍼포먼스 마케터들은 광고의 수용자들이 브랜드와의 관계에서 어느 단계에 있는지도 분석할 수 있다. 직접 마케팅 이론(역자 주: 기업이 소비자 개인에 대한 정보를 바탕으로 소비자에게 직접 마케팅을 하는 활동을 의미함)에서는 소비자와 브랜드 간의 관계를 일종의 여행이라는 관점에서 파악한다. 즉, 다음과 같은 단계를 거쳐 서로에 대한 충성도를 높여 가는 과정이라는 것이다.

무지 → 인식 → 참여 → 시도 → 반복 → 충성

퍼포먼스 마케터들은 각각의 소비자들이 이 과정에서 어느 단계에 있는지를 모두 추적할 수 있다. 예를 들어, 이 소비자가 특정 브랜드의 광고를 본 적이 있는지 또는 처음으로 광고를 접하는지에 대해 실시간 데이터를 얻을 수 있다. 또한 소비자가 이전에 이 제품을 사용한 적이 있는지와 이전에 이 브랜드의 홈페이지를 방문한 적이 있는지도 알 수 있다. 이러한 정보들을 바탕으로, 브랜드는 개별 소비자가 광고 메시지에 어떻게 반응할지 예측할 수 있다. 퍼포먼스 마케터들은 고객과 브랜드와의 관계에 따라 고객을 세일즈 깔때기(Sales Funnel)상에서 세 그룹으로 나눈다.

'깔때기 꼭대기층(Top of Funnel: Tofu)'의 소비자는 브랜드를 처음 접하는 사람이다. '깔때기 중간층(Middle of Funnel: Mofu)' 소비자는 브랜드와 접점이 있거나(페이스북의 광고 링크를 클릭한 적이 있다든지) 브랜드의 홈페이지를 클릭했지만 아직 브랜드의 제품을 구매하지 않은 소비자이다. '깔때기 하단층(Bottom of Funnel, Bofu)' 소비자는 이전에 브랜드를 구매한 적이 있는 잠재적인 재구매 고객이다.

퍼포먼스 마케터는 이 세 그룹의 고객이 브랜드 광고에 어떻게 반응하는지를 실시간으로 분석할 수 있다. 마케터들은 일반적으로 약 20개 정도의 창의적인 광고 콘텐츠를 보유하고 있으며, 고객 분류에 따라 특정 고객의 사이클에 더 적합한 콘텐츠를 활용한다. 예를 들어 신규 고객의 경우 매우 사실적이고 과학적 근거에 기반한 광고 콘텐츠를 송출하겠지만 이미 충성도가 높은 고객의 경우 창업자의 스토리 등 보다 감정에 호소하는 콘텐츠를 내보낼 것이다. 이 데이터를 지속적으로 분석함으로써, 퍼포먼스 마케터들은 주어진 마케팅 예산 안에서 최대의 성과를 발휘할 수 있게 된다. 특정 광고의 클릭율과 전환율이 기대에 못 미친다면 더 나은 효과를 낼 수 있는 콘텐츠로 교체할 수 있기 때문이다.

퍼포먼스 마케팅 시스템의 정확성은 광고에서 그치지 않고 고객이 브랜드의 홈페이지를 클릭할 때에도 적용된다. 이미 브랜드들의 홈페이지는 자동적으로 고객의 발자취를 수집하고 있다. 즉, 고객이 어떤 경로를 통해 유입되었는지, 홈페이지 내의 어떤 메뉴를 방문했는지, 어떤 제품을 보았는지, 장바구니에 담았는지, 마지막으로 무엇을 구매했는지를 기록하고 있는 것이다. 기업에서는 또한 이 고객이 재구매 고객인지, 어디에서 왔는지(브랜드의 마케팅 메일을 클릭해서 홈페이지에 방문하게 되었다든지), 몇 번이나 방문했는지, 예전부터 어떤 물건들을 구매해 왔는지 등을 낱낱이 알고 있다. 그리고 모든 과거 고객의 평균 데이터를 기반으로, 그 고객이 가지는 잠재적인 평생 가치를 추산할 수 있다.

주요 지표

고객 분석에 사용되는 주요 지표는 다음과 같다. 이를 고객의 첫 주문에서 벌어들인 총 마진과 비교하면 마케팅 전략의 수익성을 측정할 수 있다.

- 지출된 광고비 ÷ 광고 노출당 비용 = 광고 노출 수
- 광고 노출 수 × 클릭율 = 브랜드 홈페이지에 대한 아웃바운드 클릭 (역자 주: 광고를 통해 홈페이지 또는 앱으로 이동하는 트래픽) 수
- 브랜드 홈페이지 클릭 수 × 전환율 = 매출 건수
- 매출 건수 × 평균 매출 규모 = 매출액
- 매출액 × 매출총이익률 = 매출총이익
- 신규 고객의 경우, 브랜드는 고객 획득 비용(즉, 고객이 처음으로 구매하도록 유도하는 데 사용되는 비용)을 계산할 수 있다.

  지출된 광고비 × 광고 노출당 비용 × 클릭율 × 전환율 = 고객 획득 비용

소셜 미디어의 광고 단가가 상승하면서 많은 브랜드들이 초반에 고객을 획득할 때에는 손실을 보고 있지만 고객의 평생 가치를 감안하면 여전히 장기적으로는 수익성이 있다. 일단 고객 데이터를 확보한 후에는 이메일이나 SMS 등 비용이 많이 들지 않는 마케팅 방법을 통해 재방문과 재구매를 유도할 수 있기 때문이다. 고객의 재구매 횟수가 늘어날수록 브랜드들은 그 고객을 더 잘 알게 되므로 그 고객에서 더 많은 매출을 창출할 수 있게 된다. 기업들은 정기 배송을 신청하는 고객에게 더 저렴한 가격을 제시하는 구독 서비스나 고객이 일정 연회비를 내면 무료 배송이나 OTT 서비스 등의 특전을 제공하는 아마존 프라임 같은 회원제 서비스를 통해 고객을 묶어 두기도 한다. 고객 획득 비용과 고객의 평생 가치 중 어느 것이 더 큰지에 따라서 장기적으로 이커머스 브랜드가 수

익을 낼 수 있는지가 결정된다.

무지 단계로부터 충성으로 이어지는 이 프로세스의 핵심은 이 사이클의 모든 과정에서 일어나는 일들을 퍼포먼스 마케터가 완벽하게 파악할 수 있다는 점이다. 그렇기 때문에 브랜드들이 고객의 여정을 실시간으로 추적하면서 성과를 측정하고 지표를 최적화할 수 있는 것이다.

'기업체들은 광고 벽에 돈을 뿌리고 그 중에서 얼마나 붙어 있는지를 본다.'는 오래된 광고업계의 속담이 단적으로 보여 주는 예전의 대중 광고 전략은 이미 옛날이야기가 되었다. 이 시스템의 정교함을 이해하고 나면 이커머스 시장에서 닷컴 회사들이 소매업체들을 이길 수밖에 없다는 생각을 하게 된다.

데이터 중심의 마케팅 전략 확산

나날이 심화되는 소매 산업의 위기와 코로나19 사태로 인해 소매업체들도 마침내 개인화 마케팅에 발을 들이기 시작했다. 이들은 뒤늦게 디지털 네이티브 브랜드의 비밀 병기였던 데이터 분석 기술을 도입하고, 알고리즘을 통해 소비자 행동을 하나하나 분석하면서 이들의 행동을 예측하고 고객의 의사 결정에 영향을 미치려고 노력하고 있다.

코로나19 이후, 예전에는 D2C 스타트업을 주요 고객으로 삼았던 디지털 마케팅 에이전시에 기성 브랜드와 소매업체들로부터 물밀듯 수주가 쏟아지기 시작했다. 영국의 볼트 디지털, 프로펠러 앤 프랙틸, 미국의 마케터, WebFX, 이그나이트 비저빌리티 등의 에이

전시에 기성 브랜드와 소매업체들의 문의가 줄을 이었다.[2]

미국 인터넷 광고협회(Interactive Advertising Bureau, IAB)가 2020년 9월에 실시한 설문조사에 따르면 경기 침체로 인해 미국의 2020년 전체 광고 지출은 8% 감소할 것으로 전망한 반면 디지털 광고 지출은 6% 증가할 것이라고 예상했다. 2020년 6월 맥킨지의 보고서에 따르면 브랜드와 소매업체는 디지털 광고 목표를 일반 브랜드 구축에서 온라인 매출 성장을 겨냥하는 퍼포먼스 마케팅으로 전환하고 있다.[3]

월마트, 베스트 바이, 타깃, 로이스와 같은 회사는 사업의 방향을 전환하면서 유명한 데이터 사이언티스트들을 초빙하고 있다. 타깃의 비즈니스 인텔리전스, 분석, 테스트 담당 부사장인 패리토시 데사이는 타깃의 실적 개선에 핵심적인 역할을 했다(37장에서 자세히 설명). 데사이는 유능한 데이터 팀을 고용하면서 전사적으로 데이터 중심의 문화를 조성했다. 그는 관리자가 스스로 사용할 수 있는 분석 시스템을 구축하고, 전반적인 의사 결정 과정을 데이터에 기반하도록 함으로써 데이터 팀과 경영자 사이에 긴밀한 연결 고리를 만들었다. 데이터 전문가에 대한 수요는 2018~2019년에 29% 증가했으며, 이러한 추세는 앞으로도 계속될 것으로 보인다.[4]

요약하자면 주요 브랜드와 소매업체들은 현재 마케팅을 개인화시키고 고객과의 강한 일대일 관계를 구축하는 데 그 어느 때보다 많은 투자를 단행하고 있다.

20장
가치를 설정하라

브랜드와 고객 간 관계의 개인화는 사회적 가치와도 연관되어 있다. 브랜드가 정말로 고객 커뮤니티나 직원들에게 공감과 애정을 얻고 싶다면 단순히 상업적인 것 이상의 가치를 대변할 수 있어야 한다.

이 책의 앞장에서 우리는 세상을 더 나은 곳으로 만들겠다고 선언하면서 젊은 소비자층의 열렬한 지지를 얻은 와비 파커, 올버드, SF 베이 커피와 같은 D2C 브랜드를 살펴본 바 있다. 와비 파커는 제3세계의 시력 문제를 해결하는 것을 기업의 궁극적인 목표로 두고 있으며, 고객이 안경을 구매할 때마다 제3세계 국가에 안경을 무료로 기부한다. 올버드는 천연 소재와 지속 가능한 생산 방법을 통해 패셔너블한 제품을 제작하기 위해 최선의 노력을 기울이고 있다. SF 베이 커피의 창업자들은 매년 남미의 정글을 직접 방문하여 커피를 재배하는 농부들을 위해 학교와 병원, 주택을 짓고 있다.[1]

파타고니아, 파도가 칠 때는 서핑을

파타고니아 또한 환경에 대한 신념을 거침없이 전면에 내세우고 있다. 이 브랜드는 항상 환경 보호에 앞장서 왔다. 파타고니아의 창업자이자 산악인인 이본 쉬나드는 직원, 고객, 그리고 무엇보다도 지구를 염려하고 돌보는 '공동체'를 설립하기 위해 파타고니아를 창업했다. 파타고니아의 목표는 단순하다. '잘 하고, 좋은 일을 하라!'

이 브랜드는 아웃도어에 대한 애정과 함께 자연 환경 보호에 대한 열정을 최우선적인 가치로 행동하며, 도발적이고, 기존의 관습에 얽매이지 않으며, 독특한 기업 문화를 가지고 있다. 예를 들어, 파타고니아 직원들을 위한 사규를 기록한 핸드북의 제목은 '파도가 칠 때는 서핑을!'이다. 파타고니아는 로스앤젤레스의 바로 북쪽에 있는 벤투라 본사 근처 해변에 파도가 치거나 인근 샌버너디노 산맥에 있는 빅베어에 신선한 눈이 내리면 직원들이 책상을 박차고 일어나 장비를 챙겨 서핑을 하러 가거나 스키를 타러 가도 좋다고 권장하고 있다.

파타고니아의 인사 및 공유 서비스 담당 부사장인 딘 카터는 "우리는 야외로 나가고 아웃도어를 사랑하는 사람들을 채용한다. 파도가 치면 그들은 서핑을 하러 갈 것이다. '파도가 칠 때는 서핑을 하러 간다.' 정책이 없었다면, 우리는 많은 성과 실행 계획을 세워야만 했을 것"이라고 말했다.

이 회사의 근무 방식은 매우 유연하다. 파타고니아는 직원들에게 격주로 주말에 3일을 쉬게 해주는 9/80 근무를 실시하고 있다. 파타고니아 직원들은 월요일부터 목요일까지 하루 9시간, 그리고 격주 금요일에 8시간(2주에 80시간)을 일한다. 일하지 않는 금요일은 휴무다. 파타고니아는 직원들을 위해 보육 시설을 운영하며, 일부 보조금을 지급한다. 이 보육 시설은 2개 국어 프로그램을 운영하며 아동 발달 교육을 이수한 선생님들이 아이들을 돌본다. 덕분에 출산한 여성 직원은 거의 100%가 일터로 복귀한다.

'파도가 칠 때는 서핑을 한다.' 문화는 파타고니아 직원들의 적극적인 지지를 받고 있다. 이 회사의 직원 이직률은 매년 약 4%에 불과하다. 딘 센터는 "나는 이 회사를 호텔 캘리포니아라고 부른다. 체크인은 하지만 체크아웃은 하지 않는 호텔"이라고 자부했다.

환경에 대한 파타고니아의 애정은 기발한 방식으로 나타난다. 회사는 '이 재킷을 사지 마세요'라는 광고를 게재하면서 파타고니아 또한 생산자로서 환경 문제를 유발하고 있다는 사실을 인정한다. 제품은 평생 보증이 제공되며, 회사는 고객에게 새 제품을 사지 말고 오래된 제품을 수선하여 사용하도록 권한다. 파타고니아는 북미에서 가장 큰 의류 수선 시설을 보유하고 있으며 자사에서 만든 제품이든 다른 브랜드의 제품이든 가리지 않고 미국 전역을 돌아다니는 이동식 수선 트럭을 운영하고 있다.

파타고니아의 직원은 일정 기간 회사에 근무한 후 환경 단체나 프로젝트에 자원 봉사하기 위해 최대 2개월간 유급 휴가를 떠날 수 있다. 매년 약 150명의 직원이 전 세계를 돌아다니며 환경 보호를 돕는다. 카터는 환경 자원 봉사 휴가를 떠나면서 '채널 아일랜드에서 바다사자 똥을 청소한 경험'에 대한 이야기를 남겼다. 회사는 직원들이 평화적인 방법으로 환경 운동을 하다가 감옥에 수감되는 상황에서도 직원을 지원한다. 카터는 회사가 직원의 보석금을 지불한다고 말했다.

2018년, 파타고니아는 유타주의 국립공원 2개의 면적을 축소하려는 미국 내무부의 계획을 저지하기 위해 미국 정부를 고소했다. 파타고니아는 환경 단체에 기업 매출의 1%를 꾸준히 기부하고 있다.

이러한 파타고니아의 가치 기반 문화는 성과를 거두고 있는 것으로 보인다. 파타고니아는 '일하기 좋은 100대 기업' 가이드에 이름을 올렸을 뿐 아니라, 구인 광고를 올릴 때마다 9,000명의 지원자들이 몰려든다. 이 회사는 매년 약 10억 달러의 매출을 올리고, 전 세계에 3,000명의 직원을 거느리고 있다.[2]

도덕적인 가치 자체가 좋은 사업이다

가치 주도 비즈니스의 또 다른 성공 사례로는 1980년대와 1990년대의 더바디숍을 들 수 있다. 이 회사의 초창기를 이끈 것은 불굴의 창업자인 고(故) 아니타 로딕이었는데, 그녀는 자신에게 중요한 것은 자신이 믿는 가치라는 사실을 전면에 내세웠다. 아니타 로딕은 여성의 권리를 강력하게 주장하며 '슈퍼모델 같은 외모를 지니지 않은 여성은 30억 명이고, 슈퍼모델은 8명뿐'이라는 유명한 광고 문구를 내걸었다.[3]

로딕은 '귀여운 토끼' 광고를 게재하면서 동물 실험을 격렬하게 반대하는 캠페인을 진행했다. 이 캠페인을 통해 400만 명이 청원서에 서명했고, 그 결과 EU에서 동물 실험이 금지되었다. 또한 그녀는

환경과 제3세계 노동자의 권리를 지지하는 위대한 옹호자였다.[4]

이러한 방법을 통해 더바디숍은 열성 지지자를 기반으로 하는 대규모 커뮤니티를 구축하고 회사 직원들에게 사명 의식을 심어 주었다. 이는 더바디숍이 뷰티 산업을 점령한 거대 기업들을 상대로 승리하고, 마침내 최고 11억 달러의 기업 가치를 인정받은 글로벌 기업으로 자리매김하는 데 큰 도움을 주었다. 로딕이 말했듯, '도덕적인 가치 자체가 좋은 사업'이었다.[5]

파타고니아나 더바디숍은 처음부터 이상을 바탕으로 설립된 기업들이다. 그러면 기존에 존재하는 대규모 조직에 어떻게 목적의식을 부여할 수 있을까? 다행히도 뛰어난 리더십을 통해 이를 달성한 대기업들이 좋은 예를 보여 주고 있다. 유니레버가 그러한 기업 중 하나이다.

2011년 당시 CEO였던 폴 폴만은 보다 환경 친화적인 공급망과 제품을 구축하는 '지속 가능한 삶' 캠페인을 실시했다. 400개 이상의 브랜드, 15만 명의 직원, 190개의 국가에서 수행된 이 거대한 캠페인으로 인해 유니레버는 지난 10년간 단기적인 희생을 감수해 왔다. 그러나 유니레버의 브랜드 중 가장 지속 가능한 브랜드가 나머지 사업부보다 49% 더 빠르게 성장하고, 2018년의 매출 성장 중 75%를 담당했던 것을 보면 이러한 노력은 결실을 맺은 것으로 보인다. 유니레버의 2020년 상반기 순이익은 10% 증가했고, 2021년 1월의 주가는 2010년 대비 200% 상승했다.[6]

베스트 바이는 거래 기반에서 가치 기반으로 회사의 중심을 완전히 전환하며 체질 개선에 성공한 대기업의 예이다. 2014년 이후 CEO 허버트 졸리의 리더십 아래, 베스트 바이는 기술을 통해 소비자의 삶을 풍요롭게 하는 데 역점을 두면서 사업이 쇠퇴 일로에서 급성장으로 전환되었다. 여기에는 베스트 바이에서 구입한 전자 제품 뿐 아니라 고객의 가정에 있는 모든 전자 제품을 관리하고 보안 및 이동 기술을 적용하여 취약 계층과 노인층의 고객들이 집에 더 오래 머무를 수 있도록 도와주는 서비스도 포함되어 있다. 베스트 바이에 대해서는 38장의 사례 연구에서 더 자세히 다룰 예정이다.[7]

요약하자면 냉혹한 매출 경쟁 속에서 브랜드를 끌어올리기 위해서는 직원들에게 동기를 부여하고 열성적이고 충성스러운 고객 기반을 만들 수 있는 가치를 제시할 수 있어야 한다.

21장
데이터의 중요성을 인식하라

19장에서 우리는 기업이 고객과의 관계를 개인화하는 것이 얼마나 중요한지 살펴보았다. 이를 달성하기 위한 방법은 여러 가지가 있지만 그 중에서도 고객 데이터의 수집과 분석은 특히 중요하다.

지금까지 살펴본 것처럼 소매업체들은 고객 데이터에 그다지 관심이 없었다. 과거의 브랜드/소매 공급망은 표준화된 상품을 최대한 많이, 최대한 많은 고객에게 판매하는 데에만 집중해 왔다. 그렇기 때문에 개별 고객에 대해 잘 알 필요가 없었다. 제조 방식이 유연하지 않았기 때문에, 고객에게 맞춤형 제품을 생산하는 것 자체가 불가능했다. 고객이 신규 고객인지 재구매 고객인지와 같은 핵심 정보도 무시되었다. 어느 경우에나 모두 같은 고정 비용이 발생하므로 판매 비용이 동일했기 때문에, 실제로 특별히 중요한 정보가 아니었던 것이다.

하지만 닷컴 기업들은 고객 데이터를 전혀 다른 관점에서 접근했으며 개별 고객 정보를 수집 및 분석하고 각각의 고객에 대한 마케팅 메시지를 개인화하기 위해 매우 정교한 기법을 개발했다. 온라인 비즈니스 업체의 유능한 퍼포먼스 마케터들은 고객 한 명 한 명이 회사 제품, 광고 메시지, 홈페이지에 어떻게 반응하는지 실시간으로 확인할 수 있었다.

소매업체들의 데이터 맹점

인터넷이 출시된 후 20년 동안 이커머스 기업들은 고객의 모든 움직임과 반응을 추적할 수 있었지만 소매업체들은 여전히 대부분 무지한 상태였다. 고객들은 상점에 들어와서 물건을 사고 떠났지만 대부분의 소매업체들은 고객이 누구인지 고객이 상점에 있는 동안 무엇을 하고 있었는지를 전혀 알지 못했다.

이 문제의 원인 중 하나는 소매업체들의 기술 부족이었다. 매장 시스템은 EPOS(Electronic Point of Sale) 소프트웨어를 기반으로 운영되고 있었는데, 이 프로그램은 매출, 가격, 재고 수준 등 매우 기본적인 정보만 다루었지 고객이 누구인지, 이 고객이 신규 고객인지 재방문 고객인지, 어떤 고객의 과거 구매 기록은 어떠한지 등 개별 고객 정보는 전혀 취급하지 않았다. 대부분의 소매업체들이 얻을 수 있었던 고객 데이터라고 해봐야 고객 카드나 로열티 프로그램에 기입된 것이 전부였지만, 이마저 소수의 고객만을 대상으로 얻을 수 있었다. 그리고 이 데이터조차 단골 고객에게 사은품이나 할인 혜택을 제공하는 목적 외에는 사용되지 않았다.

소매업체의 온라인 홈페이지는 오프라인 점포에 비해서 훨씬 더 정교한 고객 데이터 기능을 갖추고 있기는 했지만, 온라인 비즈니스 비중이 오프라인에 비해 훨씬 작았고 조직의 전반적인 문화 또한 제곱피트당 매출 같은 전통적인 측정 기준에 초점을 맞추었다. 그 결과, 최고 알고리즘 책임자를 이사회에 구성할 정도로 데이터를 중시하는 닷컴 기업들과는 달리, 소매업체들은 가지고 있는 데이터나마 효율적으로 활용하지 못했다.

놓친 기회

통상적으로 소매업체의 매출 중 90% 이상이 여전히 오프라인 매장에서 발생한다는 점을 감안하면, 소매업체들은 여전히 고객 데이터를 수집하여 자신들의 데이터베이스 시스템에 이를 입력할 수 있는 어마어마한 기회를 놓치고 있다. 이들은 매일 오프라인 매장에 수백만 명의 고객이 방문하는 상황에서도 온라인 고객을 획득하기 위해 페이스북이나 구글에 많은 돈을 지불하고 있다.

매장에서 간신히 얻은 데이터조차도 온라인 채널의 데이터와 거의 통합되지 않았다. 이러한 문제는 온라인 비즈니스와 오프라인 비즈니스를 별도의 부서로 운영하고 있는 소매업체의 조직 구조로 인해 더욱 악화되었다. 당시에 이윤을 독점하고 있었던 소매 산업의 대기업들은 온라인 신생 기업들을 매장 고객을 빼앗아 가는 경쟁자라고 생각했다. 사실 고객은 온라인과 오프라인 매장 모두에서 제품을 구매했지만 소매업체는 고객의 구매 행동을 통합해서 분석할 수 있는 수단이 없었기 때문에 고객을 유치하기 위해 개인화된 통합 마케팅 캠페인을 개발할 수 없었다.

토이저러스 사례

토이저러스 사례는 이러한 문제점을 잘 나타내고 있다. 거대 규모의 미국 장난감 브랜드인 토이저러스는 2016년 '리워드아워스(역자 주: 고객이 적립 카드를 만들면 구매 내역을 적립해 주고, 일정 기간 내 구매 금액에 따른 사은품을 지급한 프로모션)' 로열티 제도를 통해 1,900만 명의 활성 고객을 확보했고, 매출의 3분의 2에 해당하는 77억 달러의 수익을 올렸으므로 로열티 회원 당 평균 매출은 405달러를 기록했다.[1]

토이저러스의 전체 매출은 115억 달러였기에 산술적으로 나머지 38억 달러의 매출은 로열티 회원 고객이 아닌 고객에게서 나왔다는 점을 알 수 있다. 평균적으로 로열티 회원의 구매 금액은 비회원 고객보다 평균 40% 높으므로 회원 당 평균 매출액인 405달러를 1.4로 나누면 비회원의 고객 당 평균 구매 금액은 약 289달러로 계산된다. 그러므로 38억 달러의 비회원 매출을 평균 매출액인 289달러로 나누면 비회원 수는 약 1,300만 명으로 추산된다. 회원과 비회원 수를 더하면, 토이저러스 매장에 정기적으로 방문하는 전체 고객 수는 총 3,200만 명이었다.[2]

이커머스 사업부의 2016년 매출은 11억 5천만 달러 수준으로 온라인 매출 비중은 10%에 지나지 않았다. 2016년의 전체 매출 115억 달러를 아까 계산한 전체 방문 고객 3,200만 명으로 나누면, 전체 고객 당 평균 구매 금액은 359달러로 추산된다. 그러므로 이 숫자를 이용하여 2016년 토이저러스의 온라인 고객 수를 계산하면, 온라인 고객 수는 약 320만 명으로 추정된다. 이 숫자들을 볼 때 놀라운 사실은 온라인 고객 수가 매장 방문 고객 수의 10%에 지나지 않을 뿐 아니라 토이저러스의 로열티 회원 수 기준으로도 17%에 불과하다는 점이다.[3]

로열티 회원으로 가입할 정도의 충성 고객 중 83%를 온라인 시스템에 등록시키지도 못한 이유는 무엇일까? 그 이유를 찾아보았더니 오프라인 매장을 운영하는 부서에서 온라인 부서를 자신의 고객을 빼앗으려고 하는 라이벌로 보았다는 사실을 알 수 있었다. 이러한 이유로 매장 운영 부서에서는 로열티 회원 고객 정보를 움켜쥐고서 온라인 고객 데이터베이스에 넘기지 않았던 것이다. 오프라인과 온라인 사업부서 간의 알력 싸움으로 인해 토이저러스는 개별 고객들의 행동을 통합적으로 분석하지 못하게 되었고, 방대한 양의 고객 데이터를 웹 시스템으로 마이그레이션(역자 주: 좀 더 좋은 환경으로 옮겨 가는 과정)할 수 있는 기회를 놓쳤다.

그 결과, 회사의 이익이 줄어들면서 2017년 9월 토이저러스는 파산에 이르렀다. 소비자에게 서비스를 제공하기에 대형 매장은 너무 비싼 채널이 되었지만, 온라인 채널을 통해 고객과의 접점을 구축하는 데 실패했기 때문에 토이저러스는 결국 전체 사업을 청산해야만 했다.

역설적으로 파산의 여파가 진정되고 31,000명의 근로자가 일자리를 잃은 후, 토이저러스의 소유주는 로열티 제도에 등록한 고객 데이터가 엄청난 자산이라는 사실을 깨닫고 고객 데이터를 활용하여 판매를 유도하는 디지털 전략 중심으로 사업을 재개했다. 이커머스 사업부는 오프라인에 비해 훨씬 저비용 구조였기 때문에,

토이저러스는 이익을 낼 수 있었다.[4]

2015년 이후 소매 산업의 위기가 가시화되면서, 소매업체들은 오프라인과 온라인 부서를 분리하여 운영하는 것이 합리적인지 의문을 갖기 시작했고 뒤늦게 온오프라인 사업 및 데이터를 통합하기 시작했다.

불타는 플랫폼이 강제하는 변화

그러나 코로나19로 인해 산업이 '불타는 플랫폼'(큰 위험을 감수하고서 변화를 모색할 수밖에 없는 절박한 상황) 상태로 떨어지고 나서야 소매업체들은 낙후되고 분산된 데이터 시스템을 통합하기 시작했다.

오프라인 매장을 빼앗긴 소매업체들은 그제야 자신들이 데이터 측면에서 얼마나 뒤쳐져 있는지 깨닫고 마침내 대대적인 조치를 통해 매장 내 데이터 수집을 강화하고 이를 온라인 사업부의 데이터베이스와 합치면서 개별 고객을 통합적으로 분석하기 시작했다.

예를 들어, 막스 앤 스펜서는 앱을 기반으로 한 디지털 퍼스트 프로그램을 만들기 위해 2020년 7월 로열티 제도인 스팍스를 다시 출시했다. 이 로열티 제도의 700만 고객 데이터는 소비자 행동을 통합적으로 분석하기 위해 막스 앤 스펜서 닷컴, M&S 뱅크 및 새로 인수한 오카도의 온라인 사업부 데이터와 통합되었다.[5]

막스 앤 스펜서 관계자는 "스팍스 프로그램을 재출시하면서 막스 앤 스펜서는 스팍스, M&S.com, M&S 뱅크, 그리고 오카도 등 4개의 핵심 사업부에서 발생하는 데이터를 통합 관리하는 데이터 중심의 회사로 거듭나려고 하며, 이로써 모든 고객들에게 더 정확

하고 개인화된 경험을 제공하려고 한다."라고 밝혔다.[6]

또한 소매업체들은 높은 이자율 때문에 수익성에 늘 문제가 있었던 신용카드 기반의 매장 로열티 프로그램을 폐지했다. 메이시스는 매장 카드가 없는 회원에게도 로열티 프로그램을 제공했으며 노드스트롬은 카드가 없는 회원도 로열티 프로그램의 혜택을 받을 수 있도록 했다. J.크루는 2020년 8월에 신용 카드가 없어도 가입할 수 있는 새로운 로열티 제도를 출시했다.[7]

많은 소매업체들은 고객이 매장에서 사용할 수 있는 앱을 출시하여 제품 정보를 제공하고 피팅룸에서 사이즈를 예약하며, 부가 혜택을 받을 수 있도록 했다. 월마트나 다른 식료품 매장은 매장 주변을 안내하는 앱을 출시하여 고객들이 앱을 다운로드하도록 유도하고 있다.[8]

앱을 기반으로 한 쇼핑으로의 전환은, 나중에 33장에서 자세히 다루겠지만 소매업체가 고객 데이터를 수집하는 데 도움을 주고 있다. 어떤 기업들은 고객 데이터를 얻기 위해 무료 서비스를 제공하고 있다. 어반 아웃피터스는 매장에서 무료 와이파이 서비스를 제공하기 시작했고 많은 소비자들이 무료 와이파이를 사용하기 위해 회원 가입을 했다.[9]

하지만 아직도 해야 할 일이 많다. 고객 데이터 수집은 더 이상 선택 사항이 아니라 생존의 문제이다. 소매업체는 사은품, 할인, 특별 혜택 등 적절한 유인책을 사용하여 매장 고객이 온라인 멤버십에 가입하도록 유도해야 한다. 고객 데이터를 수집한 다음에는 이를 통합하여 온라인과 매장 시스템 모두에서 실시간으로 활용할 수 있도록 사용성을 개선해야 한다.

새 소프트웨어 프로그램들은 이러한 문제를 해결하는 데 도움을 주고 있다. 예를 들어, 대표적인 웹사이트 제공업체인 쇼피파이는 온라인과 오프라인 시스템 간의 격차를 해소하여 둘 사이의 원활한 커뮤니케이션을 할 수 있도록 하는 '쇼피파이 POS'를 출시했다. 쿠스바카 클라우드셰프는 통합 접근 방식이 매우 우수한 소프트웨어를 서비스하고 있다. 앞으로는 모든 브랜드가 매장과 온라인을 넘나들며 매출과 재고 상황을 기록하는 단일 시스템을 운영할 것으로 예상된다.[10]

이러한 기술들은 모든 매출을 온라인 매출과 동일하게 취급하여 별도의 EPOS 시스템을 없애고 오프라인에서 수집한 정보를 온라인과 동일한 포맷으로 바꾸고 있다. 이것이 바로 디지털 퍼스트 전략이다.

변화하는 소매 문화

기업 문화 측면에서 극복해야 할 주요 과제는 오프라인 매장 직원이 온라인 사업부를 실적과 일자리를 빼앗아 가려는 경쟁자로 보는 뿌리 깊은 인식이다. 이 문제를 해결하기 위해서는 사업을 고객의 관점에서 바라볼 수 있도록 모든 직원들에게 교육을 시켜야 하며, 회사에서 온라인과 오프라인 채널 간의 전환을 유도하지 않는 한 고객이 자발적으로 구매 채널을 전환할 가능성이 높지 않다는 점 또한 주지시킬 필요가 있다.

만약 온라인 매출에 기여하는 오프라인 매장 직원에게 인센티브를 부여한다면 직원들의 동기 형성에 큰 도움이 될 것이다. 어떤 고객이 회사 데이터베이스에 등록될 때, 회원 가입을 권유한 직원이 누구인지 태그를 지정할 수도 있고, 특정 매장을 통해 가입한 고객을 따로 관리할 수도 있다. 그리고 이 고객에게서 발생한 수익의 일정 부분을 관리 직원이나 매장에게 수수료로 지급할 수 있다. 또한, 매장에서 자체적으로 이메일을 보내거나, 전화 상담을 해 주거나, 전담 판매원을 소개해 주는 등 이러한 고객을 관리하도록 할당할 수도 있다.

이와 같은 변화들을 보면 소매업체가 마침내 고객 데이터가 얼마나 중요한지, 그리고 왜 모든 채널의 데이터를 통합해야 하는지를 드디어 깨달았다는 사실을 알 수 있다. 코로나19의 영향은 이 과정을 가속화시켰고, 결과적으로 업계의 장기 비전과 전략에 유익한 영향을 미쳤다.

22장
디지털로 전환하라

고객 데이터에 관심이 쏠리면서, 오프라인 채널과 온라인 채널의 상대적인 중요성에 대한 기업들의 인식 또한 변화하고 있다. 전통적인 소매업체들은 오프라인 비즈니스를 훨씬 중요하게 생각해 왔다. 소매업체들은 온라인 사업에 뛰어들기는 했지만 닷컴 기업만큼 온라인 비즈니스에 역량을 집중하지 않았다. 오프라인 기반의 소매업체들이 온라인 사업을 시작한지 20년의 시간이 흘렀지만 코로나19가 발생한 시점에서 이들 업체의 온라인 매출 비중은 10~15% 수준에 불과했다.

이커머스 매출이 부진하면서 전통 소매업체들은 온라인 사업을 더욱 기피하게 되었다. 이들은 퍼포먼스 마케팅이 어떻게 진행되는지를 이해하지 못했으므로 온라인 사업의 매출 대비 고객 기반 구축 비용이 너무 비싸다고 생각했다. 사업의 주축은 여전히 오프라인 매장이었으며, 온라인은 돈이 많이 드는 문제아처럼 취급되었다. 온라인 사업의 부진은 지속되었지만, 소매업체들이 과거와 단절하고 인식의 전환을 가져올 만한 사건은 일어나지 않았다.

록다운 기간 동안 정부가 상점들에게 폐쇄 명령을 내리자 전통 소매업체들은 충격에 빠졌다. 그들은 영업 중단이 오프라인 비즈니스에 얼마나 취약한지 고통스럽게 인식하게 되었고, 이후 사회적 거리두기와 추가 감염 사태를 보면서 록다운 사태가 되풀이될 수도 있다는 두려움을 느꼈다. 그리고 앞으로 새로운 바이러스가 또 발병할지도 모른다는 리스크 또한 고려하지 않을 수 없었다.

앞서 언급했듯 온라인 비즈니스를 일정 규모 이상으로 육성했던 브랜드는 그렇지 않은 브랜드보다 코로나의 폭풍우를 더 잘 견뎌냈으며 전 세계의 소매업계의 경영자들은 이러한 교훈을 깊이 새겼다. 그 결과 2020년 한 해 동안 이들은 일종의 '다마스쿠스로 가는 길(역자 주: 유대인 바울이 그리스도교로 개종한 유대인들을 체포하기 위해 다마스쿠스로 가던 도중 그리스도의 계시를 받고 독실한 그리스도교로 개종하게 된 일화)'과 같은 전환점을 겪으면서 온라인 채널을 우선적으로 육성하고 오프라인 매장에서는 고객에게 온라인 채널이 주지 못하는 가치를 제공해야 한다는 사실을 알게 되었다. 이러한 교훈을 바탕으로 소매업체들은 여러 부문에 걸쳐 온라인 사업에 대한 투자 속도를 급격히 높였다.

패션 부문

패션 소매 부문은 코로나 위기의 영향을 가장 크게 받은 부문이었다. 많은 의류 소매업체가 사회적 거리두기 조치에 따른 록다운과 개장 이후에도 고객 방문 감소로 치명적인 타격을 입었다. 그 결과 업계의 선두 업체들은 이커머스 사업에 회사의 사활을 걸고 뛰어 들었다.

2020년 6월, 세계 최대의 패션 소매 그룹이자 자라를 보유하고 있는 인디텍스는 온라인 판매 비중을 2019년의 14%에서 2022년까지 25% 이상으로 끌어올리겠다는 목표를 발표했다. 창업자인 아만시오 오르테가는 2022년까지 온라인 사업에 10억 유로를 투자하고, 오프라인 매장에도 17억 유로를 추가로 투자하여 온라인 사업과의 통합 수준을 제고하여 배송 기간을 단축하고 제품을 실시간으로 추적할 수 있도록 하겠다고 밝혔다.[1]

H&M은 록다운의 여파로 2020년 상반기 매출이 크게 감소한 후 디지털 역량 개발을 가속화하였다. 그 결과 동사의 2020년 2분기 이커머스 수익은 36% 증가했고, 향후 온라인 비즈니스를 확장하는 동시에 2020~2021년 사이 약 300개의 매장을 중단하는 등 오프라인 사업 축소에 속도를 내겠다는 계획을 발표했다.[2]

H&M의 CEO 헬레나 헬머슨은 "팬데믹 기간 동안 고객의 니즈를 만족시키기 위해서는 온라인과 오프라인 채널이 함께 상호작용해야 한다는 사실이 분명해졌다. 우리는 디지털 개발을 가속화하고 매장 포트폴리오를 최적화하며 채널 통합에 속도를 올리고 있다."라고 밝혔다.[3]

2020년 10월, 갭은 2023년까지 350개의 쇼핑몰 매장을 폐쇄하고 매출의 80%를 가두점과 이커머스 사업부에서 창출하겠다고 밝혔다. 이는 동사가 2020년 2분기에 온라인에서 신규 고객을 350

만 명 모집하고, 온라인 매출이 95% 증가하면서 얻은 자신감을 바탕으로 한 계획이다.[4]

코로나19 발생 이전에 노드스트롬은 이미 이커머스 채널 구축에 성공하면서 온라인 매출 비중이 전체의 33%까지 상승한 상황이었다. 노드스트롬은 2020년 6월 이러한 추세를 가속화하기 위해 추가 투자를 진행 중이라고 발표했다. 노드스트롬의 CEO 에릭 노드스트롬은 "당사는 오프라인 매장을 기반으로 하던 사업에서 이커머스나 아울렛 등 다각화된 사업 모델로 전환할 것"이라고 말했다.[5]

JD스포츠는 2020년 7월 온라인 사업부가 코로나19로 인한 록다운 기간 동안 '매우 탄력적인 실적'을 달성했으며, '일부 고객들이 오프라인 채널에서 온라인 채널로 영구적으로 전환한 것은 필연적'이라고 하면서 이커머스 사업부에 우선적으로 투자하고 신규 매장 출점은 지양하겠다고 밝혔다.[6]

넥스트는 패션 이커머스 선두 기업으로서, 수년간 꾸준히 온라인 사업부에 투자해 왔으며 2019년에는 전체 매출의 거의 절반이 온라인에서 창출되었다. 동사는 코로나19 기간 동안 선제적인 온라인 투자에 따른 수혜를 입었다. 2020년 3분기 결과를 보면, 매장 매출액은 18% 감소했지만 온라인 매출이 23% 성장하면서 이 감소분을 상쇄하여 전체 매출액은 약 3% 성장했다.[7]

기타 소매 부문

베드 배스 앤 비욘드는 2020년 2분기에 온라인 매출이 89%

성장했다. CEO인 마크 트리톤은 2020년 10월에 향후 3년 동안 10억~15억 달러를 투자할 계획이며, 이 금액 중 상당 부분은 '고객을 위한 혁신적인 온라인 통합 쇼핑 경험'에 투자될 것이라고 밝혔다.[8]

비앤큐와 스크루픽스의 모회사인 킹피셔 그룹은 2020년 상반기 동안 온라인 매출이 164% 증가했고, 온라인 매출 비중은 전체의 7%에서 19%까지 상승했지만 전체 매출은 소폭 감소했다고 발표했다. 킹피셔 그룹의 CEO인 티어리 가니에르는 "우리는 고객에게 더 나은 서비스를 제공하기 위해 사업 운영 방식을 근본적으로 재편하고 있다. 오프라인 매장의 물류 시스템을 이용하여 온라인 사업 성장 계획을 가속화하는 중"이라고 말했다.[9]

딕슨스 카폰의 이커머스 사업 또한 코로나19 기간 동안 엄청난 성장을 구가했다. 동사의 CEO 알렉스 볼독은 2020년 9월에 "온라인 사업은 계속해서 앞으로 나아가고 있다. 영국과 아일랜드에서만 온라인 사업 매출이 4개월 동안 5억 파운드 이상 증가했으며, 록다운이 끝나고 매장이 다시 문을 연 이후에도 강한 성장세를 유지했다."라고 언급했다. 딕슨스 카폰은 성장하고 있는 온라인 사업에 더 많은 투자를 할 것이라고 밝혔다.[10]

럭셔리 부문

명품 시장에서도 비슷한 트렌드를 관찰할 수 있다. 랄프 로렌은 매장 직원을 줄이고 온라인 사업 투자를 늘리면서 회사의 중심축을 디지털로 전환했다고 밝혔다. 랄프 로렌의 회장이자 CEO인 파트리스 루베는 "팬데믹 이후 우리 주변 세계에서 일어나고 있는 변화들은 우리가 코로나 이전부터 경험해 왔던 변화를 가속화하고 있으며, 우리는 디지털 전환을 진행하고 조직 구조를 단순화하는 등 이러한 변화에 부응하기 위한 계획을 빠르게 추진하고 있다."라고 밝혔다.[11]

조르지오 아르마니는 2020년 7월 옴니채널 사업을 재개한다고 발표하면서 온라인 및 오프라인 매장을 육스 넷어포터 그룹과 계약하여 "고객을 위한 혁신적이고 디지털적이며 통합된 쇼핑 경험을 제시할 것"이라고 발표했다.[12]

2020년 7월, 휴고 보스는 2019년에는 1억 5,100만 유로 규모였던 온라인 매출을 2022년까지 4억 유로 이상으로 끌어올리기 위해 새로운 전략을 시도할 것이라고 발표했다. 이 전략에 따라 휴고 보스는 24개의 새로운 시장에서 Hugoboss.com 사이트를 런칭하고 아시아의 티몰 및 징동과 물류 파트너십을 체결했다.[13]

식료품 부문

식료품은 다른 부문에 비해서는 코로나바이러스의 영향을 적게 받았다. 하지만 식료품 부문에서도 몇 년에 걸쳐 온라인 비즈니스에 투자를 해 왔던 기업들이 이익의 대부분을 흡수했다. 업계의 선두 기업들은 이러한 경쟁 우위를 바탕으로 투자에 한층 박차를 가했다.

월마트는 CEO 덕 맥밀런의 선구적인 리더십 하에 이미 2014년부터 디지털 비즈니스를 구축하기 위해 막대한 투자에 착수했다. 온라인 홈페이지에서 판매하는 제품의 수를 5,200만 개까지 늘렸고, 디지털 비즈니스 천재인 마크 로어가 창업한 혁신적인 이커머스 회사인 제트닷컴을 인수했으며, 온라인 매출을 진작하는 데 수천억 달러를 투자했다. 월마트는 투자의 목적을 아마존과 이커머스 시장에서 대등하게 경쟁하기 위해서라고 밝혔다. 월마트의 디지털 전환에 대해서는 42장의 사례 연구에서 더 자세히 다룰 예정이다.[14]

이 모든 투자는 코로나19가 닥친 이후 2020년 3분기 온라인 매출이 79% 급증하면서 보답을 받았다. 이러한 성공에 힘입어 월마트는 온라인 사업 부문에 2만 명의 직원을 추가로 고용할 것이며, 온라인 채널 투자를 늘리고 인도 플립카트의 이커머스 사업부, 그리고 아시아태평양의 Tata.com과 200억 달러 규모의 합작투자법인을 설립하겠다고 발표했다.[15]

영국의 선두 업체인 테스코는 2020년 3분기에 온라인 판매가 80% 성장했고, 이커머스 사업 부문에 16,000명의 직원을 신규로 고용하겠다고 밝혔다.[16]

세인즈버리스의 2020년 3분기 온라인 판매는 81% 급성장했고, 크리스마스 전 10일 동안 전년의 두 배인 110만 건의 주문을 받았다. CEO인 마이크 쿠프는 "봉쇄가 길어질수록 확실히 소비자들이 온라인 채널로 식료품을 구매하는 구매 패턴이 정착될 가능성이 높아진다."고 말했다.[17]

막스 앤 스펜서 또한 투자를 단행하면서 이커머스 사업을 육성했다. 동사는 2019년 영국 최고의 디지털 네이티브 식료품 기업인 오카도의 지분 50%를 인수하면서 이미 시장에 전략적인 방향을 제시했다. 오카도의 2020년 4분기 매출이 35%의 고성장을 기록한

것을 보면 이는 현명한 투자였던 것 같다.[18]

2020년 9월 오카도는 신선 식품 사업의 파트너사를 웨이트로 즈에서 막스 앤 스펜서로 바꾸었는데, 이 과정에서 고객 이탈 비율이 매우 낮았을 뿐 아니라 주문당 판매 품목 수는 오히려 5개 증가했다. 막스 앤 스펜서는 의류 이커머스 사업을 확대하면서 타사 브랜드의 상품도 판매할 계획이라고 발표했다.[19]

알디와 리들과 같은 식료품 할인업체의 사례를 보면 온라인으로의 전환이 얼마나 강력한 시대의 흐름이었는지를 알 수 있다. 예전부터 이들 업체는 자사의 마진이 너무 낮아 온라인 주문 배송 비용을 커버할 수 없다고 생각했기 때문에 이커머스 사업 진출을 주저했다. 그러나 코로나바이러스 사태가 닥치며 이러한 태도도 바뀌게 되었다.

2020년 6월, 리들의 모회사인 슈바르츠 그룹은 온라인 소매 비즈니스 전략을 전환하면서 독일의 온라인 마켓플레이스인 real. de를 인수했다. 슈바르츠 그룹의 최고 디지털 책임자(Chief Digital Office, CDO) 롤프 슈만은 "우리는 오프라인 사업과 온라인 사업의 결합을 통해 더 큰 기회를 얻을 수 있을 것"이라고 말했다.[20]

알디는 일찍이 2016년부터 와인 온라인 구매 사이트를 오픈했지만, 영국의 자회사가 22개의 생필품을 포함한 가정 배송 서비스를 시작하는 등 온라인으로 식료품을 판매하기 시작한 시점은 2020년 4월이다. 온라인 식료품 판매 실적에 고무된 알디는 2020년 9월에 온라인 사업 다음 단계로 클릭 앤 콜렉트(역자 주: 소비자가 온라인으로 물건을 주문한 후 오프라인 매장에서 수령하는 것) 서비스를 실

시한다고 발표했다.[21]

소매 산업 연구 그룹 IGD의 애널리스트인 맥심 들라크루아는 리들과 알디에 대해 "코로나바이러스의 발병으로 디지털 전환이 가속화될 전망이다. 가까운 시일 내에 양사 모두 더 다양한 이커머스 서비스를 출시할 것으로 예상된다."고 분석했다.[22]

독립 소매 사업자

많은 대기업들이 코로나19의 발생으로 큰 타격을 입었지만 은행 대출과 정부 지원으로 더 큰 위기로 번지는 것은 막았다. 하지만 독립 소매 사업자들은 이러한 지원을 기대할 수 없었기 때문에 생존을 위해 빠르게 온라인으로 전환해야 했다. 필요는 발명의 어머니라는 말처럼 여러 독립 소매 기업의 오너들은 웹사이트를 빠르게 업데이트하고, 배송 속도를 높이고, 인스타그램과 유튜브에서 라이브 방송을 시작했는데, 놀랍게도 이러한 전략은 효과를 발휘했다.

2020년 4월에서 7월 사이 8만 5,000개 이상의 소규모 소매업체가 온라인 사업을 시작한 것으로 추정된다. 영국 이베이의 부회장인 롭 해트럴은 코로나 이전 대비 2배나 많은 납품업체들이 마켓플레이스에 등록했다고 밝혔다. 온라인 전환에 성공한 독립 소매 사업자의 좋은 예로 영국 햄프셔에 기반을 둔 여성 부티크 의류 브랜드인 솔로 미아를 보유한 에리카 콘티를 들 수 있다. 예전에 콘티는 온라인 사업을 하지 않겠다는 입장을 고수했지만, 록다운이 시행되면서 새로운 판매 채널에 눈을 돌리게 되었다. 그녀는 매주 화요일 오후 8시 30분에 페이스북에서 주간 '마켓 나이트' 라이브 쇼

를 진행하며 1,000명 이상의 시청자를 확보했다.[23]

콘티는 쇼피파이에도 판매 사이트를 열어 록다운 기간에도 계속해서 성장세를 유지할 수 있었다. 그녀는 "고객들은 새 홈페이지를 아주 마음에 들어 했고 덕분에 사업이 성장할 수 있었다."라며 "이커머스 사이트가 이렇게 사용하기 쉬운 줄 미리 알았더라면 훨씬 더 빨리 내 콜렉션을 온라인에서 판매했을 것"이라고 소감을 밝혔다.[24]

이번에는 미국 버지니아 주 스턴튼에 있는 퍼퍼벨리스 토이 스토어를 소유하고 있는 수전과 에린 블랜튼의 사례를 보자. 이들은 2006년부터 판매용 웹사이트를 운영하고 있었지만, 오프라인에 비해서 매출 기여도는 작았다. 이러한 상황은 코로나19 팬데믹 시대가 오고 외출 금지 명령이 발효되면서 완전히 바뀌었다. 블랜튼 부부는 온라인 사업 인프라를 통해 고객과 지속적으로 관계 유지를 할 수 있었으며, 지역 내 배송은 물론이고 장거리 배송까지 처리할 수 있는 능력을 선제적으로 갖춘 덕분에 위기 동안에도 안정적인 매출을 유지할 수 있었다.[25]

소매업체들이 디지털로 전환을 시도하는 한편, 쇼핑몰들도 여러 브랜드의 제품을 판매하는 웹사이트를 개설하면서 이 추세에 동참했다. 미국의 사이먼 프로퍼티스는 최근 2,000개의 브랜드에서 30만 개의 제품을 판매하는 웹사이트(ShopPremiumOutlets.com)를 개설했다. 쇼핑몰은 수많은 방문객 데이터를 수집하여 이를 빠르게 축적할 수 있는 잠재력을 갖추고 있다.[26]

이번 장에서 우리는 코로나19의 영향으로 매장 및 온라인 채널에 대한 소매 산업의 견해가 큰 폭으로 변화했다는 사실을 살펴보았다. 코로나 위기를 겪으면서 소매업체들은 오프라인 매장 채널에 비해 직접 배송 채널이 얼마나 안정적인지 깨닫게 되었다. 소매업체들은 점점 더 온라인 채널을 사업의 근간으로 인식하기 시작했으며, 오프라인 매장은 고객에 대한 부가가치를 창출할 수 있는 요소로 받아들이게 되었다. 뒤에 나올 27장에서 우리는 이 멋진 신세계에서 오프라인 매장의 역할이 무엇인지를 고찰하게 될 것이다.

23장
파산했던 브랜드들이 돌아온다

위기에서 생존한 소매업체들이 마침내 이커머스를 사업의 고수익 성장 동력으로 받아들인 시점에서, 전장을 이탈했던 경쟁자들이 다시 돌아오고 있다. 파산을 선언하고 모든 매장을 닫았던 여러 소매 브랜드들이 온라인 특화 기업으로 재기하고 있다. 이들은 온라인 회원 가입이나 매장 로열티 제도를 통해 모았던 기존 고객 정보를 활용할 수 있기 때문에 신생 업체에 비해 훨씬 더 낮은 비용으로 고객을 확보할 수 있다.

2020년 파산 절차를 진행하며 미국 외 모든 매장을 폐쇄했던 포에버21은 이커머스 채널을 통해 해외 사업을 계속할 것이라고 발표했다. 2016년 1만 5,000명의 직원을 해고하며 파산한 BHS는 2019년 온라인 사업부를 재출시하고 원래 강점을 가지고 있었던 가정용품 및 조명 분야에 집중하기로 결정했다. 2016년 파산했던 아메리칸 어패럴 또한 온라인 전용 브랜드로 돌아왔다.[1]

2019년 파산한 유서 깊은 영국의 여행사 토마스 쿡 또한 이커머스 영업을 재개했다. 포선 인터내셔널이라는 이름을 가진 중국 업체가 브랜드 상표권을 인수하면서 여행사 라이선스를 신청했다. 아까 언급했던 토이저러스도 온라인 기업으로 돌아왔다. 2018년 파산한 영국의 가전 체인점인 메이플린은 온라인 전용 기업으로 순항 중이다.[2]

한 번 파산했던 브랜드들이 다시 성공적으로 온라인 사업을 영위할 수 있는 배경은 비용 부담이 훨씬 적기 때문이다. 메이플린의 IT 이사인 올리 마샬은 "이제 우리는 상점이나 유형자산을 보유하고 있지 않다. 저자본 구조로 회사를 운영하기로 했다."라고 말했다.[3]

한때 B2B/소매 사업을 영위하다가 파산했던 지미추의 창업자 타마라 멜론은 자신의 이름을 딴 온라인 전용 브랜드를 출시했다. 그녀는 "차세대 럭셔리 브랜드는 이런 식으로 만들어질 것이다. 다음의 메가셀러 브랜드는 내가 지미추 브랜드를 런칭했을 때와 같은 방식으로 나올 것 같지는 않다."라고 의견을 내놓았다.

또한 "당시는 브랜드를 구축할 때 B2B나 B2C 채널을 이용했지만 요즘 고객들은 디지털 속에서 살아가고 있다."라며 "유감스럽게도 소매업체들은 50년이나 60년쯤 된 구닥다리 아날로그 방식으로 회사를 운영하고 있는데 문제는 고객이 옛날 스타일로 쇼핑을 하고 싶어하지 않는다는 점"이라고 덧붙였다.[4]

본사는 비록 파산했지만 많은 경우, 이들 브랜드들의 해외 파트너가 좋았던 옛 시절에 설립한 해외 법인에서는 여전히 가맹 매출이 발생하고 있다. 2019년 파산하고 영국 매장을 모두 폐쇄한 마더케어는 2020년에도 여전히 전 세계 40개국 791개 매장에서 수익을 벌어들이고 있다. 마더케어는 부츠에 베스트셀러 라인을 공급하는 계약을 체결하면서 소매업자들이 B2B 사업을 시작하는 추세에도 합류했다.[5]

매장에서 브랜드까지

소매업체들이 스스로를 '매장 판매 채널'로 한정하지 않고 독점 이커머스, 아마존 등의 제3자 전자상거래, B2B 및 해외 프랜차이즈 등 다양한 판매 채널로부터 독립적으로 움직일 수 있는 '브랜드'로 자기 자신을 정의하면서 이에 따른 미묘한 사고 전환이 이루어지고 있다. 일부 기민한 투자자들은 한 때 잘 나갔던 브랜드들을 사들이면서 비용 구조를 합리화하여 반사 이익을 누리는 중이다.

리테일 이커머스 벤처스는 파산한 소매 브랜드들의 자산을 사들인 후 온라인 전용 브랜드로 다시 탄생시켰다. 2020년 8월, 리테일 이커머스 벤처스는 파산 절차를 밟으면서 100개의 매장을 폐쇄하고 있던 모델스의 스포츠 브랜드에 대한 지적 재산권을 인수했다. 인수 자산은 모델스의 상표권, 도메인 이름, 소셜 미디어 자산, 고객 구매 데이터, 브랜드 CM송인 'Gotta Go to Mo's' 등이었다. 리테일 이커머스 벤처스는 모델스의 자산을 총 364만 달러에 인수했는데, 이는 고객 데이터당 1달러도 안 되는 가격으로, 페이스북이나 구글 광고를 통한 고객 데이터 취득 단가에 비해 훨씬 낮다. 리테일 이커머스 벤처스는 이후 아세나 소매 그룹으로부터 드레스반 브랜드의 온라인 사업부를 인수했으며(아세나 소매 그룹은 온라인 사업부 매각 이후 드레스반 매장을 철수했다) 2020년 5월에 파산한 피어1도 인수했다.[6]

비슷한 맥락에서, 이커머스 패션 회사인 부후는 오프라인 비즈니스에서 파산을 선언한 데번햄스, 도로시 포킨스, 월리스, 버튼, 카렌 밀런, 코스트, 웨어하우스의 온라인 사업권을 인수했다. 파산한 브랜드들이 오프라인 매장을 철수하고 온라인 전용 브랜드로 전환하는 추세가 이어지면서 정상적으로 사업을 영위하고 있는 여러 소매업체들도 영향을 받았다. 디지털 사이니지 업체인 레이디언트가 400개의 미국 오프라인 소매업체를 대상으로 실시한 2020년 설문 조사에 따르면 응답자 중 29%가 오프라인 매장을 철수하고 온라인 전용 사업만 남길 것이라고 대답했다.[7]

제이미 솔터와 나이젤 우드하우스가 설립하고, 블랙락, 제네럴 아틀란틱, 레오나드 그린 앤 파트너스, 라이온 캐피털 등에서 투자를 유치하며 140억 달러 규모의 유통 거인으로 성장한 어센틱 브랜드 그룹 또한 이미 사라진 소매 브랜드를 인수하고 결합한 후 멀티 채널 플랫폼에서 사업을 전개하고 있다. 어센틱 브랜드 그룹은 바니스, 쥬시꾸뛰르, 나인 웨스트 등 세계에서 가장 유명한 50개의 브랜드를 보유하고 있다. 이들은 최근 럭키 브랜드와 브룩스 브라더스를 인수했으며 2021년 1월 탑숍 매각에도 입찰자로 참여했다.[8]

이치 펫, 카본 띠어리(스킨케어), 심바 슬립 브랜드를 런칭한 D2C 사업 전문가 제임스 콕스가 창업한 토크 브랜드는 중앙 집중식 공유 온라인 서비스 플랫폼을 중심으로 영국 브랜드 포트폴리오를 구축하려는 비전을 표방하고 있다. 토크는 2020년 5월 파산한 남성복 소매업체인 TM 르윈의 자산을 인수했다.[9]

오프라인 사업의 부진으로 파산한 여러 업체들이 온라인 전용 브랜드를 통해 시장에 돌아오고 있다. 이러한 브랜드들의 부활 과정은 상당히 고무적으로, 저비용의 이커머스 플랫폼이 유명 브랜드의 브랜드 파워와 이들이 보유한 고객 데이터를 상업적으로 활용할 때 어떤 저력을 발휘할 수 있는지 잘 보여준다. 유일한 아쉬움은 이 브랜드들이 건재한 동안에 이런 일을 하지 못했다는 것이다.

24장

직판을 늘려 유통망을 단축하라

이전 장에서 우리는 코로나 이후에 소매 산업의 위기가 급격히 확산되면서 브랜드와 오프라인 매장을 운영하는 기업이 멀티 채널을 지향해야 하는 소매 산업의 현주소, 마케팅 개인화를 위한 고객 데이터 활용의 필요성, 그리고 사회적 가치를 표방해야 하는 당위성을 결국 받아들이게 되는 과정을 고찰해 보았다. 이 모든 것은 매출 성장에만 집중해 왔던 기존의 기업 운영 철학이 부가가치를 창출하는 윤리적 측면까지 확대되는 일련의 과정이다. 그러나 이것만으로는 충분하지 않다. 기업들은 비용을 절감하기 위해 제품이 유통되는 과정도 재고해 보아야 했다.

1장에서 보았듯 세 가지 혁명, 즉 제조 혁명, 브랜드 커뮤니케이션 혁명, 이커머스 혁명은 전통적인 브랜드/유통 공급망 질서를 무너뜨리고 있다. 중국의 저비용 공장에서 바로 물건을 실어 와서 고객에게 공급하는 알리익스프레스 같이 린(역자 주: 린 전략은 기민하고 유연한 조직을 구축하고 관리하는 애자일 방법론 중 하나로서, 최소 요건을 충족하는 시제품을 빠르게 출시한 다음 시장의 피드백을 보면서 제품을 개선해 나가는 방법)하고, 첨단 기술을 활용하는 D2C 플랫폼이나 자체 판매 제품 비중을 늘려가는 아마존 같은 플랫폼들은 유통 과정을 단축하여 가격을 낮추면서 적정 마진을 확보하려고 하고 있다. 긴 공급 사슬을 따라 높은 마진을 붙이고 있는 기존의 브랜드와 유통 업체들에게는 플랫폼의 이러한 움직임이 생존을 위협하는 문제이다. 생존하기 위해서 브랜드와 소매업체 모두는 유통 단계를 줄여야 한다. 그 뜻은 결국 서로를 사업에서 배제해야 한다는 것이다.

2020년 3월, 나는 관련 무역 부문 기구가 주최한 가전제품 컨퍼런스에서 연설하게 되었다. 연설의 주된 내용은 소비자 가전 산업의 전망에 관한 것으로서 그 목적은 그들 산업의 미래를 전망해 보는 것이었다. 이날 행사에는 내로라하는 B2B 브랜드와 소매업체들이 모두 참석했으며, 내가 예전에 종사하던 유통업계가 그랬던 것처럼 모두 서로를 매우 잘 알고 있고, 함께 이야기하는 것을 즐기는 것처럼 보였다.

프레젠테이션의 말미에, 나는 참석자들에게 가장 큰 경쟁자가 누구인지 물었는데, 사실 그 질문에 대한 대답은 예측 가능했다. 브랜드 회사에서 참석한 사람들은 다른 브랜드를 경쟁자로 꼽았고, 소매업체들은 서로를 경쟁자로 지목했다. 이에 나는 소매업체들에게는 앞으로 가장 큰 경쟁자는 제품을 공급하는 브랜드이며 브랜드 참석자들에게는 반대로 소매업체가 경쟁자로 부상할 것이라고 전혀 다른 관점을 제시했다.

나는 "여기에 참석한 고객이나 벤더를 잘 살펴보세요. 지금은 서로 우호적인 관계를 맺고 계시겠지만, 10년 안에 공급망 안에 단 하나의 기업만 생존하게 될 겁니다."라고 도발적인 발언을 날렸다.

이처럼 말한 이유는 청중들에게 제조/브랜드/이커머스 혁명이 연쇄 작용을 일으키면서 전통적인 브랜드/소매 공급망을 완전히 뒤흔들어 마침내 고통스러운 단절이 찾아올 것이라고 미리 경고하고 싶었기 때문이다. 이 과정은 두 가지 경로로 이루어질 것이다.

1) 브랜드가 소비자에게 직접 제품을 유통하면서 중간의 유통업체 배제.
2) 유통업체들이 브랜드 대신 자체 PB(역자 주: Private Brand의 약자로 유통업체에서 직접 만든 자체 브랜드 상품을 뜻하며, 자사 상표, 유통업자 브랜드, 유통업자 주도형 상표라고도 부름) 상품으로 대체.

이 장에서는 브랜드가 소비자에게 제품을 직접 유통하는 경로를 살펴볼 것이며, 다음 장에서는 유통 업체가 브랜드를 밀어내는 구도를 살펴보려고 한다.

브랜드의 소비자 직접 유통

2015년부터 시작된 소매 위기를 겪으면서 전 세계의 많은 B2B 브랜드의 경영진은 스스로를 성찰하게 되었다. 코로나19의 출현은 그 속도를 가속하는 촉매였다.

수년 동안 B2B 브랜드들은 공격적인 새로운 D2C 브랜드들이 산업을 붕괴시키는 것을 바라보기만 했다. 2010년 이후 일어난 소비자 직판 혁명은 아마존이나 알리바바처럼 다른 회사의 제품을 판매하는 플랫폼이 아니라 인터넷을 통해 자신의 제품을 판매하는 수직통합형 브랜드라는 점에서 기존의 이커머스 혁명과 달랐다.

이를 처음으로 시작한 것은 아이웨어 부문에서는 와비 파커, 자기 관리 부문에서는 달러 쉐이브 클럽, 뷰티 분야에서는 글로시에 등이 있었으며 이러한 브랜드들은 수십억 달러 이상의 기업 가치를 인정받았다. 하지만 이제는 D2C 브랜드가 수만 개로 늘어났고 모든 분야에 침투하여 기존의 질서를 완전히 뒤흔들어 놓았다.[1]

D2C 브랜드들의 성공 비결은 세 가지였다.

첫째, 이들 브랜드는 기존 브랜드들이 부담해 오던 비용(B2B 영업 사원이나 전통적인 광고비 등)과 소매 영업에 들어가는 비용(매장, 직원, 임대료 등)을 상쇄하기 위해 기존의 브랜드/소매 공급망에서 붙이던 마진을 최소화하고 소비자들에게 가성비 좋은 제품을 공급했다. 와비 파커의 경우 유명 디자이너 브랜드에서는 300달러 이상의 가격에 판매할만한 고급 안경테를 훨씬 합리적인 95달러의 가격에 판매했다.[2]

둘째, D2C 브랜드들은 기존 브랜드와 소매업체 대비 탁월한 일대일 개인화 마케팅 기술과 고객 데이터 활용 기술로 무장했다. 기존 브랜드가 대규모 광고를 집행하고 고객이 상점에 방문하기만을 기다리는 반면, D2C 브랜드들은 타깃팅 광고를 실시하고 성과도 훨씬 정밀하게 측정할 수 있었다. 이에 대해서는 19장에서 다루었다.

셋째, D2C 브랜드들은 최신 소셜 미디어를 활용하여 강력한 온라인 커뮤니티를 구축하고, 브랜드의 팬층을 홍보에 활용했으며, 지인 간의 바이럴 마케팅(역자 주: 제품이나 서비스에 대한 홍보 내용이 많은 소비자들에게 입소문을 타고 컴퓨터 바이러스처럼 급속하게 확산되도록 하는 마케팅) 또한 활성화했다.

    D2C 브랜드의 성장이 2007년 이후 급성장한 이커머스 산업을 이끈 스마트폰, 소셜 미디어와 인플루언서의 성장과 맥을 함께 한 것은 극히 자연스러운 일이다. 이러한 요소들이 함께 겹치면서, 급성장하는 브랜드들이 수직적으로 확장되면서 다음과 같은 브랜드들이 두각을 나타내게 되었다.

- 신발 부문의 올버드
- 여성복 부문의 에버레인
- 남성복 부문의 보노보스
- 여행용 가방 부문의 어웨이
- 매트리스 부문의 캐스퍼
- 밀키트 부문의 블루 에이프런
- 속옷 부문의 서드 러브
- 뷰티 부문의 버치박스
- 쉐이빙 부문의 해리스
- 디자이너 의류 부문의 파페치
- 패션 부문의 부후
- 기념품 부문의 민티드
- 영양 보충제 부문의 휴엘

이 새로운 브랜드들은 수십억 달러의 벤처캐피털 자금을 조달하며 빠르게 성장했으며 기존 브랜드에 큰 위협이 되었다. 과거에는 이런 식으로 소비자들이 인지도와 시장 점유율이 높은 기존의 대형 브랜드에서 신생 기업의 브랜드로 돌아선 적이 없었다.

20년 전이라면 불가능했을 것이다. 주요 브랜드들은 막대한 광고비 지출과 탄탄한 유통망을 바탕으로 진열대를 장악해 왔다. 그 시대에는 신규 브랜드를 출시하는 데 많은 투자가 들어갔고 일반적으로 신규 브랜드 10개 중 9개는 실패했다. 그러나 모바일 커머스와 소셜 미디어의 발달로 게임의 판도가 바뀌었다. 자기 집 차고에서 새로운 온라인 브랜드를 시작하고 소비자에게 직접 다가가기가 훨씬 쉬워졌고 부대비용도 낮아졌기 때문이다.

지난 20년 동안 소비 심리가 변한 것도 한 원인이다. 1장에서 살펴본 바와 같이 젊은 소비자들은 상대적으로 소비 여력이 줄어들었고, 따라서 인터넷에서 더 가성비 좋은 제품을 검색해야만 했다. 게다가 소비자 리뷰, 소셜 미디어, 블로거와 인플루언서들의 확산은 소비자들이 신제품을 평가하고 정말 혁신적인 제품이 나왔을 때 이를 널리 홍보할 수 있는 객관적인 방법으로 기능했다.

창업자인 마이클 두빈이 만든 재치 있는 유튜브 광고가 입소문을 타면서 2,700만 회가 넘는 조회수를 기록했던 달러 쉐이브 클럽이 그 좋은 예이다. 이 브랜드는 믿을 수 없는 속도로 빠르게 성장했으며 2016년 유니레버에 10억 달러의 가치로 인수되었다.[3] 2009년 기준으로 온라인 고객의 39%는 새 브랜드와 제품을 사용해 보고 싶어 했다. 리서치 기관인 포레스터에 따르면 현재 이 수치는 56%까지 상승했다. 포레스터 리서치의 수석 애널리스트인 안잘리 라이는 "우리는 티핑포인트(역자 주: 토머스 셀링이 사용한 개념으로 어떠한 현상이 서서히 진행되다가 작은 요인을 계기로 한순간에 큰 변화가 일어나는 결정적 전환점을 뜻함)에 도달했다. 소비자들은 새로운 것에 굶주려 있다."라고 분석했다.[4]

수익성 있는 모델

D2C 브랜드 중 상당수는 매우 성공적이었다. 와비 파커는 2018년 3월 사업이 손익분기점을 넘었으며 비상장 기업으로서 급성장을 구가하고 있으므로 상장할 필요를 느끼지 않는다고 밝혔다. 2020년에 마지막으로 진행한 투자 라운드에서 동사는 30억 달러의 기업 가치를 인정받았다.[5]

위에서 언급한 바와 같이 달러 쉐이브 클럽은 2016년에 유니레버에게 10억 달러로 인수되었으며 이후 전 세계적으로 600명의 직원과 400만 명 이상의 구독 소비자를 확보했다. 동사는 2020년 월마트와 B2B 판매 계약을 맺고 멀티 채널 전략으로 전환한다고 발표했다.[6]

영국의 영양 보충제 브랜드인 휴엘은 지난 몇 년간 빠르게 성장하며 2019~2020년 매출이 7,200만 파운드를 기록했다. 게다가 사업 첫 5개년 중 4년은 흑자를 냈고, 2018년에는 1억 7,000만 파운드의 기업 가치를 인정받으며 2,000만 파운드의 투자를 유치했다(휴엘의 케이스 스터디는 44장 참고).[7]

D2C 뷰티 브랜드인 글로시에는 2018년 1억 달러의 매출을 바

탕으로 12억 달러의 기업 가치를 인정받았다. 동사는 기업 공개를 고려 중이다. 지속 가능한 D2C 스니커 기업인 올버드는 14억 달러의 기업 가치를 달성했다.[8]

밀레니얼 세대 친화적인 방식의(빅토리아 시크릿 스타일이 아닌) D2C 마케팅 속옷 브랜드인 서드 러브는 2019년에 1억 달러 이상의 매출을 달성하며 같은 해 2월에 7억 5,000만 달러의 기업 가치를 인정받으며 5,500만 달러의 투자를 유치했다. 동사는 2018년에 흑자 전환했다.[9]

패션 소매업체인 부후는 프리티리틀씽, 내스티 걸, 미스팹, 카렌 밀런, 코스트, 웨어하우스, 오아시스, 데번햄스, 도로시 퍼킨스, 월리스, 버튼을 흡수하면서 브랜드 수를 1개에서 12개까지 확대했으며 2020년 8월 결산 기준 반기 매출은 45% 증가한 8억 1,700만 파운드, 세전이익은 51% 증가한 6,800만 파운드를 기록했다.[10]

이러한 D2C 브랜드의 성장은 기존의 B2B 브랜드에게 실질적인 위협이 되었다. 이들은 자신의 매출 창구인 소매업체들이 점차 기반을 잃고 있으며, 자사의 시장 출시 비용이 너무 높은 반면 최종 소비자에 대한 가시성은 부족하다는 사실을 깨달았다. 따라서 기존의 B2B 브랜드들도 직접 소비자 비즈니스에 진출할 필요성을 느끼게 되었다.

나이키는 멋진 비전을 제시하면서 이러한 전략을 수행했다. 나이키는 놀랍고도 선지자적인 변화를 꾀했는데, 2017년에 고객과 일대일 마케팅을 통해 고객에게 직접 제품을 판매하겠다는 '소비자 직접 공략'을 선언했다. 이 책 48장에서 나이키의 사례를 좀 더 깊이 분석해 보았다. 그러나 대부분의 주요 B2B 브랜드들은 자신들의 고객인 소매업체들과 채널 충돌이 발생할까봐 직접 판매 채널을 그다지 공격적으로 개척하지 않았다. 6장에서 고찰한 바와 같이, 코로나바이러스로 인한 팬데믹이 발생하기 전에는 대부분의 B2B 브랜드들의 직접 판매 비중은 전체의 1~5%에 불과했다.[11]

마침내 직판 채널에 진출하는 B2B 브랜드

록다운 기간 동안 고객인 소매업체들이 매장 문을 닫으면서 조금은 경각심을 갖기는 했지만, 많은 수의 B2B 브랜드들은 고르디우스의 매듭(역자 주: 프리기아의 수도 고르디움에는 이 매듭을 푸는 사람이 아시아를 정복하게 될 것이라는 전설이 붙은 복잡하게 얽힌 매듭이 있었는데 이곳을 지나가던 알렉산더 대왕이 매듭을 칼로 잘라 버렸다. 이에 따라 고르디우스의 매듭은 대담한 방법을 사용해서 문제를 단숨에 해결한다는 은유적 표현으로 사용된다.)과 같이 소매 채널에 대한 의존도를 단칼에 끊어 낼 준비는 되어 있지 않았다.

그러나 2020년 3월 이후, 다수의 생필품 및 일용 소비재 기업들은 D2C 사업을 대대적으로 확대하겠다고 발표했다.

P&G는 사업에 대한 이해도를 높이기 위해 D2C 스타트업에 투자를 하겠다고 발표했다. P&G의 최고 브랜드 책임자(CBO, Chief Brand Officer) 마크 프리차드는 2019년에 "이커머스와 D2C 채널이 성장하고 있다. 우리는 소기업은 대기업이 사업을 빨리 이해하는 데 도움을 줄 수 있고, 반대로 대기업은 소기업이 빨리 성장하는 데 도움을 줄 수 있다고 생각한다."라고 말했다.[12]

D2C 브랜드들을 인수함으로써 P&G는 새로운 영역에서 사업을 성장시키고, 퍼포먼스 마케팅 등 새로운 광고 기법에 대해 배우고, 브랜드 조직을 스타트업과 같이 재구성할 수 있었다. 2017년 P&G는 샌프란시스코에 본사를 둔 천연 데오도란트 브랜드인 네이티브를 현금 1억 달러에 인수한 데 이어 2018년 2월에는 뉴질랜드에 본사를 둔 천연 스킨케어 브랜드 스노우베리를 인수했다. 그 후 2018년 7월, 동사는 민감 복합성 피부를 위한 스킨케어 전문 디지털 브랜드인 퍼스트 에이드 베리도 2억 5,000만 달러에 인수했다.[13]

2018년 12월 P&G는 '유색 인종을 위한 헬스 앤 뷰티 케어'를 슬로건으로 삼고 있는 D2C 헤어케어와 외모 관리 브랜드인 베벨 앤 폼을 인수했다. 그리고 마지막으로 2019년 2월에는 유기농 패드와 탐폰을 제조하는 여성 위생용품 스타트업 '디스 이즈 엘'을 인수했다.[14]

또한 P&G는 D2C 기업을 찾고, 투자하며, 출시하기 위해 벤처 캐피털 회사인 M13과 파트너십을 맺었다. 이 파트너십에서 출시된 첫 번째 브랜드는 폐경기 여성들을 위한 에스트로겐 프리 솔루션과 개인화된 리소스 및 커뮤니티를 제공하는 킨드라였다.[15]

D2C 브랜드 육성은 P&G에게는 매우 중요한 일이었다. 브랜드 컨설턴트인 알렌 알렉산더는 "P&G는 전통 매출 채널을 늘 독식해왔지만 온라인으로 모든 것이 다 옮겨 가고 있다. 소비자들과 직접 연결된 채널이 없는 기업들은 불공평한 환경에서 경쟁할 수밖에 없게 된다."라고 분석했다.[16]

앞서 다루었듯 유니레버는 2016년에 달러 쉐이브 클럽을 현금

10억 달러에 인수하면서 D2C 사업에 상당히 일찍 진출했다. 또한 2017년 건강식 밀키트 브랜드인 썬 배스킷에도 투자를 단행했으며 2019년에는 스낵 식품 브랜드인 그레이즈를 1억 5,000만 파운드에 인수했다. 또한 벤 앤 제리스 아이스크림이나 마이어 조미료 등 일부 유명 브랜드 제품은 소비자에게 직접 판매를 하고 있다.[17]

당시 CEO였던 폴 폴만은 2018년 연설을 통해 D2C 매출 비중이 당시에는 5%였지만 향후 두 배 이상 상승할 것으로 예상한다고 말했다. "소비자들이 쇼핑을 하는 모든 과정에 디지털 요소가 담겨 있다. 우리는 달러 쉐이브 클럽에서 많은 것을 배웠고 그 지식을 활용하여 다른 사업 분야로 확대할 수 있었다. 온라인 사업도 이제 도약하고 있으며 소비자에게 직접 다가갈 수 있는 기회가 많아지고 있다."[18]

2020년 파이낸셜 타임스에 따르면, 로레알은 코로나바이러스 대유행이 시작된 이후 디지털 채널에 지출하는 마케팅 비용 비중을 50%에서 70% 이상으로 늘렸다. 2020년에는 이커머스 매출이 전체의 25%를 차지하고 그 규모도 전년 대비 60% 성장했다. 로레알은 전문 컬러리스트가 온라인 상담을 제공하는 소비자 직접 맞춤 헤어 컬러 웹사이트인 컬러 앤 코를 출시했다.[19]

크래프트 하인즈 컴퍼니도 소비자 직접 판매에 도전하고 있다. 2019년 1월 동사는 조미료, 소스, 드레싱에 중점을 둔 건강식품 직판 브랜드인 프라이멀 키친을 인수했다. 이후 2020년 4월에는 코로나바이러스 위기에 자극을 받아 하인즈의 제품을 소비자에게 직접 판매하는 하인즈 투 홈을 처음으로 출시했다.[20]

펩시코도 최근 직판 사업을 확장했다. 동사는 2018년에 온라인 비즈니스에서 뚜렷한 성과를 내고 있는 홈메이드 탄산수 제조기를 판매하는 소다스트림을 32억 달러에 인수했으며, 2020년 5월에는 새 이커머스 플랫폼으로 snacks.com과 pantryshop.com을 런칭하면서 처음으로 주력 매출 품목을 소비자들에게 직접적으로 판매하기 시작했다.[21]

네슬레는 네스프레소 소비자 직판 웹사이트와 레디리프레시 정수기 웹사이트에 투자했다. 몬델레즈는 사워 패치 키즈, 오레오 앤 테이츠 베이크 숍 등 일부 브랜드를 소비자들에게 직접 판매하기로 했다.[22]

기성 브랜드들은 코로나 이전에 이미 오랜 기간 소매업체들이 브랜드 제품을 자사 PB 제품으로 대체하는 현상에 대해 우려를 해왔는데, 다음 장에서도 살펴볼 테지만 이러한 추세는 코로나바이러스 팬데믹으로 인해 엄청나게 강화되었다.

이와 같이 팬데믹은 기성의 B2B 브랜드들이 소비자 직판 사업을 시작하는 데 큰 동인을 제공했다. 코로나바이러스 사태의 영향으로 매장이 폐쇄되면서 소매 채널을 통한 유통 비중이 크게 줄어들고 브랜드들의 고객인 소매업체들도 브랜드 제품 판매를 줄이고 자체 PB 상품 매출 비중을 늘리면서 브랜드들이 미래 전략을 세우기 시작했기 때문이다.

25장
PB 상품 비중을 늘려라

브랜드들이 소비자 직판을 확대하면서 소매업체를 배제하려고 하는 것과 마찬가지로 소매업체는 자체 브랜드 제품을 늘리면서 브랜드 의존도를 낮추고 있다. 소매업체들은 오랫동안 자체 브랜드 전략을 운영해 왔지만, 주로 저가 상품에만 PB 전략을 적용해 왔다. 그러나 코로나19로 공급망 붕괴가 가속화되고 가격과 마진이 하락함에 따라, 소매업체들은 자체 브랜드 개발을 서두르고 있으며 점점 더 고가 상품으로 적용 범위를 확대해 나가고 있다. PB 제품은 소비자들이 같은 비용으로 품질이 더 나은 상품을 살 수 있다는 장점도 있지만 그 외에도 수천 개의 웹사이트에서 똑같이 팔리는 유명 브랜드 상품이 아닌, 특정 유통 업체에서만 구매할 수 있는 희소성을 고객들에게 줄 수 있다.

2020년 7월에 실시된 IRI 설문조사에 따르면 PB 브랜드는 유럽에서 잘 정착되었으며, EU 식료품 시장의 약 40%를 차지하고 있다. 반면 미국에서는 상대적으로 PB 브랜드의 시장 침투율이 낮아 PB 제조업 협회에 따르면 소비자에게 판매된 상품 4개 중 1개, 즉 25%가 PB 상품이다.[1]

소매업체의 자체 브랜드 투자

코로나19 팬데믹의 여파로 PB 상품 매출이 크게 증가했다. 닐슨에 따르면 2020년 1분기 미국의 모든 소매점에서 PB 제품 판매는 전년 대비 거의 15% 가까이 증가한 49억 달러를 기록했다. 2021년 1분기 PB 상품의 총 매출은 384억 달러로 총 132억 개의 상품이 팔렸다.[2]

공급 부족으로 인해 소비자들은 보다 쉽게 브랜드를 전환할 수 있었다. 게다가 위기와 함께 경제적 불확실성이 커지면서 많은 소비자들이 생활비를 아끼기 위해 더 저렴한 PB 상품을 선호하게 되었다. 역사적으로 보아도 자체 브랜드 매출은 경기 침체기에 항상 호조를 보였다. 타깃은 차별화된 PB 브랜드를 개발하는 데 막대한 투자를 했으며 현재 각 10억 달러 이상의 매출을 기록하는 자체 브랜드를 6개 보유하고 있다. 타깃 사례는 37장에서 더 자세히 살펴 볼 예정이다.[3]

2020년 2월, 스위스 투자은행인 UBS는 코스트코의 커클랜드 시그니처 PB 브랜드의 가치를 750억 달러로 평가했다. 커클랜드 브랜드의 2018년 매출은 390억 달러로, 전체 코스트코 매출의 약 28%를 차지했다.[4]

콜즈 또한 자체 브랜드를 구축하는 데 많은 투자를 한 덕분에 자체 브랜드 매출이 전체의 42%까지 성장했다. PB 브랜드의 약진은 특히 여성 의류 부문에서 두드러졌는데, 세 개의 자체 상표(소노마 굿즈 포 라이프, Apt 9, 크로프트 앤 배로우)와 베라 왕이나 로렌 콘래드 등의 디자이너와 독점 계약을 맺고 제작한 PB 상품들의 매출은 여성복 매출의 70%를 차지했다.[5]

베드 배쓰 앤 비욘드도 자체 브랜드에 투자를 했다. 동사는 2019년 타깃의 자체 브랜드 전략을 벤치마킹하기 위해 타깃의 상품 담당 이사였던 마크 트리튼을 CEO로 영입했다.[6]

2019년 말, 신임 CEO인 트리튼은 베드 배쓰 앤 비욘드 최초의 자체 브랜드인 비 앤 윌로우 홈을 출시하겠다고 발표했다. 그 후 그는 윌리엄스 소노마의 고급 제품 라인을 구축한 닐 릭을 영입했으며, 2020년 7월 향후 2년 동안 6개의 자체 브랜드를 추가로 출시하겠다고 발표했다. 동사의 주가는 이 발표가 나자마자 3배로 올랐고, 2021년 1월 주가는 2020년의 최저점 대비 거의 7배까지 상승했다.[7]

베스트 바이도 최근 몇 년에 걸쳐 자체 브랜드를 성공적으로 안착시켰다. 인시그니아, 로켓피쉬, 플래티넘, 모달, 다이넥스로 구성된 5개의 자체 브랜드의 합산 매출은 전체 매출 중 상당한 비중을 차지하고 있다. 베스트 바이의 사례는 38장에서 자세히 살펴볼 예정이다.[8]

월마트의 PB 상품군은 약 3만 개에 달하는데 그 중 일부는 '그레이트 밸류' 브랜드로, 나머지는 다른 자체 브랜드를 달고 판매되고 있다. 그레이트 밸류는 연간 270억 달러 이상의 매출을 창출하고 있으며 자체 브랜드 중 18개도 각각 10억 달러 이상의 매출을

기록하고 있다.[9]

월마트의 최고 재무 책임자(CFO)인 브렛 빅스는 전체 미국 시장 중에서도 특히 식료품 시장에서 PB 상품 침투율이 큰 폭으로 상승하고 있다고 밝혔다. 심지어 월마트는 애플 제품에 대항하여 자체 태블릿 PC 상품까지 출시했는데, 이는 소매업체들이 오랫동안 대형 브랜드가 지배해 온 영역에도 PB 상품을 출시하고 있다는 사실을 잘 보여 준다.[10]

크로거의 자체 브랜드 또한 230억 달러 이상의 연간 매출을 기록하고 있다. 동사의 심플 트루스 오가닉 브랜드는 1,500개의 상품을 보유하고 있으며, 그 중 많은 제품이 소비자 품질 평가에서 유명 제조사 브랜드보다 높은 평가를 받고 있다. 이 브랜드의 2019년 매출은 23억 달러까지 성장하여 시장에서 가장 큰 천연 및 유기농 브랜드로 자리매김했다. 크로거의 다른 자체 브랜드로는 밀키트 브랜드인 홈셰프와 의류, 가정용품, 가구까지 아우르는 딥(Dip)이 있다. 크로거의 주가는 2021년 1월 중순 기준으로 2019년의 최저점 대비 70% 상승하였으며 소매 위기에도 불구하고 상당히 견고한 움직임을 보이고 있다.[11]

아마존의 홀 푸드는 홀 푸드 마켓, 홀 트레이드, 엔진2, 365 등 다양한 자체 브랜드를 보유하고 있다. 트레이더 조스, 퍼블릭스, 웨그맨스, 월그린스, CVS, 라이트 에이드 등도 모두 PB 상품을 판매하고 있다.[12]

일반적으로 자체 브랜드를 적극적으로 개발한 소매업체는 그렇지 않은 소매업체에 비해 주가가 호조를 보였다. 메이시스의 경우

2018년 PB 상품 매출 비중이 20%에 불과했는데, 2021년 1월에는 주가가 고점의 17% 수준으로 하락했다.[13]

　JC페니는 PB 상품 판매 비중을 공개하지 않았지만, 자체 의류 브랜드가 실패하면서 엄청난 양의 재고를 떠안고 있다는 소문에 시달렸다. 이러한 실패는 2020년의 파산에 어느 정도 영향을 미친 것으로 판단된다.[14]

브랜드의 소비자 직판에 대한 대응 전략

　유명 브랜드들이 소비자 직판 전략을 적극적으로 추진하면서 기존의 브랜드-유통 제휴 계약을 중단하게 되면 소매업체들은 매출 공백 리스크에 노출된다. 나이키가 스포츠 시장에서 직판 비중을 높이면서 유통 파트너 수를 줄이겠다고 공개적으로 발표했던 것이 그 예이다. 이러한 경우 스포츠 소매업체가 자체 브랜드를 개발하는 것이 합리적인 해결책일 수도 있다. 이러한 맥락에서 딕스 스포팅 굿즈가 PB 상품을 빠르게 확대하는 것은 놀라운 일이 아니다. 최근, 동사는 전국 딕스 매장과 홈페이지에서 독점 판매되는 15~40달러 가격대의 의류·장비 자체 브랜드 라인인 'DSG' 출시를 알렸다.[15]

　딕스의 제품 개발 수석 부사장인 니나 바르제스테는 "우리는 모두가 받아들일 수 있는 가격에 질 좋은 제품을 디자인하여 더 많은 운동선수들에게 더 나은 가치를 제공하고자 한다. DSG는 스포츠에서 탄생한 브랜드로 사이즈, 기량, 연령, 심지어 경제적 사정에 관계없이 모든 운동선수에게 적합한 상품을 판매한다."라고 포부를

밝혔다.[16]

동사는 또한 자체 개발한 운동복 브랜드인 칼리아를 80개 매장으로 확대할 계획이라고 덧붙였다. 또한 에소스라는 브랜드를 통해서는 PB 피트니스 장비 라인을 전개하고 있다.[17]

딕스 스포팅 굿즈는 총 20억 달러의 매출을 목표로 하고 있으며, 에드 스택 CEO는 이를 달성하기 위해 "새로운 가격 기준을 제시하는 PB 제품에 상당한 매장 공간을 할애하겠다."고 선언했다.[18]

2020년 실적 발표회에서 한 참석자가 딕스가 PB 상품 비중을 확대하는 데 대해서 주요 파트너 브랜드들이 어떻게 반응할 것인지에 대해 질문하자, 스택은 "브랜드들이 직접 판매 사업을 확대할 때 우리 소매업체들이 보였던 반응과 비슷하지 않을까 싶다. 양측 모두 눈에는 눈, 이에는 이 라는 사실을 알고 있으니까 말이다."라고 답했다.[19]

영국의 선두 소매업체인 막스 앤 스펜서와 존 루이스는 매출 규모가 매우 큰 자체 브랜드를 보유하고 있었는데, 그 덕분에 경쟁업체인 데번햄스나 하우스 오브 프레이저와는 달리 파산을 면할 수 있었다.[20]

이커머스 플랫폼 자체 브랜드

자체 브랜드를 확대하는 오프라인 소매업체들 외에도, 아마존이나 알리바바와 같은 대형 이커머스 플랫폼에서도 브랜드 제품 판매를 줄이고 자체 상품에 집중하면서 직접 판매를 확대하기 시작했다. 자체 브랜드 사업을 추진하면서 이커머스 플랫폼들은 납품

업체들을 통해 수집한 방대한 데이터를 PB 제품 개발에 이용하고 있다.

이커머스 플랫폼에서는 자체 제품 디자인, 개발, 제조업체 선정, 마케팅, 물류, 애프터 서비스 팀을 보유하고 있으며, 제품의 질을 유지하기 위해 글로벌 브랜드에 납품하는 제조사들과 긴밀한 관계를 맺고 있다. 이들은 오프라인 상점을 운영하는 소매업체가 지난 수십 년간 그래 왔던 것처럼 검색 목록 상단에 자신들의 PB 제품을 노출시키고 플랫폼을 통해 자사 제품을 홍보할 수도 있다.

아마존은 판매하는 PB 상품의 수를 2018년 6월 6,825개에서 2020년 6월에는 2만 2,617개로 3배 이상 늘렸다. 동사는 아마존 베이직스(배터리나 전구 등), 아마존 컬렉션(보석류), 라크앤로(여성 패션) 등 111개 브랜드를 통해 PB 상품을 판매하고 있다. 아마존의 PB 상품 매출 비중은 가정용품과 같은 기본 부문에서 전체의 14%를 차지한다.[21]

알리바바는 이베이와 유사한 C2C(소비자-소비자, Consumer to Consumer) 사이트인 타오바오닷컴을 통해 속옷, 가정용 향수, 스마트 파워 소켓, 음파 전동 칫솔 등 가성비 높은 생활 용품과 기능성 일상용품을 판매하는 자체 브랜드 타오바오 신쉬안('타오바오가 선택한'이라는 뜻)을 출시했다.[22]

또 다른 거대 중국 이커머스 플랫폼인 징둥닷컴은 가정용품, 가전제품, 주방용품, 의류, 여행용품, 식품 및 일상 필수품 등 1,000개 이상의 제품을 플랫폼에서 판매하고 있는 자체 브랜드 징둥 징짜오('징둥이 만든'이라는 뜻)를 출시했다.[23]

중국의 게임 회사인 넷이즈는 2016년 자체 이커머스 플랫폼(Yanxuan.com)을 출시하면서 중국 공장에서 유명 글로벌 브랜드에 제품을 직접 납품하는 M2C(제조업체-소비자, Manufacturer to Consumer) 모델을 개척했다. 월마트가 소유하고 있는 인도의 이커머스 플랫폼 플립카트는 플립카트 스마트바이 브랜드를 통해 다양한 PB 상품을 판매한다.[24]

자체 브랜드는 온라인 명품 영역까지 확대되고 있다. 포터 그룹의 육스 넷은 첫 자체 브랜드인 '8 by 육스'를 출시했고, 또 다른 성공한 디지털 명품 판매 플랫폼 모다 오퍼란디는 초기 단계의 명품 브랜드와 함께 자체 브랜드 출시를 준비 중이다.[25]

모다의 CEO 데보라 니코드머스는 "자체 브랜드를 출시할 때는 단계적으로 개발해야 한다. 신예 디자이너와 협력하고 자체 디자인 네트워크와 제조 네트워크를 구축하는 것이 바로 첫 단계"라고 말했다.[26]

요약하면, 소매 유통망을 배제하고 싶은 브랜드와 브랜드를 배제하고 싶은 소매업체 사이에 생존 전쟁이 벌어지고 있다. 확실한 것은 장기적으로 미래의 공급망에는 하나의 기업만이 살아남을 것이란 사실이다.

26장

온라인 공간은 무한하다

이커머스 및 커뮤니케이션 혁명은 유통 공급망을 단축시켰을 뿐 아니라 소비자들의 상품 선택에도 큰 영향을 미쳤다. 인터넷 소매 회사들의 강점은 제품 추가에 소요되는 비용이 낮다는 것이다. 오프라인 매장에 상품을 추가하기 위해서는 높은 비용이 발생하는 데 비해 웹사이트에 몇 페이지를 추가하기만 하면 되기 때문이다.

이커머스 산업의 초기에 아마존과 같은 선도 업체들은 판매하는 상품에 대해 자체적으로 재고를 가지고 가려고 했기 때문에 물리적인 매장에 드는 비용은 절감되었지만 재고 구매 원가와 보관비용은 오프라인 업체와 똑같이 발생했다.

마켓플레이스 사업 모델

그러나 아마존은 2000년에 '아마존 마켓플레이스' 서비스를 출시하면서 사업 모델을 혁신했다. 아마존의 경영진들은 자신들이 모든 재고 부담을 질 필요가 없으며 다른 브랜드들에게 판매 플랫폼 역할만 해 주면 된다는 단순하지만 매우 심오한 사실을 깨달았다. 재고를 확보하고 제품을 배송하는 힘들고 귀찮은 일은 브랜드들이 하고, 아마존은 막대한 판매 수수료와 대규모의 귀중한 고객 데이터와 같이 판매 과정에서 발생하는 고부가가치 영역만 취하면 되는 것이었다.[1]

아마존 마켓플레이스를 출시함으로써 현재 아마존이 판매하고 있는 3억 5,000만 개의 제품까지 판매 제품 수를 늘릴 수 있는 기반이 마련되었다. 이에 비하면 아마존이 실제로 재고를 보유하고 있는 1,200만 개의 제품군은 매우 소수이다. 중국의 알리바바와 텐센트, 아시아의 라쿠텐, 유럽의 잘란도, 남미의 메르카도 리브레 등 세계 유수의 이커머스 기업 대부분은 같은 길을 걸었다.[2]

판매 제품군의 폭이 넓어지게 되면 사업의 수익성에 관련된 두 가지 핵심 지표, 즉 전환율과 고객 당 구매 금액이 개선된다. 선택지가 많아질수록 사이트 방문자가 원하는 물건을 찾아 고객으로 전환될 가능성이 높아지고, 방문 당 구매 금액이 높아질수록 매출액 대비 배송비 부담이 줄어들게 된다.

비싼 돈을 주고 마련한 오프라인 상점의 한정된 공간을 어떤 물건으로 채워야 할지 주의 깊게 골라야만 했던 소매업체에게는 온라인의 무한한 공간이 낯선 개념이었다. 따라서 전통 소매업체들은 온라인 사업을 할 때에도 오프라인 사업에서 가졌던 고정관념에서 벗어나지 못했고, 적은 수의 제품으로도 온라인상에서 판매되는 엄청난 수의 상품과 충분히 경쟁할 수 있다고 생각했다. 오프라인 산업이 쇠퇴하는 중에도, 이들은 '선택권이 너무 많아도 힘들다.'라는 상투적인 말로 스스로를 위로했다. 문제가 있다는 사실을 자각하는 기업들조차 '우리가 어떻게 아마존과 경쟁할 수 있겠어?'라며 패배주의적인 태도를 보였다. 이들은 자신들이 예전에는 유통산업을 주름잡고 있었으며, 시대의 변화에 빠르고 적극적으로 대응했다면 충분히 아마존 같은 기업이 될 수 있었다는 사실을 간과하고 있다. 소매업체들에게 필요한 것은 아마존과 같은 플랫폼 전략이었다.

아마존이 시장에 침투하지 못한 국가에 있는 한 해외 고객과 이야기를 나눈 적이 있다. 그 고객은 자기 영역에서 선도 소매 기업이었고, 나는 그 고객에게 '이 지역의 아마존이 되어 보시면 어떨까요?'라고 물었다. 고객은 대답을 하기도 전에 이미 불가능하다는 표정으로 나를 쳐다보았다.

플랫폼을 수용하는 소매업체들

그러나 스마트한 소매업체들은 자신의 웹사이트가 오프라인 상점보다 훨씬 더 다양한 상품들을 판매할 수 있는 '플랫폼'으로 기능할 수 있다는 사실을 깨달았다. 자사몰을 잘 활용하게 되면 재고 부담의 비용과 리스크를 지지 않고서도 더 많은 제품들을 소비자에게 판매할 수 있다는 사실을 알게 된 것이다. 코로나19 기간 동안 이커머스 사업이 경험한 엄청난 성장을 목격하고, 전염병이 진정되지 않으면서 오프라인 매장들이 위기에 처하게 되자 이러한 깨달음은 한층 강해졌다. 지금은 다들 플랫폼 사업에 관심이 많다. 리테일 위크에서 2018년에 실시한 설문조사에 따르면 전체 소매업체의

44%가 플랫폼 사업을 도입할 의향이 있다고 응답했다.[3]

월마트는 플랫폼 사업 모델을 가장 먼저 도입한 유통업체로, 상당히 일찍부터 판매 제품 범위를 대폭 확대하며 아마존과 정면 대결을 하기로 전략적 결정을 내렸다. 월마트는 2009년에 자체 온라인 마켓플레이스를 출시했고 판매 상품 수를 5,200만 개까지 늘렸다. 이 중 80%는 3자 셀러인 타사 브랜드 제품이었다.[4]

H&M 또한 마켓플레이스 사업 모델을 테스트하고 있으며 2019년부터 자체 홈페이지에서 타사 브랜드 제품을 판매하기 시작했다. H&M 관계자는 "저희는 홈페이지에서 선별된 외부 브랜드의 제품을 함께 판매하려고 합니다. H&M의 제품 라인업을 보완해 줄 수 있는 타사 제품을 선택하여 고객들에게 제안할 예정입니다."라고 입장을 밝혔다.[5]

호주의 유명 백화점인 마이어스는 자사 홈페이지인 마이어 마켓을 다양한 제3자 프리미엄 호주 브랜드들을 선보이는 마켓플레이스로 탈바꿈시켰다. 막스 앤 스펜서도 타사 브랜드를 판매하면서 이커머스 의류 사업을 강화했다. 넥스트, 베스트 바이 캐나다, 오피스 디포, 크로거, 오숑, 다티 등의 기업도 같은 전략을 택했다.[6]

팔로워의 수익화

전통적인 소매업체 외의 사업자들도 마켓플레이스 사업 모델을 채택하기 시작했다. 많은 팔로워를 확보한 주체라면 누구든 이를 활용해서 제3자 판매를 할 수 있다. 미쉘 팬, 카일리 제너, 후다 캐턴 등의 톱스타가 잇따라 타사 제품을 판매하는 뷰티 마켓플레

이스를 출시함에 따라 인플루언서들도 행동에 나서고 있다.[7]

어떤 마켓플레이스는 특이한 경로를 통해 출시되고 있다. 예를 들어 팔로워가 2,000만 명에 달하는 미디어 회사인 버즈피드는 2020년 7월 소수의 뷰티 브랜드를 판매하면서 마켓플레이스 서비스를 시작했으며, 가능한 한 빨리 다른 카테고리로 확장을 할 계획이었다.[8] 버즈피드는 마켓플레이스를 출시할 때 미디어 회사를 위한 마켓플레이스를 만드는 데 주력하는 회사인 본사이와 협업했다. 본사이의 설립자인 사드 시디퀴는 현재 마켓플레이스를 출시하고자 하는 회사의 수가 코로나 이전보다 5~7배 더 많다고 말했다.[9]

그는 "사람들은 자본을 많이 투자하거나 재고 부담을 지지 않고 팔로워에게서 수익을 창출하기를 원한다. 마켓플레이스 사업 모델은 이러한 목적을 달성하기 위해 좋은 수단"이라고 덧붙였다.[10]

기술의 발달과 함께 자체 마켓플레이스를 출시하기가 그 어느 때보다 쉬워졌다. 마켓플레이서, 코드 브루 랩스, 아케디어, 도칸, 미라클, 스케일패스트, 루미노스 랩스, 나담과 같은 회사들은 플러그 앤 플레이(역자 주: 시스템이나 프로그램을 설치하면 달리 설정을 하지 않아도 자동으로 기능하는 형태) 마켓플레이스 어플리케이션을 제공하고 있다.[11]

2020년 7월, 나담의 설립자인 매트 스캘런은 다양한 회사들이 마켓플레이스 사업 모델에 관심을 갖기 시작했다고 말했다. 그는 코로나19 록다운 동안 브랜드와 소매업체가 재고를 과도하게 축적했던 것도 이러한 현상이 나타나게 된 이유 중 하나라고 분석했다. 스캘런은 "유통 산업은 명확히 마켓플레이스 모델로 나아가고 있다. 팔리지 않은 재고가 쌓여 있고 사람들은 이 재고를 해소하기 위해 마켓플레이스를 필요로 한다. 전통적인 B2B 판매 사업 모델이 어려움을 겪고 있기 때문에 더더욱 그렇다."라고 의견을 피력했다.[12]

이와 같이 많은 브랜드, 소매업체나 다른 사업자들이 아마존이나 알리바바와 같은 대형 이커머스 업체들과 대등하게 경쟁하기 위하여 인터넷, 특히 마켓플레이스 모델을 통해 온라인의 '무한한 공간'을 구현하고 있다.

27장
오프라인 매장이 지향해야 할 미래는 무엇인가

지금까지 우리는 소매업체가 온라인 사업을 공격적으로 확장하고, 공급망을 구조 조정하면서 비용을 절감하고 판매하는 제품의 수를 늘리면서 코로나바이러스로 인한 위기에 어떻게 대응하고 있는지 살펴보았다. 그러나 이런 노력들이 진행되는 동안, 매장 자체는 어떤 혁신을 이루었는가? 이커머스가 소매 산업의 새로운 핵심으로 부상했다면 멀티 채널 전략에서 매장이 담당해야 할 역할은 무엇인가?

소매업체들은 과거에는 매장을 물건을 팔기 위한 수단이라고 생각했다. 하지만 동시에 매장은 소비자에게 물건을 팔기 위한 방법으로는 상당히 많은 비용이 드는 수단이기도 하다. 매장을 산더미 같은 재고로 채우고(심지어 동시에 여러 매장에), 부담스러운 '물류창고' 임대료를 지불해야 하며, 이를 관리하기 위한 직원을 고용해야 하기 때문에 오프라인 매장 운영비는 중앙화되고 고도로 자동화된 물류 센터로 운영되는 저비용의 이커머스 운영비용보다 훨씬 비싸다. 소매업체들은 마침내 이러한 사실을 인지하고 온라인 매출 비중을 늘리고 있다. 코로나19는 이 과정을 엄청나게 앞당겼으며 산업을 재정립했다.

이커머스가 새로운 판매 채널이 되었다면 오프라인 매장의 역할은 무엇일까? 매장은 계속 존재해야 하는가, 아니면 엔진으로 움직이는 자동차가 발명된 후 말이 끌던 마차가 쓸모없어진 것처럼 사라져야 하는가?

전혀 생각지 못했던 곳에서 찾은 해답

역설적이지만, 이 질문에 대해서 가장 혁신적인 답을 내놓은 기업은 소매가 아니라 온라인 업체였다. 아마존, 알리바바, 텐센트 같은 이커머스 플랫폼이나 와비 파커, 보노보스, 에버레인 같은 D2C 브랜드들은 오프라인 매장의 개념을 혁신하고 기존의 소매 사업자들과 전혀 다른 시각에서 접근했다.[1]

이들이 오프라인 매장을 연 이유는 잠재 고객에게 더 가까이 다가가기 위해서였다. 이커머스의 성장에도 불구하고 전 세계적으로 대부분의 사람들이 여전히 오프라인 매장에서 쇼핑을 하고 있기 때문이다. 이커머스 플랫폼이나 D2C 브랜드들은 매장을 선호하는 이 많은 고객들에게 다가가기 위해서는 소비자들이 직접 눈으로 제품의 질과 특징을 볼 수 있는 현실 세계 브랜드 공간이 필요하다고 생각하게 되었다.

페이스북과 구글이 디지털 마케팅 단가를 인상하면서 온라인 광고 효과가 크게 떨어지자 이러한 생각은 한층 강해졌다. 이커머스 기업들은 특정 상황에서는 온라인보다 매장에서 신규 고객을 더 낮은 비용에 확보할 수 있다는 사실을 알게 되었다. 'IRL(In Real Life)은 URL을 이긴다.'는 말 또한 오프라인의 힘을 보여 주고 있다.

이 트렌드는 전체 소매 산업이 종말을 맞았다는 주장이 틀렸다는 사실을 방증하고 있으며, 일부 평론가들은 이러한 추세를 반겼다. 하지만 온라인 브랜드들이 오프라인 상점을 통해 사업을 전개하는 방식은 전통적인 소매 산업 모델과는 매우 다르다.

신규 고객 확보에 매장의 기능 집중

가장 큰 차이는 온라인 브랜드들은 상품 판매가 아닌 브랜드 경험을 중심으로 매장을 디자인한다는 것이다. 대부분의 경우 온라인 브랜드들은 재고 관리와 상품 배송은 디지털 채널에서 처리하는 한편, 매장은 잠재 고객에게 브랜드를 소개하고 관계의 시작점을 형성하는 데 집중한다. 이 과정에서 매출이 발생하기도 하지만, 실제 매장에서 일어난 매출이 성과의 바로미터는 아니다. 고객이 제품에 대해 알게 되고, 브랜드에 참여하며, 자신의 정보를 일부 제공한다면 매장은 그 존재 이유를 달성한 것이다.

온라인 브랜드들이 고객과 브랜드와의 관계를 무지에서 인식으로, 인식에서 참여로, 참여에서 관계로, 그 후에는 시도, 반복, 충성으로 이어지는 과정 안에서 이해한다는 사실을 상기해 보자. 그리고 이 과정에 내포되어 있는 한 고객의 잠재적인 평생 가치는 첫 구매 금액의 수배에 달한다. 온라인 브랜드들은 처음부터 이 과정을 잘 관리하여 고객과 순조로운 관계를 맺을 수 있다면 나중에는 버튼 클릭 한 번으로 고객과의 연결을 판매로 전환할 수 있다고 자신한다.

온라인 브랜드들은 매장의 역할을 재정의했을 뿐 아니라, 새로운 기술을 적용하여 매장을 그 어느 때보다 효율적이고, 상호적이며, 흥미로운 곳으로 만들었다. 다음 장부터는 온라인 브랜드들이 매장을 어떻게 탈바꿈시켰는지를 자세히 살펴보고, 혁신적인 소매업체들은 고객과의 관계를 유지하기 위해 어떤 방식으로 자체 매장을 트렌디하게 재창조하고 있는지 보려고 한다.

소비자들은 더 이상 매장을 방문해야 할 '필요'가 없기 때문에 매장에 가고 싶은 '욕구'가 생겨야 매장에 방문하게 된다. 혁신적인 소매업체들은 고객이 매장을 방문하고 싶은 마음이 들도록 여러 가지 독창적인 방법을 시도하고 있다. 이러한 혁신들은 보기에 흥미로울 뿐 아니라 멀티 채널 전략에서 매장이 중요한 축을 담당할 수 있다는 희망을 준다.

28장
쇼루밍을 활용하라

27장에서 보았듯 혁신의 핵심은 매장에 대한 인식을 판매 플랫폼에서 경험의 플랫폼으로 전환하면서 찾아왔다. 매장은 소비자들이 상품을 가지러 가는 곳에서 새로운 브랜드와 제품을 경험하는 곳, 즉 쇼룸으로 바뀌어 왔다.

'쇼루밍'이라는 용어는 원래 소비자가 오프라인 매장에서 제품을 알아본 후 모바일을 통해 더 저렴한 가격에 구매하는 행태를 의미한다. 소매업체들은 오프라인 매장을 유지하는 데 필요한 모든 수고와 비용을 쏟아 붓고 있음에도 불구하고 합당한 대가를 받지 못한다고 여겼기 때문에 소비자들의 쇼루밍을 불쾌하게 받아들였다. 하지만 이 행태는 기업들에게 시사하는 바가 있었다. 소비자들은 '나는 오프라인 경험을 중요하게 생각하지만, 매장에 드는 모든 비용을 나에게 전가한다면 다른 곳에서 물건을 사겠다.'라는 메시지를 전달하고 있었던 것이다.[1]

오프라인 매장을 오픈한 이커머스 브랜드들은 이러한 소비자의 심리를 이해하고 있었다. 이커머스 업체들은 물건을 판매하기 위해서가 아니라 소비자들에게 상품을 실제로 보여 주기 위해 매장을 운영했다. 따라서 이들은 판매하는 제품을 구태여 매장에 모두 다 진열하려고 하지 않았다. 대부분의 경우 대형 이커머스 업체가 판매하는 상품 수는 수억 개에 달하므로 물리적으로 모든 상품을 진열할 수도 없었다.

작은 매장의 미학

대부분 이커머스 브랜드의 오프라인 매장은 전통적인 소매 브랜드 매장에 비해 규모 면에서 훨씬 작았다. 따라서 재고 유지 비용은 말할 것도 없고 임대료, 점포를 짓는 데 드는 비용, 인건비, 전기료 부담이 훨씬 적었다. 이들은 재고를 별로 많이 보유하지 않았기 때문에 별도의 창고가 필요하지 않았고, 공간을 훨씬 더 생산적으로 사용할 수 있었다.

한정된 공간 중에서 훨씬 더 많은 부분을 고객 서비스에 할애할 수 있게 되었으므로 이커머스 업체들은 편안한 의자나 피팅룸(패션 브랜드의 경우), 기타 편의 시설을 매장에 갖출 수 있었다. 소비자들에게 자사 브랜드의 특별함을 경험할 수 있는 기회를 주기 위해서 충분한 전시 공간을 부여하여 제품에 대한 정보를 제공하고 시연할 수 있게 하는 등 주력 제품에 대해서도 마땅한 대우를 해 주었다.

프리미엄 소비자 오디오 브랜드인 소노스는 매장에 방문객들이 풍부한 사운드를 편안하게 감상할 수 있는 호화로운 리스닝 부스를 갖추어 놓았다. 소노스는 기술을 충분히 활용하여 고객이 매장에 물리적으로 비치되어 있지 않은 다른 상품들도 경험할 수 있도록 해 주었다. 고객들은 대화면 키오스크를 통해 원하는 모든 제품을 살펴보고 즉시 온라인으로 상품을 구매하여 자택으로 배송시킬 수 있었다.[2]

재고 없는 매장

남성복 소비자 브랜드인 보노보스는 오프라인 매장 혁신에 앞장섰다. 우리는 18장에서 이미 가이드숍을 통해 고객에게 고도로 개인화된 서비스를 제공하는 한편, 실제 상품은 웹사이트를 통해 판매한 뒤 고객의 집까지 직접 배송하는 보노보스의 오프라인 전략을 살펴보았다. 보노보스의 가이드숍은 매장 내의 상품들이 판매용이 아니라 순수하게 고객에게 보여 주기 위해 비치되었다는 점에서 일종의 '무재고 매장'이다.[3]

많은 소비자들, 특히 남성 고객들은 쇼핑을 그다지 즐기지 않기 때문에 이러한 서비스를 크게 환영했다. 글로벌 컨설팅 기업인 스트래티지앤의 회장 닉 호손은 "한 남성 고객의 체형과 체중이 어느 정도 일정하게 유지된다는 가정 하에서, 가이드숍에 방문해서 정장과 면바지를 한 번만 입어 보고 나면 다음부터는 더 이상 매장에 방문할 필요 없이 같은 사이즈로 주문하면 된다. 온라인으로 모든 쇼핑을 해결할 수 있게 되는 것이다. 나 같으면 일 년에 한 번만 쇼룸을 방문하고 주문은 온라인으로 할 것 같다."라고 말했다.[4]

다음의 D2C 브랜드들도 비슷한 전략을 채택하고 있다.

- 아이웨어 브랜드 클리어리
- 가구 브랜드 메이드닷컴
- 화장품 브랜드 글로시에
- 여성복 브랜드 마담라플뢰르
- 온라인 약국 Well.ca

아이웨어 브랜드인 클리어리는 기존의 검안사보다 훨씬 저렴한 가격으로 고품질 콘택트렌즈와 안경을 판매하는 이커머스 회사로 사업을 시작했다. 최근에는 주요 번화가에 오프라인 쇼룸을 열어 고객이 시력 검사를 받고 콘택트렌즈를 시험하거나 안경을 착용해 볼 수 있는 공간을 마련해 놓았다. 고객이 안경테나 렌즈를 주문하면, 상품을 매장에서 수령하지 않고 자택으로 바로 배송 받는다.[5]

메이드닷컴은 런던에 기반을 둔 가구 기업으로 2010년 온라인 전용 브랜드로 시작했으며, 여전히 온라인 매출이 전체 매출(2019년 기준 1억 3,700만 파운드)의 대부분을 차지하고 있다. 그러나 동사는 최근 유럽 전역에 걸쳐 팝업 쇼룸과 정식 매장을 오픈했다. 메이드닷컴은 최신 기술을 활용하여 흥미로운 방식으로 소비자에게 제품을 선보인다.

메이드닷컴은 매장을 방문하는 고객에게 아이패드를 제공해 주는데, 고객이 이 아이패드 단말로 제품에 부착된 근거리 무선 통신(NFC, Near Field Communications)칩을 스캔하면 매장 내 모든 제

품의 정보를 볼 수 있고, 관심 목록에 제품을 담을 수도 있다. 매장
에서는 아이패드에서 관심 목록을 고객의 이메일로 전송하도록 권
유하는데, 고객의 이메일 주소를 수집할 수 있기 때문이다. 또한 '인
터랙티브 터치월'을 이용해 고객이 제품을 찾아보고 다른 제품들의
이미지를 화면에 띄울 수도 있다.[6]

　　스타 인플루언서 에밀리 와이스의 블로그인 '인투 더 글로스'에
서 탄생한 글로시에는 전 세계적으로 엄청난 수의 팔로워를 보유하
고 있다. 글로시에의 글로벌 매출 중 대부분은 온라인 채널에서 발
생하지만 동사는 뉴욕과 로스앤젤레스에 두 개의 상설 쇼룸과 전
세계에서 팝업 스토어도 함께 운영하고 있다. 쇼룸이나 팝업 스토
어에서는 고객들이 제품을 체험하고 스킨케어와 메이크업에 대해
서 전문가의 상담을 받을 수도 있다. 하지만 최종적으로 매출은 온
라인상에서 이루어지며 고객이 구매한 제품은 자택으로 배송된다.
결국 매장에 비치된 제품은 판매를 위한 목적이 아니라 고객에게
제품을 보여 주기 위한 것이다.[7]

　　마담라플뢰르의 주된 사업 모델은 온라인 설문과 스타일링 세
션을 기반으로 하여 자사 이커머스 사이트에서 고객에게 맞춤형으
로 큐레이션된 패션 박스를 보내는 것이다. 하지만 입어 보지도 않
고 옷을 구매하기 망설이는 잠재 고객을 위해서 마담라플뢰르는 주
요 도시에서 상설 쇼룸과 팝업 스토어를 운영한다. 이 럭셔리 부티
크에서 고객들은 스타일리스트와 함께 1시간 동안 시간을 보내면
서 어떤 스타일이 자신에게 가장 적합한지 직접 입어 볼 수 있다.
고객들은 이러한 서비스를 통해 어떤 제품들이 있는지, 사이즈와

피팅감은 어떠한지 알 수 있어 향후 더 쉽게 온라인 주문을 할 수 있게 된다.[8]

Well.ca는 캐나다의 온라인 약국이다. 동사는 실제 상품이 아니라 QR(Quick Response, 스마트폰 카메라로 코드를 인식하면 소비자가 제품 웹사이트를 클릭할 수 있음) 코드 가상 디스플레이를 갖춘 매장을 토론토에 열었다. 고객들은 원하는 상품의 이미지만 스캔하면 스마트폰으로 쉽게 구매를 할 수 있다. 주문이 완료되면 선택된 제품이 고객의 자택으로 배달되고 모바일 영수증이 발급된다.[9]

쇼루밍과 이커머스를 병행하며 공간의 제약 극복

이커머스 선도 기업들도 쇼루밍을 도입하고 있다. 아마존이나 알리바바는 소비자와 직접 대면하는 것이 중요하다는 사실을 알고 있으면서 동시에 제한된 공간에 방대한 판매 제품들을 모두 비치할 수 없다는 점도 인지하고 있다.

아마존은 약 2,000개의 제품군을 판매하는 소규모 상점인 '아마존 포 스타'를 오픈했는데, 여기에 제품이 입고되기 위해서는 적어도 아마존에서 별 네 개 이상의 평점을 받아야 한다. 그러므로 아마존 포 스타에 비치되는 상품은 혁신적이며 놀라움을 주는 제품들로 엄선되며, 매장이 위치한 지역의 소비 성향에 맞춰 조정된다. 매장에 비치되지 않은 아마존의 나머지 3억 4,999만 8,000개 상품은 매장 내 스크린으로 주문할 수 있으며, 고객은 매장에 와서 상품을 반품할 수도 있다. 이러한 매장 형태가 상당히 호응을 얻으면서 아마존은 2020년 초반에 아마존 포 스타 매장 수를 두 배로

늘리겠다고 발표했다.[10]

알리익스프레스는 2020년 파리에 팝업 스토어를 열었는데, 이는 새로운 소비자들이 자사 제품의 품질에 대해 알 수 있도록 하기 위한 것이다. 팝업 스토어에서는 온라인에서 판매하는 1억 개 제품 중 극히 일부만 구비되어 있었다.[11]

이것은 소매업의 새로운 트렌드를 단적으로 보여 주는 예로서, 기업들은 상품의 대부분은 온라인으로 판매함과 동시에 매장을 브랜드의 진입점으로 이용하고 있다. 알리익스프레스에서 판매되는 전체 상품 수가 1억 개라는 점을 감안하면 모든 제품을 한 매장에 두는 것은 불가능하다.

2016년에는 알리바바도 중국 시장에 '허마(盒马, 파란 하마)'라는 새로운 형태의 매장을 출시했다. 허마는 매장에 2,000개의 품목을 비치하고 있지만 고객은 매장 내의 디지털 스크린으로 20만 개 이상의 온라인 제품군을 접할 수 있다. 매장 자체는 해산물 등 중국인들이 선호하는 특산품을 매력적으로 보이도록 전시하거나 요리를 시연하는 데 주력하고 있다. 주문용 앱에서 셀프 계산을 마치면 상품이 30분 이내에 고객의 자택으로 배송된다. 알리바바가 허마 매장 2,000개를 출점하겠다고 발표한 것을 보면 이러한 형태는 분명히 소비자에게서 좋은 반응을 이끌어 낸 것으로 보인다.[12]

기존의 소매업체들도 이제는 쇼루밍을 도입

온라인 사업자들이 소매 산업이 나아갈 길을 앞장서서 열어가는 한편, 고맙게도 혁신적인 소매업체들 또한 적극적으로 쇼루밍을 도입하고 있다. 코로나 위기가 야기한 심각성을 목도한 오프라인 소매업체들은 많은 사업부를 온라인으로 전환하고, 매장을 축소하여 비용을 절감하며, 매장을 상품 전시가 아닌 브랜드 마케팅과 고객 서비스의 공간으로 재정의하고 있다. 마침내 전통 소매업체들도 쇼루밍의 필요성을 깨닫게 된 것이다.

나이키는 2020년 6월 로스앤젤레스 멜로즈에 오픈한 실험적인 팝업 스토어 '나이키 라이브'와 같은 형태로 200개의 소규모 매장 출점 계획을 발표했다. 나이키 라이브 매장은 일반적인 나이키 매장(약 4,000 제곱피트)보다 작고, 나이키 앱 회원만 이용할 수 있다. 나이키에서는 매장에 문자 메시지를 보낼 수 있는 번호를 쇼윈도우에 게시하는 등 고객과 직원 간의 커뮤니케이션을 독려했다.

나이키가 새로운 형태의 매장을 출시한 목적은 앱을 중심으로 매장을 운영하면서 물리적 서비스와 디지털 서비스 간의 장벽을 허물기 위해서였다. 고객은 앱을 통해서 매장에 방문하고, 자동판매기 독점 판매 상품을 구입하고, 방문을 예약하고, 로열티 포인트를 적립하고, 결제를 할 수 있다. 동사는 더 많은 틈새 지역을 공략하기 위해 소규모 매장을 출점하는 전략을 택했고 해당 지역에서 온라인 판매가 호조를 보이는 제품을 중심으로 매장 내 상품을 최적화했다.[13]

마찬가지로 노드스트롬은 노드스트롬 로컬이라는 새로운 형태의 매장을 출점했다. 노드스트롬 로컬(3,000 제곱피트)은 평균적인 노드스트롬 백화점(15만 제곱피트)에 비해 규모가 훨씬 작으며 일반적인 상품 재고는 구비해 놓지 않는다. 대신 무료 퍼스널 스타일링,

매니큐어, 온라인 주문 픽업, 반품, 수선, 선물 포장, 신발 수선, 중고 물품 기부, 무료 다과 제공 등의 서비스에 집중한다.

매장에 비치된 고사양 인터랙티브 스크린을 통해 고객은 쉽게 해당 지역에 있는 노드스트롬의 일반 매장에 있는 상품을 구매하여 자택으로 배송시키거나 매장에서 바로 받을 수도 있다. 노드스트롬 로컬은 매우 좋은 실적을 거두었다. 평균적으로 노드스트롬 로컬의 고객의 구매 금액은 일반 매장 고객의 2.5배 수준이다.[14]

이케아도 일반 매장보다 훨씬 작은 규모의 '이케아 디자인 센터'를 통해 비슷한 전략을 사용하고 있다. 이케아 디자인 센터는 고객에게 무료 인테리어 디자인 서비스를 제공하며 전문가들이 고객에게 다양한 가구 조합을 제안하고 실제 고객의 집에서는 어떻게 보일지 가상현실을 통해 미리 보여 준다. 디자인 센터는 주요 도시의 중심부에 위치하고 있으며 전체 이케아 제품 중 일부만 취급하고 나머지는 고객이 인터랙티브 스크린을 통해 온라인 사이트에서 조회할 수 있다. 디자인 센터에서는 시내 중심에 있는 소규모 주택에 적합한 제품군을 주로 구비하고 있다.[15]

메이시스는 2020년에 '마켓 바이 메이시스'라는 새로운 형태의 소규모 매장을 출점했는데, 이는 체험형 소매 부티크인 스토리(2018년 메이시스가 인수)를 설립한 레이첼 세츠먼의 작품이다. 마켓 매장은 일반 메이시스 백화점의 10분의 1 규모로, 2만 제곱피트에 불과하며 현지의 소비자 니즈에 적합한 소량의 선별된 제품만 판매한다. 마켓 바이 메이시스 매장에는 바와 레스토랑이 입점해 있고, 지역 공동체 의식을 제고하는 이벤트를 열기도 한다.

메이시스의 CEO 제프 제네트는 새로운 매장에 대해 "미국 최고의 쇼핑몰들은 호조를 이어 나갈 것이라고 전망한다. 하지만 메이시스와 블루밍데일스는 가두점이나 소규모 매장이 앞으로 유망하다는 사실 또한 알고 있다."고 말했다. 메이시스는 신규 매장의 테스트 시장으로 댈러스, 애틀랜타, 워싱턴 DC를 지목했다.[16]

애플도 2020년에 '애플 익스프레스'라는 새로운 형태의 매장을 출점했다. 이 형태는 일반적인 플래그십 스토어보다도 훨씬 작았으며 코로나19 유행 기간 동안 소비자들이 제품을 빠르게 수령할 수 있도록 했다. 매장은 은행 창구와 비슷하게 생겼으며 직원들은 아크릴 유리 뒤에서 보호되었으며, 일부 전화기와 액세서리 제품만 전시되어 있었다. 매장에는 한 번에 한 명의 고객만 입장할 수 있었고 많은 고객들이 온라인에서 주문을 하고 매장은 수령 지점으로 이용했다. 2020년 10월 기준으로 애플은 미국에 50개의 신규 매장을 출점할 계획을 밝혔다.[17]

다른 소매업체들도 기존 매장의 공간을 줄였다. 콜즈는 알디 슈퍼마켓 체인과 플래닛 피트니스에 여러 매장을 임대했다. 영국의 존 루이스는 옥스포드 스트리트 플래그십 스토어의 공간 중 최소 3개 층을 사무실 공간으로 전환하여 매장 면적을 약 40% 줄일 계획이라고 발표했다.[18]

영국의 전자기기 판매 업체인 딕슨스 카폰은 2020년 11월에 옴니채널에 투자하고 매장을 흥미로운 체험 센터로 탈바꿈시킬 것이라고 발표했다. 동사는 그 일환으로 회전율이 낮은 제품은 온라인으로 판매하고, 온라인으로 판매하는 제품 범위를 확대하면서

매장 내 재고를 줄이겠다고 밝혔다.[18]

이상에서 살펴본 바와 같이 소매업체들은 마침내 전체 제품군을 수용할 수 있는 거대한 매장을 운영하는 대신 더 작고, 비용이 적게 드는 공간을 브랜드에 대한 접근점으로 활용할 수 있다는 사실을 깨닫게 되었다. 그리고 매장을 운영하는 목적도 상품 전시에서 자신의 브랜드 스토리를 전달하고, 주력 상품을 시연하고, 고객 서비스를 제공하는 쇼룸으로 옮겨가고 있다. 다음 장에서는 쇼룸을 활용하여 잠재 고객을 유치하고 감동시킬 수 있는 방법에 대해 살펴보려고 한다.

29장
고객들에게 체험을 제공하라

'쇼룸' 전략의 핵심은 '쇼'를 만드는 것이다. 즉, 고객을 즐겁게 하고, 놀라게 하고, 기쁘게 해야 하는 것이다. 매장은 브랜드의 '공연'이 연출되는 프레임이 되어야 한다. 인구 구조가 변화하면서 이러한 경험적 요소가 점점 더 중요해지고 있다. 밀레니얼이나 Z세대와 같은 젊은 층은 제품 구매에 대한 지출을 줄이고 경험을 위한 지출을 크게 늘리고 있다. 최근 밀레니얼 세대를 대상으로 한 설문조사에 따르면 재량 소비 지출(역자 주: 기초 생활비 외에 재량적으로 가구, 전자제품, 양복, 과자 등 자유로이 소비하는 지출)의 52%를 경험 관련한 비용으로 사용하고 있다고 응답했다.[1]

여기에서 '리테일테인먼트'라는 개념이 등장하게 된다. 지난 몇 년 동안 등장한 놀라운 개념들을 모두 소매 산업에 바로 적용할 수는 없겠지만, 적어도 이들은 소매 산업이 나아가야 할 방향을 제시해 주고 있다.

아이스크림 박물관은 체험이라는 개념을 제대로 도입한 최초의 시도였다. 비록 나중에 코로나와 경영상의 문제로 어려움을 겪기는 했지만 아이스크림 박물관은 리테일테인먼트가 나아가야 할 길을 보여 주었다. 아이스크림 박물관은 2016년에 뉴욕에서 팝업 스토어 형태로 지어졌으며, 아이스크림과 다른 과자 전용 면적만 6,000 제곱피트에 달했다. 공간마다 멋진 전시와 경험이 가득했으므로, 방문객들은 박물관에 입장하기 위해 30~40달러를 지불했다. '인스타그램용' 장소로도 아주 적격이었기 때문에, 아이스크림 박물관은 초반에 엄청난 성공을 거두어 2017년 11월까지 누적으로 50만 명 이상의 방문객을 유치했다.[2]

뉴욕 와인 바, 놀이 공원, 인터랙티브 과학박물관인 로제 맨션 또한 강력한 몰입형 체험의 좋은 사례로, 지역 예술가들이 디자인한 멋진 방들이 와인 교육이라는 주제를 중심으로 서로 연결되어 있었다. 로제 맨션은 특기할 만한 컨셉 스토어로, 41장에서 더욱 자세히 다루도록 하겠다.

2018년 로스앤젤레스에서 첫 선을 보였던 캔디토피아는 아이스크림 박물관 모델에서 영감을 받은 과자 놀이동산이다. 산타모니카에 위치한 1호점에는 15만 명의 사람들이 방문했고 그 이후로 필라델피아, 마이애미, 스코츠데일, 애리조나 및 다른 지역에 팝업 스토어가 열렸다.[4]

미국 이외의 나라에 눈을 돌려 보면 '프리쿠라(일본 스티커 사진)'와 '가와이이(귀여움)'의 컨셉을 경험할 수 있는 일본의 모레루미뇽(스티커 사진 전문점) 또한 좋은 예이다. 매장에 들어서면 컵케이크 형태의 초대형 소파, 분홍색 런던 전화 부스, 거대한 파스텔 그린 도 넛 등 다양한 인스타 감성의 배경으로 사진을 찍을 수 있게 되어 있다. 모레루미뇽은 일부 엄선된 뷰티 제품 외에는 실제로 상품을 판매하고 있지는 않지만 매장에 적용해 볼 수 있는 다양한 아이디 어를 접할 수 있다.[5]

보다 첨단 기술을 적용한 버전의 경험으로는 팀랩이 있다. 팀랩 은 디지털 예술 작품을 발표하는 일본의 예술가, 프로그래머, 엔지 니어, 디지털 애니메이터, 수학자, 건축가, 그래픽 디자이너로 구성 된 컨소시엄으로 기술적인 '아트스케이프'를 창조한다. '아트스케이 프'란 디지털 기술을 활용하여 크기, 비용, 움직임이나 상호작용성 등 물리적 한계를 벗어나 실감형 아트 공간을 창조하는 것을 뜻한 다. 팀랩은 도쿄에 플래니츠와 보더리스라는 두 개의 갤러리를 보유 하고 있는데, 벽이나 바닥, 천장의 모든 면에서 완벽하게 몰입할 수 있는 경험을 할 수 있으며, 관람객은 상호작용을 통해 전시된 작품 에 영향을 미칠 수도 있다. 이들도 판매 공간은 아니지만 기술을 통 해 어떤 가능성을 창조할 수 있는지를 보여 준다.[6]

좀 더 상업적인 사례를 들자면 뉴욕의 혁신적인 소매 공간인 쇼필드가 있다. 이는 최첨단 체험형 스토어, 혁신적인 D2C 브랜드, 문화, 커뮤니티를 모두 결합한 백화점으로 미래의 유통업이 지향해 야 할 바를 시사하고 있다. 이는 43장에서 살펴볼 예정이다.[7]

최초의 쇼맨십

사실 쇼맨십과 물건 판매는 그다지 새로운 조합이 아니다. 셀프리지 백화점의 창업자 해리 고든 셀프리지(1858~1947)는 가게는 방문객을 즐겁게 해 주는 장소여야 한다는 생각을 바탕으로 자신의 이름을 딴 가게를 냈다. '쇼핑의 쇼맨'이라는 별명을 가진 그는 "가게는 결코 질리지 않는 노래 같아야 한다."는 한 마디로 자신의 생각을 표현하곤 했다. 그는 또한 백화점은 하나의 커뮤니티가 되어야 한다고 주장하며 "가게는 단순히 물건을 사고파는 장소가 아니라 사교의 장이 되어야 한다."고 덧붙였다.[8]

셀프리지는 놀라운 독창성으로 고객의 경험을 일련의 흐름으로 큐레이팅했다. 예를 들어 그는 최초로 해협을 횡단한 루이 블레리오가 탔던 낡은 비행기를 전시하여 매장에 방문한 15만 명의 군중을 놀라게 했다. 공영 라디오가 시작된 직후인 1925년, 그는 매장의 지붕에 라디오 송신탑을 설치하고 런던 시민들에게 음악을 방송하기 시작했다. 그는 또한 단지 쇼핑만이 아니라 더 중요한 대의를 지지하기도 했다. 셀프리지는 여성 참정권자들이 대중의 관심을 끌기 위해 공공건물을 폭파하는 테러를 벌였을 때 그들을 지지한다는 사실을 밝히고는 여성 참정권 단체의 깃발을 상점 위에 내걸고, 단체의 신문에 광고를 내고, 단체의 색깔을 띤 상품을 구비했다.[9]

이러한 그의 지론은 오늘날에도 여전히 셀프리지 계열사를 이끌고 있다. 최근에는 매장 위층에 스케이트보드 보울을, 지붕에는 보트를 탈 수 있는 호수를 설치하고 1층에서는 유명 뮤지션들이 공연을 하기도 했다. 이는 오늘날 소매업체들에게 귀중한 시사점을 안겨 주고 있다.[10]

밀라노의 10 꼬르소 꼬모는 닷컴 시대에 앞서 등장한 매력적인 공간이다. 이 매장은 1990년 패션 에디터인 카를라 소차니가 패션, 음식, 음악, 예술, 문학, 라이프스타일 및 디자인 등 다양한 영역에 걸쳐 엄선한 내용을 멋진 장소에서, 마치 잡지를 현실상에 구현한 것처럼 전시할 수 있도록 구상한 공간이다.

갤러리, 서점, 전시 공간, 도서관, 가든 카페, 리서치 부티크와 호텔이 모두 공존하는 이 공간은 소매, 미디어, 문화 및 예술계에 걸친 유명인들의 관심을 끌며 엄청난 인기를 얻었다. 10 꼬르소 꼬모는 큰 성공을 거두었고, 마침내 2017년 3천만 유로 가치로 공기업에 인수되었다.[11]

브랜드 체험관

어떤 브랜드들은 임시 팝업 스토어를 통해 고객이 제품을 생생하게 체험할 수 있는 장소를 '브랜드 체험관'으로 출점하기도 했다. 유명한 프랑스 치즈 브랜드인 부르생은 최근 새로운 맛인 샬롯 앤 차이브와 블랙 페퍼맛 치즈를 홍보하기 위해 체험관 '센서리움'을 열었다. 부르생은 오큘러스 리프트 VR 헤드셋을 사용하여 고객들이 치즈로 꽉 찬 냉장고를 가상으로 둘러볼 수 있도록 해 주었다. 이 여정 내내 관람객들은 싱싱한 야채 더미와 샴페인으로 가득 찬 쿨러, 그리고 허브 숲에 이르기까지 냉장고의 다양한 탐험 구역을 돌아볼 수 있었다.[12]

비슷한 맥락에서 네슬레가 보유하고 있는 초콜릿 브랜드 킷캣은 일본 세이부 백화점에 '킷캣 쇼콜라토리'를 오픈해 보라색 감자,

시나몬 쿠키, 유러피언 치즈, 찹쌀떡, 와사비, 벚꽃, 녹차, 스페셜 칠리 등 다양하고 독특한 맛의 한정판 고급 초콜릿 바를 판매했다. 이 매장에서 판매하는 초콜릿은 모두 손으로 일일이 만들기 때문에 매장에서는 하루에 500개의 초코바만 판매했다. 초코바는 개당 315엔이었는데, 개장일에 준비했던 초코바 500개는 1시간 40분 만에 매진되었다. 이 컨셉 스토어 덕분에 네슬레는 일본 시장에서 엄청난 홍보 효과를 누렸고 이후 다른 나라에서는 온라인 버전으로 전개되었다.[13]

VF 코퍼레이션이 보유하고 있는 스케이트보드 브랜드인 반스도 런던에서 '더 하우스 오브 반스'라는 체험 스토어를 오픈했다. 이 혁신적인 3만 제곱피트 규모의 공간은 '벽 밖으로 나가자'는 반스의 모토를 바탕으로 꾸며졌다. 전체 공간은 콘크리트 경사로와 터널, 거리 코스가 완비된 거대한 지하 스케이트 공원을 꾸며 놓았다. 더 하우스 오브 반스에는 미술관, 라이브 음악, 스트리트 컬처, 영화관, 카페도 갖추어져 있었다. 반스 브랜드는 젊은 고객들이 멋진 공간에서 쇼핑도 하고 또래와 교류하는 공간 또는 문화로 형상화된다. 이러한 형태의 매장은 매우 성공적이었고 이후 8개국으로 확대되었다.[14]

미디어 브랜드를 보면, 마블은 2014년 새로운 어벤져스 영화 시리즈 개봉을 홍보하기 위해 강렬한 인상을 남기는 소매 경험에 투자했다. 마블은 어벤져스 시리즈가 처음으로 개봉된 이후 전 세계를 돌면서 어벤져스 스테이션이라는 몰입형 전시회를 개최했다. 이는 뉴욕, 서울, 파리, 베이징, 런던, 라스베이거스 같은 도시의 핵심 상권에서 전시되었고 늘 많은 관람객으로 북적였다.

전시회에 가면 실제 영화 소품과 인터랙티브 화면을 이용할 수 있게 되어 있었다. 마블 브랜드 상품을 구입할 수 있기는 했지만 이 프로젝트의 목표는 티셔츠와 머그컵 판매가 아니라 팬을 위한 경험을 만들고 브랜드에 생명을 불어넣는 것이었다.[15]

브랜드는 기술을 활용하여 매장 내 고객 경험을 개선할 수 있다. 세포라의 경우 '뷰티 허브'를 사용하여 고객이 가상으로 화장을 해 볼 수 있도록 해 준다. 고객은 '매직 미러'를 들여다 보면 자신의 얼굴에 다양한 색조 화장품을 시험해 보고 자신에게 가장 적합한 상품을 찾아볼 수 있다. 영국의 안경 업체인 스펙세이버스도 유사한 기술을 사용하여 고객이 여러가지 안경테를 가상으로 착용해 보고 어떤 안경테가 자신의 얼굴에 가장 잘 맞는지 확인해 볼 수 있는 서비스를 제공한다.[16]

이러한 아이디어들은 매장 공간을 창의적인 용도로 활용할 수 있는 일부의 예에 불과하다. 새로운 기술을 적용함에 따라 매장은 환상적인 브랜드 경험을 소비자에게 제공하는 장소로 변모할 수 있다. 이는 단순한 상품의 보관과 판매보다 훨씬 더 흥미로운 개념이며, 효과적인 온라인 서비스와 결합되면 브랜드들은 거친 경쟁에서 우위를 점할 수 있게 된다.

앞서 살펴 본 전시형 스토어들이 코로나19로 인해 일시적으로 폐쇄되었지만 앞으로 세계가 다시 개방되면 소매 산업의 부활에 동참하려는 혁신적인 브랜드와 소매업체들에게 영감을 제공해 줄 것이다.

30장
에듀테인먼트를 통해
고객에게 다가가라

비슷한 맥락에서 매장이라는 공간은 제품이나 브랜드에 대해 소비자를 교육하는 목적으로 사용할 수도 있다. 박물관이나 미술관에 들어가기 위해 길게 줄을 서 있는 사람들을 보면 알 수 있듯 (코로나19 기간 동안에는 미리 예약한 관람객들만 입장이 허용되어 이러한 모습을 더 이상 볼 수 없게 되기는 했지만) 소비자들은 여가 시간에 무언가를 배우고자 한다.

모든 기업에는 역사가 있고 모든 제품에는 흥미로운 '메이커 스토리'가 있다. 적절하게 포장하기만 한다면, 매장은 브랜드 스토리를 시연하는 멋진 무대의 기능을 할 수 있다.

물론 이러한 소비자 '교육'은 즐거움을 줄 수 있어야 하기 때문에 이 장에서는 '에듀테인먼트(역자 주: 교육과 즐거움의 합성어로, 학습에 흥미를 주기 위해 오락성을 추가한 형태의 교육)'에 대해 이야기해 보려고 한다. 많은 박물관들이 깨달은 바와 같이, 건조하고 학문적으로 정보를 나열하기만 하는 시대는 지나고 오늘날의 교육에서는 방문자의 참여를 유도하는 상호적인 방법을 통해 정보를 전달해야 한다.

이전 장에서 언급했던 로제 맨션으로 돌아가 보자. 로제 맨션은 뉴욕에 위치한 '인터랙티브 와인 시음 모험'으로 와인 바나 인스타그램에 올릴 만한 놀이 공원, 그리고 교육 목적의 박물관을 하나의 커다란 꿈의 패키지로 합쳐 놓은 공간이다. 로제 맨션은 8만 명 이상의 방문객을 유치했으며 매장을 교육적으로 활용하고자 하는 소매업체들에게 많은 교훈을 주었다(전체 사례 연구는 41장 참조). 많은 브랜드들이 상업적인 목적으로 에듀테인먼트를 도입하고 있으며 그 덕분에 많은 방문객들이 이들의 매장을 방문하고 있다. 팀버랜드의 경우 '플렉스 앤 더 시티'라는 새로운 센서플렉스 신발 모델을 출시하면서 고객들이 매장에서 경험할 수 있는 프로그램을 함께 내놓았다. 매장을 방문한 고객들은 러닝 머신과 VR 헤드셋을 사용하여 가상의 도시 안에서 가상 도보 여행을 경험할 수 있었다. 고객들은 자신의 취향에 따라 도보 여행의 경로나 활동을 선택할 수 있었고, 여행이 끝나면 자신이 선호하는 활동에 어떤 타입의 센서플렉스 모델이 적합한지 추천을 받을 수 있었다.[1]

애플은 오래 전부터 매장 내에서 소비자 교육을 잘 활용해 왔다. 무료로 진행되는 '투데이 앳 애플' 클래스에는 현지 사진작가, 예술가, 음악가, 기술자들이 강사로 초빙되어 애플 제품으로 예술 작품을 제작하는 방법을 알려준다. 애플의 브랜드 이면에 숨겨진 기술에 대해서 알고자 하는 열성적인 애플 팬들로 행사는 늘 성황을 이룬다. 팬데믹 기간 동안 애플은 '버추얼 크리에이티브 세션'을 통

해 이 클래스를 온라인으로 진행했다.[2]

여러 D2C 브랜드들은 소비자 교육과 홍보의 목적으로 오프라인 매장을 활용해 왔다. 온라인 매트리스 브랜드인 캐스퍼는 고객에게 자사의 고품질 제품의 장점에 대해 홍보하기 위해 '더 드리머리'라는 컨셉 스토어를 오픈했다.

더 드리머리 매장을 방문한 고객들은 25달러의 이용료를 내면 캐스퍼 침대와 가구, 크루얼티 프리(역자 주: 동물실험을 하지 않거나 동물성 원료를 사용하지 않고 만들어진 제품) 뷰티 브랜드인 선데이 라일리의 세면도구, 럭셔리 잠옷 브랜드인 슬리피 존스의 파자마, 천연 개인 생활 용품 브랜드인 헬로의 치약이 비치되어 있고, 9장의 커튼이 드리워진 '낮잠 공간'을 45분간 체험할 수 있다. 캐스퍼의 마이크로 사이트, 클래스패스나 마인드바디 앱을 통해 예약한 고객은 수면 세션에 참여할 수 있었고 예약을 안 한 고객들도 여유가 있으면 참여할 수 있다. 45분간의 낮잠이 끝날 무렵에는 개인 샤워실에서 몸을 씻으며 기분 전환을 할 수 있고, 라운지 공간에는 무료 커피도 준비되어 있다.

매장에서는 고객에게 매트리스를 직접 판매하지 않았지만 고객은 매장 내에 비치된 스크린을 이용해 온라인 주문을 할 수 있다. 하지만 캐스퍼가 매장을 오픈한 주요 목적은 고객들에게 자사의 제품을 알리고 신뢰를 쌓아 고가 제품인 침대를 온라인으로 구매할 때 저항을 줄여 주기 위해서였다.

캐스퍼의 환경 디자인 이사(Environmental Design Director)인 피트 프렌타코스테는 더 드리머리의 존재 의의를 "우리는 과학박물관에서 영감을 받아 '즐거운 과학'을 경험할 수 있는 장소로 설계했다. 아주 즐거운 경험을 통해 우리 제품을 소비자에게 알리기 위해서 말이다."라고 설명했다.[3]

D2C 남성복 브랜드인 인도치노 또한 매장을 교육의 수단으로 활용한다. 인도치노는 경험 많은 브랜드 전문가를 고용하는데, 이들은 고객과 1시간을 함께 한다. 딘 핸드파이커 부사장은 "우리가 지향하는 맞춤형 남성복 사업 모델은 기성복 매장과 비슷해 보이지만 매장에 재고를 비치하지 않기 때문에 고객이 체험하고, 휴식하고, 브랜드를 알아볼 수 있는 장소에 더 많은 공간을 할애할 수 있다."라고 자랑했다.[4]

뉴욕에 본사를 둔 신생 전자 제품 브랜드 리틀비츠는 교육 목적의 실험용 프로토타입을 만드는 데 사용할 수 있는 단순화된 모듈식 전자 부품을 판매한다. 대부분의 판매는 온라인상에서 일어나지만, 동사는 고객들이 실제 환경에서 제품을 실험해 볼 수 있도록 뉴욕에 매장을 오픈했다.

리틀비츠 매장 내의 공간은 시연 공간, 상점, 그리고 작업장으로 구분된다. DIY 키타(Keytar, 전자 키보드와 기타를 합쳐 놓은 악기), 비트봇 자동차, 로봇 그림 기계 만들기 등의 일부 프로젝트에는 고객들이 참여할 수도 있다. 모든 연령대의 고객들이 쉽게 참여할 수 있도록 매장 내에는 모든 수준의 기술적 도움을 줄 수 있는 전문가가 있다.[5]

캘리포니아 샌디에이고에 있는 펍과 주류 판매점인 포세이돈 프로젝트는 제품에 대한 고객 참여도를 높이기 위해 수제 맥주 교육 수업을 시작했다. 이들은 또한 유명 양조장 방문, 저명한 작가의 책 사인회, 맥주-음식 페어링(역자 주: 음료 또는 주류와 잘 어울리는 음식 또는 디저트를 찾아 함께 즐기는 미식 행동) 코스를 기획 및 운영한다.[6]

유명한 위스키 브랜드인 짐 빔은 '짐 빔 허니'라는 신제품 출시를 홍보하기 위해 뮌헨 공항에서 소통형 공간을 마련했다. 신제품의 이미지를 꿀과 연결시키기 위해 그 팝업 공간의 서비스 데스크는 양봉가와 벌집 테마로 꾸며졌다. 짐 빔 허니 팝업은 '그럴 만한 가치는 충분하다.'라는 슬로건을 바탕으로 다양한 허니 위스키와 자사 브랜드의 오리지널 위스키 제품 시음 행사를 진행했다.[7]

이번 장에서는 브랜드나 소매업체들이 매장을 방문자의 참여를 유도하고 그들에게 즐거운 경험을 제공하는 공간으로 활용하는 사례를 살펴보았다. 인터랙티브 터치 스크린이나 가상현실 같은 최신 기술을 활용함으로써 소비자들에게 특별한 에듀테인먼트 경험을 제공하고 잠재 고객을 브랜드의 세계로 끌어들일 수 있다. 온라인에서는 이러한 경험을 할 수 없기 때문에 이를 위해서는 오프라인 공간이 반드시 필요하다.

소매업체들은 판매 실적이 저조한 상품 카테고리를 진열하지 않거나, 이미 온라인 매출 비중이 높은 곳에서 이 공간을 '만들어 낼' 수 있다. 대부분의 소매업체들은 80:20의 매출 양상을 보이는데, 소수의 품목이 80%의 매출을 차지하는 한편, 거의 판매되지 않는 롱테일 품목(역자 주: 품목의 수는 많지만 품목별 매출액은 낮은 품목군을 의미함)들은 자리만 차지하고 있는 경우가 많다. 소매업체들은 롱테일 품목 판매는 매장 내에 비치된 모니터를 통해 온라인으로 돌리고 남는 공간은 소비자 경험에 활용할 수 있다.

물론 체험과 경험 컨셉의 매장이 다시 제 몫을 하기 위해서는 코로나바이러스의 위협이 사라질 때까지 기다려야 할 것이다. 그럼에도 불구하고 장기적으로 고객과의 관계를 유지하고자 하는 소매업체라면 필수적으로 매장을 혁신해야 할 것이다.

31장
브랜드 커뮤니티는
고객 충성도의 열쇠이다

장기적인 시각에서 보았을 때 매장은 브랜드 커뮤니티의 클럽 하우스, 즉 사교의 장으로서 기능해야 한다. 사람은 사회적 동물이기에 온라인 채팅방, 데이트 앱, 소셜 미디어를 통한 온라인 활동 외에도 여전히 오프라인으로 만나 함께 하고자 한다. 실제로, 온라인을 통한 사회적 교류 활동의 증가는 우울증 증가와 밀접한 연관이 있다. 펜실베이니아 대학의 연구에 따르면 페이스북, 스냅챗, 인스타그램의 사용이 증가할수록 외로움의 수준이 높아진다고 한다.[1]

매슬로우는 욕구 5단계(역자 주: 생리, 안전, 사랑 및 소속감, 존경, 자아실현의 5단계. 전 단계의 욕구가 만족되면 다음 단계의 욕구를 추구하고자 한다는 이론)에서 물리적인 욕구(음식, 물, 안전 등) 바로 다음이 소속감의 욕구라고 주장했다. 실제로 인간은 한 종으로서 진정한 소속감의 위기에 직면하고 있다. 특히 많은 사람들이 직장, 친구, 가족 등 일반적으로 자신이 소속된 공동체에서 완전히 격리되었던 코로나

19 록다운 기간 동안에 이러한 고립감은 더욱 심해졌다. 통계청의 수치에 따르면 2020년 6월, 영국 인구의 거의 20%가 우울감을 호소하고 있는데, 이 수치가 팬데믹 이전에는 10%에 불과했다.[2]

코로나 위기가 지나고 감염의 위기에서 안전해지고 나면 사람들은 타인과 물리적으로 연결되고 싶은 강한 욕구를 다시 느끼게 될 것이다. 역사적으로 보았을 때 제1차 세계 대전 이후 1920년대에 대호황기가 도래했고, 제2차 세계 대전 이후의 긴축 해제 이후 발생한 1960년대의 문화적 폭발기와 같이 전쟁이나 긴축 기간이 지나고 나면 윤택하고 활기찬 시기가 뒤따른다는 사실을 알 수 있다. 그러므로 소매업체들은 코로나 이후 오프라인 매장을 활용하여 브랜드와 연결된 커뮤니티에 속한 사람들을 한데 모을 수 있는 기회를 얻게 될 것이다.

브랜드 커뮤니티의 구축

물론 이는 소매 브랜드가 애초에 '커뮤니티'를 갖고 있다는 것을 전제로 한다. 만약 매장이 단순히 물건만 파는 곳이라면 커뮤니티 형성에 아무런 기여를 하지 못할 것이다. 소비자들이 브랜드에 대한 소속감을 갖게 하려면 브랜드를 운영하는 기업들은 매장이 단순한 제품 판매처 이상의 의미를 가지도록 해야 한다.

이 책은 소매업체를 어떻게 진정한 브랜드로 탄생시킬 수 있는지에 대한 방법론을 중심으로 구성되어 있다. 브랜드라 함은 무언가를 의미하고, 공명하며, 감정을 불러 일으키는 것을 말한다. 이는 사회적인 가치를 지닌다거나, 세상을 혁신한다거나, 소비자를 한 개인으로 대하면서, 소비자와 개인적인 관계를 형성하거나, 소비자를 브랜드의 활동에 참여시킨다거나, 소비자에게 브랜드에 대해 알리고 교육하는 것 등을 말한다. 이러한 가치가 자리 잡고 브랜드가 진정한 커뮤니티를 갖게 되면 매장은 그 자체로 집단적 참여나 연결의 진원지가 될 수 있다. 이러한 과제를 해내고 사업적으로도 성공하여 수례를 누린 소매 브랜드들의 사례들을 살펴보자.

자전거 소매업체인 라파가 좋은 예이다. 이 기업의 소비자들은 자전거 라이딩에 대한 열정으로 뭉쳐 하나의 커뮤니티를 형성했다. 라파는 자사의 매장을 '브랜드 클럽하우스'로 활용했다. 충성 고객들은 라파 사이클링 클럽에 가입하여 매장에 들러 커피를 마시고, 투어를 계획하며, 부품들을 살펴본다.[3] (라파에 대한 자세한 내용은 45장 참고)

앞에서 언급한 적 있는 룰루레몬 또한 좋은 사례이다. 룰루레몬은 다른 스포츠 매장과 마찬가지로 애슬레저 의류(운동복과 일상복의 경계를 허문 가벼운 스포츠웨어)를 판매하고 있다. 그러나 다른 브랜드와 룰루레몬을 차별화하는 요소는 주요 고객인 여성이 피트니스, 자존감, 자신의 몸을 긍정하는 마음가짐에 대한 공감대를 형성하도록 돕는다는 브랜드의 철학이다. 룰루레몬은 자사 홈페이지를 통해 '우리는 신체의 한계를 넘어서면 삶의 다른 측면에서도 자기 자신을 이겨낼 수 있는 힘을 기를 수 있다고 믿는다'라고 선언했다.

극히 남성 중심적인 기존의 스포츠 관련 브랜드들과 달리, 룰루레몬은 여성 중심의 브랜드를 출시하면서 페미니스트 정신을 나타내는 하나의 상징으로서 스스로를 포지셔닝하였다. 룰루레몬은 소셜 미디어를 통해 온라인, 그리고 이벤트를 통해 오프라인 모두에서 강력한 커뮤니티를 보유하고 있다. 무엇보다 고객들이 참여할 수 있는 주요 이벤트는 매장에서 운영하는 무료 요가 세션이었다. 유명한 현지의 요가 강사를 초청해 세션을 진행했기 때문에 룰루레몬의 요가 세션은 상당한 인기를 끌었다. 코로나19로 인한 록다운 기간에도 룰루레몬은 온라인으로 요가 세션을 진행했다. 덕분에 소매 위기가 닥쳐와 룰루레몬의 일부 매장이 문을 닫은 상황에서도 2020년 3분기 매출이 22% 증가하는 등 업계 평균을 상회하는 성과를 달성할 수 있었다. 동사의 주가는 2020년 9월 최고치를 기록했다.[4]

비교적 덜 유명하기는 하지만, 로모그래피는 아날로그 사진을 전문으로 하는 오스트리아의 카메라 브랜드이다. 대부분의 판매는 온라인 채널을 통해 이루어짐에도 불구하고 로모그래피는 오프라인으로 운영되는 매장을 통해 아날로그 필름으로 찍은 사진을 사랑하는 브랜드 커뮤니티와 소통하고 있다.

이들은 고객을 매우 편안하게 해 주는 운영 정책을 도입하고 있는데 고객은 구매하기 전에 새 카메라를 빌려서 마음에 드는지 먼저 시험해 볼 수 있으며, 매장에는 고객들이 찍은 사진을 전시할 수 있는 갤러리도 있다. 따라서 고객들은 매장에서 몇 시간이나 머물면서 여러 장비를 시험해 보고 사진과 사진기를 잘 아는 직원이나 다른 고객들과 사진에 대해 이야기하는 것을 좋아한다.

로모그래피는 신규 채용을 진행할 때에도 회사의 충성 고객을 우선적으로 채용하는데, 이 또한 브랜드와 충성 고객 간에 매우 긴밀한 커뮤니티를 형성하는 데 큰 도움이 된다. 디지털 기술이 지배하는 카메라 산업에서 로모그래피는 놀라운 실적을 거두고 있다. 동사는 2018년에 12개의 매장을 운영하며 50만 개의 아날로그 카메라와 2백만 롤의 필름을 판매하여 4,000만 파운드의 매출을 달성했다.[5]

짐샤크는 급성장하는 영국 기반의 피트니스 의류 및 액세서리 브랜드로, 131개국에서 수백만 명의 열정적인 팔로워와 고객의 지지를 받고 있다. 창업자인 밴 프랜시스와 그의 고등학교 친구들이 아직 10대였던 2012년에 설립한 이 회사는 처음에는 차고에서 작업한 스크린 인쇄물을 파는 수준이었으나, 이후 피트니스 분야에서 가장 빠르게 성장하고 가장 높은 인지도를 보유한 브랜드로 성장했다.

모든 매출과 브랜드 커뮤니티 대부분이 온라인으로 일어나지만, 짐샤크는 소비자들이 브랜드 경험을 공유하고 강화하기 위해 오프라인 활동이 필수적이라고 판단했다. 그래서 전 세계 주요 도시에서 체육관과 체육 시설에 스타 인플루언서를 한 자리에 모아 '엑스포'를 정기적으로 개최했다. 자신이 좋아하는 스타를 만나고 그룹 운동을 체험하기 위해 많은 팬들이 행사에 참가했다.

짐샤크는 또한 2020년 3월 런던 코벤트 가든에 팝업 스토어를 열어 매장에서 운동 세션을 진행했다. 팬데믹 기간이 이어지자 동사는 온라인으로 운동과 챌린지를 계속 유지했다. 이러한 행사에 힘입어 동사는 2019년에 2천만 파운드의 순이익을 기록하는 등 높은 수익성을 보였다. 짐샤크는 2020년 10억 파운드 이상의 가치를

인정받으며 제네럴 아틀란틱 벤처 펀드에서 투자를 유치했다.[6](짐샤크에 대한 자세한 내용은 40장 참고)

펠로톤 신드롬

펠로톤은 유명 스포츠 장비 및 미디어 회사로, 홈트레이닝을 본격화하며 운동의 세계에 혁명을 일으켰다. 소비자들은 펠로톤에서 운동용 실내 사이클과 대형 스크린이 장착된 러닝머신을 구입하고, 구독 서비스에 가입하면 셀럽 강사들이 진행하는 운동 세션에 참가할 수 있다.

2012년 출시 이후, 펠로톤은 260만 명이 넘는 가입자를 보유한 세계 최대 인터랙티브 스포츠 플랫폼으로 자리매김하였다. 홈트레이닝의 편리함과 프라이버시와 함께 최고의 강사와 함께 하는 '라이브' 이벤트에 참여하면서 동기 부여 효과를 누리게 되자 많은 소비자들의 삶의 질이 향상되었다. 이에 따라 펠로톤은 거의 광적인 추종자들을 거느리게 되었고, 이들은 '스피닝하는 기독교인들의 모임'이나 '스피닝하는 영화광들의 모임'과 같은 그들만의 페이스북 그룹을 만들었다.

펠로톤을 특별하게 만드는 것은 온라인을 통한 연결이지만, 이 브랜드는 브랜드 커뮤니티를 더욱 긴밀하게 연결하기 위해 대면 이벤트를 활용한다. 펠로톤은 매년 뉴욕에서 '펠로톤 홈커밍 이벤트'를 개최한다. 3,000명 이상의 열정적인 팬들은 95달러를 내고 이 행사에 참여하여 3일 동안 6개 장소에 걸쳐 셀럽 트레이너와 함께 하는 라이브 운동, 야외 러닝, CEO 등 펠로톤의 주요 인사와의 담화, 벡(Beck)과 같은 얼터너티브 록 아티스트의 콘서트를 즐길 수 있다. 또한 펠로톤은 뉴욕과 런던에 있는 스튜디오에서 정기적인 행사를 개최하며, 팬 그룹들은 미국 전역에서 자체적으로 오프라인 모임을 조직한다. 예를 들어 스스로를 '오버사이즈 여성'을 위한 모임이라고 표현하는 'XXL 트라이브'는 6,700명의 회원들이 정기적으로 모임을 갖는다.

2020년의 홈커밍 행사가 록다운으로 무기한 연기되자, 펠로톤은 특별 온라인 이벤트를 대신 개최했다. 이러한 전략은 가시적인 성과로 이어져 펠로톤의 2분기 매출은 61% 성장했고 7월 주가는 IPO 당시에 비해 5배 상승했다.[7]

커뮤니티 구축에 역량을 집중한 브랜드의 또다른 예로는 출산 용품 브랜드인 잇지 릿지를 들 수 있다. 잇지 릿지는 소비자들의 육아 경험을 공유하며 강력한 고객 그룹을 구축했다. 육아는 보람 있는 일이지만, 때로는 힘들고 외롭기도 한 경험이기 때문에 많은 사람들은 자신의 경험을 다른 사람들과 공유함으로써 위안을 얻는다. 그러므로 육아 커뮤니티는 모든 공동체 중에서도 가장 규모가 크고 충성도가 높다. 잇지 릿지는 세련된 기저귀 가방 같이 디자이너 브랜드에서나 볼 수 있을 법한 스타일리시한 육아 용품을 판매한다. 이들의 홈페이지에는 육아에 관한 유익한 콘텐츠들이 있어 모유수유 가리개에서부터 치발기에 이르기까지 육아 용품에 관한 모든 정보를 얻을 수 있는 필수 사이트가 되었다.

블로그에 소개된 부모 프로필을 보면 고객들이 커뮤니티에 얼마나 적극적으로 참여하고 있는지 명확히 알 수 있다. 인터뷰 형식으로 된 이 포스팅에서는 충성 고객들이 직접 잇지 릿지의 제품을 소개할 뿐 아니라 자신의 개인적인 육아 경험도 공유하고 있다. 이러한 유형의 실제 사용자 제작 콘텐츠는 잠재 고객들도 잇지 릿지 커뮤니티에 참여하도록 유도하는 효과가 있다.

잇지 릿지는 직접 소매 매장을 운영하지 않는 브랜드지만 타깃 같은 유통점에서 라이브 이벤트를 자주 개최한다. 라이브 이벤트와 같은 행사를 통해 잇지 릿지는 고객 커뮤니티와 실시간으로 소통하고 블로그 콘텐츠도 만든다.[8] 물론 록다운 기간 동안 이 콘텐츠는 대부분 온라인 채널로 옮겨왔다.

잉글랜드 남부에 위치한 협동조합인 서던 코옵은 보다 전통적인 방식으로 지역 사회와 긴밀한 유대 관계를 맺는다. 본사에서는 각 가맹점들에게 시간과 돈을 기부하여 도움이 필요한 이웃들을 도우면서 지역 내에서 관계를 구축하도록 권장한다. 이러한 활동은 코로나19 위기 동안 취약 계층에 속한 많은 사람들이 록다운으로 고립된 상황에서 특히 빛났다. 서던 코옵의 지역 봉사로 현지 고객의 충성도가 강화되었고, 덕분에 코로나로 소매 산업이 위기를 맞는 상황에서도 동사의 비즈니스는 성장을 지속할 수 있었다.[9] (서던 코옵에 대한 자세한 내용은 46장 참고)

커뮤니티에서 탄생한 브랜드

독일의 아웃도어 제품 브랜드인 아웃도어자이텐은 커뮤니티에 기반하여 탄생한, 아주 흥미로운 브랜드이다. 특기할 만한 점은 아웃도어자이텐은 특정 기업에서 개발된 브랜드가 아니라 커뮤니티를 통해 자체적으로 탄생했다는 사실이다. 원래 아웃도어자이텐은 하이킹 및 캠핑 애호가들이 여행, 숙박 및 장비에 대한 아이디어를 공유하는 포럼 형태의 사이트(Outdoorseiten.net)였다. 사이트의 회원들이 아웃도어 제품에 대한 팁을 교환하던 도중, 한 회원이 프로토타입 제품을 개발할 만한 기발한 아이디어를 떠올리게 되었다. 뒤이어 다른 회원이 로고를 제안하고 투표에 부쳤다. 결국 2005년, 핵심 멤버 그룹이 브랜드명을 등록하면서 아웃도어자이텐은 브랜드로 탄생하게 되었다. 아웃도어자이텐의 브랜드 스토리는 브랜드 커뮤니티란 무엇인가에 관한 요점을 말해 준다. 커뮤니티란 브랜드 조직이 아니라 커뮤니티에 소속된 사람들을 위해 존재해야 한다는 사실이다.[10]

앞서 언급한 브랜드 커뮤니티의 사례를 보면, 구성원들의 필요를 충족시킨다는 공통적인 목표를 바탕으로 하고 있다. 라파의 커뮤니티는 사이클링에 대한 열정을 다른 사람들과 공유하고자 하는 욕구에서 출발하고 있다. 룰루레몬의 경우는 한 사람의 자기 결정권을 대변한다. 펠로톤은 체력 증진과 동기부여 제고에 집중한다. 잇지 릿지는 초보 엄마들이 자신이 느끼는 어려움을 다른 엄마들과 함께 공유하고 고립감에서 탈출하도록 해 준다. 로모그래피는 고객들이 사진을 좋아하는 다른 소비자들과 함께 예술적 관심사를 추구하도록 해 준다. 소비자들의 이러한 니즈는 개인적인 어려움을 극복하기 위해 정서적 지지를 얻고, 같은 생각이나 관심사를 가진 사람들과 함께 역량을 계발하거나 다른 사람을 도울 수 있는 방법을 모색하는 것과 관련되어 있다.

종종 사람들은 브랜드 자체보다 그 브랜드의 커뮤니티에서 오는 사회적인 관계에 더 관심을 가지기도 한다. 이런 경우, 브랜드 충성도는 커뮤니티가 처음 결성되는 계기라기보다는 오히려 관계성에 대한 소비자의 니즈를 충족시키면서 보상으로 얻어지는 그 무엇이다. 그러므로 강력한 브랜드 커뮤니티는 이 어려운 시기에서도 소비자들의 브랜드 충성도를 제고할 수 있는 열쇠이다. 그리고 대부분의 브랜드 커뮤니티는 온라인상에 존재하지만, 회원 간의 유대감을 구체화하기 위해서는 매장이나 팝업 스토어, 그리고 그 외의 오프라인 이벤트가 필수적이라는 사실 또한 이상의 사례를 통해 알 수 있다.

32장
고객 서비스가 해답이다

2017년 머니닷컴(money.com)에 실린 기사에 따르면, 조슈아 존스는 뉴욕 매디슨 애비뉴에 있는 보노보스 매장의 '가이드'로 일하고 있었다. '쿨하고 카리스마 있는' 그는 스스로를 영업 사원이라고 생각하지 않았다. 그는 남성복 전문가로 소재, 재단, 마감에 대해 상세한 지식을 가지고 있었고, 올바른 옷을 선택하기 위해 세련된 취향을 지닌 그의 조언을 기다리는 다수의 충성 고객도 보유하고 있었다.[1]

조쉬(그는 고객들에게 자신을 조쉬라고 불러 달라고 했다.)는 예약제로 고객을 응대했고, 일반적으로 예약은 1시간 단위로 운영되었다. 그 한 시간 동안 그는 고객의 니즈와 취향을 이해한 후 고객에게 필요한 옷을 골라 보노보스의 호화스러운 피팅룸에서 시착할 수 있도록 해 주었다. 그는 옷을 상담해 주는 것만큼이나 고객과 최신 음악 트렌드나 고객이 휴가를 떠나는 여행지, 최근 개봉한 영화에 대해 대화를 나누는 것도 좋아했다. 그리고 고객이 기다리는 동안 마실 수 있는 음료를 제공해 주기도 했다.

고객들은 아이패드를 통해 물건을 주문하고, 구매한 제품은 뉴잉글랜드 매사추세츠에 있는 창고에서 배송되어 며칠 후 고객의 집으로 도착하게 되어 있었다. 조쉬는 고객에게 전화를 걸어 핏이 만족스러운지 확인하고는 했다.

조쉬는 상당한 급여를 받았다. 백화점인 메이시스의 매장 판매직 급여는 당시 시간당 8달러였는데, 그는 보노보스에서 시간당 17달러를 받았다. 다른 복지 혜택도 좋아서 휴가를 거의 무제한으로 쓸 수 있었고, 육아 휴직이나 연간 동기 부여 휴가도 사용할 수 있었다. 조쉬의 급여 체계는 매출 실적에 연동되지 않았고, 매출 압박도 받지 않았다. 그는 수준 높은 교육을 받았고, 언젠가는 자신의 브랜드를 런칭하겠다는 야망을 갖고 있었다. 처음 보노보스에서 면접을 보았을 때, 조쉬를 고용한 총책임자는 5년 후 그의 계획이 무엇인지 물어 보았다.

조쉬는 "그런 질문을 받을 줄은 몰라서 조금 충격을 받았다. 내 얘기를 듣더니 총책임자는 '당신의 목표를 이룰 수 있도록 돕고 싶다'고 말했다."라고 회고했다.

조쉬의 담당 직무는 소매 매장에서 일반적으로 하는 관리 업무가 아니었다. 보노보스의 가이드숍은 고객에게 제품을 보여주기 위한 제품만 비치해 놓고, 판매용 재고는 구비하지 않는 '무재고 매장'이었기 때문에 그는 재고 포장을 풀고, 제품에 가격표를 달거나 재고를 기록하는 업무는 거의 하지 않았다. 심지어는 고객이 물건을 살 때에도 아이패드에서 신용카드로 제품 가격을 지불했기 때문에 현금 관리조차 할 필요가 없었다.

새로운 형태의 매장 직원

조쉬는 고객 서비스를 혁신하고 있는 새로운 유형의 매장 직원의 대표적인 예이다. 예전부터 매장에서 일하는 판매직은 힘들고 보수도 낮은데다 상당히 지루한 직업이었다. 소매 테크 회사인 호인터에서 일하는 나디아 쇼라보라는 "하루 종일 물건을 개고, 진열대를 청소하고, 산더미 같은 제품을 관리하는 것은 전혀 즐거운 일이 아니다."라고 읊조렸다. 그 결과는 다들 익히 아는 바와 같다. 힘들고 보상이 없는 업무를 해야 하는 많은 소매업 근로자들이 제공하는 서비스의 질이 높을 수가 없다는 점은 전혀 놀랄 만한 일이 아니다. 매장 직원들이 응대를 해주지 않는다는 것은 쇼핑 고객의 3대 불만 사항 중 하나로, 고객 관계 관리(CRM, Customer Relationship Management) 서비스를 제공하는 세일즈포스의 보고서에 따르면 매장 방문객의 32%만이 쇼핑이 즐거웠다고 응답했다. 하지만 쇼루밍은 이러한 애로 사항을 완전히 해결할 수 있는 길을 제시한다. 쇼라보라는 "일반 매장에 근무하는 직원들은 정신이 마비될 정도로 지루한 일을 되풀이해야 하는 반면, 쇼룸에서는 스타일리스트와 같은 더 흥미로운 업무를 할 수 있다. 쇼룸의 이직률은 일반 매장과 대비해 훨씬 낮다."라고 자부했다.[2]

조쉬 존스 같은 고급 스타일리스트는 고객과의 관계를 유지하려는 소매업체들의 비밀 무기이다. 고객이 자신이 무엇을 원하는지 정확히 알고 있는 경우에는 인터넷 쇼핑의 장점이 훨씬 많으므로 온라인으로 제품을 구매하면 된다. 하지만 자신이 무엇을 원하는지 모르거나, 조언이나 개인적인 의견이 필요한 경우에는 전문가의 손길이 필요하다. 이것이 바로 매장이 고객에게 제공할 수 있는 가치이다.

디자인 및 컨설팅 회사 젠슬러의 수석 소매 전략 담당 제인 그린탈은 "매장 직원의 역할이 변화하고 있다. 다른 직무 기술이 필요해지고 있는데 직원들의 주요 업무가 제품 관리가 아니라 고객과의 관계 구축으로 바뀌고 있기 때문"이라고 의견을 말했다.[3]

고객 서비스 품질 향상에 투자하는 브랜드의 다른 사례로는 시애틀에 기반을 둔 아웃도어 의류 및 장비 브랜드인 레이 코옵을 들 수 있다. 협동조합 구조에 기반한 이 브랜드는 특별한 철학을 가지고 있으며, 자연 보호 활동에 활발한 기부 활동을 펼치고 있다. 동사는 169개의 대형 매장을 보유하고 있으며 코로나 이전에 소매 업계 트렌드 변화에 성공적으로 적응하여 2019년 전년 대비 8% 이상 증가한 31억 2,000만 달러의 매출을 달성했다.

레이 코옵의 성공 비결은 매장에서 제공하는 특별 서비스로, 이들은 하이킹과 등산 매니아들을 직원으로 고용하여 매장의 출입문 옆에 배치한 다음, 매장을 방문하고 떠나는 고객들에게 인사를 하도록 했다. 고객이 매장을 방문하면 직원들은 그 고객에게 방문목적이 무엇인지 또는 어떤 제품이 필요한지를 질문한다. 담당자는 고객이 어디로 가야 하는지 정확히 알려 주고 고객이 도움을 필요로 할 경우 다른 층과 소통하여 직원이 고객과 함께 필요한 장소로

이동한다.[4]

시애틀 아이스크림 가게인 몰리 문스 홈메이드 아이스크림은 규모는 작지만 친절한 고객 서비스로 유명한 브랜드이다. 스쿠퍼(역자 주: 아이스크림을 담는 기구인 '스쿱'에서 유래한 이름)라고 불리는 직원들은 올바른 질문을 하고 고객에게 긍정적인 경험을 줄 수 있는 방법을 교육받는다.

가게 밖에는 거의 언제나 고객들이 줄지어 서 있다. '리테일 시프트: 영업 현장에서 성공하기'의 교육 프로그램 개발자인 크리스 기요는 "빠른 고객 응대 과정 속에서도 나는 항상 진심으로 환영받는다는 느낌을 받는다."라며 "스쿠퍼들은 매우 친절하고 성격이 아주 좋다. 주문을 빨리 해야 하기는 하지만, 결코 재촉당하고 있다는 느낌은 들지 않는다."라고 말했다.[5]

쇼핑이 즐거운 종업원 지주회사

플로리다주 레이크랜드에 소재하고 있는 슈퍼마켓 체인으로 미국 남부에 1,200개 이상의 매장을 보유하고 있는 퍼블릭스는 직원에게 동기를 부여하여 탁월한 고객 서비스를 제공하게 하는 방법을 이해하고 있다. 동사는 조지 젠킨스가 1930년에 설립했는데, 창업주인 조지 젠킨스는 다른 소매업체에서 일하면서 상사에게 심한 대우를 받았다고 한다. 그래서 그는 자신은 직원들에게 잘 대해 주겠다고 다짐했고 이를 창업 이념으로 삼았다. 그는 또한 "먼저 고객에게 관심을 가져라. 그 다음에 당신의 동료에게 관심을 가져라. 그러면 그들은 고객에게 관심을 가질 것이다."라고 조언했다.

퍼블릭스는 직원을 해고한 적이 없는 것으로 유명하다. 모든 직원들은 바닥 청소나 선반에 물건 적재하기와 같은 밑바닥 업무부터 일을 시작해야 한다. 회사는 내부 승진으로만 관리자를 채우고 모든 매장에 '진급 차트'를 게시하여 모든 직원들이 관리직으로 승진하기까지 얼마나 남았는지를 공개한다. 전 직원의 3분의 1 이상이 이 승진 프로세스를 신청했다.

퍼블릭스는 외부인에게는 주식을 팔지 않는다. 그 대신 여전히 전체 지분의 20%를 소유하고 있는 젠킨스 일가는 나머지 80%를 직원들에게 양도했다. 직원이 1년 동안 회사에서 근무하고 근로 1,000시간을 달성하면 자동적으로 급여의 8.5%에 해당하는 주식을 추가로 지급받는다. 당연한 수순으로 퍼블릭스는 '일하기 가장 좋은 회사' 목록에서 상위권을 차지하고 있다. 실제로 동사는 2018년 포춘지의 '식품과 드럭스토어 업계에서 가장 존경받는 기업'에서 1위를 차지했다. 그리고 창업주의 이념대로 좋은 대우를 받는 직원들은 '쇼핑이 즐거운 곳'이 되겠다는 퍼블릭스의 약속을 성실히 이행하고 있다.

직원들의 열정은 매장에 들어서는 순간부터 느낄 수 있다. 미소를 띤 직원들이 고객에게 도움이 필요한지 묻는다. 고객이 어떤 상품을 찾아 달라고 부탁하면 직원들이 직접 상품을 찾아 카트에 담아 고객에게 가져다준다. 계산대에는 한 줄에 두 명까지만 대기할 수 있고, 언제나 직원이 상품을 포장하여 고객의 차까지 옮겨준다. 어떤 기자는 자신이 큰 만찬을 열어야 해서 고민을 하고 있었는데, 정육점 직원이 메뉴 선택을 도와줬을 뿐 아니라 요리법도 알려 주었다는 기사를 내기도 했다. 그 기자가 다음 기회에 매장을 방문하자, 그 직원은 그녀를 기억하고 파티를 잘 치렀냐고 묻기까지 했다. 퍼블릭스가 강조하는 탁월한 고객 서비스는 저가 슈퍼마켓 체인이나 온라인 거대 기업과의 경쟁에서 살아남는 데 큰 도움을 주었으며 가장 최근인 2020년 3분기의 실적을 보면 코로나19 위기에도 불구하고 매출이 18% 증가한 것으로 나타났다.[6]

고객 서비스를 그다지 중요하지 않게 여겼던 월마트조차도 이 분야에 투자를 늘리고 있다. 지난 2년 동안 월마트는 직원의 고객 응대 방식을 개선하기 위한 교육 프로그램에 27억 달러를 지출했다. 또한 2020년 중반에는 정규직 영업 및 판매 직원의 평균 시급을 13.85달러로 올리면서 3년 전 대비 17% 인상했다. 월마트 대변인 라비 자리왈라는 "고객에 대한 인간적인 접근이 경쟁력 있는 차별화 요소가 되었다."라고 말했다.[7]

생각해 볼만한 비유- 매장 직원 vs 미용사

우수한 매장 직원이 고객과 브랜드 관계를 오래 유지하는 데 어떤 역할을 하는지 알고 싶다면, 미용사를 떠올려 보라. 많은 미용사들은 충성도 높은 고객을 보유하고 있으며, 미용사가 미용실에 취직을 하기 위해서는 일정 수준 이상의 고객을 이미 보유하고 있어야 한다. 고객들은 몇 년 동안이나 같은 미용사를 찾아가기 때문에 이들이 미용실을 옮길 때 그들을 따라 미용실을 옮긴다. 고객은 미용사와 개인적인 이야기를 나누며 친밀한 관계를 발전시킨다.

스타 미용사들은 높은 급여를 받으며, 때로는 미용실 오너보다 더 많은 급여를 받기도 한다. 이들의 가치는 매우 높기 때문에 오너들은 미용사들의 처우에 만전을 기한다. 소매업체가 앞으로 어떤 직원이 필요한지, 충성도 높은 고객과 어떤 관계를 구축할지 고민한다면 이러한 전략을 시도해 볼 필요가 있다. 수준 높은 직원을 고용하고 더 넓은 공간을 제공하고, 편안한 좌석과 쾌적한 피팅룸을 설치하고, 차와 커피, 또는 샴페인을 준비하고, 주요 고객과 약속을 잡아 고객 서비스를 개선하는 것이 중요하다. 이는 모든 소매업체가 미래에 나아가야 할 길이다.

물론 이러한 길을 선택하려면 경쟁사들보다 더 높은 수준의 직원 교육이 필요하다. 이를 실현하기 위해서는 업계 평균 대비 더 높은 급여, 더 많은 교육 및 더 높은 직원 자율성에 투자해야 한다. 그러나 임대료나 관리 업무를 하는 직원 인건비, 보유 재고 감축 등을 통해 비용을 절감할 수 있다면(27장, 28장 참고) 높은 수준의 퍼스널 쇼퍼팀을 구축하는 데 필요한 자원을 확보할 수 있을 것이다. 무엇보다도, 이것이 유일한 선택지이다. 소매 기업들이 물건을 파는 데만 집중하고 고객 서비스의 일부만을 차지하는 한, 온라인 거인들과 경쟁할 수 없기 때문이다. 앞으로 나아가는 유일한 길은 매장과 그곳에서 일하는 직원들이 고객에게 더 많은 가치를 제공하는 것뿐이다.

33장
피지털 기술로 고객 데이터를 확보하라

매장에 적용할 수 있는 기술로 이야기의 논점을 다시 돌려서, 기술이 어떻게 소매업체가 고객에 대해 더 많이 알 수 있도록 도와줄 수 있는지 살펴보자. 앞서 논의한 바와 같이 소매업체들은 매장에 드나드는 고객들의 유형과 행동에 대해 상대적으로 무심한 태도를 보여 왔다. 이는 검색 엔진, 소셜 미디어, 자사 홈페이지 등에서 소비자들의 일거수일투족을 추적해 온 온라인 기업들의 행보와 극명한 대조를 이룬다.

매장을 웹사이트처럼 활용하기

그러나 새로운 유형의 기술을 통해 소매업체들은 고객이 매장이나 제품, 또는 프로모션에 어떻게 반응하는지 실시간으로 훨씬 더 자세하게 관찰할 수 있게 되었다. 사실상 이러한 기술을 바탕으로 매장이 일종의 웹사이트처럼 활용되고 있다.

스마트폰 감지기는 이제 개별 전화기에서 전송된 고유한 와이파이·블루투스 검색 '핑'을 포착할 수 있으며 위치 비콘과 결합하면 매장에 접근하는 순간부터 휴대폰 사용자의 움직임을 추적할 수 있다. 이를 통해 매장을 지나간 발자취와 매장으로 들어오는 사람의 수를 알 수 있다. 즉, 얼마나 많은 고객이 구매하지 않고 빨리 떠나는지(이탈률), 그리고 직원이나 진열대와 상호작용할 수 있을 만큼 충분히 오래 머무르고 있는지를 파악할 수 있다. 또한 고객이 매장에서 보낸 평균 시간을 측정하고, 고객이 어디로 향하는지 확인하여 인기 있는 지점을 식별하고, 진열대 앞에서 머문 시간을 측정하거나 직원과의 상호작용을 확인해 궁극적으로 매출 전환 수준을 기록할 수 있다.[1]

천장 카메라도 거의 같은 종류의 작업을 수행할 수 있으며, 여기에 추가로 방문객의 연령과 성별을 추정할 수 있다. 그러나 소매 산업에서 개인화의 핵심 기술은 개별 고객을 인식하는 능력이며 이는 안면 인식 기술을 통해서만 가능하다.[2]

안면 인식

안면 인식 카메라는 개별 쇼핑객을 식별하고 각 고객의 니즈에 맞는 프로모션을 제안할 수 있다. 이 정보는 또한 과거 구매 기록을 기반으로 매장 직원에게 특정 고객의 특성과 선호도를 알려줄 수 있기 때문에 소매업체들은 언제나 개별 고객의 행동을 추적할 수 있는 이커머스 업체와 공평한 경쟁을 할 수 있게 되었다. 그러나 이 기술을 둘러싸고 개인 정보 보호 문제에 대한 우려가 제기되고 있다. 이를테면 안면 인식 기술의 사용에 대해 메이시스, 로이스, 홈디포 등의 소매업체를 상대로 소송이 제기되기도 했다. 이에 대한 해법은 고객이 웹사이트를 방문할 때와 마찬가지로 이러한 유형의 데이터 사용을 허용할지 선택하도록 하는 데 있다. 여기에서 핵심은 고객 데이터 사용에 대한 승인을 브랜드 커뮤니티 멤버십 제도로 포장해 전용 상품, 특별 프로모션, 로열티 관련 사은품 제공 등 적절한 혜택을 제공해야 한다는 것이다.[3]

옵트인(역자 주: 당사자가 개인 데이터 수집을 허용하기 전까지 당사자의 데이터 수집을 금지하는 제도) 프로그램을 성공적으로 도입한 좋은 예는 캘리포니아에 본사를 둔 패션 소매업체 루티로, 이 회사는 고객이 매장에 입장하는 모습을 얼굴 인식을 이용하여 사진을 찍고 그들이 무엇을 사는지에 따라 고객의 선호도와 결합한다. 이 정보는 고객의 승인을 기다리는 동안 브랜드 시스템에 버퍼링된다. 고객이 물건을 구매하는 시점에 회사는 고객이 향후 이 데이터를 활용할 의향이 있는지 여부를 묻고, 답변이 긍정적일 경우 이 정보는 매장의 고객 관계 관리 시스템에 저장된다. 다음에 고객이 재방문했을 때, 시스템은 고객을 인식하고 매장에 있는 스타일리스트에게 고객의 이름과 고객이 선호하는 스타일의 후보 리스트를 제공한다.

오너인 루티 지서에 따르면, 루티는 이 기술을 활용해 고객의 반복 구매를 크게 늘릴 수 있었다. 안면 인식 시스템을 적극 지지하는 그녀는 "기술이 없는 소매 산업은 경쟁력이 없다."라며 "일부 매장은 고객의 이메일 주소조차 확보 못하고 있다. 노드스트롬과 블루밍데일스와 같은 많은 대형 소매업체에서조차 영업 사원이 실물

책을 사용하고 있으며 '이직을 할 때' 그 책을 가지고 간다. 회사가 그 모든 정보를 수집하고 관리하지 않는다는 건 정말 말도 안 되는 얘기다."라고 역설했다.[4]

미래의 매장

혁신적인 기술을 도입해 사업에 활용하는 또 다른 브랜드로는 파페치가 있다. 이 회사는 럭셔리 부티크를 위한 이커머스 포털로 사업을 시작했으며 그 이후 기술과 패션을 결합하여 독특한 매장 경험을 제공하는, 브랜드를 위한 기술 서비스 업체로 성공적으로 자리매김하였다.

파페치의 CEO인 호세 네베스는 오프라인 소매 산업이 사라지고 있다는 우려에 대해 자신의 생각을 말했다. 소매 산업의 미래에 대한 그의 비전에는 소비자 경험을 보다 개인화할 수 있는 기술의 발전이 수반된다. 그는 '데이터를 활용해 소매 경험을 향상시켜 온라인과 오프라인 세계를 연결하는' 증강 소매 솔루션인 파페치의 '스토어 오브 더 퓨처'를 출시했다.

파페치는 런던에 있는 매장에서 온라인으로 수집된 데이터를 매장에서 사용하기 위해 서버에 연결된 의류 랙, 터치 스크린 강화 거울, 로그인 스테이션을 제공한다. 또한 고객이 자신의 구매 내역과 위시리스트를 검색할 수 있는 화면도 제공하는데, 이 모든 정보는 매장 직원에게는 아주 중요한 정보이다. 그 외에도 피팅룸 내에 스마트 거울이 있어 탈의실을 나가지 않고도 다양한 사이즈 요청, 대체 상품 문의, 상품 결제를 할 수 있다. 이러한 혁신을 통해 파페치의 고객들은 부티크 쇼핑의 장점들과 온라인 쇼핑의 속도 및 편리함이 조화를 이루는 손쉬운 쇼핑 경험을 즐길 수 있다.[5]

쇼필드, 네이버후드 굿즈 및 베타(B8ta)와 같이 '서비스로서의 소매 경험(Retail as a Service)'을 제공하는 새로운 유형의 소매업체는 매장에 이러한 기술을 설치하여 고객에게 제공한다. 이렇게 얻은 데이터는 실시간 대시보드에서 사용할 수 있으므로 브랜드는 얼마나 많은 사람들이 개별 제품에 관여하고 있는지를 확인하고 그 결과에 따라 전략을 수정할 수 있다. 자세한 내용은 31장에서 상세히 다룬 바 있다.[6]

요약하자면, 소매 산업의 미래를 결정하는 중요한 요소는 매장을 웹사이트와 같은 환경으로 만드는 '피지털(역자 주: Physical과 Digital의 합성어로 오프라인 공간에서 디지털의 편리함을 더해 물리적 경험을 확대하는 것을 뜻함)' 기술의 사용을 통해 오랫동안 온라인 업체들의 전유물이었던 다양한 종류의 고객 데이터를 보유하는 데 있다.

34장
기술을 활용하여 비용을 절감하라

기술 활용의 다른 측면으로, 소매업체들은 기술을 활용하여 기본 관리 작업을 자동화하고 있다. 덕분에 오프라인 업체들도 이커머스 업체 수준으로 관리 비용을 절감하고 직원이 고객 서비스에 집중할 수 있는 환경을 만들어 줄 수 있다. 이러한 추세는 결제, 재고 관리, 현금 관리, POS(역자 주: 금전 등록기와 컴퓨터 단말기의 기능을 결합한 시스템으로 매상 금액을 정산해 줄 뿐만 아니라 동시에 경영에 필요한 각종 정보와 자료를 수집 및 처리해 주는 시스템) 정보 처리 등의 영역에서 가시화되고 있다.

자동 결제 시스템

많은 매장에 이제 셀프 계산대가 설치되면서 캐셔 인건비를 절감하고 있지만, 여전히 결제 프로세스를 모니터링하는 보안 직원이 상주하고 있다. 일부 기업들은 여기에서 더 나아가 직원이 전혀 없는 자동화 시스템을 실험하고 있다. 이커머스 대기업이 출시한 새로운 형태의 편의점인 아마존 고는 미래 계산대의 모습을 보여주고 있다. 아마존 고는 저스트 워크 아웃(Just Walk Out) 프로그램을 도입했는데, 고객들은 다운받은 앱을 이용하여 매장에 입장할 때 앱을 스캔한다. 그 후 소비자가 원하는 제품을 집어 들고 결제하지 않고 매장을 떠나면 앱에서 영수증을 생성하고 처음 고객이 등록한 신용카드에 결제 대금을 청구한다. 이는 소매업체의 인건비를 절감할 뿐 아니라 소비자 편의성도 개선한다.[1]

이 서비스에 사용된 기술은 카메라와 인공지능의 결합으로서, 매장 주변에 있는 개별 고객을 식별하고 무게 센서와 RFID(무선 식별 장치)를 통해 고객의 구매를 추적한다. 이 시스템은 놀라울 정도로 정확하며 매장 관리 측면에서 매우 중요한 진보가 이루어졌다는 사실을 시사한다. 아마존은 2020년 3월에 이 기술을 외부 업체에게 제공하겠다고 발표했다.[2]

아마존과 협업하고 싶지 않은 업체들은 그랩앤고나 아이파이 등 다른 업체들에서 제공하는 유사한 기술을 이용할 수 있다. 그랩앤고는 2016년 캘리포니아에서 설립되었으며 머리 위 레일에 장착된 컴퓨터 시각(역자 주: 컴퓨터를 사용하여 인간의 시각적인 인식 능력 일반을 재현하는 기술)과 머신 러닝 기술을 이용하여 선반, 쇼핑 바구니, 또는 쇼핑객이 매장을 떠나는 동안 매장 내 모든 제품의 위치를 모니터링한다. 소매업체는 이 서비스에 가입할 수 있으며, 소형 매장용으로 특별히 설계된 아마존 고와는 달리 모든 규모의 매장에 설치할 수 있다. 고객은 앱을 다운로드하고 제품을 선택한 후 앱의 코

드를 스캔하여 결제하면 된다.[3]

아이파이는 캘리포니아 산타클라라에 본사를 둔 스타트업으로 결제 분야에서 두 가지 유형의 솔루션을 제공한다. 하나는 컴퓨터 시각과 센서 융합을 이용하여 자율 매장을 구축하고 운영할 수 있는 엔드 투 엔드(역자 주: 종단간 솔루션이라고도 번역되는데, 하나의 업체가 스위칭, 라우팅, 방화벽, VPN 및 무선 액세스를 제공한다는 의미로 사용됨) 플랫폼인 오아시스이다. 다른 하나는 나노스토어로, 완전한 자동화를 구축한 계산대 없는 컨테이너 크기의 완전한 통합 솔루션이기에 원하는 장소 어디든 배송하여 신속하게 설치할 수 있다.[4]

동아시아에서는 중국 난징에 있는 수닝닷컴, 대만에 무인 편의점 X스토어를 운영하는 세븐일레븐을 비롯해 일본, 한국, 싱가포르 등 여러 국가에 캐치 앤 고 매장을 운영하는 NTT 데이터와 같은 기업들이 유사한 시스템을 실험하고 있다. 자율 매장은 유지 비용이 적게 들고 편리하다는 점 외에도 사람과 접촉하지 않고 쇼핑할 수 있기 때문에 코로나19 상황에서 큰 의의가 있다.[5]

로봇

자동화의 다른 영역에서는 재고 및 진열대 관리에 로봇이 사용되고 있다. 제품이 품절되었거나, 위치나 가격이 잘못되었거나, 프로모션이 어긋난 제품이 있는지 매대를 확인하는 것은 소매업에서 많은 시간이 들고, 정신력의 낭비가 심한 업무 중 하나이다. 그러나 재고 부족으로 인한 미국 소매업체들의 매출 손실이 15%에 달하는 것으로 추정되기 때문에 재고 관리는 매우 중요한 작업이다.

그러므로 재고 관리에 로봇의 활용도가 빠르게 증가하고 있다. 심베 로보틱스의 무인 선반 스캐닝 로봇 탤리는 미국 슈넉스 마켓과 자이언트 이글 매장에서 사용되고 있다. 유지 관리 비용이 적게 드는 이 로봇은 40개 이상의 센서를 탑재하고 있어, 작업장 주변을 탐색하고 선반을 스캔할 때 장애물을 피할 수 있다. 탤리는 카메라, 컴퓨터 시각, 머신 러닝 등의 기술을 통해 재고를 검사하며 한 시간에 1만 5,000에서 3만 개의 제품을 확인할 수 있는데 가격, 제품 배치, 가용성, 특별 프로모션을 식별할 수 있다. 매장 직원은 탤리가 확인한 정보를 이용하여 모든 제품의 재고가 충분히 있는지, 프로모션이 올바로 진행되고 있는지를 확인할 수 있다. 탤리는 24시간 선반을 스캔하는 것 외에도 직원들이 우선적으로 처리해야 할 작업 목록도 제공하므로 직원들의 효율성 향상에도 도움이 된다.[6]

샌프란시스코에 본사를 둔 스타트업인 보사 노바 로보틱스는 선반 스캔 로봇인 보사 노바를 시험하기 위해 알버트슨사와 협력하고 있다. 영국의 대형 마트 아스다는 식료품점에서 엎질러진 물건을 치우도록 설계된 테넌트사의 자율 로봇을 테스트하고 있다.[7]

일부 소매업체는 로봇을 고객 서비스 가이드로 활용하는 실험도 하고 있다. 주택 개조 업체 로이스는 고객이 원하는 물품을 찾도록 도와주는 로봇 도우미 로이봇을 출시했으며 소프트뱅크 로보틱스는 기본적인 고객 문의에 답변할 수 있는 반인간형 로봇인 페퍼를 만들었다.[8]

징동닷컴은 2018년 자체 하이테크 슈퍼마켓인 세븐프레시를 오픈했다. 세븐프레시에는 고객이 밀지 않아도 스스로 고객을 따라서 움직이는 스마트 쇼핑 카트가 배치되어 있어 고객이 손을 사용하지 않고도 쇼핑을 할 수 있는 경험을 선사했다. 이 카트에는 고객이 집어 든 제품에 대한 정보를 보여주는 화면도 달려 있었다. 또한 월마트와 같은 식료품점에서는 자동 하역기를 설치하여 매장 뒤쪽으로 재고를 빠르게 보내고 있다. 이 기계는 상자의 바코드를 판독하여 긴급히 재고를 보충할 필요가 있는 품절 제품의 위치를 포함하여 정확한 부서별 하역 위치로 전달한다.[9]

안전도 개선 기술

기술은 매장 내에서 고객의 안전도를 개선시키기 위한 목적으로도 활용되고 있다. 레스토랑과 카페에서 종업원이 고객을 코로나바이러스에 감염시킬 위험을 줄이기 위해 로봇 웨이터가 사용되기도 한다. 네덜란드 마스트리흐트시의 다다완 레스토랑에는 에이미, 에이커, 제임스라는 세 명의 로봇 웨이터가 고객에게 음료를 제공하고 있다. 바에서 일하는 직원은 로봇이 운반하는 트레이에 음료를 얹은 후 주문한 테이블의 번호를 누른다. 그러면 '웨이터'들은 이 쟁반을 테이블로 나른다. 지금으로서는 고객이 직접 음료를 집어 들어야 하는 등 유연성도 없고, '맛있게 드세요'라고 정해진 문장을 전달하는 것 외에 고객과 별다른 대화를 나누지도 못하지만 코로나 이후 시대에 기술 개발을 고도화할 만한 잠재력은 충분히 보여주고 있다.[10]

코로나19 상황에서 빠르게 자동화되고 있는 소매 업무 영역은 현금 관리이다. 비접촉식 결제가 확산되며 대부분의 소매 매장에서 현금 사용이 크게 감소했으므로, 이로 인해 계산, 조정 및 은행 업무 등 시간이 낭비되고 스트레스가 많은 업무들이 대폭 줄었다.[11]

안전도 개선 기술이 적용된 또 다른 예는 고객이 사전 예약한 품목을 매장 또는 매장 주변 도로에서 픽업할 수 있도록 해주는 것이다. 예를 들어, 세이프 큐는 고객의 대기를 줄일 수 있는 혁신적인 앱이다. 이 앱은 고객이 쇼핑할 수 있는 공간이 생길 때까지 차 안에서 기다릴 수 있게 매장에서 디지털로 고객 흐름을 관리할 수 있도록 설계되었다. 세이프 큐 앱은 GPS 정보를 기반으로 고객이 매장에서 1,000피트 이내로 들어오면 이를 감지할 수 있다. 고객이 대기 버튼을 탭하면 매장에서는 이 고객을 세이프 큐의 가상 대기열에 배치한다. 고객이 대기열의 맨 앞에 오면 메시지를 받고 매장으로 들어가 빠르게 물건을 구매할 수 있기 때문에 고객과 매장 직원 모두의 위험을 줄일 수 있다.[12]

뉴욕의 나이키 플래그십 스토어에는 온라인으로 신발 사이즈를 예약할 수 있는 '스피드숍' 서비스를 운영하고 있다. 예약 고객들은 별도의 입구를 통해 매장에 들어가고, 디지털 로커의 잠금을 해제한 후 신발을 신어보고 셀프 계산대를 통해 제품을 구매할 수 있어 이 과정에서 다른 사람들과 접촉하지 않아도 된다.[13]

제품 정보

기술이 소매 업의 관리 업무를 개선할 수 있는 마지막 영역은 POS 정보의 자동화이다. 앞에서 살펴보았듯 이커머스 업체는 오프라인 업체에 대비 제품 정보 측면에서 우위를 누려 왔다. 오프라인 소매업체는 판매 시점에서 제품 기능 및 장점, 크기 옵션, 재고 보유 여부 및 사용자 리뷰에 대한 정보가 부족한 경우가 많지만 대부분의 웹사이트에서는 이런 정보가 매우 보기 쉽게 표시되어 있다. 그러나 새로운 기술은 이러한 정보를 매장에도 제공하고 있다. 소매업체는 앱에서 읽을 수 있는 QR 코드를 제품에 부착하고 있어, 고객들은 핸드폰을 통해 제품에 대한 모든 정보를 얻을 수 있다. 일부 소매업체들은 고객이 제품을 볼 때 위치 비콘을 사용하여 제품 이미지와 정보를 근처 스크린에 보내기도 한다.[14]

제품 및 가격 정보 업데이트도 점차 자동화되고 있다. 구매 결정의 67%는 진열대 근처에서 일어나기 때문에 선반에 대한 정보가 시기 적절하고 정확해야 한다. 제품의 위치가 바뀌고 프로모션이 시작되거나 종료되고, 가격이 계속 바뀌는 상황에서 매장 직원들이 모든 진열대의 정보를 항상 최신 상태로 유지하는 것은 엄청난 일이다. 예를 들어 미국의 대형 식료품점은 현재 일주일에 최대 1,000만 개의 라벨을 바꿔야 한다.

소비자가 점점 더 가격에 민감해지고 있기 때문에 소매업체들은 경쟁사의 변화에 대응해 실시간으로 가격을 업데이트할 수 있어야 한다. 또한, 오늘날의 소비자들은 쉽게 제품 리뷰를 볼 수 있는 온라인 쇼핑 환경에 익숙해져 있으므로 이러한 정보를 제공하지 못하는 매장은 상대적으로 불이익을 감수해야 한다. 다행히도 현재 이 모든 데이터를 자동화하여 소매업체 본사에서 직접 업데이트할 수 있도록 수많은 신기술이 출시되었다. 가격 업데이트 기술을 경쟁사 가격 확인 소프트웨어와 결합하면 모든 변화에 실시간으로 대응할 수 있게 된다.

영국의 테스코나 모리슨즈, 그리고 미국의 월마트, 베스트 바이, 크로거는 디지털 선반 정보 기술을 테스트하고 있다. 크로거의 경우에는 2018년에 마이크로소프트와 함께 가격 및 영양 정보를 디지털 방식으로 표시하여 매장에서 원격으로 실시간으로 업데이트할 수 있는 '크로거 엣지'라는 새로운 기술을 개발했다. 이들은 또한 고객들의 쇼핑 목록을 기반으로 소비자들을 위해 효율적인 '매장 투어 동선'을 안내하는 앱을 개발 중이다.[15]

위에서 열거한 모든 기본 매장 활동을 자동화하게 되면 오프라인 매장 유지 비용이 크게 감소하기 때문에 이커머스 업체의 비용 구조와 유사해진다. 컨설팅 회사 맥킨지 앤 컴퍼니는 이러한 기술이 결합되면 일반 식료품점을 운영하는 데 필요한 노동 시간이 최대 65%까지 줄어들 수 있다고 추정하고 있다. 물론 기술의 도입으로 인해 일자리가 사라질 리스크는 존재한다. 그러나 자동화를 비용 절감이라는 측면만이 아니라 직원이 매장 내 고객 서비스나 설치 및 유지 보수 등 매장 밖 활동 등 부가가치를 창출할 수 있는 업무에 집중할 수 있는 시간을 확보할 수 있다는 측면에서도 바라볼 필요가 있다.[16]

35장
기존의 장기 임대 계약 형태에 얽매이지 말라

지금까지 우리는 브랜드와 소매업체가 유통 산업의 장기적인 변화와 코로나19로 발생한 소매 위기 상황에 어떻게 적응하고 있는지를 중점적으로 고찰해 보았다. 그러면 소매 산업의 근간이 되는 변화가 매장과 쇼핑몰을 소유하고 있는 건물주들의 상황은 과연 어떠할까?

7장에서 보았듯이 상업용 부동산 산업은 앵커 세입자(우량 임차인)가 파산하거나 매장 임차인들이 크게 감소하면서 공실률이 사상 최고치를 기록하는 등 매우 어려운 시기를 겪고 있다. 소매 산업 전반에 걸쳐 임대료가 하락하거나 전혀 지불되지 않고 있으며, 영국의 인투나 미국의 CBL 같은 일부 부동산 대기업은 지급 불능 상태에 빠졌고, 다른 기업들의 주가도 65% 이상 하락했다.

특히 미국에서 소매 매장 공실에 따른 타격이 클 것으로 예상된다. 미국은 1인당 매장 면적이 23.5제곱피트로 오랫동안 '과대 매장'이라는 평가를 받아 왔다. 그 다음으로 1인당 매장 면적이 넓은 국가는 캐나다와 호주로, 각각 16.4제곱피트와 11.1제곱피트로 미국과 차이가 큰 편이다. 유럽과 미국을 비교해 보면 미국의 1인당 매장 면적이 6배 이상 넓다.[1]

약 10억 제곱피트에 달하는 미국의 전체 소매 공간은 향후 몇 년에 걸쳐 합리화될 것으로 예상되므로 미국의 1,100개의 밀폐형 쇼핑몰 중 약 400개가 가까운 미래에 문을 닫게 될 것이다. 대형 쇼핑몰들은 계속해서 호황을 누릴 것으로 생각되지만, 미국의 빈곤 지역에 위치한 많은 소규모 쇼핑몰은 살아남기 어려울 것이다.[2]

영국에서는 2020년이 시작되기도 전에 이미 여러 번화가들이 부분적으로 폐쇄되었고 코로나19의 발병 이후 영국 도심의 공동화 현상은 악화되었다.[3]

이러한 위기에 대처하기 위해 상업용 부동산 기업은 어떤 전략을 선택해야 할까?

소매 산업 비중을 오히려 높이고 있는 부동산 기업

일부 기업들은 소매 산업에 대한 노출도를 두 배로 높이고 있다. 사이먼 프로퍼티 그룹은 자사몰에 입주한 주요 임차인 중 일부를 인수했는데, 이 브랜드들은 모두 파산한 상태였다. 사이먼 프로퍼티스 그룹은 브랜드 라이선스 회사인 어센틱 브랜드 그룹과 브룩필드 프로퍼티스와 손잡고 2016년에 에어로포스텔을, 2020년 2월에는 포에버21을 인수하며 소매 산업에 첫 발을 내디뎠다. 그 후 코로나19가 유수의 소매업체들을 휩쓸고 지나가자 어센틱 브랜드 그룹과 공동으로 브룩스 브라더스와 럭키 브랜드를 각각 3억 2,500만 달러와 1억 4,000만 달러에 인수했다. 딜의 규모는 더욱 커져서 2020년 11월, 동사는 브룩필드 자산 운용과 손잡고 거대 유통 기업인 JC페니의 경영권을 인수했다.[4]

코로나 위기 덕분에 유서 깊은 기업들을 매우 저렴한 가격에 인수할 수 있는 기회가 온 것은 분명한 사실이지만 이들 브랜드는 모두 지난 몇 년간 경영난을 겪어 왔고, 사이먼은 소매 사업을 직접 경영해 본 경험이 거의 없다. 이러한 전략이 좋은 생각인지 아닌지는 현 시점에서 판단하기 어렵다.

그러나 소매 산업의 긍정적인 미래를 위해서는 상업용 부동산 업체들의 사고방식에도 큰 변화가 필요한 것은 확실하다.

유연한 단기 계약의 필요성

소매 산업의 현실을 직시해 보자. 전통적인 소매 기업들은 쇠퇴하고 있으므로 이들은 향후 몇 년 동안 신규 점포를 공격적으로 출점하지 않을 것이다. 그러면 미래의 쇼핑몰과 스트리트 브랜드는 어디에서 오는 걸까?

결국 지난 20년 동안 생겨난 수십만 개의 디지털 네이티브 브랜드들이 쇼핑몰이나 가두 매장을 채우게 될 것이다. 이들은 혁신적인 제품과 새로운 서비스를 제공하는 역동적인 기업으로, 잠재 고객과 교류하고 온라인 커뮤니티에 고객을 유치하기 위해 오프라인 공간을 필요로 한다. 그러나 이러한 브랜드들은 대부분 과거에 관행적으로 이루어져 왔던 것과 달리 장기 리스 계약을 맺으려 하지 않으며, 장기간 많은 비용을 들여 매장을 구축한 뒤 5년에 걸쳐 감가상각비용을 지출하려고 하지도 않는다. 이들은 오프라인 매장을 고객을 모집하는 수단으로 보고 있기 때문에 매장을 장기적으로 운영하기보다는 단기적인 마케팅 캠페인과 비슷한 형태로 이용하려고 한다. 예전에는 신제품 광고를 같은 잡지에 계속 게재하는 것이 비합리적인 마케팅 행태였다면, 오늘날에는 항상 같은 장소에 있는 매장에서 신규 고객을 모집하는 것이 비합리적인 전략이다.

오프라인 매장이 소비자가 물건을 구입할 수 있는 유일한 채널이었던 시절에는 매장이 오랫동안 같은 자리에서 영업을 하는 것이 합리적인 전략이었다. 고객이 매장의 위치를 기억해야 다시 방문하여 재구매를 할 수 있기 때문이다. 그러나 브랜드가 온라인 채널을 주요 판매 수단으로 이용한다면 재구매 고객은 늘 동일한 위치, 즉 인터넷 사이트를 찾으면 된다. 따라서 물리적 공간을 주로 신규 고객을 유치하기 위한 수단으로 이용하려는 경우에는 매장의 위치를 빈번하게 옮기면서 계속해서 새로운 고객과의 접점을 만드는 것이 더 합리적인 전략이다. 예를 들어, 한 브랜드가 런던의 킹스크로스 역과 같이 교통량이 많은 위치에 매장을 연다면, 6개월 동안 그 경로를 이용하는 통근자들의 상당수가 그 매장에 노출되었을 가능성이 높다.

한 소비자가 6개월이 지나도 그 브랜드에 관여하지 않는다면 그것은 아마도 그 사람은 해당 브랜드에 관심이 없다는 뜻일 것이다. 따라서 6개월의 기간이 끝나고 나면 잠재 고객을 만나기 위한 새로운 기회를 찾아서 매장을 패딩턴역과 같이 이동량이 많은 다른 위치로 옮기는 것이 더 합리적인 전략이 아닐까? 즉, 이러한 새로운 유형의 디지털 퍼스트 브랜드를 유치하기 위해서는 부동산 소유주들도 전통적인 장기 임대차 모델에서 더 유연한 계약으로 전환할 필요가 있다.

매장 시설 설치 비용 절감

전체 매장 시설을 설치하는 비용과 기간도 해결해야 할 문제이다. 만약 어떤 브랜드가 6개월 동안만 한 매장을 운영하고 그 이후에는 매장 위치를 이전하려고 한다면, 이 브랜드는 그 매장에 3~4개월여의 시간과 수십만 달러를 투자하고 싶지 않을 것이다. 그러므로 매장을 설치하는 방식에도 변화가 필요하다. 한 가지 해결책은 빈 공간에 설치된 팝업 스토어를 이용하는 것이다. 그러나 때로는 팝업 스토어들의 외견이 그다지 매력적이지 않고 단순한 가설 매장처럼 보일 수 있기 때문에, 긍정적인 시장 반응으로 이어지지 않을 때도 있다.

다행히 대규모 디지털 스크린과 같은 새로운 기술을 통해 고도로 브랜딩된 매장 환경을 구축할 수 있으며, 이러한 설비를 이용하면 매우 쉽고 빠르게 브랜드를 전환할 수 있다. 디지털 스크린 매장에서는 창문 배경과 내부 벽에 디지털 스크린이 줄지어 설치되어 있어 브랜드 이미지를 매우 고급스럽게 투영할 수 있다. 히드로 공항의 경우 디지털 벽으로 이루어진 새로운 부티크 공간을 시범 운영하고 있는데, 스위치만 한 번 누르면 매장의 전체적인 모습과 브랜드 느낌을 바꿀 수 있다. 그러나 이러한 디지털 기술은 많은 설비

투자가 필요하기 때문에, 브랜드들은 매장을 단지 6개월 동안 운영하기 위해 고가의 설치 비용을 부담하고 싶지 않을 것이다.

플러그 앤 플레이 매장

브랜드가 매장에 시설 투자를 하는 것보다는 오히려 건물주들이 브랜드들에게 필요한 기술과 기기를 선투자하여 매장에 미리 설치하는 것이 더 합리적이다. 그렇게 하면 브랜드는 디지털 마케팅 소프트웨어가 담긴 칩만 가지고 매장에 와서 디바이스에 연결하면 브랜드에 맞는 환경을 즉시 구축할 수 있게 된다. 이런 방식을 통해 브랜드는 시설을 설치하는 데 낭비하는 시간을 최소화하고 브랜드와 건물 소유주 모두 공간 활용도를 극대화할 수 있다.

이는 33장과 34장에서 언급한 자동화된 노동력 절감 기기와 고객 추적 시스템과 같은 다른 기술에도 마찬가지 논리가 적용된다. 다시 강조하자면, 브랜드가 기본적인 관리 업무보다는 고객 서비스에 집중하고 실시간 고객 참여 및 전환 데이터를 분석할 수 있도록 매장을 소유하고 있는 기업들이 이러한 시스템을 선제적으로 설치할 필요가 있다.

부동산 소유 업체는 빠르고 쉽게 임대할 수 있는 매우 매력적인 공간을 소유하는 이점을 누릴 수 있으며, 시설 투자에 든 비용은 5년에 걸쳐 단계적으로 상각할 수 있다. 소유주 입장에서는 이 기간 동안 이 공간을 10~15개의 브랜드에 임대할 수 있으므로 고수익을 얻을 수 있다. 한편 브랜드는 이러한 '플러그 앤 플레이' 매장을 임대하면 기존 임대차 계약이 가지는 리스크와 비용 없이 원하는 동안만 공간을 사용할 수 있다. 브랜드는 유연한 임대 계약을 통해 신규 고객을 모집하는 매장을 이동량이 많은 장소로 옮겨 다니면서 고객 도달 범위를 극대화할 수 있다.

노동의 유연화

인력 운영에도 같은 논리가 적용될 수 있다. 이커머스 업체 대부분은 매장을 운영해 본 경험이 없다. 출근 및 퇴근 시간 관리 시스템, 영업 종료 시간, 현금 관리 절차, 순환 근무제, 재고 관리 규정, 직원 동기 부여 및 보너스 제도 같은 규정과 절차들은 이들에게는 낯선 개념이다. 따라서 매장을 소유하고 있는 건물주가 직원과 이에 따른 시스템도 함께 '소유'하는 것이 보다 합리적일 것이다. 상업용 부동산 업체들이 32장에 수록된 조언을 따라 수준 높은 퍼스널 쇼퍼 팀을 보유하고 있다면, 이들은 이러한 인력을 일 단위로 브랜드에 공급해줄 수 있다. 그러면 브랜드들은 매장을 오픈하기 수일 전에 교육 담당 직원을 파견하여 파견된 퍼스널 쇼퍼 팀에게 브랜드의 가치, 특징, 장점에 대해 교육하기만 하면 된다. 이렇게 부동산 공급 업체가 매장 인력을 보유하면, 보유하고 있는 매장 간에 직원을 유연하게 배치할 수 있기 때문에 다른 쇼핑몰에서 흔히 볼 수 있듯이 일부 매장에는 고객이 몰려 일손이 부족하고, 다른 매장에는 손님이 없어 빈둥거리는 현상을 피할 수 있다.

쇼핑몰이나 번화가의 일부 매장에서 앞서 언급한 것과 같은 형태의 임대 계약으로 변경하면 많은 디지털 브랜드를 유치할 수 있어 상업용 부동산 사업의 재정 건전성이 회복될 가능성이 크다. 또한 오랫동안 똑같은 평범함을 뒤집어쓰고 시들어가던 쇼핑몰과 번화가에 신선하고 혁신적이며 끊임없이 변화하는 새로운 브랜드들이 가져오는 풍요로움도 누릴 수 있다. 이는 고객이 쇼핑을 즐거운 경험이라고 다시 느끼게 하기 위해 소매업계가 스스로 일궈내야 할 혁명이다.

36장
상업용 부동산도 RaaS 트렌드에 동참한다

상업용 부동산에 대한 개념의 변화와 더불어, '서비스로서의 소매(이하 RaaS: Retail as a Service)'라는 개념이 새로 부상하게 되었다. RaaS 기업들은 오프라인으로 사업을 확장하고 싶지만 이를 위한 자원과 기술이 부족한 온라인 브랜드 업체를 위한 솔루션을 제공한다.[1]

이전 장에서 살펴본 바와 같이, 많은 온라인 브랜드는 오프라인 매장이 제공할 수 있는 이점(소비자의 브랜드 참여율 제고, 고객 상호작용 수준 향상, 신규 고객 모집)을 얻고 싶지만 실제로 오프라인 매장에 투자하기는 주저한다. RaaS 업체는 일반적으로 큰 공간을 통째로 임대한 다음 작은 모듈 단위로 세분화하여 유연한 조건으로 브랜드에 소규모의 임시 매장을 임대해주면서 온라인 업체의 니즈를 충족시켜 왔다. 이들은 일반적으로 소매업에 필요한 최신 기술을 갖추고 있으며, 이를 커뮤니티 문화나 고객을 위한 엔터테인먼트로

버무려 낸다. RaaS 업체 중 상당수는 웹사이트를 디자인하는 것만큼 쉽게 오프라인 매장을 출점하고, 스스로를 '소매 매장의 쇼피파이(역자 주: 쇼피파이는 미국의 온라인 쇼핑몰 솔루션 업체로, RaaS 업체가 오프라인 매장 출점에 대한 토탈 솔루션을 제공한다는 비유로 사용됨)'로 포지셔닝한다.

선도 업체

RaaS의 선도 업체로는 네이버후드 굿즈, 쇼필드, 불레틴, B8ta, 앵커 숍 등이 있다. 네이버후드 굿즈는 2018년 텍사스주 플라노에서 매트 알렉산더에 의해 설립되었다. 네이버후드 굿즈는 끊임없이 변화하며 흥미로운, 고객에게 현대적인 브랜드, 스토리, 이벤트 등을 선보이는 새로운 형태의 백화점을 지향한다. 이들은 모듈식 작은 공간으로 나누어진 1만 4,000제곱피트의 공간에 32개의 D2C 브랜드와 기타 혁신적인 브랜드를 입점시킨다. 임대 기간은 2개월에서 12개월 사이이며 브랜드들은 매달 고정 임대료를 지불한다. 그 대가로 동사는 브랜드들에게 온라인과 오프라인 매장 모두에서 인력을 공급하고 중앙화된 결제 시스템을 제공한다. 또한 브랜드들은 실시간 데이터 대시보드에 접속할 수 있는데, 이는 매장에 내장된 기술을 기반으로 고객 흐름, 체류 시간 및 구매 전환율 같은 주요 지표를 브랜드들에게 제공한다.[2]

네이버후드 굿즈는 레스토랑이나 바 등의 편의 시설과 라이브나 강연 프로그램을 갖추고 있어 미래 지향적인 고객 커뮤니티 구축을 꾀하고 있다.[3]

A.N 아더(향수), 액트 앤 에이커(건강), 아이숍(뷰티), 아콜라(액세서리), 보이 스멜스(캔들), 달러 쉐이브 클럽(쉐이빙), ESTLD(의류), 킨(가정 용품), 로케츠 오브 오썸(아동복)이나 소노스(오디오) 등의 브랜드들이 네이버후드 굿즈에 입점하고 있다.[4]

네이버후드 굿즈는 플라노에 1호점, 뉴욕 첼시마켓에 2호점, 텍사스 오스틴에 3호점 등 총 3개의 매장을 오픈했다. 코로나19가 기승을 부리면서 매장이 일시적으로 폐쇄되자 동사는 온라인 사업으로 방향을 선회하여 홈페이지에 100개 이상의 브랜드를 추가했다.[5]

맨해튼에 본사를 둔 스타트업인 쇼필드에 대해서는 이미 앞서 언급한 적이 있는데 쇼필드는 D2C 브랜드로 매장 내 전시 및 강력한 커뮤니티 기반 문화 프로그램을 다채롭게 선보이며 업계를 이끌어 나가고 있다. 쇼필드에 대한 더욱 자세한 사례 연구는 43장에 다루고 있다.[6]

불레틴은 뉴욕에 위치한 스타트업으로 브랜드의 소매 판매를 촉진하고 각 매장에 맞춰 판매 방식을 최적화하는 것을 목표로 삼고 있다. 동사는 여성이 설립한 디지털 네이티브 브랜드와 협업하고 있는데, 세 개의 자사 매장에서 협업 브랜드 제품을 판매하고 있으며 이들이 고급 유통 업체들과 접점을 넓힐 수 있도록 중개하는 역할을 하기도 한다. 이들은 자체 매장의 경우, 브랜드에게 한 달에 300달러에서 2,000달러 사이의 고정 임대료와 매출의 일정 부분을 판매 수수료로 청구한다. 그 대가로 불레틴은 브랜드들에게 소비자들이 제품에 대해 어떤 반응을 보이는지 알 수 있는 귀중한 실시간 데이터를 제공한다.[7]

많은 브랜드들은 강력한 소셜 미디어 콘텐츠를 보유하고 있으며, 불레틴 매장에서 런칭 행사를 할 때 이러한 콘텐츠를 동원한다. 브랜드는 고도의 큐레이션 과정을 거쳐 선별되며 팻 토드 팜(염소 우유로 만든 캐러멜 판매), 샤워캡(즉시 건조되는 나노 기술 샤워 캡 판매), 비터 하우스와이프(위스키용 믹싱 음료 판매) 등 독특하고 기발한 브랜드들이 선정된다.

불레틴은 이렇게 선별된 브랜드들을 사전 심사를 거친 고품격 부티크와 연결해주는 큐레이션 마켓플레이스의 역할도 한다. 동사는 유통 업체가 제품, 가격 및 최소 주문 수량과 같은 브랜드에 대한 정보를 확인한 다음 온라인으로 주문할 수 있도록 하는 기술을 지원하며, 브랜드들이 자사의 제품을 빠르게 유통 업체들의 시스템에 올릴 수 있는 자동 업로드 시스템도 제공한다.

B8ta는 2015년에 비부 노비, 윌리엄 민턴, 필립 라웁, 니콜라스 만이 샌프란시스코에서 창업한 회사이다. 동사는 스스로 '제품을 발견하기 위해 설계된 매장'이라고 표현하는데, 22개의 자사 매장을 보유하고 있어 여기에 가전제품이나 가정용품 브랜드들이 입점하여 소비자들에게 제품을 선보일 수 있다. B8ta는 브랜드들이 소비자 참여 정도를 모니터링하고, 계산대를 관리하며, 재고를 관리할 수 있는 첨단 소프트웨어를 개발했다.[8]

B8ta는 구독 서비스이기 때문에 브랜드는 자사의 매출을 전액 인식한 다음 B8ta가 제공하는 인력에 대한 인건비와 공간, 실시간 데이터를 포함한 서비스에 대한 비용을 지불한다. 동사의 직원들은 B8ta 테스터로 불리며 브랜드에 파견되기 전에 교육을 받는다.

B8ta는 브랜드에게 자사 제품 정보를 불러올 수 있는 소프트웨어를 탑재한 아이패드를 제공한다.

동사는 500개 이상의 고객사와 협업했으며 매월 10~15개의 제품을 교체하는데, 모두 위탁을 받고 있다. B8ta는 매장을 브랜드 인지도와 노출, 고객 참여, 제품 시연 및 체류 시간과 같은 데이터를 얻을 수 있는 '미디어 및 광고 플랫폼'이라고 인지하고 있으며 이를 활용하기 위해 노력하고 있다.

매장 내 판매 실적은 B8ta에게도, 입점 브랜드에게도 유일한 성과 지표는 아니다. B8ta의 필립 라우브 대표는 "대부분의 신규 브랜드는 브랜드 인지도의 약 50%가 홍보나 디지털 광고가 아닌 매장에서 창출된다는 것을 알게 된다."며 "소비자들은 매장에서 처음으로 신규 브랜드의 제품을 발견하고 그 제품에 대해 알게 되는 것이다."라고 설명했다.[9]

동사는 또한 아크 소프트웨어를 다른 업체에게 판매하는 별도의 사업을 시작했다. B8ta는 로이가 지능형 기술 제품을 판매하는 스마트 스팟 매장 70개를 오픈하도록 도왔고, 메이시스나 토이저러스와도 협업했다.[10]

립은 아미시 톨리아와 자레드 골든이 시카고에서 설립한 RaaS 업체이다. 동사는 임대, 매장 설계 및 구축, 영업 운영(직원 채용 포함) 및 기술 인프라를 포함하여 디지털 브랜드에 대한 토탈 솔루션을 제공한다. 이 기술은 브랜드들의 디지털 아키텍처(역자 주: 외부에서 인식할 수 있는 특징이 담긴 소프트웨어의 기본 구조로, 시스템 전체에 대한 밑그림을 의미함)와 매끄럽게 연동되어 고객 유입, 참여, 체류 시간 및 전환율을 실시간으로 추적할 수 있다. 동사는 또한 자사의 모든 매장에서 고객 브랜드 제품 반품 접수를 포함한 옴니채널(고객이 이용 가능한 온·오프라인의 모든 쇼핑 채널들을 대상으로 채널들을 통합하고, 고객을 중심으로 채널들이 유기적으로 연결하여 끊기지 않고 일관된 경험을 제공하는 유통채널 전략) 통합 기능을 제공한다.

립은 2018년 시카고에 프리미엄 스니커즈 브랜드 코이오 매장을 처음으로 오픈하면서 큰 성공을 거뒀다. ICSC 2018 설문 조사에 따르면 신규 브랜드의 오프라인 매장을 출점하면 해당 브랜드의 웹사이트 전체 트래픽이 평균 45% 증가하므로 이는 놀라운 일이 아니다. 2020년 10월까지 립은 나담(패션), 플로라베어(혼수), 굿라이프(의류), ALC(셀럽 패션), 찰리 홀리데이(의류), 퍼블릭 렉(남성복), 썸싱네이비(의류), 오로스(아웃도어 의류) 등 혁신적인 온라인 브랜드를 위해 12개의 매장을 오픈했다.[11]

RaaS의 흐름에 동참하는 쇼핑몰

앞서가는 일부 쇼핑몰 운영 업체들은 유연한 임대 계약을 원하는 임차인들의 니즈에 호응하기 시작했다. 상업용 부동산의 거대 그룹인 마세리치는 브랜드 박스라는 신규 서비스를 출시했다. 이 서비스는 온라인에서 오프라인으로 확장하고자 하는 온라인 브랜드들에게 단기 임대 공간, 모듈식 매장 디자인, 내부 인테리어 등을 제공한다. 마세리치는 매장을 오픈하는 프로세스를 단순화하고 브랜드들에게 '성공 코치'를 붙여 주기 때문에 브랜드들은 일반적으로 매장을 오픈할 때 따르는 복잡하고 번거로운 절차나 리스크 없이도 손쉽게 매장을 열 수 있다.

마세리치의 매장에는 일반적으로 단기성 이벤트에 가까운 팝업 스토어에 탑재하기는 부담스럽지만 고객의 유입, 체류 시간, 고객 동선, 전환율 등을 파악할 수 있어 매우 유용한 최신 기술이나 구독 소프트웨어가 미리 설치되어 있다. 또한 마세리치는 단순 기술 제공에 그치지 않고 임차인들의 직원 채용이나 교육, 관리 시스템도 지원해 준다.

이러한 형태의 쇼핑몰은 2018년 버지니아주 타이슨 코너 센터에서 처음으로 오픈되었으며, 앞으로 로스앤젤레스의 산타모니카 플레이스와 애리조나주의 스코츠데일 패션 스퀘어라는 마세리치 소유의 쇼핑몰 두 군데에 추가로 적용될 예정이다. 윙키럭스(뷰티), 나담(패션), 인테리어 디파인(가구), 넥타르(의류) 등의 브랜드가 입점할 계획이다.[12]

사이먼 프로퍼티스도 '디 에디트'라고 이름 붙인 비슷한 컨셉몰을 뉴욕 루즈벨트 필드 몰에서 오픈했다. 동사는 이를 '업계 최초의 확장 가능한 통합 소매 플랫폼'이라고 설명했다. 참여 브랜드는 라덴(여행용 가방), 론(스포츠웨어), 라이블리(언더웨어), 골든no.8(액세서리), 자스 바이 다니(식품), 벨톨로지(액세서리), 비탈리(보석류), 요시 샘라(신발), 스키니 딥 런던(기념품), 써스데이 부츠(풋웨어), 코이오(풋웨어), 쿠진스 두진(식품) 등이다.[13]

라덴의 창업자이자 CEO인 조시 우다시킨은 온라인 브랜드들이 왜 이러한 RaaS 컨셉몰에 관심을 가질 수밖에 없는지에 대해 "우리는 오프라인 쇼핑몰의 파급 효과를 굳게 믿고 있다. 다양한 고객이 들르는 쇼핑몰에는 유동 인구가 끊이지 않는데 우리는 쇼핑을 좋아하는 성향의 신규 고객을 겨냥하고 있는 브랜드이다."라고 설명하며 "사이먼 역시 유동 인구가 많은 쇼핑몰을 운영하고 있다. 우리는 오프라인 채널을 통해 홍보 효과를 누릴 수 있는 다른 브랜드들이 아쉽게도 쇼핑몰을 충분히 활용하지 못하고 있다고 생각한다."라고 덧붙였다.[14]

GGP와 유니베일-로담코-웨스트필드와 같은 다른 상업용 부동산 운영 업체도 비슷한 개념의 쇼핑몰 '인 리얼 라이프'와 '더 개더링 숍'을 출시했다.[15]

이상과 같이 우리는 코로나19로 오랫동안 지속되어 온 소매 산업의 위기가 가속화되면서 마침내 상업용 부동산 시장도 크게 변화하게 되었고, 서비스로서의 소매, 즉 RaaS라는 혁신적인 솔루션이 등장했다는 사실을 살펴보았다. 이러한 변화는 전통적인 소매업체들의 사업을 편리하게 만들 뿐 아니라 온라인 브랜드의 오프라인 확장을 촉진하고 있다.

지금까지 2부에서는 소매 산업의 회복을 위한 단초를 마련하기 위하여 산업에서 일어나고 있는 여러 변화와 트렌드를 탐구해 보았다. 다음 3부에서는 앞서 고찰한 전략을 조합하여 위기 속에서도 성공을 거두고 있는 소매업체와 브랜드에 대한 사례를 자세히 살펴보려고 한다. 이 책을 읽는 독자들이 3부의 내용을 통해 실제 기업들이 이러한 아이디어를 어떻게 적용하고 있는지를 고찰하고, 자신의 사업에 이러한 전략을 시도하고자 하는 사람들이 인사이트를 얻을 수 있기를 희망한다.

3부의 말미에는 이 책에서 논의된 모든 주제를 종합해 소매 산업의 회복을 조망해 볼 수 있는 청사진을 그려낼 수 있는 결론을 도출하고자 한다.

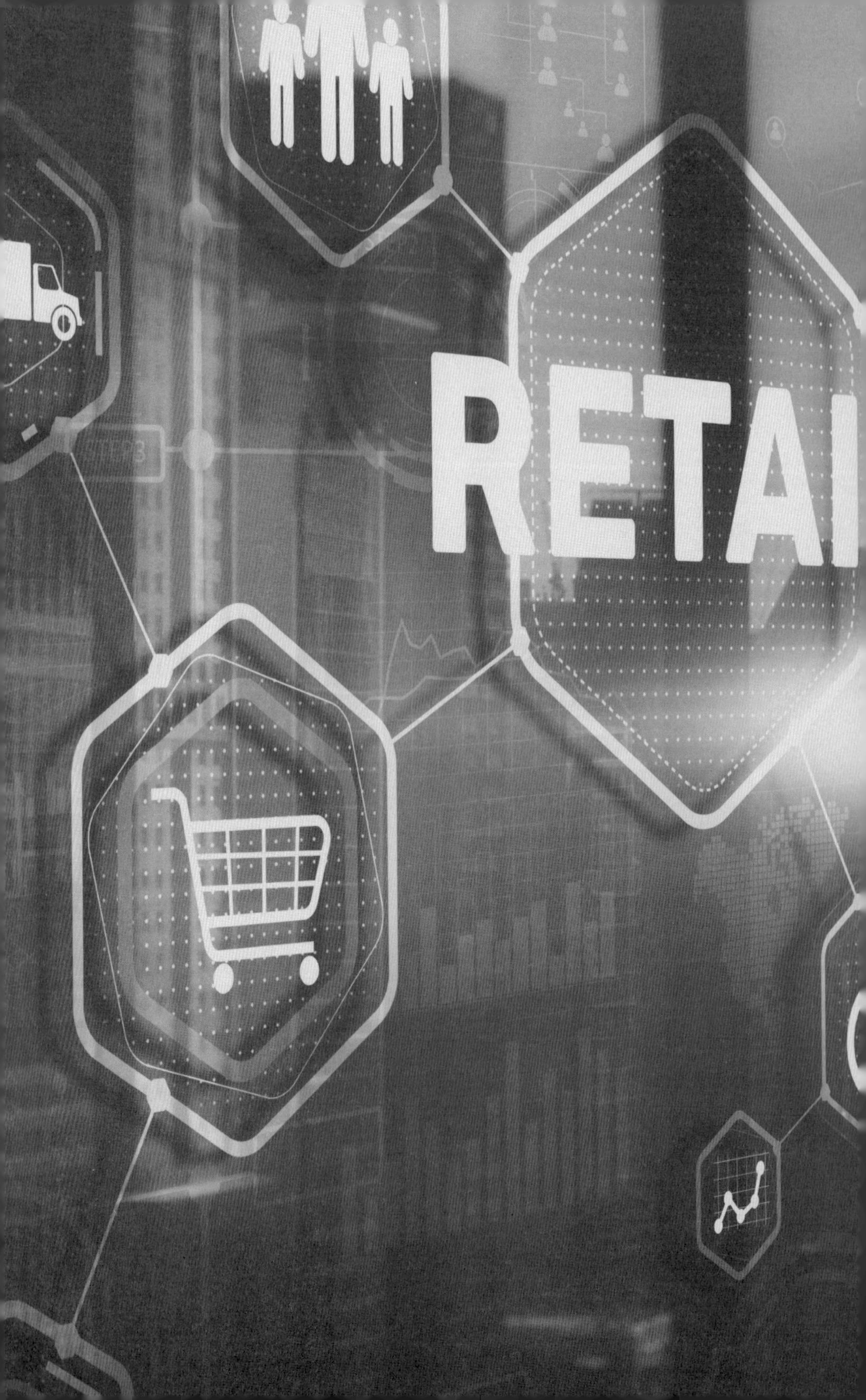
RETAI

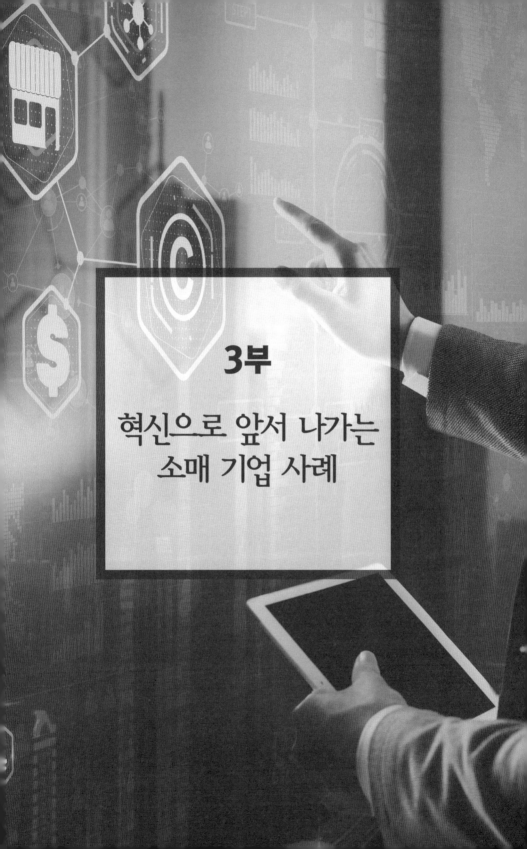

3부

혁신으로 앞서 나가는 소매 기업 사례

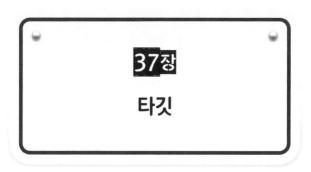

37장

타깃

타깃은 소매 혁신 기업의 대표적인 사례이다. 미국 소매업체인 타깃은 1962년 미네소타주 미니애폴리스의 데이턴스 컴퍼니라는 회사의 할인점 사업부로 처음 설립되었다. 동사는 양질의 제품을 저렴한 가격으로 판매하며 1990년대와 2000년대 초반에 큰 성공을 거두었다. 그러나 2008년 경기 침체의 여파와 아마존 등 온라인 업체와의 경쟁으로 수익성이 저하되면서 실적이 둔화되었다. 2015년경에는 매출 성장이 멈추다시피 했고 순이익은 2008년 대비 40% 이상 감소했다. 수익성이 낮아지면서 매장의 상태는 점점 나빠졌고, 많은 전문가들은 타깃도 다른 소매업체들과 마찬가지로 적자 매장을 폐점해야 한다고 주장했다. 그러나 당시 CEO였던 브라이언 코넬은 2017년 3월 70억 달러 규모의 투자 계획을 발표하면서 오히려 매출 성장에 집중하겠다고 밝혔다. 투자자들은 이러한 회사의 결정에 동의하지 않았고, 그 결과 발표 당일 타깃의 주가는

8달러 이상 폭락하여 일일 낙폭 사상 최대치를 기록했다.[1]

그럼에도 불구하고 코넬 CEO는 이 책에서 강조한 세 가지의 핵심 요소를 중심으로 투자를 집행했다. 즉, 고객의 온라인 쇼핑 경험 개선, 기존 매장 리모델링 및 소규모 매장 출점, 그리고 자체 브랜드 신규 런칭에 역점을 기울였다.

온라인 사업에 대한 투자

타깃은 우선 온라인 사업부에 투자를 집중했다. 타깃은 아마존에 대항하기 위해 경쟁 우위 요소를 확보해야 한다는 점을 깨닫게 되었고, 배송 비용을 절감하기 위해 미국 전역에 퍼져 있는 매장 네트워크를 활용하기로 했다. 제품 배송 속도를 높이기 위해 타깃은 2017년에 소매업체의 매장 재고 데이터를 700개 이상의 지역 및 지역 통신사 네트워크에 연결하는 소프트웨어 플랫폼인 그랜드 정션을 인수했다. 또한 5억 5,000만 달러를 들여 당일 배송 서비스인 시프트를 인수했으며, 이를 바탕으로 2019년 3월에는 1,500개의 타깃 매장에서 당일 배송 서비스를 시작했다.[2]

관련 기업 인수를 바탕으로 타깃은 온라인 배송 서비스를 개선하는 한편 효율적인 '클릭 앤 콜렉트' 서비스를 제공하기 시작했다. 이 두 가지 서비스의 핵심은 중앙 물류 창고에 의존하지 않고 이미 제품 재고를 보관하고 있는 각 매장을 '작은 물류 창고'로 활용하는 것이었다. 타깃은 이러한 전략을 통해 배송 비용을 90% 절감하는 동시에 물류를 빠르게 처리할 수 있는 능력을 보유할 수 있게 되어 고객이 온라인으로 제품을 주문한 당일에 매장에서 바로 수령할 수 있게 되었다. 여기에 더하여, 많은 고객들은 주문한 제품을 받기 위해 매장에 들른 김에 물건을 더 구매하기도 했다. 동사는 온라인 커브사이드 픽업 서비스(역자 주: 온라인으로 주문한 제품을 차에서 내리지 않고 지정 장소에서 수령하는 서비스)를 개발했는데, 이는 코로나19 기간 동안 특히 높은 호응을 얻었다.[3]

타깃은 인수 기업을 성공적으로 통합하며 소비자에게 아마존 프라임을 대신할 수 있는 선택지로 떠올랐다. 칸타 컨설팅의 리테일 인사이츠 부문장인 토리 건델라는 "옴니채널 전략 덕분에 소비자는 오프라인, 온라인, 음성, 모바일 채널을 통해 타깃에서 물건을 구매할 수 있게 되었다. 고객이 편리하게 이러한 서비스를 이용할 수 있도록, 타깃은 프런트엔드(역자 주: 웹페이지 디자인이나 버튼 기능처럼 사용자가 바로 볼 수 있는 기술을 말하며 이에 대치되는 개념인 백엔드는 사용자가 눈으로 볼 수 없는 뒷단의 기술을 의미함) 기술로 고객 경험을 개인화하여 한 고객이 모든 채널에서 동일한 메시지를 받을 수 있도록 하고 있다."라고 설명했다.[4]

매장 리모델링 및 소규모 매장 출점

코넬 CEO가 발표한 청사진 중 가장 이견이 많았던 부분은 매장에 대한 신규 투자 계획이었다. 당시 많은 애널리스트들은 소매 산업에서 매장이 도태되어야 한다고 생각했기 때문이다. 그러나, 그는 매장 인테리어를 현대적으로 바꾸고 코로나19 발생 이후 매장의 청결도 개선에 박차를 가했다. 또한 도심 지역과 대학 캠퍼스에 100개의 소규모 매장을 출점했는데, 일반 타깃 매장의 평균 면적

13만 제곱피트 대비 소규모 매장 면적은 1만 2,000제곱피트로 10분의 1 수준이었다. 결정적으로 이들은 주요 경쟁자인 월마트가 진출하지 않은 분야였다.[5]

소규모 매장에서는 출점 지역 소비자 수요에 맞춰 엄선된 상품을 취급했다. 예를 들어 대학 캠퍼스 인근 매장에서는 다양한 종류의 간편식을 판매하는 '그립 앤 고(역자 주: 유통·외식업계에서 주로 사용되는 용어로 '상품을 집어 들어서 바로 나간다'는 뜻임. 이는 고객이 온장고나 냉장고 진열대에 놓인 음식을 골라 결제한 뒤 테이크아웃할 수 있는 서비스를 의미함)' 코너를 운영했다. 주거 지역에는 장난감 등 가족 고객들이 주로 찾는 상품을 판매했고, 라틴계 인구 비중이 높은 지역에서는 스페인어로 된 광고판을 비치했다. 공간의 물리적인 한계로 인해 소규모 매장에는 일부 상품만 들여 놓았지만, 고객들은 온라인으로 타깃이 판매하는 모든 상품을 주문한 후 매장 내 픽업 센터에서 상품을 수령하거나 자택 배송 서비스를 이용할 수 있었다. 타깃의 신규 사업 아이템인 소규모 매장은 큰 성공을 거두어 제곱피트 당 연간 900달러의 매출을 창출하고 있으며, 이는 교외에 위치한 타깃 매장의 약 3배 수준에 달한다.[6]

자체 브랜드 재건

타깃은 예전부터 양질의 PB 제품을 저렴한 가격에 쇼핑할 수 있는 장소로 알려져 왔으며, 이러한 유명세로 인해 '타르줴이(역자 주: 타깃에서 판매하는 의류나 화장품이 마치 비싸고 세련된 프랑스제처럼 보인다고 해서 페이크 럭셔리 제품이라는 의미로 타깃을 프랑스식으로 발음하면서 붙은 이름)'라는 별명으로 불리기도 했다. 그러나 나중에는 수준 이하의 PB 제품들이 난립하면서 애초의 방향성을 잃어버렸다.

코넬 CEO는 2017년부터 2020년 사이에 식품(굿즈 앤 개더), 모던 가구(스레시홀드), 아동복(캣 앤 잭), 가전제품(헤이데이), 가정용품(프로젝트 62) 등 20개의 신규 자체 브랜드를 성공적으로 런칭하며 PB 라인업 재건에 집중했다. 대다수의 경쟁사들은 자체 브랜드를 일반 브랜드의 저가 버전처럼 취급했지만 타깃은 고유한 브랜드 이미지를 가진 양질의 차별화된 자체 브랜드를 선보이며 소비자의 관심을 끌었다.[7]

투자는 성공적이었다. 2019년에 타깃의 6개 자체 브랜드는 각각 연 매출 10억 달러 이상을 기록했다. 이 브랜드들은 타깃에서 독점 판매하는 다른 브랜드와 함께 회사 전체 매출의 거의 3분의 1을 차지했다. 일반 상품에 비해 PB 제품 마진이 상대적으로 높기 때문에 이익 기여도는 그 이상이었다.[8]

타깃은 새로운 전략에 힘입어 코로나19 중 가장 힘들었던 기간을 무사히 헤쳐 나갈 수 있었다. 동사의 2020년 3분기 매출은 21% 성장했는데 특히 온라인 매출은 155%로 큰 폭의 성장세를 보였으며, 순이익은 42%나 증가했다. 그 결과 타깃의 주가는 2017년 3월 53달러에서 2021년 2월에는 거의 194달러까지 상승했다.[9]

한때 아마존에 밀렸던 타깃은 이렇듯 온라인과 멀티 채널 전략 수용, 자체 브랜드 개발, 소규모 매장 출점, 매장 내 고객 경험 개선 등 이 책에서 다룬 여러 요소들을 잘 결합한 덕분에 성공 스토리를 일구어 낼 수 있었다.

38장
베스트 바이

베스트 바이는 실패의 문턱에서 벗어나 디지털 시대에 적응에 큰 성공을 거둔 소매 기업의 좋은 사례이다. 이 가전제품 소매 기업은 원래 1966년에 '사운드 오브 뮤직'이라는 이름의 오디오기기 전문점으로 설립되었으며 1983년에야 베스트 바이로 브랜드 이름을 바꾸었다. 동사는 타깃과 마찬가지로 1990년대와 2000년대 초반에는 좋은 실적을 거두었지만 2008년 이후 매출이 정체되고 이익이 감소했다.[1]

2012년 9월 허버트 졸리가 CEO로 취임했을 당시 베스트 바이는 3년 동안 동일 매장 매출(역자 주: 매년 점포수가 변하는 체인점 기반의 기업들은 당해 신규 출점한 매장을 제외하고 원래 있던 매장에서 발생한 매출을 전년도 실적과 비교하여 별도로 집계함)이 감소하는 등 어려움을 겪었으며, 아마존에 지속적으로 점유율을 빼앗기고 있었다.

졸리는 2019년 어도비 내셔널 컨퍼런스에서 "7년 전만 하더라도 사람들은 우리 회사가 망할 것이라 생각했다. 확실히 외부에서 볼 때 상황이 좋아 보이지 않았던 것은 사실이었다."라고 회고했다.[2]

졸리 CEO는 기업 경영의 초점을 제품 판매량을 중시하는 전통적인 소매 산업의 관점으로부터 데이터, 문제 해결, 목적의식, 직원 자율성을 기반으로 한 고객 중심적인 관점으로 전환해야 한다는 사실을 깨달았다. 그는 "과거 소매 기업들은 매장을 방문한 고객의 수나 구매 전환율을 개선하는 데 매진해 왔다. 하지만 핵심 지표들이 변하고 있다. 이제 우리는 얼마나 많은 소비자들이 시장에 존재하고 있는지, 우리 고객은 그중 얼마나 되는지, 우리는 누구와 관계를 맺고 있는지, 그리고 우리가 어떻게 지속적으로 그들을 돕고 있는지 살펴봐야 한다."라고 주장했다. 그는 고객을 시작으로 직원, 파트너, 주주 및 커뮤니티에 이르기까지 주요 이해 관계자를 아우를 수 있는 '리뉴 블루'라는 포괄적인 개선 전략을 내놓았다.[3]

데이터 중심성

혁신의 핵심은 고객 데이터였다. 졸리는 "실제로 변화를 일으킬 수 있는 촉매가 없이 외치는 혁신은 그저 공허한 외침일 뿐이다. 고객의 동선부터 시작해서 모든 프로세스에 적용되는 혁신의 핵심 요소는 데이터이다. 데이터의 활용 영역은 웹사이트와 개인화부터 시작해서 AI와 머신러닝을 이용한 검색까지 다양한 접점에 걸쳐 있다. 예를 들어 고객이 온라인으로 TV를 주문하고 매장에서 제품을 수령하기를 원할 경우, 우리는 '온 마이 웨이'라는 기능을 제공하고 있으므로 직원은 재고를 창고에서 찾아온 다음 고객이 빠르게 수령할 수 있도록 매장 입구 근처로 가져온다. 고객이 제품을 수령해 가면 우리는 고객에게 포장을 풀고 제품을 설치하는 매뉴얼을 이메일로 송부한다."라고 설명했다.[4]

또한, 베스트 바이는 고객이 어떤 제품을 소유하고 있는지를 기반으로 정보를 개인화하고, 가상현실을 이용하여 텔레비전 등 고객이 구매를 고려하는 제품이 고객의 실제 집에 놓이면 어떨지 시각화하여 보여줌으로써 제품 선택 과정도 돕고 있다.

디지털 마케팅은 우선순위의 다른 축을 맡고 있다. 2012년 베스트 바이 광고비의 80%가 텔레비전 등 전통 미디어 매체에 지출되었으나 2019년에는 전체 광고비의 90%가 개인화된 디지털 커뮤니케이션에 사용되었다. 한 예로, 베스트 바이가 고객들에게 보내는 프로모션 이메일은 4,000만 가지의 버전으로 작성된다.[5]

졸리 CEO는 "우리는 1만 2,000개의 변수에 따라 막대한 고객 데이터베이스를 구축했다."며 "회사 전체에서 보유하고 있는 모든 데이터를 하나의 고객 아이디로 통합한다면 큰 자산이 된다. 이 데이터를 기반으로 훨씬 정밀한 타깃 마케팅을 할 수 있기 때문이다."라고 자부했다.[6]

토탈 솔루션을 통한 고객 문제 해결

데이터베이스를 구축한 뒤 베스트 바이는 모든 고객 상담원과 기술 지원 직원에게 각각의 고객이 어떤 사람인지, 집에 어떤 물건을 소유하고 있는지를 알 수 있도록 정보를 제공하여 보다 효과적으로 서비스를 할 수 있도록 했다.

이 데이터로 무장한 베스트 바이는 고객에게 단순히 제품을 판매하는 것이 아니라 고객이 가지고 있는 문제에 대해 토털 솔루션을 제시하는 것을 목표로 삼았다. 졸리 CEO는 "우리는 스스로를 전통적인 의미에서의 소매 사업자라고 생각하지 않는다. 고객에게 집중하고 각 고객의 고유한 문제를 진정으로 해결하기 위한 서비스를 제공하는 회사이다."라고 말했다.[7]

이러한 베스트 바이의 철학을 보여 주는 좋은 예가 '토탈 테크 서포트' 프로그램으로, 고객이 연 200달러의 비용을 내면 브랜드나 구매처에 관계없이 고객의 가정에서 발생하는 모든 기술적인 문제를 해결해 준다. 자사의 매장에서 구입한 제품만 지원해 주고, 그 제품의 성능에 영향을 미칠 수 있는 다른 문제들은 건드리지 않는 기존 서비스와 비교해 보면 큰 발전이다. 졸리 CEO는 "가전제품을 하나의 브랜드에서만 구입하는 가정은 없다. 예를 들어 넷플릭스가 잘 나오지 않는다고 가정해 보면 넷플릭스의 문제일 수도 있고, 케이블 문제일 수도 있고, 와이파이나 TV, 스트리밍 기기의 문제일 수도 있다. 우리는 전자 제품이 고장났을 때 집에 와서 수리해 주는 '남자 친구' 같은 존재"라고 평가했다.

이는 사실상 베스트 바이가 전기 기사들이 하는 출장 서비스를 참고해 사업화한 것으로, '좋은 사업을 서비스화'하는 단적인 예시이다. 전기 기사 출장비가 보통 한 번에 100달러 이상이라는 점을 감안하면 베스트 바이가 연간 200달러에 같은 서비스를 무제한으로 제공하는 것은 소비자에게는 이익이다. 또한 베스트 바이의 기술 지원 직원이 고객과 더 가까운 관계를 맺을 수 있게 되기 때문에, 보다 편안한 환경에서 고객의 니즈에 대해 알 수 있고 신제품도 교차 판매할 수 있게 된다.

목적의식의 중요성

베스트 바이가 고객의 전반적인 니즈 충족을 강조한 이유 중 하나는 결국 기업의 새로운 목적을 찾기 위해서였다. 졸리 CEO는 "우리의 목적은 제품을 판매하거나 중개하는 것이 아니라, 기술을 통해 삶을 풍요롭게 하는 데 있다."라며 "엔터테인먼트부터 시작해서 건강이나 보안에 이르기까지 고객의 주요 니즈를 해결함으로써 사람들의 삶에 큰 변화를 일으키고 있다. 이러한 목적의식이 우리 직원들을 움직이는 원동력이며 회사는 이를 지원하기 위해 혁신을 거듭하고 있다."라고 설명했다.[9]

베스트 바이는 매장 외부에서 고객을 지원하는 정규 서비스 외에도 고령의 노인들이 다른 사람의 도움을 받지 않고 더 오랜 기간 동안 자택에서 생활할 수 있도록 지원하는 프로그램을 운영하고 있다. 이러한 프로그램을 위해 베스트 바이는 2018년에 자택에서 사는 노인을 지원하기 위한 기술을 상용화하는 회사인 지터벅을 인수했다.

졸리 CEO는 "우리는 각 가정에 기기를 설치하여 노인들의 일상생활 활동을 체크한다. AI와 모니터링, 그리고 사람을 통해 문제가 발생하거나 발생하려고 하는 경우 미리 이를 감지하고 개입할 수 있다."라고 말했다.[10]

이러한 이상주의를 바탕으로, 베스트 바이는 깨어 있는 회사라는 평판을 쌓아가기 위해 노력하고 있다. 같은 맥락에서 베스트 바이는 10대 청소년들이 탄소 발자국 저감이나 현대 생활에 활용되는 기술과 그 역할을 더 잘 이해할 수 있도록 돕는 소통 공간인 '틴 테크 센터'를 운영하고 있다.[11]

목적의식은 2만 5,000명의 베스트 바이 직원들이 자신의 일에 열정을 갖도록 하는 데 중요한 역할을 한다. 졸리 CEO는 "우리는 매장 내 경험 개선과 인력에 투자를 했고, 그 결과 이직률이 30% 미만으로 감소했다."라며 "베스트 바이는 온라인이든 오프라인이든 특정한 목표를 추구하기 위해 함께 노력하는 한 명 한 명의 사람으로 구성된 조직이다. 직원 개인의 목적과 회사의 목적이 일치하게 된다면 마술과도 같은 일이 일어나게 된다. 누구든 돈을 벌기 위해 직장에 다니지만 돈을 버는 것 자체가 목적이 될 수는 없다. 우리의 목표는 기술을 통해 삶을 풍요롭게 하는 것이다. 베스트 바이에서 일한다는 것은 어찌 보면 사회를 구조적으로 변화시켜 나가는 기회를 부여받는다는 점에서 특권"이라고 자부심을 표했다.

이러한 변화들이 다 같이 영향을 미치면서 베스트 바이의 실적도 반등했다. 팬데믹이라는 고난 속에서도 2020년 3분기 동사의 전사 매출은 23% 성장했다. 그 결과 베스트 바이의 주가는 2013년 1월 15.78달러에서 2021년 1월 112달러까지 상승했다.[12] 수많은 경쟁사들이 벽에 부딪치고 있는 상황에서, 이는 기대를 뛰어넘는 소매 회복의 훌륭한 사례를 보여 주고 있다.[13]

39장
에어리

에어리는 2006년 아메리칸 이글 아웃피터의 하위 브랜드로 출시된 여성 속옷 소매 기업이다. 사업 초기에는 큰 인기를 얻지 못하여 2011년 기준 미국 시장 점유율은 2%에 불과했는데, 당시 35%의 시장 점유율을 보유한 선두 업체 빅토리아 시크릿과 비교하면 산업 내에서 미미한 위치였다.

그러나 2014년 1월 '#AerieREAL'이라는 혁신적인 마케팅 캠페인을 시작하면서 상황은 완전히 바뀌었다. 이 캠페인으로 인해 빅토리아 시크릿 브랜드가 인위적이고 구식이며 성차별적인 이미지로 조명되면서 에어리의 위상이 크게 상승했다.[1]

익히 알려진 바와 같이, MZ세대로 대표되는 젊은 세대들은 기성세대와는 다른 가치관을 가지고 시장에 진입하고 있다. 10대 여성의 42%가 자신을 '비정형 사이즈'로 규정짓는 등 다양성에 대한 요구가 전방위적으로 늘어났다. 이에 따라 젊은 세대는 빅토리아 시크릿 같은 브랜드가 판매하는 전형적인 이미지에 점점 더 환멸을 느끼게 되었다. 빅토리아 시크릿은 빅토리아 시크릿 '에인절'로 대표되는 여성미를 강요하기 위해 비현실적으로 날씬한 6피트 키의 슈퍼모델에 푸시업 브라를 채워 화려한 패션쇼를 벌이곤 했다.

새로운 세대의 대변자

에어리의 글로벌 브랜드 회장인 제니퍼 포일은 진정성, 포용성, 자기 신체 긍정과 같은 가치를 내세우며 젊은 세대의 대변자로 자리매김했다. 그녀는 말했다. '오늘날의 여성들은 그 어느 때보다 더 독립적이고 강합니다. 우리는 저희 브랜드의 새 캠페인이 이 세대에 진정한 반향을 일으킬 거라는 것을 직관적으로 알 수 있었어요.'

'#AerieREAL'은 실제 여성의 보정되지 않은 이미지를 광고에 사용했다. 이들은 다양한 체형, 사이즈, 피부색을 가진 여성들은 물론 주근깨나 점, 튼살 자국, 흉터와 셀룰라이트가 있는 여성, 의수와 인슐린 펌프를 장착한 여성에 이르기까지 모든 다양성을 포용했다. 이들을 하나로 묶은 것은 자신의 삶과 에어리 제품에 대한 생생한 즐거움이었다.

브랜드는 분명한 메시지를 던졌다. 아름다움에는 다양한 형태가 있으며 에어리는 이 아름다움과 다양성을 사회를 더 나은 방향으로 변화시킬 수 있는 '삶을 긍정하는 힘'으로 찬양했다. '보정된 가짜가 아니라 진실한 자신을 보여 주고 진정한 변화에 집중하라. 진정한 변화는 모두 함께 일어나고 당신으로부터 시작된다.'라는 캐치프레이즈에 에어리가 주장하는 메시지가 담겨있다.[2]

이러한 마케팅과 함께, 핵심 고객의 니즈에 부합하고 브랜드의 DNA와 맞는 제품들이 출시되었다. 푸시업 브라, 보정 속옷, 화려한 레이스 란제리가 아니라 착용감이 편안한 브라렛(역자 주: 와이어나 패딩이 없어 착용감이 편안한 브래지어), 스포티한 스타일, 생리 팬티, 캐주얼 라운지웨어가 출시되었다. 에어리는 부드럽고 착용감이 편안한 원단을 사용했고 아주 다양한 사이즈 제품을 출시했다.

커뮤니티의 힘

에어리의 성공을 이끈 주요 동력은 브랜드 가치를 중심으로 구축된 강력한 커뮤니티의 힘이었다. '에어리 팸'이라고 불리는 팬 커뮤니티는 소셜 미디어에서 열광적인 대규모 그룹으로 구성되어 젊은 활동가들이 목소리를 낼 수 있는 플랫폼으로 기능했다.

커뮤니티에서 활동하는 많은 사용자들은 에어리 제품을 착용한 자신의 사진 등 직접 제작한 콘텐츠를 게시했기 때문에 브랜드의 도달 범위가 크게 확장되었다. 2020년 에어리는 소셜 미디어에서 20억 회 이상 유기적으로 노출되며 수혜를 입었다.[3]

에어리 커뮤니티는 역할 모델, 사회 혁신가, 그리고 브랜드 홍보 대사의 세 그룹의 활동가들에 의해 주도되었다. 역할 모델은 과학자, 여배우, 장애인 운동선수, 시각 장애인 유튜브 인플루언서와 같은 성공한 여성들로, 이들의 개인적인 이야기는 커뮤니티에 영감을 주었다. 사회 혁신가는 도서관을 짓고, 수감된 청소년의 권리를 보호하고, 자신의 신체 긍정과 같은 주제에 대한 책을 쓰는 등 사회를 더 나은 방향으로 변화시키려는 활동가였다. 에어리는 이들의 노력을 지원하기 위해 매년 2만 달러의 보조금을 지급했다. 마지막 그룹인 브랜드 홍보 대사는 대학이나 다른 커뮤니티에서 브랜드 홍보 프로그램을 주도한 젊은 세대였다. 이들은 캠퍼스에서 행사를 진행하고, 쿠폰을 제공하여 판촉 활동을 펼쳤으며, 소셜 미디어에서 브랜드 캠페인을 홍보했다. 브랜드 홍보 대사들은 미국을 가로지르는 로드쇼인 AerieREAL 팝업 투어를 운영하기도 했다.[4]

사회 환원

에어리는 미국 섭식 장애 협회(NEDA, National Eating Disorders Association), 브라이트 핑크(유방암과 난소암 퇴치에 전념하는 비영리 단체)와 퍼스트 마일(플라스틱 병을 섬유 재료로 재활용하는 비영리 단체)을 지원하는 강력한 '베터 월드' 기부 프로그램을 운영하고 있다.[5]

에어리는 온라인 매출 비중이 40%를 차지하는 등 온라인 사업이 호조를 보이고 있지만, 오프라인 매장에도 많은 투자를 하고 있다. 동사는 NEDA와 제휴하여 모든 여성이 피팅룸에서 자신감을 느끼게 해 줄 수 있도록 직원을 교육했다. 에어리 직원은 여성에서 힘을 실어주기 위해 하나의 팀으로서 힘을 합쳤다. 에어리의 브랜드 마케팅 담당 상무 스테이시 맥코믹은 "우리가 한 일이 마케팅이나 소매 판매보다 훨씬 더 좋은 방식으로 문화 자체를 변화시켰다는 것 자체가 우리에게 큰 보상"이라고 말했다.[6]

브랜드의 성공

모든 전략들이 명확하고 흠잡을 데 없이 실행되면서 에어리는 성공 가도를 달렸다. 매출은 2015년 3억 1,000만 달러에서 2019년 8억 달러 이상으로 크게 증가했다. 반면 빅토리아 시크릿의 매출은 2015년 77억 달러에서 2019년 68억 달러로 역성장했다.

코로나19 기간 동안에도 에어리는 2020년에 거의 10억 달러에 달하는 매출을 달성하며 눈부신 성과를 거두었다. 아메리칸 이글은 에어리의 매출을 2022년까지 두 배로 늘려 20억 달러 규모의 브랜드로 만들겠다는 계획을 발표했다.[7]

에어리의 전략적인 포지셔닝과 이에 따른 성공은 비전과 탁월한 실행력을 갖추면 대기업도 혁신할 수 있다는 사실을 보여 주는 고무적인 사례이다. 이는 매출보다 가치에 집중하는 기업이 어떻게 열정적인 커뮤니티에 영감을 주고, 차별화하기 어려운 소비재 부문에서도 상징적인 브랜드를 만들 수 있는지를 보여 주는 거의 완벽한 예라고 할 수 있다.

40장

짐샤크

짐샤크는 2012년 설립된 이후 8년 만에 2020년 10억 파운드의 기업 가치를 인정받으며 폭발적으로 성장한 영국의 D2C 스포츠웨어 브랜드이다. 이 회사는 온라인 전문가와 소셜 미디어 기술, 커뮤니티 구축, 그리고 오프라인 이벤트들을 다 같이 활용하여 매우 짧은 시간 동안 대규모의 사업체를 키워 낸 교과서적인 사례이다.

창업자인 벤 프랜시스는 어린 시절 피자 배달 아르바이트를 하다가 겨우 19세의 나이에 부모님 집에 딸린 차고에서 짐샤크를 창업했다. 운동 매니아였던 그는 기성 브랜드들이 나이 든 소비자를 타깃으로 제품을 출시하고 있기 때문에 자신이나 또래 세대들에게 어필하는 운동복을 찾을 수 없다고 느꼈다.[1]

당시 브랜드들은 나이대가 있는 고객층을 겨냥한 루즈핏의 운동복을 판매하거나, 젊은 MZ세대 대상으로는 너무 고가의 피트니스 의류만을 판매하고 있었다. 프랜시스는 친형과 일부 친구들에게서 투자금을 받아 재봉틀과 스크린 프린터를 샀고, 매우 혁신적인 운동용 조끼, 티셔츠, 테크니컬 레깅스를 만들어 짐샤크 웹사이트에서 독점 판매했다. 자체적으로 제품 디자인과 제작을 맡고, 기존 브랜드와 매장의 유통 마진을 없앴기 때문에 그는 프리미엄 디자인과 기술을 갖춘 제품을 훨씬 저렴한 가격에 판매할 수 있었다. 예를 들어 짐샤크의 체형 보정 레깅스의 소비자 가격은 25달러에서 65달러 사이인데 비해 알로 요가나 애슬레타는 비슷한 제품을 80달러 이상의 가격에 판매하고 있다.[2]

인플루언서 마케팅

회사 초기부터, 창업자인 프랜시스는 기존 브랜드와 차별화된 짐샤크의 제품 디자인에 호감을 표시하는 소셜 미디어 인플루언서에게 제품을 협찬해 왔다. 그리고 모든 자금을 영국의 피트니스 엑스포인 바디파워의 부스를 임대하고 그 부스에 파견할 인플루언서를 고용하는 데 아낌없이 투자했다. 그 경험을 통해 그는 짐샤크 브랜드를 한 번도 들어본 적이 없는 사람들도 파워 블로거를 만나기 위해 부스에 모여든다는 사실을 깨닫게 되었다.

각 인플루언서는 수많은 팔로워를 보유하고 있었고, 이들의 지지를 기반으로 짐샤크는 폭발적인 인기를 얻기 시작했다. 엑스포가 끝나자 짐샤크의 럭스 운동복 모델은 페이스북에서 입소문을 타고 30분 만에 3만 파운드어치의 매출을 올렸다. 회사가 성장하면서 짐샤크는 18명의 유명 인플루언서를 후원하는 프로그램을 통해 총 2,000만 명 이상의 팔로워를 보유하게 되었다.[3]

커뮤니티 구축

또한 벤 프랜시스는 사용자 제작 콘텐츠를 활성화하고, 사람들이 '내일로 미뤄야지'라는 마음가짐을 극복하고 '비전을 갖도록' 동기를 부여해 줌으로써 짐샤크를 중심으로 커뮤니티를 구축하기 위한 기반을 갖추었다. 짐샤크는 열성 팬들에게 그들의 운동 일지를 커뮤니티에 공유하도록 독려하는 한편, 회원들이 성과를 보이면 함께 축하해 주었다.

앞서 살펴본 바와 같이 브랜드 커뮤니티가 성공적으로 안착하기 위해서는 회원들에게 실질적인 혜택을 제공할 수 있어야 하는데, 이러한 점을 고려해 짐샤크는 브랜드의 팔로워들에게 강력한 혜택을 부여했다.

예를 들어 2020년 1월 1일, 짐샤크는 '#Gymshark66'이라는 해시태그와 함께 새해 결심과 관련된 바이럴 운동을 시작했는데, 팔로워들에게 66일 동안 하루도 거르지 않고 운동을 하도록 동기를 부여하면서 일반인들도 운동 공포증을 극복하는 동영상을 올리도록 장려했다. 이 해시태그는 4,500만 조회수를 기록했으며 수백만 명의 사람들이 '#Gymshark66 챌린지'에 참여했다.[4]

짐샤크의 후원 행사 책임자인 캘럼 왓슨은 "창의적인 스토리텔링은 수많은 대중의 관심을 끌 수 있는 수단이다. 소비자들이 짐샤크의 제품을 구매하는 이유는 커뮤니티에 소속되고 싶은 욕구 때문이기에 우리는 창의적인 부문에 투자를 함으로써 소비자들의 감성을 자극하고 브랜드와의 연결 고리를 찾을 수 있도록 돕고자 하는 것"이라고 말했다.[5]

오프라인 교류의 중요성

사업의 대부분은 온라인 채널을 통해서 이루어지지만 짐샤크는 유튜브 보디빌더인 니키 블랙케터나 렉스 그리핀 등 유명 인플루언서가 참석하는 '밋업'이나 '엑스포' 등 오프라인 이벤트에도 막대한 투자를 했다. 짐샤크 매니아들은 이러한 스타 인플루언서들을 보기 위해 행사장에 모여들었다.

짐샤크는 이런 식의 행사를 '엑스포 월드 투어'로 확대하여 독일, 미국, 호주에서 오프라인 행사를 개최했으며, 행사 장면은 유튜브에 인플루언서들의 브이로그 콘텐츠로 소셜 채널에 업로드되었다. 결국 이 행사는 감당할 수 없을 정도로 규모가 커져서 짐샤크는 정규 오프라인 매장을 런던의 코벤트 가든에 출점하기로 했다.[6]

2016년, 동사는 영국에서 가장 빠르게 성장하는 소매 브랜드로 선정되었으며 창업자 프랜시스는 포브스가 뽑은 '성공한 30세 미만의 CEO 30인'에 이름을 올렸는데, 이는 거대 글로벌 기업이 장악하고 있는 피트니스 시장 내에서 소자본으로 시작한 짐샤크의 남다른 성공을 인정받은 덕분이었다. 슈퍼모델인 알레산드라 앰브로시오나 여배우 개브리엘 유니언, 제니퍼 가너, 사라 하이랜드와 바네사 허진스 등의 셀럽들 또한 짐샤크의 제품을 사용하게 되었다.[7]

2020년 짐샤크는 인스타그램 팔로워 480만 명을 확보하고 2억 5,800만 파운드의 매출을 기록했다. 이는 2019년의 매출 1억 7,600만 파운드 대비 크게 성장한 수치이다. 짐샤크는 영국과 홍콩, 덴버 지사에 총 499명의 직원을 두며 180개국으로 사업을 확장해 나갔다. 건강과 피트니스에 대한 관심이 높아지고 사람들이 과거 그 어느 때보다도 온라인 쇼핑 선호도가 높아지면서 짐샤크의 매출은 코로나 위기 중에도 지속적으로 성장했다. 프랜시스는 "소비자들이 온라인 쇼핑을 늘리고 자택에서 달리기와 사이클링, 그리고 홈트레이닝을 하게 되면서 우리 회사에 우호적인 사업 환경이 구축됐다." 라고 자평했다.[8]

2020년 8월, 미국의 사모펀드 제네럴 아틀란틱은 짐샤크의 기업 가치를 10억 파운드 이상으로 평가하며 동사의 지분 21%를 인수했다. 프랜시스는 "브랜드의 글로벌화에 모든 열정을 쏟고 있으며 평생을 바쳐 짐샤크를 전 세계적인 브랜드로 일구어낼 것"이라고 제네럴 아틀란틱에서 유치한 투자금을 향후 어떻게 사용할 것인지에 대한 계획을 밝혔다.[9]

이렇듯 짐샤크의 성공 사례는 강력한 창업자·브랜드 스토리, 바이럴 소셜 미디어 캠페인, 영향력 있는 인플루언서 네트워크, 그리고 온라인과 오프라인을 넘나드는 커뮤니티를 기반으로 구축된 최신 디지털 마케팅 전략을 통해 비교적 짧은 시간에 얼마나 크게 성장할 수 있는지를 잘 보여 주고 있다. 또한 기성 세대와 전혀 다른 가치관을 지닌 젊은 세대로의 교체로 인해 오랫동안 대기업이 지배해 왔던 시장 질서가 얼마나 속절없이 무너질 수 있는지도 시사하고 있다.

디지털 시대에서 매장이 어떤 역할을 할 수 있는지 고찰하면서 우리는 고객에게 제품과 관련되어 즐거우면서도 무언가를 배울 수 있는 경험을 제공해 주는 에듀테인먼트에 대해서 살펴보았다(30장 참고). 중요한 점은 이러한 경험들은 온라인에서는 할 수 없다는 사실이다.

에듀테인먼트가 인기를 얻는 이유는 명확하다. 결국 사람들은 여러 가지 형태로 무언가를 배우기 위해 기꺼이 많은 시간과 돈을 투자하고 싶어하기 때문이다. 박물관, 미술관이나 역사 탐방을 둘러싸고 막대한 산업이 형성되어 있다는 점을 보면 이를 알 수 있다. 그렇다면 매장 경험의 일환으로서, 고객들이 즐길 수 있는 교육 서비스를 제공하지 않을 이유가 어디 있겠는가?

에듀테인먼트를 기막히게 활용한 회사로는 이미 앞서 언급한 적 있는 뉴욕 기반의 스타트업인 로제 맨션의 사례를 들 수 있다.

로제 맨션은 와인 바, 다양한 흥미 거리를 제공하는 오락 아케이드 및 교육 박물관을 하나의 커다란 경험으로 결합한 인터랙티브 와인 시음 행사이다. 로제 맨션은 연쇄 창업가인 모건 퍼스트와 타일러 밸리엇에 의해 2018년 6월에 설립되었다.[1]

모건 퍼스트는 2006년에 첫 사업체인 크로스오버 캘린더 플래너와 지역 여행 가이드북인 '맵 보스턴'을 내놓을 때부터 교육과 관련된 컨셉의 사업을 전개할 생각을 가지고 있었다. 퍼스트는 "사람들이 재미를 느끼기 위해서는 무언가를 배울 수 있다는 '충족감'이 필요하다는 사실이 중요하다."라고 되짚었다.[2]

2008년 그녀는 '세컨드 글래스'라는 와인 이벤트 회사를 창업한 타일러 밸리엇을 만나게 되었다. 밸리엇은 보스턴의 한 와인 가게에서 일하고 있었는데, 거기서 젊은 세대에 대한 와인 마케팅이 전무하다는 사실을 깨달았다. 그는 "젊은 소비자들이 들어와서 엄청나게 많은 질문을 했지만 그 수준은 '2004년 부르고뉴 빈티지는 어떤가요?'가 아니라 '도대체 부르고뉴가 뭔가요?' 정도의 수준"이었다고 회고했다.

두 사람은 이후 함께 와인 판매점에서 세컨드 글래스의 이벤트를 홍보하기 시작했다. 이들은 약간 허세가 있는 기존의 일반적인 와인 시음 행사 대신 충분히 교육적이면서도 재미를 느낄 수 있는 행사를 고안해 냈다. 프랑스 와인과 캘리포니아 와인 간에 경쟁을 붙였던 '스맥다운' 시리즈를 예로 들 수 있겠다. 이들은 시음 행사에 스탠드업 코미디와 식사도 추가하여 15달러에서 20달러 정도에 입장권을 판매했다.

이 행사는 큰 성공을 거두었고 두 명의 동업자는 시카고 유니언 스테이션과 같이 2,500명에서 6,000명까지 수용할 수 있는 대형 행사장을 섭외하여 '와인 라이엇'이라고 하는 화려한 이벤트를 기획했다. 250종류의 와인이 제공되는 가운데, 와인 생산자들은 현장에 부스를 배정받는 대가로 제품을 기부하기 시작했다. 두 창업자는 행사장 내에 DJ나 포토부스, 와인-문신 코너, 그리고 앱과 프린트 기계 같은 즐길 거리를 마련했다. 와인 라이엇은 뉴욕, 시카고, 워싱턴, 로스앤젤레스, 보스턴에서 개최되었다.[3]

2017년에 퍼스트와 밸리엇은 이 사업을 매각하고 좀 더 영속적인 시설에서 에듀테인먼트의 개념을 한 단계 발전시킬만한 새로운 기회를 찾고 있었다. 그 당시에는 '아이스크림 박물관'이나 '29 룸스', '바디 월드' 등 흥미로운 경험을 제공하는 컨셉의 장소들이 등장하며 성공을 거두고 있었다.

젊은 세대를 위한 와인 교육

이들의 생각은 젊은 세대에게 와인에 대해 교육을 해 줄 수 있는 정식 체험장을 만들자는 것이었다. 이 아이디어를 현실로 옮길 때 가장 어려웠던 점은 소비자들에게 접근할 때 복잡한 전체 와인 산업 대신 아주 간단한 컨셉부터 시작해야 한다는 것이었다. 와인 라이엇에 참석한 고객의 특성을 분석하면서, 모건과 밸리엇은 75%의 고객이 21세에서 35세 사이의 젊은 여성으로 이루어져 있다는 사실을 알게 되었다. 이때 젊은 여성들 사이에서는 로제 와인이 엄청난 인기를 끌기 시작하던 무렵이었기 때문에, 이를 따서 '로제 맨션'이라는 이름을 붙이자는 아이디어가 탄생하게 되었다.

로제 맨션의 기본적인 아이디어는 젊은 여성들에게 바나 나이트클럽에 가는 것보다 조금은 더 특별한 프로모션, 처녀 파티나 생일 파티 같은 축하 행사를 위한 장소를 제공하겠다는 것이었다. 모건 퍼스트는 "미국 문화에서는 여성이 밖에서 술을 마시는 것이 일종의 금기로 여겨지고 있었다. 여성들에게는 가벼운 음주에 대한 동기를 부여할 수 있는 활동이나 명분이 필요했다. 와인에 대해 공부한다는 명분을 추가하자 이벤트에 목적의식이 생기게 되었다. 이는 일종의 어른을 위한 디즈니랜드에 가깝다."라고 설명했다.[4]

로제 맨션은 2018년 7월에서 10월 사이 5번가에서 팝업 스토어의 형태로 소비자들과 만난 후 2019년 4월부터 10월 사이 미드타운 맨해튼몰에 3만 2,000제곱피트로 넓어진 스토어로 돌아왔다. 이 팝업 스토어의 밀레니얼 세대 친화적인 분홍색 입구를 지나면 여러 개의 방이 나타나는데 각각의 방에서는 강렬하고 몰입감 있는 와인 관련 경험을 제공할 수 있는 공간이 마련되어 있었다. 이 방들은 샌드린 세인트루이스, 케이시 존스, INK, 더티 래스칼 등의 아방가르드 뉴욕 예술가들이 설계했다.[5]

테마가 있는 방

각각의 방은 교육적인 메시지를 담고 있었다. 예를 들어 미니멀한 '무한' 공간으로 꾸며져 있는 '비전 룸'에 들어가는 관람객들은 흰색 벽에 붙일 수 있는 포도 스티커를 한 장씩 받았다. 와인으로 '방을 적시는' 행위를 시각화한 것이었다. 이는 로제가 처음에는 붉은 포도로 만들어지지만 붉은 포도 껍질은 이내 와인에서 제거되므로 옅은 핑크색을 띤다는 사실을 체험을 통해 알려 주기 위함이었다. '로마 룸'으로 들어가면 로제가 고대부터 만들어져 왔다는 사실을 보여 주기 위해 로마시대에 와인을 만들 때 사용하던 포도로 만든 와인이 전시되어 있었다.

세 번째 방은 앤티크 항공기 동체가 전시되어 1950년대의 여행사처럼 꾸며져 있었다. 이 방에는 큰 지도가 있는데, 관람객들은 자신이 어느 나라에서 왔는지 이 지도에 핀으로 표시하면서 로제 와인 또한 전 세계에서 생산될 수 있다는 점을 느끼게 된다.

또 다른 곳은 스위트 로제 와인을 주제로 꾸며진 '달콤함의 과학' 방으로, 내부에 사탕 카트가 진열되어 있고 벽에 긁으면 달콤한 냄새가 나는 패널을 붙여 놓았다. 과학 실험실처럼 꾸며진 공간에서는 관람객들이 와인을 블렌딩하는 체험을 해 볼 수 있었다. 로제 와인을 즐겼다고 전해지는 고대 이집트 여왕 클레오파트라의 비밀 모임 테마룸도 있었다.

로제 글래스처럼 꾸며진 거대한 볼풀장에서 수영을 하거나, 장미 꽃잎이 띄워진 욕조를 체험할 수도 있었고 샴페인 폭포, 샹들리에가 있는 비밀의 정원도 마련되어 있었다.[6]

관람객들이 전시를 둘러보는 동안, 행사장 안을 안내하며 고객이 다양한 경험을 하도록 보조하는 역할을 하는 전직 배우 가이드들은 8잔의 로제 와인 시음 글래스를 대접해 주었다. 관람을 마치고 나면 관람객들은 미국에서 가장 다양한 종류의 로제 와인을 구비해 놓은 바인 '로젤랜드'에서 밤까지 시간을 보낼 수 있었다. 이

컨셉은 매우 성공적이었으며 장당 45달러인 입장권은 8만 장이나 판매되었다. 늦은 오후에 입장하는 고객들은 해피 아워 세션으로 할인된 가격에 입장권을 구매할 수 있었다. 불행히도 코로나19가 발생하면서 2020년에 예정되었던 확장 계획은 보류되었지만 로제 맨션에서는 와인 판매를 온라인 채널로 전환하고 전시장을 야외로 이전할 계획을 세우면서 팬데믹 상황에 대응했다.

로제 맨션의 잠재력이 완전히 발휘되기 위해서는 코로나바이러스 위기가 끝나야 하겠지만, 몰입형 3차원 환경에서 교육과 엔터테인먼트 요소를 함께 버무려 고객에게 제공한다는 아이디어 자체는 아주 훌륭하고, 단순한 제품 판매가 아니라 매장 내 고객 경험을 개선하고자 하는 모든 소매업체들이 적용해 볼 만하다.

42장

월마트

월마트는 2020년 기준으로 전 세계 1만 1,500개의 매장과 200만 명 이상의 직원을 보유하며 글로벌 매출 5,230억 달러를 기록한 세계 최대의 소매 기업이다. 그러나 2014년 당시, 신임 CEO였던 덕 맥밀런은 실물 세계에서 월마트가 압도적인 점유율을 보유하고 있음에도 불구하고 가장 빠르게 성장하는 온라인 시장에서는 아마존에게 점유율을 잠식당하고 있다는 사실을 깨달았다. 그 해 아마존은 미국 이커머스 시장의 23%를 장악하며 점유율 3%에 불과한 월마트를 압도했으며, 월마트의 온라인 매출 증가율은 연간 7%로 둔화되었다.[1]

이커머스 사업부의 급성장

맥밀런은 월마트가 이커머스 시장에서 아마존과 정면으로 맞설 수 있을 정도로 성장해야 한다고 판단했다. 그는 2016년에 기술

연구 부서인 월마트 랩을 확대하고 고속 성장을 하고 있던 이커머스 스타트업인 제트닷컴을 33억 달러에 인수하면서 온라인 사업부 성장에 필요한 기술과 인적 자원에 아낌없이 투자했다.

제트닷컴을 인수하는 과정에서 아마존의 창업자인 제프 베이조스에 비견될만한 이커머스 업계의 천재이자 제트닷컴 설립자인 마크 로어가 월마트에 합류했다. 맥밀런은 로어에게 월마트의 이커머스 사업부를 일임했고 높은 운영 자율성을 부여했다. 로어는 월마트의 이커머스 사업부를 빠르게 발전시켰고, 온라인 채널 매출은 2016년 150억 달러에서 2020년에는 380억 달러까지 증가하며 무려 253%의 성장률을 보였다. 로어는 2021년 1월 월마트를 떠났지만 그가 재직했던 기간 동안 월마트의 이커머스 사업부의 문화는 완전히 변모했다.[2]

이러한 성장을 달성하기 위해 월마트는 여러 영역에서 혁신을 단행했다. 우선 아마존의 선례를 따라 마켓플레이스 플랫폼으로 전환하면서 판매 제품 수를 대대적으로 확대했다. 타사 브랜드까지 월마트의 온라인 채널을 통해 판매하면서, 이커머스 사업부의 판매 제품 수는 5,000만 개 이상으로 늘어났다. 이는 물론 아마존의 3억 5,000만 개보다는 적지만 2016년의 700만 개와 비교하면 큰 폭으로 증가한 숫자이다. 월마트는 또한 고객이 원하는 방식으로 쇼핑을 할 수 있도록 판매와 재고 관리 시스템을 개선하는 데 역량을 쏟았다. 맥밀런은 "우리는 고객에게 매끄러운 쇼핑 경험을 제공하는 최초의 대기업이 될 것이다. 모바일 기기, 온라인, 매장 또는 어떤 채널의 조합이건 간에 고객이 빠르고 편리하게 쇼핑할 수 있도

록 하겠다."라고 강력한 의지를 표명했다.[3]

월마트는 제트닷컴을 본받아 고객 데이터 수집과 고객 관계 관리를 증강했다. 2020년 9월에는 아마존 프라임과 경쟁하기 위해 연회비 98달러를 내면 무료로 익일 배송해 주는 멤버십 프로그램인 월마트 플러스를 출시했다. 월마트가 온라인으로 전향하기 위해 투자를 집행하는 동안 맥밀런은 투자로 인한 손실로 인해 주주들의 공격을 받았다. 2019년 당시 월마트의 이커머스 사업부는 20억 달러의 손실을 기록하는 적자 사업부였다. 그럼에도 불구하고 맥밀런은 이커머스 사업부에 대한 투자를 지속했기에 월마트는 이커머스 시장에서 아마존의 성역에 도전하는 거의 유일한 전통 유통 업체로 남을 수 있었다.[4]

오프라인 매장의 중요성

사업 영역을 온라인으로 과감하게 확장하면서 맥밀런은 아마존이 도저히 따라할 수 없는 한 가지 경쟁 우위 요소에 착안했다. 바로 월마트의 오프라인 매장 네트워크였다. 전체 미국인의 90%가 월마트 매장 반경 10마일 이내에 거주하고 있었던 것이다. 2020년 1월 기준 미국 내 물류 센터가 110개에 불과한 아마존이 높은 유통 비용으로 고민 중이었던 것을 감안하면 월마트는 배송 비용 측면에서 아마존 대비 상당한 비교 우위를 누릴 수 있었다.

월마트는 온라인 사업을 적극적으로 추진하면서도 오프라인 매장 영업을 소홀히 하지 않았고, 다른 기업들이 오프라인 매장이 시대에 뒤떨어졌다고 생각할 때에도 매장에 지속적으로 투자했다.

앞서 살펴보았듯 로봇 바닥 청소기와 선반 스캐너, 트럭에서 하역한 품목을 스캔하고 분류하는 기계, 매장 내에서 온라인 주문을 처리하는 픽업 타워와 자판기를 비롯하여 매장 운영을 자동화할 수 있는 새로운 기술들을 도입했다. 그리고 코로나19 사태 이전부터 이미 커브사이드 픽업 서비스를 시작했다.

코로나바이러스가 발생하면서 맥밀런의 전략이 빛을 발했다. 2020년 9월 결산 분기 기준 월마트의 이커머스 사업 부문 매출은 79% 성장했고, 영업이익이 47억 달러에서 58억 달러로 23% 성장하면서 전체 매출이 5% 증가했다. 이는 적시에 올바른 전략적 결정을 내리고 멀티 채널 개발, 강력한 고객 데이터를 기반으로 한 멤버십 프로그램, 판매 제품 수 확대, 매장 내 기술 개선 등에 투자하면서 아마존과 직접적으로 경쟁할 만큼 성장할 수 있었던 소매업체의 모범 사례이다. 금융계의 비판에도 불구하고 자신의 전략을 고수하고 코로나19 위기 속에서도 견고한 실적을 일군 맥밀런 CEO에게 경의를 표한다.[6]

이 책에서 주요하게 다뤄 온 주제 중 하나는 수많은 앵커(핵심 브랜드) 매장들이 붕괴되면서 그들을 고객으로 삼고 있는 소매 부동산 시장의 특성도 변화하고 있다는 점이다. 브랜드와 소매업체들의 오프라인 비중이 줄면서 고정 임대 계약에 대한 부담이 커지자, 소매업체들이 10년 이상 장기 리스 계약을 통해 매장에 많은 투자를 해 온 전통적인 임대 사업 모델이 흔들리고 있다.

36장에서 살펴보았듯, 이러한 배경을 바탕으로 '서비스로서의 소매(RaaS)'라는 새로운 개념이 탄생했으며, 이는 소매 서비스업이 미래에 어떻게 기능해야 하는지에 대해 혁신적인 사업 모델을 제시하고 있다. RaaS의 선도 업체로는 뉴욕에 기반을 둔 미국 스타트업인 쇼필드가 있는데, 이 회사는 스스로를 '세계에서 가장 흥미로운 매장'이라고 설명한다. 쇼필드의 미션은 '가장 미션 지향적이고 디자인 중심적이며 혁신적이고 파격적이며 전 세계의 관련 브랜드, 예

술가 및 커뮤니티를 한데 모으는 궁극의 큐레이터'가 되는 것이다.[1]

기술 창업가인 탈 즈바이 나다이넬과 부동산 업계의 베테랑 아미르 즈비켈, 그리고 투자자 케이티 헌트는 2018년에 쇼필드를 공동 창업했다. 동사는 맨해튼에 본사를 둔 4층짜리 백화점으로 매장 면적은 1만 5,000제곱피트이다.[2]

쇼필드의 창업자들은 상업용 부동산 시장의 역설적인 상황에 흥미를 느꼈다. 아미르 즈비켈은 "우리는 온라인 세상에는 역사상 그 어느 때보다 더 많은 혁신과 멋진 브랜드들이 존재하지만 오프라인 세상은 그 어느 때보다 더 지루하고 따분하다는 사실 사이에서 큰 격차를 보았다."라며 "온라인상으로 사업을 시작하는 것은 매우 쉽지만 세계의 대다수 브랜드들은 오프라인에 매장을 열기가 거의 불가능할 정도로 어렵기 때문"이라고 격차가 발생한 원인을 짚었다.[3]

매장 오픈 절차의 간소화

쇼필드의 창업자들은 단순한 의문을 떠올렸다. '만약 매장을 오픈하는 절차가 웹사이트를 만드는 것만큼 간단하다면 어떨까?' 이 질문에 대한 답으로, 이들은 디지털 네이티브 D2C 브랜드들이 오프라인 세상으로 들어오는 진입 장벽을 낮추기로 했다. D2C 브랜드들은 오프라인 채널을 테스트해 보고 싶었지만 대규모 투자나 장기 임대 계약에 묶이고 싶지 않았으며, 매장을 디자인하고 운영하는 기술도 부족했다.[4]

쇼필드는 이러한 브랜드들에게 3개월 단기 계약과 매장을 오픈하는 절차를 도와줄 새로운 기술과 전략을 지원해 줌으로써 훨씬 더 유연한 옵션을 제시하고 있다. 그 첫 단계는 번거로운 과정을 생략하고 원격으로 6단계의 온라인 절차를 거치기만 하면 끝나는 온보딩 시스템이다. 즈비켈은 "우리 고객 중에는 미국에 한 번도 와 보지 않고 매장을 오픈한 라틴 아메리카, 아시아, 유럽, 호주 브랜드 들도 있다."라고 설명했다.[5]

온보딩이 끝나면 그 다음 단계는 쇼필드의 디자이너와 매장 설치 전문팀이 힘을 합쳐 브랜드가 효과적인 매장을 구성할 수 있도록 돕는다. 운영과 관련해서 쇼필드는 자사 쇼피파이 웹사이트의 확장 개념으로서 브랜드들이 매출과 재고 정보에 접근할 수 있는 기술을 지원한다. 이 매장에는 카메라나 위치 비콘 같이 33장에 이미 설명했던 최신식 소매 기술이 모두 탑재되어 있다. 브랜드는 방문객 수, 제품 관여, 체류 시간 및 전환율 등의 지표에 대한 실시간 데이터를 기록하고 분석하는 대시보드에 접속할 수 있다. 쇼필드는 일반 매장 판매 직원과는 달리 고급 '스토리 텔러'인 브랜드 호스트를 고용하여 매장에 파견하는데, 그 덕분에 브랜드는 인력 운용에 대한 부담을 덜 수 있다.[6]

쇼필드는 아미르 즈비켈이 5C라고 부르는 온라인 브랜드의 성공적인 물리적 접점을 이끌어내는 다섯 가지 요소, 즉 큐레이션(Curation), 편의성(Convenience), 커뮤니티(Community), 콘텐츠(Content), 그리고 연결(Connection)의 관점에서 사업을 이끌어 나가고 있으며 이는 다 같이 어우러져 소비자들에게 마법과도 같은 경험을 선사한다.[7]

판매 그 이상의 생각

쇼필드 매장을 통해 온라인 브랜드들이 실제로 매장에서 제품을 판매할 수 있게 되고, 많은 브랜드들이 실제로 상당한 매출을 올리기는 하지만 매출만이 쇼필드의 유일한 목적은 아니다. 쇼필드는 브랜드들이 눈앞의 매출을 넘어 고객 경험의 질에 집중하도록 이끈다.

즈비켈은 "브랜드들의 주요 ROI(Return on Investment, 투자 수익률)가 매출이라고 해서 매장에 모든 제품을 구비하지 않아도 된다. 쇼필드에서의 제품 노출을 통해 발생하는 온라인 매출을 쉽게 측정할 수 있으며, 매장에서의 노출이 온라인 판매에 효과가 있다는 사실을 보여 줄 수 있는 사례 연구도 많이 있다. 예를 들어 매트리스를 판매하는 브랜드가 있었는데, 작년에 쇼필드에 매장을 개설해서 뉴욕 고객들에게 제품을 선보였다. 나중에 분석해 보니 뉴욕 지역의 온라인 고객들 중 75%가 쇼필드 매장에서 처음 제품을 접했다는 사실을 알게 되었다."라고 부연했다.[8]

쇼필드의 수익 모델은 브랜드가 제품 판매 수익을 전액 인식한 후 쇼필드에 멤버십 비용을 지불하는 것이다. 비용은 매장의 위치와 노출 수준(창가 구역인지 등)에 따라 월 5,000달러에서 2만 5,000달러 사이에서 결정된다.[9]

큐레이션의 중요성

쇼필드는 한 번에 최대 50개의 브랜드를 전시하며 시장에서 가장 흥미로운 제품을 선별하려고 한다. 쇼필드는 브랜드들에게 혁신을 강조한다. 공동 창업자인 케이티 헌트는 "우리는 사람들에게 전통적인 소매 산업에 대한 틀을 깨고 선반 위에 더 이상 제품을 진열하지 말라고 권한다. 소비자들이 새롭고 신선하고 즐겁게 느껴야 하기 때문이다. 만약 당신들이 레거시 브랜드라면 '나는 새롭고 멋진 무언가를 하고 있는가?', '누가 어떻게 새로운 방식으로 우리 브랜드를 경험할 수 있을까?' 같은 점에 대해 고민을 해야만 한다."라고 조언했다. 쇼필드 점포의 슬로건이 말하는 것처럼 '예술과 소매가 만나는 곳'이 하나의 답이 될 수 있을 것이다.[10]

즈비켈은 "우리는 엄청난 혁신과 다양한 브랜드를 보는 창조의 시대에서 큐레이션의 시대로 이동하고 있다. 이것이 큐레이션된 환경이 오늘날 성공하는 이유이고, 우리가 인플루언서들을 보는 이유이다. 그들 각각은 자신의 분야에서 큐레이터인 셈"이라고 큐레이션 과정의 중요성을 강조했다.[11]

기존의 백화점과 가장 큰 차이점은 브랜드 혁신의 수준이 훨씬 높다는 점이다. 큐레이션 관점에서 '팔릴 것인가'라는 질문을 던지면 안전한 브랜드를 선택하게 되는 경향이 있지만, '과연 우리 고객에게 흥미로울 것인가'라는 관점에서 보면 훨씬 혁신적인 제품들을 선정하게 되기 때문이다.

이러한 전제조건을 충족하고 쇼필드 매장에 입점한 브랜드로는 브랜드 어셈블리(패션 및 라이프스타일), 그래비티 블랭킷(수면 용품), 에토스, GEM(영양제), 베터 네이처드(헤어 제품) 등이 있다. 이들은 모두 매우 혁신적인 제품이나 서비스와 강력한 미션 중심의 철학을 공유하고 있다.[12]

문화 공간

쇼필드는 더 로프트라고 이름 붙인 4층에서 세련된 바와 이벤트 공간처럼 브랜드 공간을 보완하는 여러 활동을 지원한다. 옥상 데크가 깔린 더 로프트에서는 낮에는 미술 전시회, 문화 행사, 음식과 음료와 요가 같은 커뮤니티 프로그램을 운영한다. 밤이 되면 이 공간은 창작자들을 위한 초대 전용 공간으로 변신한다. 많은 브랜드가 오프라인 출시 이벤트를 개최하기 위해 더 로프트를 이용하면서 이곳에 대한 관심이 증폭됐다.[13]

문화는 쇼필드에서는 브랜드만큼이나 중요한 요소이다. 즈비켈은 "전체 공간의 50%는 '쇼'를 위한 목적으로 사용되고 나머지 50%는 '필드'에 쓰인다."라며 "쇼 부분은 예술이 작용하는 곳, 경험이 있는 곳, 쇼필드만의 커뮤니티를 구축하는 곳이자 방문객들이 탐험가의 기분을 느낄 수 있는 공간이다. 그리고 필드 부분은 브랜드가 활동하는 공간으로 각 공간은 특정 브랜드를 중심으로 전체적인 경험을 할 수 있는 곳"이라고 설명했다.[14]

6개월마다 쇼와 필드는 완전히 바뀌고 새로운 쇼 큐레이션이 시작되면서, 새로 입주한 브랜드에 맞춰 달라진 이야기를 들려준다.

즈비켈은 "이러한 테마들을 이루고 있는 콘텐츠가 점점 더 정교해지고 있다."며 "이제는 인스타그램에 올릴 만한 순간을 넘어서는 것이 필요해지고 있다. 사람들은 좀 더 지적인 깊이가 있는 것을 찾기 때문"이라고 덧붙였다. 그는 2020년 미국 선거를 앞두고 유권자들에게 투표를 장려하기 위해 폴라로이드사와 레이브 보트가 쇼필드에서 공동으로 개최했던 이벤트를 예로 들었다. 이벤트 주최자들은 방문객들에게 폴라로이드 카메라로 사진을 찍어 투표를 하기로 한 개인적인 동기와 함께 행사장 내의 포토월에 게시하도록 요청했다.[15]

쇼필드는 하나코 벤처스, 스완 앤 레전드 벤처 파트너스, 레인폴 벤처스, 커뮤니타스 캐피털 및 리처드 겔펀드 등의 투자자로부터 2020년 11월까지 1,500만 달러의 자금을 조달했다. 동사는 2019년 3월에 매장을 출점하며 소비자들의 극찬을 받았으며 운영 첫 해에 10만 명 이상의 방문객이 매장을 찾았다. 입점한 브랜드들의 매출은 50% 이상 성장했으며, 그와 함께 특히 오피니언 리더들에 대한 인지도도 제고되었다.[17]

코로나를 통한 혁신

뉴욕의 다른 비필수 소매 매장과 마찬가지로, 쇼필드는 2020년 3월에 문을 닫을 수밖에 없었다. 그러나 동사는 록다운 기간 동안 디지털 기능을 가속화하고 가상 투어 및 온라인 예술 행사를 개최하며 이커머스 사업부를 개발하면서 영업을 지속할 수 있었다. 쇼필드의 신속하고 유연한 대응은 회사가 신규 브랜드를 유치하는 데 도움이 되었으며 이 덕분에 코로나 위기 이후 100개 이상의 브랜드를 유치할 수 있었다.[18]

2020년 7월에 매장을 다시 오픈하면서 쇼필드는 커브사이드 픽업과 같은 안전 서비스를 출시하고 '더 매직 완드'라는 앱을 런칭해 쇼핑객이 스마트폰만 들고 있으면 아무 것도 건드리지 않고도 매장을 돌아보고 제품 정보를 얻을 수 있으며, 오디오 투어를 즐기고 온라인으로 제품을 주문할 수 있도록 했다.

고객이 제품에 대한 추가 정보를 얻고 셀프 계산을 통해 제품 가격을 지불하며 집으로 배송할 온라인 품목을 주문할 수 있는 인터랙티브 터치스크린도 매장에 설치했다. 또한, 쇼필드는 브랜드 웹사이트 방문자가 버튼을 누르면 쇼필드 매장에 있는 브랜드 호스트와 대화할 수 있는 '고 라이브' 서비스를 제공하기도 했다.[19]

즈비켈은 "코로나 덕분에 오히려 환경이 더 좋아졌다."라며 "유연한 형태의 소매에 대한 기회가 그 어느 때보다도 커졌다. 예전에 우리는 주로 D2C 브랜드들을 타깃 고객층으로 삼았는데 코로나19 이후에는 아무도 타임스퀘어에서 4,500만 달러 규모의 새로운 임대 계약을 체결하려 하지 않는다. 그들이 원하는 것은 여전히 품위 있고 자신의 브랜드를 존중받을 수 있으면서도 리스크를 최소화한 매장 형태인데 그러한 사업 기회를 찾는 고객이라면 쇼필드는 최고의 선택이 될 것"이라고 자부했다.

또한 그는 회사에 대한 시장의 관심이 증가하고 있다며 "이미 계약을 논의하고 있는 브랜드에서부터 이러한 기류를 느끼고 있다. 예전 그 어느 때보다 많은 제안을 받고 있으며 전환 수준도 사상 최고이다. 계약을 갱신하겠다는 브랜드들도 증가했다. 지난 2주 동안 고객 브랜드들이 예전 수준 대비 두 배에 가까운 연장 계약을 체결했다."라고 덧붙였다.[20]

2020년 7월 초에 재개장한 후 쇼필드의 방문 고객 수는 양호한 회복세를 보였다. 2020년 말 마이애미에 2호점을 개점하는 등 확장 계획이 진행 중이며, 앞으로는 더 많은 신규 점포를 출점할 계

획이다. 쇼필드는 전 세계의 모든 주요 도시에 플래그십 스토어를 오픈하려 하고 있다.[21]

혁신적인 브랜드를 선별하고 유연한 임대 조건을 제시하며 극적이고 예술적인 경험을 제공하는 쇼필드의 컨셉은 소매 산업의 장기적인 미래에 절대적으로 적합한 방향이다. 아미르 즈비켈은 이를 두고 "쇼필드는 소매 산업에 발견이라는 개념을 다시 가져온 것"이라고 자평했다.[22]

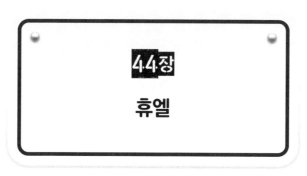

44장

휴엘

휴엘은 주로 온라인 채널을 통해 영양 식품 보조제를 판매하는 영국의 D2C 브랜드이다. 동사는 연쇄 창업가인 줄리안 헤른과 노련한 영양사인 제임스 콜리어에 의해 2015년 버킹엄셔 아일스버리에서 설립되었다.[1]

휴엘의 주력 제품은 휴대용 용기에 물이나 식물성 우유와 섞어서 섭취할 수 있는 분말 식품이다. 제품 성분으로는 귀리, 완두콩 단백질, 아마씨, 현미 단백질 및 주요 비타민과 미네랄이 혼합되어 있으며 딸기, 바나나, 초콜렛, 카푸치노와 민트 초콜렛 등의 맛을 제공하고 있다.[2]

동사의 브랜드 이름인 휴엘(Huel)은 '인간 연료(Human Fuel)'를 줄인 말로써, '동물과 환경에 미치는 영향을 최소화하면서 영양학적으로 완전하고 편리하며, 저렴한 식품을 만드는 것'이라는 비전을 지니고 있다. 이 제품은 원래 바쁜 사람들이 영양소를 챙겨 먹을 수 있도록 만들어졌다. 2020년 초에 헤른은 "우리의 핵심 고객은 사무실에서 일하며 주중에는 시간이 부족한 사람들이다. 이들은 출근길에 휴엘로 아침을 대신하거나 점심으로 책상 앞에서 휴엘을 먹고 저녁에는 예전과 같이 가족들과 식사를 할 수 있다."라며 "너무 오랫동안 우리가 식품의 영양학적인 가치가 아니라 맛을 기준으로 식사를 선택해 왔다."고 말한 바 있다.

또한 그는 "인류는 음식의 맛을 지나치게 발전시켜 왔기 때문에 음식을 갈망하고, 중독되며, 과도하게 소비하게 되었다."며 "대단한 과학적 지식이 필요한 것도 아닌데 사람들은 영양소를 너무 복잡하게 생각한다. 일반 소비자들도 영양소를 올바르게 섭취하기가 그리 어렵지 않다."라고 덧붙였다.[3]

휴엘은 매우 건강에 유익하며 브랜드가 린(역자 주: 시장의 변화에 따라 빠르게 유통을 변화시킴으로써 비용은 최소화하고 효율은 극대화하는 유통 전략) D2C 공급망을 활용하여 한 끼당 1.5달러의 비용으로 식사 대용식을 제공하므로 저렴하다. 따라서 휴엘은 예산은 빠듯하지만 건강에 관심이 많고, 헬스클럽에 다니는 밀레니얼 세대에게 매력적인 대안이다.[4]

사회적인 가치 추구

게다가 휴엘은 유당도 없고 채식이며 비GMO 식사이다. 이는 동물 복지와 환경을 생각하는 소비자에게 중요한 요소이다. 육류 및 유제품 산업은 인류가 소비하는 전체 칼로리의 18%만을 차지하고 있지만 세계 농축산업에서 발생하는 온실가스의 60%를 생성하

기 때문에 글로벌 생태계의 균형을 저해한다.[5]

영국에 거주하는 60만 명의 비건 채식주의자와 2,200만 명의 '플렉시테리언스(Flexitarians, 육류와 유제품 소비를 줄이려는 사람들)', 지구 온난화에 대해 우려하는 수백만 명의 사람들처럼 휴엘 같은 개념에 대한 수요자들은 실질적으로 존재한다.[6]

제품에 대한 강력한 지지를 바탕으로 하여 동사는 휴엘 레디 투드링크, 휴엘 바, 휴엘 그래놀라, 휴엘 핫앤세이버리 등 간편식으로 제품군을 확대하며 초고속 성장을 거듭하고 있다. 휴엘은 디지털 퍼포먼스 마케팅을 활용해 탄탄한 구매자 기반을 갖추면서 고객의 평생 가치를 제고하는 데 뛰어난 역량을 발휘해 왔다. 닷컴 스타트업 직원들 사이에서 유행하는 멋들어진 미니멀리스트 스타일 로고가 새겨진 휴엘 텀블러도 휴엘의 브랜딩에 큰 도움이 되었다.[7]

휴엘은 소셜 미디어를 활용하여 같은 가치관을 공유하는 열정 팔로워들을 모아 강력한 브랜드 커뮤니티를 구축했다. 동사는 온라인을 위주로 사업을 전개하고 있지만 팔로워들 사이의 소속감을 강화하기 위해 정기적으로 오프라인 이벤트도 열고 있다. 최근에는 런던에서 신제품 출시 행사를 열었는데 일부 열성 참가자들은 덴마크처럼 먼 지역에서 오기도 했다.[8]

이러한 열정은 브랜드 가치를 공유하는 휴엘의 임직원에게로 이어진다. 사무실 벽에 자랑스럽게 걸려 있는 '꼰대가 되지 말자.'는 슬로건처럼 휴엘의 조직 문화는 딱딱하지 않고 유머러스하다.[9]

휴엘은 비타민 에인절스라는 자선 단체와 함께 연간 3만 3,000명의 영양실조 아동에게 1년 치 휴엘 물량을 지원하는 등 강력한 기부 프로그램도 운영하고 있다. 비타민 에인절스는 영양실조에 걸릴 위험이 있는 5세 미만 어린이와 그 어머니에게 생명을 구하는 비타민을 지급하는 미국 자선 단체이다.[10]

훌리건

'훌리건(역자 주: 휴엘과 훌리건을 합친 말)'이라고 하는 휴엘의 충성 고객들 덕분에 휴엘은 전 세계에서 가장 많이 판매되는 완전 식품 브랜드로 성장했다. 동사는 글로벌 브랜드로 전환하는 초석으로서 2018년 10월 벤처 캐피털인 하이랜드 유럽으로부터 2,000만 파운드의 투자를 유치했다.[11]

휴엘의 2018~2019년 매출은 4,000만 파운드를 기록했는데, 그 해 동안 고객은 150% 증가했다. 2020년 초 기준으로, 동사는 전 세계 100개국에서 누적으로 1억 끼니를 판매했으며, 월 평균 150만 명의 고객이 휴엘의 제품을 이용하고 있다. 동사는 창업 첫 4년 중 3년 동안 흑자를 기록했으며 영국, 베를린, 로스앤젤레스 등지에 위치한 4개 지사에 100명의 직원이 근무하고 있다.[12]

코로나19가 발생하자, 식사 시간도 아껴가며 일하는 회사원들이 휴엘의 주요 고객층이라고 생각하던 창업자 줄리안 혜른은 "휴엘은 사람들이 이곳저곳 이동할 때 최적의 가치를 제공하는 식품이기에 록다운 상황에서 소비자들이 집에 있을 때 휴엘에 대한 수요가 유지될지 확신하지 못했다."라며 코로나19로 인해 제품 수요가 줄어들지도 모른다는 우려를 한 적이 있다고 회고했다. 그러나 막상 록다운 기간 중에도 휴엘의 정기 구매 모델은 호조를 보였고, 사람들이 온라인 쇼핑 비중을 늘리고 건강에 더 많은 관심을 보임에 따라 매출 성장은 오히려 가속화되었다. 헤른은 "우리는 D2C 브랜드이기 때문에 록다운 기간 중에도 영양가 있는 음식을 소비자의 집으로 바로 배송할 수 있었던 것이 주효한 요인"이라고 분석했다. 이러한 수요를 바탕으로 2020년 9월 휴엘은 2019~2020년 매출이 7,200만 파운드를 기록했다고 발표했는데, 이는 전년 대비 43% 증가한 수치로 5년 연속 매출 성장을 지속한 것이다. 현재의 성장 속도를 유지할 수 있다고 가정하면 동사의 2022년 기업 가치는 12억 5,000만 달러까지 증가할 것으로 예상된다.

휴엘은 짐샤크(40장 참고)와 같이 새로운 타깃 고객을 위해 매우 혁신적인 제품을 만들고, 새로운 채널과 마케팅 기업을 사용하여 매력적인 브랜드 스토리를 만들면 신규 브랜드가 얼마나 폭발적으로 성장하는지 잘 보여 주는 사례이다.[13] 동사는 퍼포먼스 마케팅을 사용하여 고객을 확보하고 반복 구매를 유도하는 구독 기반 사업 모델을 도입하여 고객의 평생 가치를 크게 높이고 있는 선도적인 업체이다. 다시 말해 휴엘은 소매상의 부활을 꾀하는 브랜드나 유통 업체들에게는 좋은 롤 모델이라 하겠다.

45장

라파

이 책에 설명된 여러 소매 기술을 사용하면서 고속 성장한 좋은 예로는 고급 사이클링 의류 및 액세서리 브랜드인 라파 레이싱이 있다. 2004년 런던에서 사이먼 모트람과 루크 셰이벨러에 의해 창업된 이 회사의 이름은 1960년대의 사이클링 팀인 라파에서 따왔는데, 그 근원을 더듬어 올라가면 식전주를 제조하는 회사인 세인트 라파엘에서 유래했다.[1]

단순한 사이클링 의류 브랜드 이상의 그 무언가

라파의 비전은 단순한 의류 판매를 넘어서, 로드 사이클링을 세계에서 가장 인기 있는 스포츠로 만드는 것이다. 라파는 이 목표를 매우 진지하게 추구하고 있다. 이들은 도핑 스캔들 이후 사이클링 스포츠의 명성을 회복하고, 팬들이 경기에 흥미를 가질 수 있도록 개선하고, 프로 사이클링 경기의 수익성을 제고하는 등 10가지

주제에 대한 사이클링 스포츠의 미래를 위한 로드맵을 그려 내는 데 많은 노력을 쏟았다.[2]

라파는 레이싱에 대한 자신들의 헌신을 자랑스럽게 여긴다. 먼저 2005년부터 2012년까지 영국 UCI 콘티넨털 팀 라파콘도르를 후원했고, 이후 2012년부터 2016년까지 팀 스카이에게 의류를 후원했다. 팀 스카이의 멤버인 브래들리 위긴스와 크리스 프룸은 이 기간 동안 4번의 투르 드 프랑스 대회(프랑스에서 열리는 세계 프로 도로 사이클 경기)에서 우승했다. 라파 재단은 잘 알려지지 않은 커뮤니티에 소속된 차세대 라이더나 선수에게 영감을 주고 힘을 실어 주며 지원을 아끼지 않는 10개의 단체를 선정하여 자금을 기부하고 있다. 라파 재단의 연간 기부 금액은 150만 달러에 달한다.[3]

동사의 전직원은 사이클링 스포츠 팬이며 매주 수요일 아침마다 팀 전체가 함께 라이딩을 하러 나간다. 회사는 직원들에게 '스포츠를 삶의 일부로 여기며 사랑하라.', '다른 사람들에게 영감을 주고 본보기로서 이끌라.', '그저 괜찮은 수준으로는 충분하지 않다. 더 고민하라.', '스스로 생각하고 항상 능동적으로 행동하라.' 등의 가치를 공유하도록 권장한다. 런던에 위치한 라파 본사에는 내부 '클럽하우스'가 있다. 이곳에서는 하루종일 레이싱 경기 중계를 스크린에 띄워 놓고, 바리스타가 무료 커피를 제공하며, 정비사는 사내 자전거 워크숍에서 자전거를 수리한다.[4]

함께 하는 즐거움

라파의 성공 비결은 매우 강한 브랜드 커뮤니티를 구축할 수 있었던 덕분이었다. 다른 사이클 매장과 마찬가지로 라파 매장에서도 사이클링 키트를 판매하지만, 이것이 라파 브랜드를 특별하게 만든 것이 아니다. 라파의 정신은 투어와 이야기 등 라이딩에서 파생되는 모든 즐거움을 공유하는 데 있다. 사이클링에 대한 열정으로 직원과 고객은 하나가 된다.

이러한 열정을 충족시키기 위해 회사는 라파 사이클링 클럽을 창설했다. 이 클럽은 매주 수백 개의 라이드, 경로 및 그룹 채팅을 제공하는 사용성이 뛰어난 앱을 통해 연결된, 같은 취미로 묶인 열정적인 사이클리스트와 라이더 리더 1만 3,000명 이상으로 구성된 글로벌 네트워크이다. 이 책을 집필하는 현재 기준 연회비는 70파운드이며 다양한 혜택을 제공한다. 회원들은 세계에서 가장 유명한 '장거리 단체 라이딩'를 포함하여 연중 내내 라이딩 이벤트에 참여할 수 있으며 클럽에서는 큐레이션된 경로와 친목 주말 라이딩을 주최한다. 또한 회원 대상으로 독점 제품, 특별 프로모션 및 저렴한 자전거 대여 서비스도 제공한다.[5]

라파의 최고 소매 및 개발 책임자인 캐롤라인 크로스웰에 따르면 라파가 다른 소매업체들과 차별화될 수 있는 요소는 바로 커뮤니티 정신이다. 크로스웰은 "많은 회사들이 커머스와 커뮤니티의 균형에 대해 이야기하지만 우리는 무조건 커뮤니티를 우선시한다. 우리는 고객들에게 승차감은 어땠는지, 또는 제품에 대한 경험이 어땠는지를 묻는다. 고객들에게 제품을 팔려고 따로 애쓸 필요가 없다. 고객과 먼저 관계를 맺으면 매출은 자연스럽게 따라오기 때문"이라고 설명했다.[6]

커뮤니티는 제품 혁신에도 기여한다. 힘든 오르막길 중간에서 쉽게 찾을 수 있는 '오자 링' 지퍼 고리, 장갑 엄지 뒷면의 땀 닦는 패드, 추운 아침 라이드를 위한 웨어러블 발열 기술 등 고객이 라이드를 할 때 경험했던 문제를 브랜드의 팀과 함께 해결하면서 새로운 아이디어들이 샘솟는다.[7]

클럽하우스

라파의 매출은 온라인 채널을 중심으로 이루어지는데, 매출의 3분의 2가 100개국 이상의 국가에서 제품을 판매하는 웹사이트를 통해 이루어진다. 그러나 창업자인 사이먼 모트람은 처음부터 오프라인 매장은 판매 채널이 아닌 경험 채널로서 잠재력을 지니고 있다고 판단했다. 그는 라파의 매장을 '클럽하우스'로 디자인하여 사이클링에 대한 브랜드의 헌신과 열정을 물리적으로 구현했다. 이는 기존의 매장들과 마찬가지로 공동체의 회원들이 모이는 사교의 장이었다. 클럽하우스의 핵심은 회원들에게 무료 커피를 제공하는 매장 내 카페이다. 사이클링 애호가들은 자연스럽게 자신의 지역 내 라파 클럽하우스에서 만나 커피를 마시며 투어를 계획하고, 그곳에서 자신과 비슷한 라파의 열성 고객과 교류하면서 장비나 현지 라이드에 대한 조언을 얻는다. 라파는 전 세계에 23개의 클럽하우스를 운영하고 있으며 주요 경주 행사가 있을 때는 이동식 클럽하우스를 운영하기도 한다. 이곳은 라이브 이벤트를 보여 주는 대형 스크린, 주요 팀에 대한 서적, 과거 유명 우승자들의 골동품 의상이 전시되는 등 레이싱 세계의 성지가 되었다.[8]

크로스웰은 라파 브랜드 유니버스에서 오프라인 매장이 중요한 역할을 담당하고 있다는 사실을 강조한다. 처음 회사에 합류했을 때 크로스웰은 전체 수익의 10%에 남짓한 카페가 매장 공간의 50%를 차지하는 불합리함에 의문을 가졌다. 그러나 한 수요일 오전에 40명의 회원들이 커피를 마시기 위해 모여든 것을 보고 하나의 깨달음을 얻을 수 있었다. 그녀는 "혼란 그 자체였다. 모든 사람이 큰 소리로 떠들고 헬멧은 아무 데나 놓여 있고 카페는 엄청나게 붐볐다. 그러다가 '이것이 라파의 최선의 모습'이라는 생각이 들었다."라며 "클럽하우스는 커뮤니티를 하나로 묶어 주는 일종의 접착제인 셈이다. 커뮤니티가 주는 감정적인 연결고리가 없다면 제품을 판매한다는 것은 단순히 얼마나 싼 가격에 팔 수 있느냐는 문제에 불과하다는 사실을 깨닫게 된 것이다."라고 회고했다.[9]

매장 출점을 고려할 때, 매출만이 판단 기준은 아니다. 대신 이들은 각 매장을 지역의 '허브'로 보고 매장 자체를 통해서든 웹사이트를 통해서든 해당 지역에서 갖는 모든 관계의 가치를 살핀다. 매장 자체의 실적은 미미하더라도 지역 관계의 전반적인 가치가 긍정적이라면 회사는 만족한다.[10]

사이클링의 인기는 지난 20년 동안 높아져 왔다. 영국을 예로 들면 1998년에는 인기있는 스포츠 순위 10위권 밖이었지만 2019년에는 4위를 차지했으며 현재는 600만 명 이상의 사람들이 정기적으로 자전거를 타고 있다. 시장을 선도하는 전략에 힘입어 라파의 매출은 사이클링 붐을 타고 급격히 성장하여 2010년에 200만 파운드를 기록했던 매출이 2016~2017년에는 6,700만 파운드로 증가했고 450만 파운드의 순이익을 기록했다. 2017년 8월, 라파는 월마트 슈퍼마켓 체인 창업자의 손자인 스튜어트와 톰 월튼이 설립한 투자 펀드인 RZC에 2억 파운드에 인수되었다.[11]

팬데믹 속에서의 질주

2020년 코로나 사태가 터졌을 때, 라파는 처음에는 걱정을 했지만 매장이 문을 닫는 동안에도 브랜드를 저버리지 않은 충성스러운 커뮤니티 덕분에 위기를 잘 헤쳐 나갈 수 있었다. 라파는 록다운 기간 동안 클릭 앤 콜렉트 서비스, 버추얼 요가 세션, 줌 소셜 미팅과 라이딩 리더들이 다양한 장소에 빈 물병에 상품을 숨기고 각 지역의 라이더들에게 상품을 찾을 수 있는 단서를 제공하는 온라인 보물 찾기 등의 이벤트를 개최하며 커뮤니티와의 관계를 이어나갔다.[12]

록다운 기간 동안 사이클링에 대한 관심이 폭발적으로 증가하면서 주로 온라인 채널을 통해 신규 고객이 50% 증가했다. 사이클링에 익숙하지 않은 신규 고객들이 유입되면서, 라파는 내부 튜브를 교체하는 법 등의 기본 사항에 대한 온라인 세션을 개최하는 등 고객에 대한 접근 방식을 수정했다. 당시 그들은 이 관심이 일시적인 것인지 궁금해했지만 록다운 시행 이후 신규 고객과의 관계는 오히려 깊어졌다. 많은 신규 고객들은 기본 키트를 구매하면서 발을 들여놓았지만 나중에는 더 발전된 제품을 구입하는 소비자로 진화했다. 그 결과 온라인 판매가 코로나19 이후 두 배로 성장하며 라파는 위기를 극복할 수 있었다.[13]

현재 동사는 온라인 데이터베이스를 매장 POS 시스템과 통합했기 때문에 고객 관계를 전체적으로 파악할 수 있다. 캐롤라인 크로스웰에 따르면 고객 데이터를 분석해 보면 개별 관계는 상당히 흥미로운 결과를 보여 주고 있다. 예를 들어, 한 고객은 워싱턴주에 있는 라파 클럽하우스에 매일 커피를 마시러 방문했지만 매장에서 아무 것도 구매하지 않았다. 하지만 온라인 데이터베이스를 통합해서 분석해 보니 그는 온라인에서 모든 제품을 구매하고 있었고, 지역 내 최고 매출을 올리는 고객이었다. 이는 각 고객의 개별 브랜드 내에서의 경로를 완벽하게 파악하는 것이 얼마나 중요한지 보여 주는 단적인 예이다.[14]

라파의 성공은 단순히 물건을 판매하는 것 이상의 비전을 가진 브랜드의 힘을 보여 준다. 또한 그러한 비전이 어떻게 회사의 직원과 고객을 열정적인 커뮤니티로 통합할 수 있는지, 그리고 오프라인 공간을 활용하여 커뮤니티를 결집시키고 동기를 부여할 수 있는지를 잘 보여 준다. 마지막으로, 우리가 살펴 본 다른 사례와 마찬가지로 직원과 고객 간의 일상적인 상호작용에서 어떻게 높은 수준의 혁신을 만들어 낼 수 있는지 또한 볼 수 있다. 이와 같은 전략을 채택함으로써 브랜드나 소매업계는 코로나 이후의 세계에서 새로운 방향을 모색하고 다가오는 소매 산업의 회복에 기여할 수 있을 것이다.

46장
서던 코옵

협동조합 운동은 19세기 영국에서 산업혁명 이후 자본가들의 부의 독점을 막기 위해 시작되었다. 지역 사람들로 이루어진 단체는 구성원들이 공정하게 거래를 할 수 있도록 자체 사업을 시작했다. 서던 코옵은 런던 남동부 울위치 부두에서 포츠머스 부두로 이전한 조선소 노동자들에 의해 창설되었다. 1872년 12월, 30명이 공청회에 참석했고 각 지역의 협동조합 설립을 위해 5실링씩 지불하기로 합의했다.

5개월간의 노력과 상세한 계획 끝에 포츠머스의 찰스 스트리트에 첫 번째 상점이 문을 열었다. 시작은 이처럼 초라했지만 2020년 기준 서던 코옵은 202개의 식품 매장과 서브 브랜드인 웰컴으로 운영되는 39개의 프랜차이즈 식품점, 58개의 장례식장, 2개의 화장터, 매장 묘지 및 28개의 스타벅스 프랜차이즈 커피숍을 운영하는 대형 사업체로 거듭났다.[1]

조합원들의 집단 소유권

서던 코옵의 조합원 수는 14만 명 이상으로, 이들은 집단적으로 조합을 소유하고 있다. 조합원은 1파운드만 지불하면 조합원으로 등록할 수 있으며, 대주주가 절대적인 권한을 행사하는 주식회사와는 달리 모든 조합원들은 정기 주주 총회 때 동등한 발언권을 가진다. 서던 코옵은 부채도 없기 때문에 대형 채권자의 잠재적인 압력으로부터도 자유롭다.[2]

매년 주주총회에서 경영진은 한 해 동안의 사업 실적, 재투자 금액 집행안, 배당할 수 있는 이익 등을 조합원들에게 공유한다. 조합원들은 경영진의 안건을 승인하고 협동조합 및 제휴 파트너에 대한 출자 금액에 비례하여 배당을 받는다.[3]

협동조합을 볼 때 흥미로운 점은 이들은 소매 산업 전체적인 업황 둔화를 이겨 내고 있다는 것이다. 코로나19 위기 전인 2019~2020년 매출액은 3.5% 성장하며 전년 수준 이상의 실적을 기록했다.[4]

이익에 우선하는 가치

이 수치를 분석해 보면 대부분의 소매 기업과 상당한 차이가 있음을 알 수 있으며, 이는 다른 매장 업주들에게 교훈을 줄 수 있다. 핵심적인 원인은 서던 코옵이 '이익에 우선하는 가치'라고 부르는 것, 즉 지속 가능한 사업 관행과 조합원, 파트너 및 사업이 운영되는 지역 또는 커뮤니티를 변화시킬 수 있는 비전을 지향한다는 점이다.[5]

구성원들을 지원하기 위해 설립된 조직이라는 목적에 걸맞게, 서던 코옵은 특히 지역 사회와 긴밀한 관계를 유지하기 위해 노력한다. '러브 유어 네이버후드'라는 프로그램이 있는데, 이 프로그램은 각 매장이 지역 단체에 참여하도록 장려하고 있으며 2019~2020년에는 지역 사회에 140만 파운드를 기부했다. 협동조합의 기부가 많은 기업들의 '기빙 백' 프로그램과 차별화되는 부분은 바로 이 지역주의이다. 대기업들은 단시간에 큰 홍보 효과를 얻기 위해 유명한 국가 자선 단체에 거액을 기부하는 반면, 코옵의 지역 사회 환원 프로그램은 덜 화려하지만 현지인들이 직접 참여하기 때문에 더 효과적이다. 이는 돈을 기부하는 데 그치지 않고, 지역의 협동조합 팀들이 자신의 시간과 기술을 기여하는 방식으로 이루어진다.[6]

조합원들은 제품 개발, 마케팅, 재무 분석, 건축 서비스 등 자신이 보유한 기술을 활용하여 지역 사업체나 자선 단체를 도왔다. 서던 코옵의 지속 가능성 및 커뮤니케이션 이사인 젬마 레이시는 "우리는 우리가 가진 모든 수단을 사용하여 지역 사회와 그 구성원을 위해 우리가 추구하는 가치에 대해 생각한다. 우리가 기부하는 기금, 우리가 후원하는 모금 행사, 우리 조합원들이 봉사하는 시간이나 기부할 수 있는 기술들을 말이다."라고 자부했다.[7]

서던 코옵의 조직은 사업 계획을 짤 때 UN의 지속 가능한 개발 목표를 전략적 로드맵으로 사용하고 있으며 지속 가능한 커뮤니티, 책임 있는 소비와 생산, 기후 행동 등 자신들이 가장 큰 영향을 미칠 수 있다고 생각하는 영역들을 선별한다. 이들은 지속 가능한 구매, 제품 포장 변경, 현지 소싱 등의 행동을 취하면서 이러한 가치에 동참하고 있으며 최신 기후 과학에서 제시한 새로운 탄소 배출 목표를 설정했다.[8]

지역 사회 환원

서던 코옵은 지역 식품 생산을 장려하기 위해 많은 노력을 기울이고 있다. '로컬 플레이버'라는 프로그램이 있는데, 이 프로그램은 재배자들이 네트워크를 통해 선별된 매장에서 제품을 판매할 수 있도록 지원하고, 내추럴 파트너십과 협력하여 서섹스 푸드 앤 드링크 어워드의 '식품 생산자' 카테고리를 후원한다. 이 상은 지역 기업가들이 신제품을 개발하도록 격려하는 역할을 하며, 서던 코옵은 이들이 생산한 식품을 판매할 수 있는 방법에 대해 여러 조언을 해 준다.

또한 서던 코옵은 69개 점포의 푸드 뱅크 주요 후원자이다. 예를 들어, 와이트 섬의 프레시워터에 있는 매장은 리얼 정크 푸드 프로젝트와 제휴하고 있으며, 호트머스에서는 도움이 필요한 사람들을 위해 무료로 식사를 제공해 주는 포츠머스 푸드 사이클에 세 개의 매장이 참여하고 있다. 이들은 다른 방식으로도 지역 사회 단체를 돕는다. 예를 들어 좀도둑질의 경우에는 단순히 치안 문제로 치부하기보다는 사람들이 범죄를 저지르게 하는 더 근본적인 원인을 해결하고자 한다. 이를 위해 서던 코옵은 직업 기술을 개발하거나 개인적인 장벽을 극복하여 범죄로부터 벗어나도록 돕는 지역 자선 단체를 지원하는 '세이퍼 네이버후드' 펀드를 조성하는 데 10만 파운드를 기부했다. 이와 관련하여 지역 범죄, 마약 및 알코올 중독, 노숙자 문제 해결에 주력하는 자선 단체인 세인트 제임스 협회와의 파트너십으로 2020년 비즈니스 자선 어워드에서 수상했다. 서던 코옵은 취약계층 성인들에게 기회를 제공하는 포츠머스의 자선 단체인 '카페 인 더 파크' 프로젝트와 협업했다. 협력의 일환으로, 지역 주민들이 바우처 제도를 통해 노숙자를 도울 수 있도록 하는 '페이 잇 포워드'라는 프로그램을 시작했다.[10]

팬데믹 상황 속의 생명줄

코로나19의 출현은 지역 커뮤니티 시설의 취약점을 노출시켰고, 이에 따라 서던 코옵의 지원 활동이 한층 중요해졌다. 푸드 뱅크와 같은 서비스는 위기 기간 동안 많은 취약 계층의 사람들에게 중요한 생명줄이 되었다. 대부분 비영리 자선 단체의 자금이 말라갔기 때문에 수익을 내는 사업체의 도움에 대한 의존도가 높아졌다. 봉사 활동 프로그램을 운영하고 있었던 조합은 코로나 위기에 대응할 수 있는 자원이 있었고, 지역 사회는 서던 코옵의 활동을 높이 평가했다.

서던 코옵의 조합장인 마크 랄프는 지역 사회에 대한 자신들만의 기부 활동을 "잘 작동할 때는 훌륭한 힘을 발휘한다. 우리는 많은 고객들의 삶에서 아주 중요한 위치를 차지하고 있다. 고객들은 우리 조합원들과 교류하는 것을 좋아한다."라고 요약했다.[11] 젬마레이시는 "고객들 중 일부, 특히 나이 든 사람들은 우리와 만나는 것이 사회적 접점의 전부인 경우가 있다. 가게에서 일하는 많은 동료들은 그 사람들의 이름을 모두 알고 있고 그들을 돌봐 주는 관계를 맺을 것이다. 어떤 고객을 일정 기간 동안 못 만나게 되면, 그 사람이 잘 지내고 있는지 확인할 것이다."라고 덧붙였다.[12]

조합은 근로자의 복지에도 큰 관심을 기울인다. 예를 들어, 서던 코옵은 첫번째 록다운 기간 동안 자신의 위험을 감수하고 고객을 응대하는 직원들의 용기에 감사를 표하기 위해 추가 보너스를 지급했다. 또한 직원과 고객 모두를 위해 보다 안전한 환경을 조성하기 위해 100만 파운드를 투자했다.[13]

서던 코옵은 채용 과정에서 지원자들에게 자신이 추구하는 가치에 대해 이야기를 하는데, 이러한 과정을 통해 단순히 월급을 버는 것보다 사회적인 가치를 실현하는 데 더 관심이 있는 사람들을 끌어들일 수 있다고 생각한다. 12장에서 보았듯 소비자들은 만연한 개인주의와 피상적인 브랜드 이미지에서 벗어나 투명성과 사회 환원, 그리고 커뮤니티를 지향하기 시작했다. 조합원들의 집단 소유를 인정하고 지역사회 봉사에 집중하는 서던 코옵의 독특한 접근 방식은 이러한 새로운 시대정신과 잘 부합되는 것 같다. 마크 랄프는 "우리의 주요 고객층은 우리를 '기업'으로 보지 않는다. 우리는 지역 사회의 일원이다."라고 말했다.[14]

조합이 지역 사회에 보이는 충성도는 반대로 지역 사회 주민들이 이 조합의 소매 사업에 대해 보여 주는 충성도로 보상 받은 것으로 보인다. 이는 코로나19 위기 속에서도 조합이 꾸준히 좋은 성과를 낸 데서 드러난다. 2020년 6월 재무성과를 보면 연간 목표를 초과 달성하고 있다는 사실을 알 수 있는데 코로나 상황임을 감안하면 놀라운 성과이다. 코로나 이후의 경제에 여러 난관이 있겠지만, 서던 코옵은 자신들이 추구하는 가치가 미래에도 조합을 유지하도록 도와줄 것으로 확신한다.[15]

　서던 코옵은 난관으로 가득 찬 포스트 코로나 시대에 앞으로 나아갈 길을 찾고 있는 기업들이 참고할 만한 롤모델이다. 사람들의 소득이 줄어들고 지역 사회에서 재택근무를 하는 인구가 많아지는 상황에서 거대한 쇼핑몰과 교외의 메가 마트가 성장하기 전에 존재했던, 보다 전통적이고 서로 연결된 사회로 회귀할 수 있는 기회가 생겼다. 누가 더 싼 가격에 물건을 파느냐가 아니라 개인적으로 관계를 맺고 서로 도와주는 것이 중요했던 그 시대 말이다.

47장
보노보스

2007년 스탠포드 비즈니스 스쿨 학생인 앤디 던과 브라이언 스페일리가 설립한 프리미엄 남성복 브랜드인 보노보스는 지난 15년 동안 창업된 가장 혁신적인 기업 중 하나이다. 우리는 이 기업의 혁신적인 매장 및 고객 서비스 전략에 대해서 18장과 32장에서 다룬 바 있다.[1] 창업자인 브라이언 스페일리는 대학에 다니는 동안 구부러진 허리띠, 미디엄 라이즈, 맞춤형 허벅지가 있는 새로운 스타일의 바지를 발명했다. 친구였던 앤디 던은 그 바지를 입어 보았고 핏에 반해 제품 홍보를 돕기로 결정했다. 그 바지는 다른 학생들 사이에서 엄청나게 인기를 끌었고 심지어 학생들이 캠퍼스 나무 뒤에서 바지를 입어 보고 던과 스페일리에게 현금으로 가격을 지불하기도 했다. 이러한 수요를 실감하면서 두 친구는 졸업 후에 취직하지 않고 보노보스를 확장하는 데 경력을 투자한다는, 다소 리스크 있는 결정을 내렸다. 돌이켜 보면 앤디 던은 사업의 초기부터 탁월한 제품을 갖는 것이 얼마나 중요한지를 잘 알고 있었던 것이다. "고객들은 회사에서 많은 것들을 찾지 않는다. 고객이 원하는 단 한 가지만 있으면 된다. 제대로 된 것 한 가지만 훌륭하게 만들면 된다." 두 명의 창업자는 에인절 투자인인 앤디 레일레프(웰스프론트의 CEO)와 조엘 피터슨(제트블루 회장)에게서 투자를 받았는데, 던은 스탠퍼드에서 이 두 명의 강의를 모두 수강했던 적이 있었다.[2]

외부인의 관점

던은 어떻게 외부인의 관점에서 완벽한 남성복 브랜드를 디자인할 수 있는지에 대한 질문에 "나는 패션 회사의 CEO에 정말 어울리지 않는 사람이다. 매장에 있을 때면 영혼이 빠져나가는 것 같다."라고 대답했다.[3]

그래서 온라인으로 의류를 판매하기 어렵다는 당시 대다수의 견해에도 불구하고 그는 보노보스의 사업을 D2C 방식으로 확장하기로 결정했다. 그는 소비자들의 의류 구매 채널이 곧 바뀔 것이라는 느낌을 받았다. 매장에 와서 쇼핑하는 것을 특별히 좋아하지 않는 자신 같은 남성들은 기꺼이 온라인으로 옷을 살 것이라고 생각했기 때문이다. 그는 또한 데이터와 개인화 마케팅을 기반으로 보노보스에 대한 입소문을 퍼뜨리고 고객과 새로운 유형의 상호작용 관계를 구축할 수 있는 페이스북이나 트위터 같은 새로 출시된 소셜 미디어 사이트의 잠재력을 보았다. 그러므로 그는 제품 라인을 다른 남성복 카테고리로 확장하면서 새로운 제품 디자인에 관한 고객 피드백을 적극 수용했다.[4]

소비자들의 열광

던의 이러한 행동들은 브랜드 커뮤니티의 강한 지지를 받았다. 많은 초기 고객들이 보노보스에 엄청나게 열광했다. 2010년 타임지에는 미네아폴리스에 거주하는 재무 애널리스트이자 보노보스 브랜드 바지를 19개나 구입한 트로이 후퍼라는 사람의 인터뷰 기사가 실렸다. 그는 이 인터뷰를 통해 일주일에 여러 번 보노보스의 직원들과 이메일이나 트윗을 주고받는다고 말했다. "보노보스 직원들이 이제는 내 친구처럼 느껴진다. 나는 단지 고객일 뿐인데도 마치 제가 회사의 일원인 것처럼 느끼게 해준다."[5]

이처럼 강한 커뮤니티를 형성하는 것 외에도 보노보스는 저렴한 매체인 인터넷의 힘을 이용하여 럭셔리 제품을 합리적인 가격에 판매했다. 유통 과정의 마진을 제거할 수 있었기 때문에 보노보스는 랄프 로렌에서는 170달러 이상에 팔 법한 고급 치노 팬츠를 약 90달러의 가격에 판매할 수 있었다.[6]

보노보스는 또한 광고를 통해 새로운 감성을 구현했다. 2018년 캠페인 '#evolvethedefinition'은 남성들이 강인함과 공격성이 남자답다는 구시대적인 개념에서 벗어나야 한다고 촉구했다. 광고 대행사인 오브저버토리의 크리에이티브 디렉터인 조셉 사로핌은 "'남성적이다'라는 표현이 제한적이고 해로운 의미를 내포한다는 점을 인식하면서, 우리는 이 남성답다는 개념이 고객사인 보노보스의 브랜드 컨셉, 즉 모든 남성에게 어울리는 옷을 만든다는 비전에 정면으로 배치된다는 점을 알게 되었다."라고 말했다.[7]

고객들은 보노보스에 열광하며 온라인 커뮤니티에 바이럴 효과를 일으켰다. 보노보스는 친구를 소개하는 고객에게 50달러의 적립금을 제공했고, 지인의 추천을 받고 제품을 구매하는 고객이 절반을 넘게 되었다. 앞서 소개한 열성팬 트로이 후퍼의 경우 혼자 8명의 친구를 보노보스에 소개했다.[8]

획기적인 아이디어

온라인으로 사업을 성장시킨지 5년이 지나자 앤디 던은 오프라인 매장을 열자는 역발상적인 아이디어를 냈다. 이는 브랜드에 충성하는 D2C 매니아 고객층에게는 일종의 이단처럼 보였다. 던 본인조차도 이 아이디어 실행 초기에는 오프라인 매장이 쓸모없어지고 있다고 여겼다. 하지만 일부 고객을 회사에 초청해서 샘플을 입어보라고 하고 난 뒤 생각을 바꿨다. 수백 명의 고객에게 보노보스의 사무실을 방문해서 와이셔츠 신제품의 피팅을 해 보라고 초대했다. 던의 회상에 따르면 사무실에 온 고객들은 다른 제품도 입어보고 싶어 했으며 제품들을 '미친 듯이 구매하기' 시작했다.[9]

그는 브랜드 초기에 그러했듯 고객과의 물리적 접촉이 매우 중요하다고 느꼈다. 그러나 그는 매장이라는 개념을 전혀 다르게 재해석하기 시작했다. 즉, 매장은 판매용 물건을 갖다 놓는 곳이 아니라 고객이 올바른 방식으로 브랜드를 접하게 하는 데 집중해야 한다는 것이었다.

2012년, 던은 뉴욕에 '가이드숍'이라는 쇼룸을 열었다. 이 쇼룸은 판매를 위한 매장이 아니라 이름에서 알 수 있듯이 잠재 고객들에게 브랜드의 '가이드 투어'를 제공하는 장소였다. 우리는 18장에서 가이드숍이 어떤 식으로 운영되는지 이미 살펴보았다. '닌자'로 불리는 수준 높은 퍼스널 쇼퍼가 한 시간 단위로 예약을 받아 고객들에게 커피나 와인을 먼저 제공하고 옷에 대한 고객의 니즈와 취향을 탐색한다. 편안한 의자와 피팅룸도 제공된다. 예약 시간이 끝나고 고객이 제품을 구매하고 싶으면 웹사이트에 로그인해서 구매하면 된다. 결제가 끝나면 며칠 내 제품이 직접 집으로 배송될 것이다. 하지만 고객이 굳이 구매를 하지 않아도 괜찮다. 중요한 점은 고객이 브랜드와의 첫 경험을 훌륭하게 마치는 것이기 때문이다.[10]

고객의 취향을 파악하고 다양한 제품을 피팅하도록 하는 데 시간을 투자하면서 보노보스는 개별 고객에게 향후 온라인 마케팅을 할 때 이용할 수 있는 풍부한 고객 정보를 수집할 수 있었다. 보노보스는 고객에게 알맞은 핏을 찾는 데 투자를 한 대가로 앞으로 온라인에서 제품을 구매할 충성도 높은 고객을 확보하고 잘못된 사이즈로 인한 반품이 줄어들기를 바랐다.

무재고 개념은 매장 직원들에게도 희소식이었다. 상자를 풀고, 제품에 태그를 붙이고, 재고를 파악하는 무가치한 일에서 해방되면서 업무의 성격이 바뀌고 훨씬 더 즐거워졌기 때문이었다. 여기에 더해 '닌자들'에게는 높은 보수와 성과 연동 보상이 주어졌으므로 세련된 취향을 가진 사람들이 보노보스의 쇼룸에서 일하기 위해 지원했다. 가이드숍은 대성공이었고 회사는 이를 빠르게 확대하여 2020년에는 미국 전역의 번화가에 62개의 쇼룸을 오픈했다. 보노보스 전체 매출은 초창기인 2007년 10만 달러에서 2013년에는 6,900만 달러 이상으로 빠르게 성장했다.[11]

성장과 M&A

보노보스는 2008년에서 2014년 사이에 몇 차례 성공적인 자금 조달을 완료했으며 액셀 파트너스, 라이트스피드 벤처 파트너스, 포러너 벤처스, 글린 캐피털, 무스 파트너스와 백화점을 운영하는 노드스트롬 등의 투자자로부터 총 1억 2,800만 달러의 투자를 유치했다. 사업은 계속해서 빠르게 확장되었고 2015년에는 백만 번째 치노 팬츠 판매를 축하했다. 동사는 2016년까지 1억 달러 이상의 매출을 올렸고 월마트의 이커머스 운영 책임자이자 CEO였던 마크 로어는 던에게 보노보스를 인수하겠다고 제안했다.[12]

월마트는 2016년 창업자인 로어와 함께 제트닷컴을 인수하고 이후 2017년 3월에는 D2C 여성 의류 브랜드인 모드클로스를 인수하면서 온라인 비즈니스에 막대한 투자를 하고 있었다. 보노보스는 이 전략에 딱 들어맞는 대상이었으며, 더 큰 기업이 활용할 수 있는 귀중한 인사이트를 가져다 줄 것이었다. 2016년 6월, 월마트는 3억 1,000만 달러를 현금으로 지불하고 보노보스를 인수했다.[13]

보노보스의 성공 스토리는 제품 혁신, 고품질 제품을 온라인에서 합리적인 가격에 판매하는 전략, 개인화된 마케팅 사용, 소셜 미디어를 활용한 강력한 브랜드 커뮤니티 구축 등 이 책에서 다루고 있는 많은 전략을 잘 보여 준다. 또한 앤디 던은 디지털 네이티브 세계에서 강력한 온라인 비즈니스를 보조하는 경험적 소매 매장의 잠재력을 확인한 선구자이다. 그가 출시한 '가이드숍'은 매우 실질적인 의미에서 소매 산업이 코로나19의 그늘에서 벗어날 때의 미래를 보여 주는 길잡이이다.

나이키는 '저스트 두 잇'이라는 유명한 슬로건으로 잘 알려진 브랜드이다. 이 슬로건은 변명은 그만두고 일어나서 행동을 하라는 나이키의 정신이다. 나이키의 대담함은 2017년 6월 15일 당시 CEO 였던 마크 파커가 놀라운 발표를 통해 선명히 드러났다. 그는 '소비자 직접 공략'이라고 이름 붙인 급진적인 새 전략을 발표했다. 이는 나이키가 5년에 걸쳐 B2B 브랜드에서 D2C 브랜드로 변모하겠다는 선언이었다. 정량적인 목표로는 2017년에는 15%였던 나이키의 이커머스 매출 비중을 2022년에는 30%까지 확대하겠다고 밝혔다. 이는 야심만만한 목표이기는 했지만, 그 자체로 급진적인 것은 전혀 아니었다.[1]

고육지계

파커의 선언에서 급진적이었던 부분은 나이키가 30,000개의 소매 파트너와의 관계를 '전략적으로 철수'하고 '나이키 브랜드를 차별화할 수 있는 우월한 고객 경험, 고품질의 서비스와 스토리텔링'을 할 수 있는 글로벌 상위 40개의 소매 파트너에 집중하겠다는 것이었다. 이는 메이저 브랜드가 소매 산업의 하락세를 벗어나기 위해 고육지계를 실행한 첫 번째 사례이다.[2]

풋 라커, 딕스 스포팅 굿즈, 피니시 라인, JD스포츠, 노드스트롬과 같은 주요 소매업체와 T몰이나 칼란도 등의 주요 온라인 업체들이 40개의 파트너 안에 들었지만, 대부분의 기존 파트너들은 기준을 통과하지 못했다는 소문이 돌았다. 나이키는 5년에 걸쳐 소매 파트너를 정리할 계획이었고 일부 소규모 업체들은 폐업하게 될 것으로 예상되었다. 나이키 브랜드 회장인 트레버 에드워즈는 "차별화되지 않은 평범한 소매업체는 살아남지 못할 것"이라고 힘주어 말했다.[3]

이 전략의 무자비한 논리는 스포츠 업계의 많은 사람들, 특히 매장 매출을 올리기 위해 나이키 브랜드에 의존하던 소규모 소매 파트너들에게 큰 충격을 주었다. 나이키는 자사 브랜드가 소비자의 마음을 사로잡는 힘이 소매 파트너보다 강할 것이라고 자신했다. 이러한 지배력을 강화하기 위해, 나이키는 브랜드를 구축하기 위해 추구해 온 핵심 전략들, 즉 제품 혁신, 최첨단 마케팅, 유명 운동선수와의 관계를 두 배로 늘렸다.

트리플 더블 전략

나이키의 새로운 '트리플 더블 전략'은 혁신의 속도와 영향력을 두 배, 시장 출시 속도를 두 배, 소비자와의 직접 연결을 두 배로 늘리는 전략이었다. 이 전략의 핵심은 '나이키 고객 경험(NCX, Nike Consumer Experience)'이었으며 여기에는 회사 자체의 D2C 네트워크 뿐 아니라 수적으로 대폭 줄어든 B2B 유통 파트너가 포함됐다.[4]

NCX의 핵심 기술은 고객의 쇼핑 경험을 개선하고 나이키 플러스 리워드 플랜을 이용할 수 있게 해 주는 나이키 앱에 집약되어 있었다. 나이키 앱을 구독하는 로열티 프로그램에서는 회원에게만 판매하는 독점 제품, 나이키 전문가 상담, 개인화된 운동 프로그램, VIP 이벤트 우선권, 무료 배송 및 30일 착용 테스트 등의 혜택을 제공했다.[5]

2018년 말이 되자 나이키 플러스 회원 수는 1억 명을 돌파했고, 동사는 2023년까지 회원 수를 3배로 늘리는 것을 목표로 삼았다. 나이키의 상위 40개 파트너십 프로그램에 포함되기 위한 여러 조건 중에는 소매업체가 나이키 앱을 홍보해야 한다는 항목이 포함되어 있다.[6]

나이키 플러스 덕분에 동사는 상당한 양의 고객 데이터를 수집할 수 있었고 이를 통해 향후 고객과의 관계를 개인화하기 위해 그들의 쇼핑 습관과 제품 선호도를 분석할 수 있게 되었다. 나이키 파트너 목록에 오르기 위한 또 다른 조건으로는 소매업체나 온라인 소매업체는 나이키와 고객 데이터를 공유해야 한다는 것이었다.[7]

나이키는 또한 향후 동사의 매출 성장 중 80%를 책임질 뉴욕, 런던, 상하이, 베이징, 로스앤젤레스, 도쿄, 파리, 베를린, 멕시코시티, 바르셀로나, 서울, 밀라노 등 12개 주요 센터를 대상으로 한 '핵심 도시' 프로그램을 발표했다. 이 도시를 선정한 이유는 나이키의 핵심 고객층이자 최고급 운동화를 살 수 있는 여력이 있는 소위 'HENRY(High-Earners-Not-Rich-Yet)'들이 거주하면서 여론을 형성하는 곳이기 때문이다. 나이키는 핵심 도시에서 새로운 제품 및 기술을 먼저 출시하고 다른 시장에 출시할 가치가 있는지 판단할 수 있는 인큐베이터로 사용하고자 했다.[8]

하우스 오브 이노베이션 002

나이키는 2018년에 오픈한 나이키 뉴욕이나 2020년 7월에 출점한 파리 플래그십 스토어를 포함하여 1,000개가 넘는 직영 매장에서 전시와 기술을 결합하여 최고의 매장을 선보이는 데 집중했다. '나이키 파리-하우스 오브 이노베이션 002'라는 이름으로 오픈한 파리 매장은 샹젤리제 거리에 위치한 2만 6,000제곱피트의 거대한 건물로 소비자들에게 디지털 토탈 경험을 주는 것을 목표로 설립되었다. 예를 들어 입구 근처에는 '미션 컨트롤' 구역이 있는데 이곳에 설치된 대형 스크린을 통해 고객들은 파리 시내의 스포츠 경기, 매장 내 워크숍, 나이키 운동선수와 인플루언서가 주최하는 이벤트와 같은 '나이키 경험'을 즐길 수 있었다. 또한 나이키 앱과 연동하여 나이키 핏 서비스와 같은 다양한 회원 전용 혜택을 누릴 수도 있었다. 이는 회원이 자신의 발을 스캔하면 직원들에게 알림이 뜨고, 직원들은 고객에게 맞는 사이즈의 신발을 피팅룸에 준비해놓는 서비스이다. 이후 고객의 사이즈는 나이키의 회원 프로필에

저장된다.[9]

나이키 앱에서는 제품에 대한 자세한 정보를 볼 수 있는 '스캔 투 런'이나 회원이 전시된 제품을 스캔하면 매장에 구비된 사이즈를 알려 주는 '숍 더 룩', 그리고 앱을 통한 결제 기능도 제공한다.[10]

회원으로 가입하면 부모들이 쇼핑하는 동안 자녀들이 인터랙티브 게임을 하면서 놀 수 있는 키즈 룸을 이용하거나 '메이커 스튜디오'를 통해 커스텀 제품을 구매할 수 있는 특전들이 주어진다. 나이키가 이렇듯 다양한 회원제 서비스를 제공하는 핵심적인 이유는 엘리트 브랜드 커뮤니티에 속하면 어떤 혜택을 얻을 수 있는지 강조하기 위해서이다.[11]

마지막으로, 파리 매장에서는 나이키의 '무브 투 제로' 프로그램의 일환으로 지속 가능한 기술의 발전을 보여 주고 있다. 바닥재와 벽, 옷걸이 등 매장 전체 환경을 8만 5,000kg에 달하는 친환경소재로 구성했을 뿐 아니라 매장을 운영하는 데 드는 전력 등 에너지도 재생 가능한 에너지원을 통해 충당하고 있다.[12]

다른 플래그십 스토어에는 농구 코트, 축구 연습장, 달릴 때 보폭을 분석하는 카메라와 대형 스크린이 달린 러닝머신이 있다. 고객들에게 적절한 조언을 해 줄 수 있는 전담 스포츠 코치도 상주하고 있다.[13]

행운은 대담한 자의 편

나이키가 대담하게 추진한 소비자 직접 공략 전략은 성과를 보이고 있다. 2019~2020년 연간 실적을 보면, 동사의 온라인 매출은

47% 증가했고 온라인 매출 비중은 30%까지 상승했다. 목표치를 2년 앞당겨서 달성한 것이다.[14]

나이키는 자포스, 벨크, 보스코브 등의 소매 파트너와 계약을 종료하면서 비전략적 소매 파트너와의 관계를 단절하고 있다. 코로나19 기간 동안에도 피트니스 붐에 힘입어 나이키는 견고한 실적을 기록했다. 2020년 11월 결산 분기 매출을 보면, 온라인 매출이 84%나 성장하면서 전사 매출이 9% 성장하여 시장의 기대치를 상회했다. 2020년 11월 나이키의 기업 가치는 1,550억 달러로 경쟁사인 아디다스는 950억 달러, 언더아머는 60억 달러에 불과했다.[15]

용기 있고 미래를 내다보는 전략 덕분에 나이키는 업계 내에서 입지를 굳건하게 다질 수 있었다. 최신 기술, 혁신적인 제품 개발, 그리고 데이터에 기반한 마케팅의 지원을 받는 전시형 매장 채널과 강력한 온라인 직접 채널의 조합은 빠르게 성장하는 스포츠웨어 시장에서 다른 경쟁자들이 넘볼 수 없는 위치를 차지하는 데 크나큰 공헌을 했다.

마치며

이로써 포스트 코로나 시대에 브랜드와 소매 산업을 이끌어 갈 트렌드 분석과, 이러한 트렌드에 맞추어 스스로를 혁신하고 있는 기업에 대한 사례 연구를 마치려고 한다. 글로벌 팬데믹이 야기한 모든 혼란에도 불구하고 이러한 성공 사례는 소매 산업 회복의 단초를 보여 주고 있다. 성공한 기업들의 사례로부터 교훈을 얻을 수 있는 브랜드나 소매업체들은 세계가 코로나 위기에서 회복되고 난 후 기회를 얻을 수 있을 것이다.

소매 산업의 회복을 주도하는 주요 추세를 다시 한 번 요약해 보자. 먼저, 록다운으로 매장이 폐쇄되고 이에 따라 이커머스가 성장하면서 기존의 브랜드와 소매 산업에 경종을 울렸다. 그 결과 브랜드와 소매업체들이 멀티 채널 소매에 대한 투자를 가속화하고 있으며 각 채널의 상대적인 강점을 이해하게 되었다. 이커머스 채널은 비용이 더 낮고, 재고를 더 효율적으로 관리할 수 있고, 접근이 용이하고, 소비자들에게 더 많은 선택지를 제시할 수 있기 때문에 판매 측면에서 더 유리하다. 반면 오프라인 매장은 브랜드에 대한 체감, 커뮤니티 구축, 에듀테인먼트와 고객 서비스에 특화된 3차원 '라이브' 공간이기 때문에 고객 경험을 전달하는 데 적합하다.

시장에 경쟁사의 제품들이 넘쳐나면서 브랜드와 소매업체의 비전도 소비자에게 제품만을 판매할 것이 아니라 고객의 문제를 해결하고 삶의 질을 향상시킬 수 있는 부가가치 서비스로 바꿔 나가야 했다. 이들은 상품과 재고를 나르는 단순 작업에서 벗어나 어떻게 하면 고객에게 더 나은 삶을 제공할 수 있는지 생각하기 시작했다. 또한, 물건의 판매를 넘어 브랜드와 직원, 그리고 고객까지 하나의 커뮤니티로 묶을 수 있는 공통의 목적의식을 창출하는 데 부가가치가 존재한다는 사실을 깨닫게 되었다.

그리고 소매업계는 이커머스와 커뮤니케이션의 혁명으로 인해 생산자가 소비자와 직접 거래할 수 있게 되어 전통적인 브랜드 및 소매 공급망이 무너지고 있다는 현실에 직면하고 있다. 가격과 마진이 하락하면서 브랜드는 D2C 브랜드로 전환하고, 소매업체는 PB 제품 판매를 늘리면서 밸류체인에서 서로를 배제하기 위해 노력하고 있다. 밸류체인의 급격한 변화가 다소 불편하게 느껴지기는 하지만, 나이키와 타깃으로 본 브랜드와 소매의 사례를 보면 충분히 가능한 일이라는 사실을 알 수 있다.

이들은 또한 수동적인 소비자에게 제품을 '푸시'하기 위해 대규모 광고를 집행하는 전통적인 마케팅 모델이 더 이상 유효하지 않으며, 고객이 브랜드와 커뮤니케이션에 능동적으로 참여도록 유도하고 개별 고객에 대한 마케팅 수단의 정확한 효과를 측정할 수 있

는 개인화된 퍼포먼스 마케팅이 더 효과적이라는 점에 눈을 뜨게
되었다.

이와 관련하여 기존 브랜드와 소매업체들도 다양한 채널에서
고객 데이터를 수집하고 통합하여 각 고객과 회사 사이에 평생 관
계를 맺을 수 있는 하나의 비전이 필요하다는 사실을 인식하고 있
다. 이들은 개별 고객 행동을 추적하고 그에 따라 고객 관계를 관리
하기 위해 최신 기술을 활용한다. 그러므로 기존의 브랜드와 소매
업체도 이커머스 채널을 성장시키고 매장과 밀접하게 통합하기 위
해 기술, 물류 및 온라인 마케팅에 대한 투자를 늘리고 있다.

브랜드와 소매업체들은 웹의 '무한한 공간'을 활용하여 판매 제
품을 확장하고, 자사 웹사이트를 타사 브랜드까지 판매할 수 있는
마켓플레이스 모델로 전환하여 매출을 확대하고 있다. 이들이 온라
인으로 사업 범위를 넓힘에 따라, 물리적인 매장에 재고를 쌓아 두
는 것이 얼마나 비효율적인 방식인지가 점점 더 명확해지고 있다.
기업들은 베스트셀러 제품에 집중하고 나머지는 매장 내 비치된 키
오스크를 통해 판매하여 고객의 집으로 직접 배송하는 전략을 취
할 수 있다. 그들은 이커머스에 대한 의존도를 높이고 제품 판매와
배송 채널을 매장에서 온라인으로 전환하고 있다.

고객 관리와 재구매 프로세스가 온라인상에서 처리되면서 매
장은 고객이 브랜드를 처음으로 접하는 관문으로 인식되기 시작했
다. 이에 더하여, 재고 부담이 줄어들자 소매업체들은 매장 규모를
줄일 수 있게 되어 운영 비용을 줄이는 한편 온라인상에서 고객에
게 제공할 수 없는 부가가치를 줄 수 있는 활동에 공간을 할애할

수 있게 되었다. 특히 고객들을 매장으로 끌어들이기 위해서 특별한 경험을 제공하는 것이 중요해졌다.

매장은 최신 기술을 사용하여 브랜드의 스토리를 생생하게 전달하는 전시장으로서 기능할 수 있게 되었다. 매장은 그 브랜드의 어떤 점이 특별한지 고객에게 알려줄 수 있는 교육의 장소가 될 수 있고 고객 커뮤니티를 위한 만남의 장소도 될 수 있으며, 숙련된 전문가가 일대일로 고객을 도와주는 장소가 될 수도 있다. 이제 제품박스로 가득 찬 진열대는 더 이상 매장에 필요없다. 소비자들은 인터넷에서 더 싼 가격에 물건을 구입할 수 있기 때문이다.

매장의 본질이 변하면서, 소매 산업 종사자의 업무도 재정의되고 있다. 업무가 자동화되면서 사람이 할 일은 줄어들고 있지만, 재고 관리 대신 브랜드 전문가나 스타일리스트, 커뮤니티 관리자 등과 같이 더 흥미로운 직무가 남게 되었다. 소매업은 사회적으로 높은 지위의 전문가로서, 평생 그 업에 종사하며 가족을 부양하고 싶어하는 직업이었던 과거로 돌아갈 있다.

브랜드와 소매 산업의 변화는 상업용 부동산 시장의 변화를 촉발하고 있다. 부동산 소유 업체들은 더 유연한 임대 계약과 소매 기술이 미리 탑재된 모듈식 '플러그 앤 플레이' 공간을 제공하고 있으며, 오프라인으로 확장하려고 하는 온라인 브랜드에 서비스로서의 소매(RaaS)도 제공하고 있다.

이 모든 혁신이 동시다발적으로 일어나면서, 지난 200년 동안 소매 산업은 그 어느 때보다도 큰 변화를 맞고 있다. 현재 세계를 지배하고 있는 팬데믹과 그로 인한 후유증으로 인해 (즉시 눈에 보이는 영향은 나타나지 않을 수도 있지만) 시간이 지나면서 이러한 변화들은 대규모의 글로벌 소매 산업 부활을 주도할 것이다. 지루하고 획일적이었던, 비슷비슷한 매장들로 가득했던 과거의 번화가와 쇼핑몰에는 이제 끊임없이 변화하는 브랜드의 활기찬 불협화음이 들리고 혁신적인 제품들, 즐거운 경험들, 공동체 의식들이 새 자리를 차지할 것이다. 이러한 소매 산업 부활이 혁신과 개성, 열정적인 기업가 정신이라는 형태로 번화가와 쇼핑몰에 구현된다면, 최근 몇 년 동안의 소매 아포칼립스에서 야기된 혼란과 슬픔으로부터 긍정적인 결과가 싹트게 될 것이다.

출처

• 들어가며

1 '2020년 연간 보고서' – nextplc.co.uk – 2020년 1월 20일.

2 '프리마크는 6만 5,000파운드에 달하던 월 매출이 전혀 발생하지 않게 되자 6만 8,000명의 직원을 해고했다' – itv.com – 2020년 4월 21일.

3 '2018년 영국인들은 온라인 식품점에서 123억 달러를 구매했다' – mintel.com – 2019년 4월 12일, '전체 소매 판매 중 온라인 매출 비중' – ons.gov.uk – 2018년.

4 '코로나19: 록다운이 완화되었음에도 불구하고 온라인 식품점 매출은 92% 성장했다' – essentialretail.com – 2020년 7월 21일, '코로나19 위기는 온라인 식품점 시장에 변곡점을 촉발했으며 아마존에게는 수익을 창출할 수 있는 거대한 기회를 제공했다' – geekwire.com – 2020년 4월 7일.

5 '2016년 1월부터 2020년 5월 사이 직물, 의류, 신발 제품군 전체 소매 판매 중 온라인 매출 비중' – statista.com – 2020년.

6 '파운드화 소매 판매 데이터' – ons.gov.uk – 2020년 11월 20일, '전체 소매 판매 중 온라인 매출 비중' – ons.gov.uk – 2020년 11월 20일.

7 '파운드화 소매 판매 데이터' – ons.gov.uk – 2020년 11월 20일.

8 '월간 소매 거래금액' – census.gov – 2020년 10월.

9 '대영제국의 소매 판매액: 2020년 10월' – ons.gov.uk – 2020년 11월.

10 '록다운으로 영국 번화가가 폐쇄되면서 2020년 법정 관리에 들어간 매장 리스트' – business-live.co.uk – 2020년 12월 1일.

11 '2020년 파산한 소매 기업 리스트' – retaildive.com – 2020년 11월 25일.

12 '필립 그린경의 아카디아가 파산 기로에 놓이면서 1만 3,000명의 근로자 실직 위기' – theguardian.com – 2020년 11월 27일, '빅토리아 시크릿 매각 시도가 무산되면서 모기업의 주가 폭락' – cnbc.com – 2020년 5월 4일, '록다운이 종료된 후에도 존 루이스는 일부 점포를 영구 폐쇄할 수도 있다' – retailgazette.co.uk – 2020년 12월 7일.

13 '자금 부족 속에서 살아남기. 코로나19가 영국 주요 소매 기업에 미친 영향' – alvarezandmarsal.com – 2020년 4월 6일.

14 '쇼핑센터 운영 업체 인투 법정 관리 신청' – theguardian.com – 2020년 6월 26일, '쇼핑몰 운영 업체 CBL 챕터 11에 따라 파산 보호 신청' – ukreuters.com – 2020년 11월 2일, '사이먼 프로퍼티스 그룹' – googlefinance – 2020년 12월 7일, '세리티지 그로쓰 프로퍼티 Class A' – googlefinance – 2020년 12월 7일.

15 '실업 통계' – ons.co.uk – 2020년 11월 10일, 'HMRC 코로나바이러스(코로나19) 통계' – gov.uk – 2020년 11월.

16 '고용 현황' – bls.gov – 2020년 11월.

17 'IMF는 글로벌 경제 성장 둔화 예상보다 심각하다고 언급했다' – bbc.co.uk – 2020년 6월24일.

18 'EMP13: 산업별 근로자 수' – ons.gov.uk – 2020년 11월 10일.

19 '소매업 근로자 수 – 소매업은 전체 미국 일자리의 4분의 1을 차지하고 있다' – nrf.com – 2020년.

•1장• 예견된 위기 – 오랜 시간 배양되어 온 원인들

1 '데번햄스는 매장 포트폴리오를 재편하려는 CVA(Company Voluntary Arrangements, 회사 자발적 계약) 계획을 발표했다' – ir.debenhams.com – 2019년 4월 26일, 'CVA 계획에 따라 하우스 오브 프레이저는 전체 매장 중 절반을 폐점하게 된다' – fashionunited.uk – 2018년 6월 7일, '마더케어의 채권자들은 CVA 계획을 승인했다' – retailgazette.co.uk – 2018년 6월 1일, 'BHS 대표는 주주에게 제2의 기회를 달라고 부탁했고, 안건을 통과시킬 수 있는 수준의 표를 얻었다' – theguardian.com – 2016년 3월 23일, '시어스는 챕터 11에 따라 파산 보호를 신청했고, 회생안에 의거, 142개 점포를 추가로 폐쇄하게 되었다' – eu.usatoday.com – 2018년 10월 15일, '토이저러스는 챕터 11에 따라 파산 보호를 신청했다' – cnbc.com – 2017년 9월 19일, '바니스 뉴욕은 파산을 선언했다' – theguardian.com – 2019년 8월 6일, '클레어스는 파산을 선언했다' – money.cnn.com – 2018년 3월 19일, '에어로포스테일은 챕터 11에 따라 파산 보호를 신청했다' – uk.reuters.com – 2016년 5월 4일.

2 '아마존은 몇 가지의 상품을 판매하는가?' – retailtouchpoints.com – 2020년 12월 9일, 'Macys.com은 백화점을 온라인 상에서 경험할 수 있도록 해 준다' – public.dhe.ibm.com – 1999년 9월.

3 '2017년 이커머스 결산: 16% 성장, 소매 아포칼립스의 전조인가?' – practicalecommerce.com – 2018년 1월 11일.

4 '각 행정구역별 주택 가격 중간값' – ons.gov.uk – 2018년 6월 20일, '전체 근로자 – ASHE: 표 1' – ons.gov.uk – 2018년.

5 '2006년 7월부터 2016년 6월 사이 대영제국 전체 가구 자산 및 연령별 구성 요소' – ons.gov.uk – 2018년 6월 13일, '미국의 연령별 자산 분포' – freeby50.com – 2012년 9월 6일.

6 '부모와 거주하는 것에 거부감이 없는 부메랑 세대' – pewsocialtrends.org – 2012년 3월 15일.

7 '세대주 연령에 따른 2017년 영국의 주당 평균 의류 및 신발 지출 금액' – statista.com – 2017년, '소비자의 지출은 연령에 따라 다르다' – bls.gov – 2015년 12월.

8 '2025년까지 90만 개의 영국 소매업 일자리가 사라질 수도 있다고 BRC는 경고했다' – bbc.co.uk – 2016년 2월 29일, '브렉시트 안이 가결된 후 파운드화는 폭락했다' – bbc.co.uk – 2016년 6월 24일.

9 '미국으로 유입되는 이민자 수가 감소하면서 임금이 상승하고 있다' – economist.com – 2020년 2월 13일, '미국 소매업체들은 중국산 제품에 대한 새로운 관세 부과 조치가 가격을 더 올리고 일자리 수에 타격을 줄 것이라고 말하며 맹비난하고 있다' – uk.reuters.com – 2019년 8월 1일, '온라인 쇼핑? 정치권에서는 온라인 소매업체들이 누리는 세금 특혜를 철폐해야 한다' – thehill.com – 2017년 9월 9일.

10 '연구 결과에 따르면 사모 기업으로 인해 60만 개의 소매 일자리 수가 감소했다' – latimes.com – 2019년 7월 24일.

11 '전체 소매 판매 중 온라인 매출 비중' – ons.gov.uk – 2020년 11월 20일, '글로벌 온라인 판매 통계를 집계할 때 일반적으로 제외되는 차량 및 부품과 휘발유 판매를 제외하여 통계국이 조정한 온라인 매출 비중. '분기 소매 이커머스 매출' 참고 – census.gov, 기초 데이터, census.gov/retail/mrts/www/explanatory_material.pdf(가장 최근 품목별 데이터인 2017년 통계를 반영한 조정 수치).

•2장• 세계를 점령한 공포의 망령 – 코로나바이러스 팬데믹

1 '코로나바이러스를 최초로 발견한 의사: 우한의 한 의료진은 12월 전염성이 있는 원인불명의 폐렴을 발견하고 당국에 신고했다' – dailymail.co.uk – 2020년 4월 29일.

2 '중국의 신규 질병 발생 후 첫 사망자 발생' – theguardian.com – 2020년 1월 11일.

3 '코로나바이러스는 예상보다 빠른 속도로 영국에 퍼졌다' – metro.co.uk – 2020년 8월 13일.

4 '2020년 3월 23일 코로나바이러스(코로나19)에 대한 총리 성명' – gov.uk – 2020년 3월 23일.

5 '보리스 존슨, 코로나바이러스로 병원에 입원하다' – theguardian.com – 2020년 4월 5일.

6 '코로나바이러스: 미국 내 확진자가 어떻게 100만 명까지 증가하게 되었나' – independent.co.uk – 2020년 4월 28일.

7 '코로나19 제한 사항에 관해' – covid19.ca.gov – 2020년 3월 19일.

8 '코로나바이러스와 선거 관련 불확실성에도 불구하고 NRF는 2020년 매출이 3.5%에서 4.1% 증가할 것으로 전망했다' – newsbreak.com – 2020년 2월 26일, '메이시스는 코로나바이러스 확산에 대해 대책을 세우고 있지만, "아직까지는 걱정하지 않아도 된다."라는 입장을 밝혔다' – cnbc.com – 2020년 2월 25일.

9 '메이시스는 코로나바이러스 확산에 대해 대책을 세우고 있지만, "아직까지는 걱정하지 않아도 된다."라는 입장을 밝혔다' – cnbc.com – 2020년 2월 25일.

10 '코로나바이러스: 영국의 비필수 매장 6월 15일부터 재개' - bbc.co.uk - 2020년 5월 25일.

11 '영국 정부는 근로자 긴급재난지원금 지급을 발표했다' - mayerbrown.com - 2020년 3월 23일.

12 '긴급재난지원금 변경 사항 - 주요 일자 및 2020년 10월 31일까지 지원금 규모 축소' - bto.co.uk - 2020년 6월 1일, '영국의 근로자 4명 중 1명 이상이 재난지원금을 수령했다' - bbc.co.uk - 2020년 6월 9일.

13 '코로나바이러스: 모든 소매와 레저 기업에 유급 휴가 부여' - cityam.com - 2020년 3월 17일, '영국은 기업들에 300억 파운드의 세금 유예를 허용했다' - reuters.com - 2020년 3월 20일, '필요한 것은 무엇이든: 영국 정부는 코로나바이러스로 어려움을 겪는 기업을 돕기 위해 약 4억 달러의 지원을 약속했다' - cnbc.com - 2020년 3월 17일.

14 '케어스 액트 법안 통과: 주요 내용' - forbes.com - 2020년 3월 29일.

15 '급여 보호 대출 프로그램 - 어떻게 신청하는가' - sba.com - 2020년.

16 '케어스 액트는 세금 이연 및 환급 기회를 부여한다' - pillsburylaw.com - 2020년 3월 26일, '의회는 코로나바이러스 지원금으로 1,200달러 수표를 납세자들에게 보내는 계획을 통과시켰다. 어떻게 신청할 수 있는지 알아보자' - cnbc.com - 2020년 3월 25일.

17 '소매업체들은 미국 하원에 케어스 액트를 조속히 통과시켜 달라고 촉구했다' - nrf.com - 2020년 3월 27일.

18 '미국 소매업체들은 63만 개의 매장 폐쇄 기로에 놓였다' - ft.com - 2020년 3월 30일.

19 '소매 편에서 싸우는 BRC 혜비급' - drapersonline.com - 2020년 5월 14일.

20 '코로나19: 록다운으로 프리마크 매출 75% 감소' - essentialretail.com - 2020년 7월 2일.

21 '전체 소매 판매 중 온라인 매출 비중' - ons.gov.uk - 2020년 11월 20일.

22 '기민한 소매업체들은 포스트 코로나 세상에 적응하여 성장할 것이다' - retailtechinno- vationhub.com - 2020년 6월 24일.

23 '2분기 미국 이커머스 판매는 44% 성장' - marketplacepulse.com - 2020년 8월 18일, '분기 소매 이커머스 판매' - census.gov, 판매액 조정 방법에 관해서는 제1장, 주석 11번 참고.

24 '코로나바이러스로 수요가 증가함에 따라 아마존은 7만 5,000명을 추가 채용하기로 했다' - cnbc.com - 2020년 4월 13일.

25 '접객업의 업황이 악화됨에 따라 대표들은 도움을 요청했다' - itv.com - 2020년 3월 17일.

26 '소매업체 중 프리마크와 마텔란이 24억 파운드의 주문을 취소함으로써 방글라데시에 큰 타격을 입혔다' - theguardian.com - 2020년 4월 2일.

27 위의 출처와 동일.

28 '언더아머의 매출은 코로나바이러스로 인해 23% 급감했다' – cnbc.com – 2020 년 5월 11일, '언더아머는 글로벌 사업장에서 600명의 근로자를 해고하기로 했다' – cnbc.com – 2020년 9월 8일.

29 '레블론 2020년 1분기 실적 발표' – businesswire.com – 2020년 5월 11일.

30 'JD스포츠는 임대료 지불을 중단했다' – theguardian.com – 2020년 3월 31일.

31 '쇼핑 센터 소유주인 해머슨의 말에 따르면 임대료 중 3분의 1은 미지급되었다고 한다' – theguardian.com – 2020년 3월 30일.

32 '쇼핑 센터 소유주인 인투는 법정관리를 받게 되었다' – theguardian.com – 2020년 6월 26일.

33 '부동산 업체와 임차인들은 코로나바이러스에 따른 임대료 부담으로 고통을 겪고 있다' – ft.com – 2020년 4월 2일.

34 위의 출처와 동일.

35 '어려움을 겪고 있는 리츠는 시간이 부족하다' – fool.com – 2020년 6월 3일, '쇼 핑몰 업계의 대기업 CBL은 파산을 선언했다' – footwearnews.com – 2020년 11월 2일.

36 '어려움을 겪고 있는 리츠는 시간이 부족하다' – fool.com – 2020년 6월 3일.

37 '코로나19: 총리는 4주간 록다운을 실시하겠다고 선언했다' – bbc.co.uk – 2020 년 10월 31일.

38 'Covid: 도널드 트럼프와 멜라니아 트럼프 코로나 확진' – bbc.co.uk – 2020년 10월 2일.

39 '혹한기를 맞은 기업들에게 지원이 필요하다고 영국 산업 연맹 회장은 경고했다' – thisismoney.co.uk – 2020년 11월 1일.

40 '코로나 백신: 첫 번째 성과, 백신 예방률 90%' – bbc.co.uk – 2020년 11월 9일.

•3장• 1929년 경제 대공황의 그림자

1 '다우 지수가 사상 최초로 3만 돌파' – Investopedia.com – 2020년 11월 24일.

2 '파국: 항공 산업의 코로나 위기가 영국 전역으로 전염되는 이유' – theguardian. com – 2020년 8월 24일, '여행 산업의 종말인가?' – theguardian.com – 2020 년 6월 18일.

3 '2021년 1월 고용 현황 – January 2021' – bls.gov – 2021년 1월.

4 '다른 국가들과 비교시 영국의 코로나바이러스에 대한 재정 대응 규모 분석' – ifs. org.uk – 2020년 5월 14일.

5 '록다운 중 세수 절벽에 부딪치다' – ft.com – 2020년 5월 26일.

6 '코로나바이러스에 대한 지원으로 인해 정부 부채가 620억 파운드로 최고 수준을

기록했다' - cityam.com - 2020년 5월 22일.

7 '1963년 이후 처음으로 영국의 공공 부채가 GDP의 100%를 초과했다' - ft.com - 2020년 6월 19일.

8 '2조 원에 달하는 CARES(Coronavirus Aid, Relief and Economic Security) 예산이 미국 근로자에 미치는 영향' - forbes.com - 2020년 4월 10일, '부문별 CARES 법안 분석' - jpmorgan.com - 2020년 4월 14일.

9 '코로나바이러스로 인해 뉴욕이 74억 달러의 세수 손실을 입게 됨에 따라 뉴욕 시장은 연방 정부의 지원을 요청했다' - cnbc.com - 2020년 4월 16일.

10 '미국의 국채가 폭증하면서 억만장자에서 중국의 제조업체에 이르기까지 모든 것이 이제 미국의 부양책에 달려 있다' - wolfestreet.com - 2020년 10월 7일.

11 '글로벌 경제 전망: 물잔은 절반이 차 있는 것인가 비어 있는 것인가?' - economics.rabobank.com - 2019년 3월 19일.

12 '다음 경기 침체기가 2020년에 시작될 것으로 판단하는 이유와 이러한 경제 상황이 주거에 미치는 영향' - finance.yahoo.com - 2019년 7월 25일.

13 '글로벌 경제에 치명적인 타격을 입힌 코로나바이러스' - bbc.co.uk - 2020년 6월 7일.

14 '글로벌 경제 전망' - imf.org - 2021년 4월.

15 '영국 월간 GDP 추계, 2020년 12월' - ons.gov.uk - 2021년 2월 12일, '2020년 연간 및 4분기 국내 총생산(속보치)' - bea.gov - 2021년 1월 28일

•4장• 마지막까지 살아남기 - 소매 산업에 미치는 영향

1 '소매 산업에서 파산한 기업은 누구인가?' - retailresearch.org - 2020년 11월 30일, 미납 임대료를 상각하겠다는 회생안에 임대인이 동의하지 않았음에도 불구하고 '클락스'의 CVA가 승인되었다' - shoeintelligence.com - 2020년 11월 23일, '직소의 채권자들이 CVA를 승인함에 따라 200명의 근로자가 실직하게 되었다' - retailgazette.co.uk - 2020년 9월 4일, '버진 미디어는 영국의 변화가에서 사라지게 되었다' - theguardian.com - 2020년 5월 28일, '여성 의류 소매업체인 롱 톨 샐리는 44년 간의 역사를 뒤로 하고 영업을 중단하기로 했다' - retailtouchpoints.com - 2020년 6월 17일, '모스 브로스의 CVA 안이 승인되었다' - standard.co.uk - 2020년 12월 15일.

2 '프리마크의 월 매출 6억 5,000만 파운드가 전액 감소했으며, 캐스키드슨은 모든 점포를 완전히 폐쇄했다' - independent.co.uk - 2020년 4월 22일, '코로나19: 넥스트는 10억 파운드에 달하는 매출 손실 전망' - essentialretail.com - 2020년 3월 19일.

3 '딕슨스 카폰의 이익은 코로나로 인한 매장 폐쇄로 인해 둔화되었다', '오피스는 영국 내에 있는 100개의 매장 중 절반을 닫기로 했다' - cityam.com - 2020년 8월 9일.

4 '테드 베이커는 손실폭이 확대됨에 따라 6월 이후 950명을 해고하기로 했다' -

retailgazette.co.uk – 2020년 12월 7일.

5 '부후, 데번햄, 그리고 영국 소매업체의 세대 교체' – retailgazette.co.uk – 2021
년 1월 26일.

6 'ASOS가 탑숍과 미스 셀프리지 브랜드를 3억 3,000만 파운드에 인수하기로 했다'
– theguardian.com – 2021년 2월 1일, '부후는 아카디아의 브랜드인 버튼과 도
로시 퍼킨스를 인수하기로 결정했다' – fashionunited.uk – 2021년 2월 8일, '아
카디아의 브랜드인 에반스는 시티 칙에 2,300만 파운드에 인수되었다' – retail-
week.com – 2020년 12월 20일, '탑숍 모기업인 아카디아가 법정 관리에 들어가
게 되었다' – bbc.co.uk – 2020년 11월 30일.

7 '존 루이스 파트너십은 반기 손실 6억 3,500만 파운드를 기록했으며 이에 따라 보
너스를 삭감하기로 했다' – retailgazette.co.uk – 2020년 9월 17일.

8 '세인즈버리는 3,500명의 직원을 해고하고 아르고스 매장 420개를 폐점하기로 했
다' – bbc.co.uk – 2020년 11월 5일.

9 '2020년에 1만 4,000개의 매장이 문을 닫았는데, 이는 2019년의 수치 대비 25%
증가한 수준이다.' – retailgazette.co.uk – 2020년 9월 28일, '보고서에 따르면 2
만 개 이상의 매장이 코로나바이러스로 인한 록다운이 끝나더라도 영업을 재개하
지 못할 가능성이 있다' – insider.co.uk – 2020년 3월 25일.

10 '코로나19 중 모든 소매업체들이 직원들을 구조 조정했다' – retailgazette.co.uk
– 2020년 8월 25일, '세인즈버리는 3,500명의 직원을 해고하고 아르고스 매장
420개를 폐점하기로 했다' – bbc.co.uk – 2020년 11월 5일, '파운드스트레처
는 영국 내 매장 중 250개 이상에 대한 폐점을 고려 중이다' – businesssale.com
– 2020년 6월 17일, '부츠 드럭스토어의 매장 폐점은 올바른 판단이다' – bbc.
co.uk – 2020년 6월 28일, '오크 퍼니처랜드가 27개 매장을 폐점하겠다고 밝히
면서 163명의 근로자가 실직 위험에 처했다' – retailgazette.co.uk – 2020년 7
월 27일, '막스 앤 스펜서는 향후 3개월 동안 7,000명의 근로자를 해고할 계획이
다' – ft.com – 2020년 5월 20일, '필립 그린 경의 아카디아는 파산 직전으로 1
만 3,000명의 근로자들이 실직 위기에 처하게 되었다' – theguardian.com –
2020년 11월 27일, 'JD스포츠가 법정 관리를 신청하면서 GO 아웃도어의 미래도
불투명해졌다' – retailgazette.co.uk – 2020년 6월 22일, '할포드는 자전거 매
출이 큰 폭으로 증가했음에도 불구하고 60개의 매장을 폐쇄하기로 결정했다' –
cyclingweekly.com – 2020년 7월 14일, '몇 주 내로 오드빈스의 매각이 완료되
지 않으면 영업을 종료해야 할 것이다' – thedrinksbusiness.com – 2020년 3월
9일, '버진 미디어는 록다운으로 인한 영업 제한이 풀리고 나서 53개의 매장을 폐
점할 계획이며, 매장에 근무하던 300명의 직원은 다른 직무로 전환될 예정이다' –
dailymail.co.uk – 2020년 5월 31일, '에든버러 울른 밀은 50개 이상의 점포를 폐
점할 계획이다' – thebusinessdesk.com – 2020년 10월 16일, '보도에 따르면
신발 소매업체인 오피스는 매장 절반을 닫을 예정이다' – business-live.co.uk –
2020년 8월 9일, '탑숍의 파산 이후 데번햄스가 문을 닫으면서 2만 5,000명의 일
자리가 위기에 처했다' – edition.cnn.com – 2020년 12월 1일, '빌즈 백화점이
법정 관리에 들어가면서 22개의 지점이 문을 닫고 1,000명이 실직하게 되었다' –
dailymail.co.uk – 2020년 1월 20일, '패션 체인인 직소는 폐점 매장 수를 늘림과
동시에 더 많은 직원을 해고하고 있다' – bbc.co.uk – 2020년 9월 4일.

11 '코로나19 중 모든 소매업체들이 직원들을 구조 조정했다' – retailgazette.co.uk
– 2020년 8월 25일, '세인즈버리는 3,500명의 직원을 해고하고 아르고스 매장
420개를 폐점하기로 했다' – bbc.co.uk – 2020년 11월 5일, '파운드스트레처
는 영국 내 매장 중 250개 이상에 대한 폐점을 고려 중이다' – business-sale.
com – 2020년 6월 17일, '오크 퍼니처랜드가 27개 매장을 폐점하겠다고 밝히
면서 163명의 근로자가 실직 위험에 처했다' – retailgazette.co.uk – 2020년 7
월 27일, '막스 앤 스펜서는 향후 3개월 동안 7,000명의 근로자를 해고할 계획이
다' – ft.com – 2020년 5월 20일, '필립 그린 경의 아카디아는 파산 직전으로 1
만 3,000명의 근로자들이 실직 위기에 처하게 되었다' – theguardian.com –
2020년 11월 27일, 'JD스포츠가 법정 관리를 신청하면서 GO 아웃도어의 미래도
불투명해졌다' – retailgazette.co.uk – 2020년 6월 22일, '할포드는 자전거 매
출이 큰 폭으로 증가했음에도 불구하고 60개의 매장을 폐쇄하기로 결정했다' –
cyclingweekly.com – 2020년 7월 14일, '몇 주 내로 오드빈스의 매각이 완료되
지 않으면 영업을 종료해야 할 것이다' – thedrinksbusiness.com – 2020년 3월
9일, '버진 미디어는 록다운으로 인한 영업 제한이 풀리고 나서 53개의 매장을 폐
점할 계획이며, 매장에 근무하던 300명의 직원은 다른 직무로 전환될 예정이다' –
dailymail.co.uk – 2020년 5월 31일, '에든버러 울른 밀은 50개 이상의 점포를
폐점할 계획이다' – thebusinessdesk.com – 2020년 10월 16일, '보도에 따르면
신발 소매업체인 오피스는 매장 절반을 닫을 예정이다' – business-live.co.uk –
2020년 8월 9일, '탑숍의 파산 이후 데번햄스가 문을 닫으면서 2만 5,000명의 일
자리가 위기에 처했다' – edition.cnn.com – 2020년 12월 1일, '빌즈 백화점이
법정 관리에 들어가면서 22개의 지점이 문을 닫고 1,000명이 실직하게 되었다' –
dailymail.co.uk – 2020년 1월 20일, '패션 체인인 짐소는 폐점 매장 수를 늘리
면서 더 많은 직원을 해고하고 있다' – bbc.co.uk – 2020년 9월 4일, '헤이스 트
래블은 전체 근로자 4,500명 중 878명을 해고할 예정이다' – thisismoney.co.uk
– 2020년 8월 3일, '테드 베이커는 재정 악화에 팬데믹으로 인한 손실이 겹치면
서 500명을 감원하기로 했다 – theguardian.com – 2020년 7월 19일, '화이트
스터프는 온라인으로 빠르게 전환하면서 거의 400명에 달하는 직원을 해고했다'
– internetretailing.net – 2020년 7월 16일, '영국 소매 산업에 종사하던 17만
5,000명 이상의 근로자들이 2020년 동안에 일자리를 잃었다' – fashionunited.
uk – 2021년 1월 4일.

12 '명품에 대한 수요 회복이 늦어지면서 버버리는 500명의 직원을 해고했다' –
reuters.com – 2020년 7월 15일, '럭셔리 백화점인 해로즈는 거의 700명 가까
운 직원을 감원하겠다고 밝혔다' – reuters.com – 2020년 7월 1일, '다이안 폰
퍼스텐버그 브랜드는 팬데믹의 여파를 맞게 되었다' – nytimes.com – 2021
년 1월 8일, '아스피날 오브 런던은 CVA에 따라 매장을 폐점하기로 했다' – uk.
fashionnetwork.com – 2020년 9월 18일.

13 '2020년에 영국의 레스토랑 체인들은 법정 관리에 들어가거나, 매장을 닫거나,
직원을 해고하고 있다' – business-live.co.uk – 2020년 8월 7일, '르 팽 퀴티
디앙은 예방적 회생 절차에 들어가면서 영국 내 10개 매장을 닫기로 했다' –
business-sale.com – 2020년 6월 12일, '벨라 이탈리아, 카페 루즈, 라 이구아나
스가 파산하면서 6,000명의 사람들이 실직하게 되었다' – mirror.co.uk – 2020
년 5월 18일, '치키토가 법정 관리에 들어가면서 대부분의 지점이 완전히 폐점하게

되었다' - manchestereveningnews.co.uk, '페이머스 브랜드의 영국 버거 체인 GBK는 보파란에 매각되었다' - reuters.com - 2020년 8월 14일.

14 '코로나바이러스: 어퍼 크러스트의 모기업인 SSP는 영국 근로자 5,000명을 해고하기로 했다' - bbc.com - 2020년 7월 1일, '어퍼 크러스트의 모기업인 SSP의 실적이 악화되면서 대규모 적자를 기록했다' - standard.co.uk - 2020년 12월 17일.

15 '프레타 망제는 영국에서 3,000명을 해고할 계획이다' - bbc.com - 2020년 8월 27일.

16 '록다운이 해제되더라도 4개 펍 중 하나는 다시는 영업하지 못하게 될 수도 있다' - telegraph.co.uk - 2020년 11월 1일.

17 '레볼루션 바는 급격한 구조 조정을 계획하고 있다' - telegraph.co.uk - 2020년 9월 25일, '정리 해고가 시작되자 접객업체들은 마지막 변론에 나섰다' - thisismoney.co.uk - 2020년 9월 26일, '코로나 위기 중 프리미어 인 모기업인 휘트브레드는 6,000명을 해고했다' - theguardian.com - 2020년 9월 22일.

18 'AMC 영화관 체인은 투자자들로부터 9억 1,700만 달러의 자금을 수혈 받으면서 파산위기에서 벗어났다' - cbsnews.com - 2021년 1월 25일, '씨네월드는 한시적으로 영국과 미국 내 극장 영업 중단을 고려하고 있다' - theguardian.com - 2020년 10월 4일, '뷰는 영국 극장의 4분의 1을 일주일에 4일만 가동할 계획이다' - theguardian.com - 2020년 10월 11일.

19 '컨트리와이드의 2020년 6월 30일 기준 반기 실적' - countrywide.co.uk - 2020년 10월 22일, '컨트리와이드는 코넬의 1억 3,000만 파운드 인수 제안을 받아들였다' - theguardian.com - 2020년 12월 31일, '록다운 기간의 대기 수요에도 불구하고 폭스턴스의 매출은 지지부진했다' - cityam.com - 2020년 10월 29일.

20 '2015년 이후 영국의 은행 지점 중 3분의 1 이상이 문을 닫았다' - theguardian.com - 2019년 9월 24일, '냇웨스트는 지점 직원 550명을 해고하고 1개 점포를 폐점하기로 했다' - bbc.com - 2020년 8월 12일, 'TSB는 지점 164개를 추가로 폐점하겠다고 밝혔다' - choose.co.uk - 2020년 10월 2일, '로이드는 56개의 지점을 폐쇄할 예정이다' - finextra.com - 2020년 11월 18일, '2020년에 문을 닫는 52개의 버진 머니, 요크셔, 클라이데스데일 영업점 전체 리스트' - mirror.co.uk - 2020년 2월 27일.

21 '폐점 매장 수가 사상 최고치를 기록하면서 2021년 미국 소매업 공실률은 7년 내 최고 수준까지 상승할 가능성이 있다' - forbes.com - 2021년 1월 13일.

22 '2020년에 파산 또는 청산 절차에 들어간 38개의 소매업체와 레스토랑' - businessinsider.com - 2020년 11월 23일, 'G-Star 로우가 미국에서 파산 보호 신청을 했다' - just-style.com - 2020년 7월 6일.

23 '딕스 스포팅 굿즈의 매출은 29% 감소했다' - cfo.com - 2020년 6월 2일, '반스 앤 노블은 뉴욕 본사에 근무하는 직원들을 정리해고 했다' - wsj.com - 2020년 6월 24일, '반스 앤 노블은 뉴욕 서점의 영업을 종료하고 본사를 축소할 계획이다' - retaildive.com - 2020년 6월 26일, '노드스트롬은 2020년 2분기 실적을 발표했다' - press.nordstrom.com - 2020년 8월 25일, '메이시스는 매출이 36% 감

소하면서 4억 3,100만 달러의 손실을 기록했다' – apnews.com – 2020년 9월 2일, '아메리칸 이글 아웃피터는 코로나로 인한 셧다운 기간 동안 2억 5,700만 달러의 손실을 기록했다' – wwd.com – 2020년 6월 3일.

24 '기업들이 팬데믹과 록다운으로 타격을 입으면서 소매업계 종사자들은 향후 지속적으로 구직난을 겪게 될 수도 있다' – cnbc.com – 2020년 7월 22일.

25 '팬데믹으로 인해 럭셔리 패션 부문이 둔화됨에 따라 랄프 로렌은 수천명의 직원을 해고했다' – reuters.com – 2020년 9월 22일, 'LVMH는 티파니에 대한 인수 제안을 철회했다' – wsj.com – 2020년 9월 9일.

26 '소매 산업 역사상 손에 꼽을 만한 수준의 거대한 부의 이동' – ihlservices.com – 2020년 6월 10일.

27 '코로나 위기 중 파산 위기에 처한 회사들이 증가하고 있다' – forbes.com – 2020년 4월 3일, '무디스는 빅토리아 시크릿 매각 실패를 반영하여 L 브랜즈의 신용 등급을 하향했다' – spglobal.com – 2020년 5월 8일.

28 '소매 산업 역사상 손에 꼽을 만한 수준의 거대한 부의 이동' – ihlservices.com – 2020년 6월 10일.

29 'COVID 충격: 파산을 신청한 기업들' – cbsnews.com – 2020년 12월 15일, '지난 분기 스타벅스 매장을 찾은 방문객 수는 절반 가량 감소했다'– restaurantbusinessonline.com – 2020년 7월 28일.

30 '24시간 피트니스는 파산을 신청하고 미국 내 130개 헬스장을 폐쇄했다' – businessinsider.com – 2020년 6월 15일.

31 '2020년 매장을 폐점하고 파산한 소매 기업 리스트' – styledemocracy.com – 2020년 11월 17일.

• 5장 • 글로벌 단위의 충격

1 '상징적인 의미를 지니는 네덜란드 소매 기업 헤마가 챕터 15에 따라 파산을 신청했다' – bloombergquint.com – 2020년 8월 20일, '허드슨의 작별: 캐나다 그룹이 인수한 네덜란드 기업이 끝내 파산에 이르렀다' – dutchnews.nl – 2020년 1월 2일.

2 '스웨덴 패션 소매 기업인 MQ가 파산을 신청했다' – reuters.com – 2020년 4월 16일, '홀란드 앤 바렛은 스웨덴 내의 영업을 종료하고 21개의 매장을 모두 폐점했다' – naturalproductsglobal.com – 2020년 4월 1일, 'H&M은 수익성이 하락함에 따라 2021년에 250개의 매장을 폐점하고 온라인 매출에 집중할 계획이다' – businessinsider.com – 2020년 10월 1일, '바이러스가 재차 확산되며 회복될 것으로 기대되었던 H&M의 매출이 타격을 입었다' – m.economictimes.com – 2020년 12월 15일, '이케아는 처음으로 영국에서 대형 매장 영업을 중단하겠다고 밝혔다' – bbc.com – 2020년 2월 4일.

3 '독일 백화점 갤러리아는 채권자 보호를 신청했다' – reuters.com – 2020년 4월 1일, '독일 레스토랑 체인 바피아노는 지급 불능을 선언했다' – reuters.com – 2020년 4월 2일, '팬데믹으로 인해 포겐폴이 파산을 신청했다' – kbbreview.

com - 2020년 4월 28일, '에스프리는 구조 조정 계획의 일환으로 1,200명의 직원을 해고하고 독일 내 50개 매장의 영업을 중단했다' - fashionunited.uk - 2020년 7월 1일, '코로나바이러스: 5만 개의 독일 소매 소기업들이 파산 위기에 처해 있다' - dw.com - 2020년 4월 28일.

4   '유럽은 바이러스로 인해 많은 기업이 쓰러질 것이라는 현실을 깨닫게 되었다' - Bloomberg.com - 2020년 4월 22일.

5   '오케스트라 프레마망은 채권자로부터 보호를 신청했다' - retaildetail.eu - 2020년 4월 2일, '코로나 위기로 인해, 카미유는 파산을 신청해야 했다' - world-today-news.com - 2020년 5월 26일, '앙드레, 나프나프, 라 할이 파산하면 누가 이들을 인수할 것인가?' - challenges.fr - 2020년 6월 26일, '알리니아의 파산: 뮐리즈 일가는 자신들이 일군 가구 업체를 구할 기회를 잡았다' - world-today-news.com - 2020년 8월 7일, '콩포라마는 주 정부로부터 3억 유로의 대출을 약속받았다' - web24.news - 2020년 7월 9일.

6   '갤러리 라파예트는 샹젤리제 점포가 고전하면서 10억 달러의 손실을 기록했다: CEO' - reuters.com - 2020년 6월 8일.

7   '리나센테도 옴니채널 영역으로 들어왔다' - wwd.com - 2020년 6월 10일, '제옥스가 상반기 매출을 발표했다' - worldfootwear.com - 2020년 9월 1일.

8   '세계 최대의 패션 그룹인 인디텍스가 온라인 매출의 성장에도 불구하고 첫 손실을 기록했다' - cnbc.com - 2020년 3월 20일.

9   '엘 코르테 잉글레스는 팬데믹으로 인해 3월과 5월 사이 5억 1,000만 달러의 손실을 기록했다' - fitchratings.com - 2020년 3월 26일.

10 '코로나19로 인해 유럽의 여행 산업은 혼돈 속에 빠지게 되었다' - theguardian.com - 2020년 7월 1일.

11 '일본의 의류 소매 판매는 2020년에 40% 감소했다, 팬데믹이 종료된 후에는 월매출 반등이 예상된다' - apparelresources.com - 2020년 8월 14일.

12 '일본의 4대 백화점은 3월에서 5월 사이 코로나19로 인해 큰 타격을 입었다' - phuketnews.easybranches.com - 2020년 7월 18일.

13 '홍콩 소매 판매는 10월에 다시 감소하기 시작했다' - insideretail.asia - 2020년 12월 1일.

14 '홍콩에서 5,200개의 소매 매장이 문을 닫을 것으로 예상된다, 6월까지 소매 근로자 1만 400명이 실직할 전망이다' - wwd.com - 2020년 4월 16일, '액세서리 업체인 폴리 폴리는 코로나바이러스의 최근 희생자로, 홍콩의 모든 점포를 닫고 60명의 직원을 해고할 예정이다' - scmp.com - 2020년 6월 9일.

15 'MTI는 GDP가 2020년에는 -6.5%에서 -6.0%의 감소세를 보인 후 2021년에는 +4.0%에서 +6.0% 회복될 것으로 전망한다' - mti.gov.sg - 2020년 11월 23일, '싱가포르 소매 판매액 전년 대비 증감율' - tradingeconomics.com - 2020년 11월, '싱가포르의 로빈슨 백화점은 162년의 역사를 뒤로 하고 영업을 종료하기로 했다' - insideretail.asia - 2020년 10월 30일, '탑숍은 20년 동안 운영해 왔던 이곳의 오프라인 매장을 폐점했다' - straitstimes.com - 2020년 9월 12일,

'의류 소매업체인 에스프리는 중국을 제외한 아시아의 56개 매장을 철수하기로 했다' - straitstimes.com - 2020년 4월 28일, '자국 스포츠 소매업체인 스포츠링크는 사업을 중단하기로 했다' - straitstimes.com - 2020년 7월 8일, '싱가포르의 9월 중 폐업된 소매 매장 수는 10개월 내 최고치를 기록했다' - straitstimes.com - 2020년 11월 1일, '싱가포르의 소매 판매액은 9월에 10.8% 급감했다' - straitstimes.com - 2020년 11월 5일.

16 '대한민국 소매 판매액 전년 대비 증감율' - tradingeconomics.com - 2020년 11월, '대한민국 실업률' - tradingeconomics.com - 2020년 11월, '신세계의 면세점 사업부가 전체 그룹 실적을 저해하면서 황금알을 낳는 거위의 빛이 바랬다' - moodiedavittreport.com - 2020년 5월 13일, '롯데면세점과 호텔신라는 6월에 제주 시내 면세점의 영업을 중단했다' - moodiedavittreport.com - 2020년 5월 28일.

17 '호주 소매 판매액 전월대비 증감율' - tradingeconomics.com - 2020년 11월, '호주 소매 산업: 어떤 기업이 파산하거나 회복했을까? 2019년-2020년 동안 일어났던 사건 업데이트' - retailresearch.org - 2020년 9월 12일, '데이비드 존스의 손실이 확대되면서 경영진은 "매장 수가 지나치게 많다"고 인정했다' - smh.au - 2020년 9월 17일, '패션 소매업체인 콜레트는 파산 위기를 모면했지만 100개 이상 매장의 영업을 중단해야 한다' - smh.au - 2020년 9월 9일, '타깃이 75개의 호주 점포를 폐점하면서 1,000명 이상이 실직할 것으로 예상된다' - theguardian.com - 2020년 5월 22일, '노니 B, 케이티스, 밀러스, 리버스 브랜드의 모기업인 모자이크 브랜드가 250개 매장을 닫겠다고 발표했다' - dailymail.co.uk - 2020년 10월 28일.

18 '남아프리카의 소매 판매액 전년 대비 증감율' - tradingeconomics.com - 2021년 1월, '남아프리카의 실업률' - tradingeconomics.com - 2021년 1월, '남아프리카의 GDP' - tradingeconomics.com - 2021년 1월.

19 '에드콘은 파산 보호를 신청했다' - news24.com - 2020년 4월 29일, '울워스에 대한 S&P 등급이 하락할 가능성이 있다' - businesslive.co.za - 2020년 9월 26일, '소비자들이 슈퍼마켓에서 패닉 바잉을 했지만, 울워스 그룹의 이익은 급감했다' - 9news.com.au - 2020년 8월 27일, '남아프리카의 트루워스의 연간 이익은 록다운 영향으로 28% 감소했다' - reuters.com - 2020년 9월 4일, '매스마트의 손실은 코로나19로 인해 6,500만 달러까지 확대되었다' - iol.co.za - 2020년 8월 27일, '스타인호프의 상반기 손실은 두 배 이상 확대되면서 17억 달러를 기록했다' - reuters.com - 2020년 7월 30일.

20 '코로나바이러스 업데이트' - Worldometers.info - 2021년 1월 12일, '브라질 정부는 2020년 GDP가 4.7% 하락할 것이라는 전망을 유지하고 있다' - reuters.com - 2020년 9월 15일.

21 '코로나로 인해 브라질의 패션 부문 매출은 50% 감소했다' - wwd.com - 2020년 4월 27일, '브라질의 패션 소매업체인 레스토크는 채권자와 함께 채무를 조정하기로 했다' - reuters.com - 2020년 6월 5일.

22 '코로나19 코로나바이러스 팬데믹' - worldometers.info - 2021년 1월 12일, '러시아는 유가 폭락으로 인한 최대 피해 국가이며, 이것이 우리가 우려하는 이유이

다' - marketwatch.com - 2020년 4월 26일.

23 '러시아 소매 판매액 전년 대비 증감율' - tradingeconomics.com - 2020년 1월, '러시아의 실업률' - tradingeconomics.com - 2020년 1월, '2020년 러시아의 비식품 소매 부문 손실은 6조 800억 루블에 달하는 것으로 추정된다' - smenews.org - 2020년 10월 12일, '러시아의 소규모 업체들의 미래가 불확실하다' - france24.com - 2020년 5월 31일.

24 '코로나19 코로나바이러스 팬데믹' - worldometers.info - 2021년 1월 12일

25 '세계은행은 인도의 GDP가 2020-2021년 사이 9.6% 감소할 것으로 전망하고 있다' - cnbctv18.com - 2021년 1월 6일, '"산소호흡기로 연명 중": CAIT는 20%의 소매상들은 영원히 문을 닫아야 할 수도 있다고 경고했다' - thehindubusinessline.com - 2020년 5월 5일, '아디티야 버를라 패션 앤 소매의 2분기 실적: 순손실 18억 8,250만 루피로 확대' - retail.economictimes. indiatimes.com - 2020년 4월 7일, '릴라이언스 소매는 코로나로 인해 타격을 입으면서 EBITDA 절반 가까이 감소한 108억 3,000만 루피 기록' - businesstoday. in - 2020년 9월 12일, '릴라이언스는 퓨처 에셋 34억 달러에 인수, 채권 가격 상승' - Bloomberg.com - 2020년 8월 29일, '퓨처 소매의 1분기 실적: 순손실 56억 2,000만 루피 기록' - retail.economictimes.indiatimes.com - 2020년 9월 15일, '애브뉴 슈퍼마트 2분기 실적: 이익은 38% 감소한 19억 9,000만 루피, 이익률은 240bps 하락한 6.2% 기록' - retail.economictimes.indiatimes.com - 2020년 10월 17일.

26 '중국 소매 판매액 전년 대비 증감율' - tradingeconomics.com - 2020년 1월.

27 '중국 수출 실적' - tradingeconomics.com - 2020년 1월, '북경 정부는 코로나로 위축된 소비를 부양하기 위해 17억 달러 규모의 바우처를 발행했다' - cgtn. com - 2020년 6월 7일.

28 '중국의 소매 산업은 구조적으로 온라인 채널로 전환' - fitchratings.com - 2020년 6월 21일, '징동닷컴의 618 쇼핑 대축제 실적은?' - jingdaily.com - 2020년 6월 11일.

29 '걸프 연안 국가들의 이커머스 분석: 소매 산업 부흥의 길인가 일시적인 신기루인가?' - middleeast.kearney.com - 2020년, '걸프 몰 운영체들은 소매업체들이 코로나19로 휘청거림에 따라 확장을 자제하고 있다' - reuters.com - 2020년 6월 8일, '설문조사에 따르면 코로나바이러스 팬데믹으로 인해 두바이의 기업 중 70%는 6개월 내 영업을 중단할 것으로 예상된다고 응답했다' - cnbc.com - 2020년 5월 21일.

30 '코로나바이러스: 매장을 폐쇄하면서 알샤야 그룹의 매출은 95% 급감했다' - arabianbusiness.com - 2020년 4월 1일.

31 '걸프몰 운영체들은 소매업체들이 코로나19로 휘청거림에 따라 확장을 자제하고 있다' - reuters.com - 2020년 6월 8일

32 '소매 산업의 미래: 두바이의 쇼핑몰은 앞으로 어떻게 될 것인가?' - ice.it - 2020년 5월 13일.

33 '두바이에 본사를 둔 더 토이 스토어의 소유주는 사업을 중단하기로 했다' - gulfbusiness.com - 2020년 1월 11일, '아랍에미리트의 걸프 마케팅 그룹은 로얄 스포팅 하우스를 인수했다' - insideretail.asia - 2020년 12월 17일.

34 '글로벌 소매 여행업 시장 규모는 2025년에는 1,537억 달러에 도달할 전망이다' - finance.yahoo.com - 2019년 11월 14일, '면세점 및 소매 여행업 산업 - 통계와 사실' - statista.com - 2020년 3월 20일.

35 '히드로 공항은 유럽에서 가장 트래픽이 많은 공항으로서의 지위를 상실하고 2020년에 15억 파운드의 적자를 기록했다' - dailymail.co.uk, "유령 도시": 록다운 상황에 놓인 호주 공항의 소매 산업' - theguardian.com - 2020년 6월 6일.

•6장• 그 많던 기업은 다 어디로 갔을까? – 브랜드에 대한 타격

1 '헤인즈브랜즈는 2020년 1분기 실적을 발표했다' - businesswire.com - 2020년 4월 30일.

2 '올포드는 이탈리아 매출이 급감하면서 코로나바이러스에 대한 전망을 수정했다' - fashionnetwork.com - 2020년 3월 12일.

3 'VF 코퍼레이션은 코로나바이러스 팬데믹 중 1분기 실적을 공시했다' - boardsportssource.com - 2020년 5월 18일.

4 '언더아머 2020년 1분기 실적' - underarmour.com - 2020년 5월 11일.

5 'PVH 코퍼레이션은 2020년 1분기 실적을 발표하며 코로나19 팬데믹에 관련하여 사업 현황을 업데이트했다' - businesswire.com - 2020년 6월 11일.

6 '마텔의 주가는 최악의 1분기 실적을 발표한 뒤 곤두박질쳤다, 우노와 픽셔너리의 매출은 증가했다' - marketwatch.com - 2020년 5월 5일.

7 '해스브로는 2020년 1분기 실적을 발표했다' - businesswire.com - 2020년 4월 29일.

8 '레블론은 채무 조정을 완료하며 파산을 면했다' - bloomberg.com - 2020년 11월 12일, '레블론의 2020년 3분기 순매출액은 20% 감소했다' - gcimagazine.com - 2020년 11월 13일, '레블론' - google.com - 2021년 1월 13일.

9 '무디스는 코티의 신용등급을 Caa1로 하향하고 전망은 부정적으로 평가했다 - moodys.com - 2020년 4월 9일, '코티는 웰라 뷰티와 헤어 케어 브랜드를 40억 달러가 넘는 가격에 매각했다' - fool.com - 2020년 5월 12일, '코티는 2020년 4분기 및 연간 실적을 발표했다' - finance.yahoo.com - 2020년 8월 27일

10 '로레알의 2020년 3분기 누계 실적- 글로벌 화장품 산업' - gcimagazine.com - 2020년 10월 23일, "다른 경쟁사 대비 두 배의 속도로 성장 중" - 인사이드 로레알 이커머스 플레이북' - digiday.com - 2020년 11월 6일.

11 '2020년 사업 보고서' - elccompanies.com - 2020년 6월, '에스티 로더는 온라인 매출을 확대하면서 직원과 매장을 감축할 계획이다' - bizjournals.com - 2020년 8월 24일.

12 '유니레버 2020년 3분기 경영 성과' – unilever.com – 2020년 10월 22일.

13 '크래프트 하인즈 주가' – google.com – 2021년 1월 13일, '크래프트 하인즈
는 아직 어려운 상황이다' – fool.com – 2020년 2월 14일, '크래프트 하인즈는
2020년 3분기 실적을 발표했다' – ir.kraftheinzcompany.com – 2020년 10월
29일.

14 '코카콜라 주가' – google.com – 2021년 1월 13일, '코카콜라의 이익은 33% 감
소했으나 록다운이 완화되면서 수요가 증가하고 있다' – cnbc.com – 2020년 7
월 21일, '코카콜라가 4,000명의 직원에게 제공하는 퇴직금 정책의 주요 내용' –
bizjournals.com – 2020년 9월 2일.

15 '타이슨 푸드의 회장이 경고했다. "식품 공급망이 무너지고 있다."' – nbcnews.
com – 2020년 4월 27일, '타이슨 푸드는 알고리즘을 이용해 코로나19 확진자를
추적할 것이다' – thecounter.org – 2020년 11월 17일.

16 'BAT는 록다운으로 인한 매출 타격을 우려했다' – ft.com – 2020년 6월 9일, '필
립 모리스인터내셔널의 2020년 1분기 조정 EPS는 1.17달러이며 2019년에는 0.87
달러를 기록했다' – Bloomberg.com – 2020년 4월 21일, '필립 모리스 인터내셔
널은 2020년 2분기 조정 EPS는 1.25달러로 2019년은 1.49 달러를 기록했다. 환율
효과를 제외하면 EPS는 7.5% 감소했다' – businesswire.com – 2020년 7월 21
일.

17 '2020년 3분기 매출 – 다농' – danone.com – 2020년 10월 19일.

18 'AB인베브는 어두운 미래를 예견하지만, 중국에 희망은 있다' – reuters.com –
2020년 5월 7일.

19 '나이키 주가' – google.com – 2020년 1월 13일, '나이키의 온라인 매출액은
36% 급증했다.' – digitalcommerce360.com – 2020년 3월 26일, '나이키는
2021년 2분기 실적을 발표했다' – investors.nike.com – 2020년 12월 18일.

20 '헤인즈브랜즈 2019년 사업 보고서' – ir.hanesbrands.com – 2019년 12월.

21 '캐나다 구스, 언더아머, 예티, 그루폰은 2018년 온라인 매출 실적을 발표했다' –
digitalcommerce360.com – 2019년 2월 15일.

22 '레블론 2019년 사업 보고서' – investors.revlon.com – 2019년.

23 'PVH 2019년 사업 보고서' – pvh.com – 2019년, '마텔 사업 보고서' – investors.
mattel.com – 2019년, '해스브로 사업 보고서' – investor.hasbro.com – 2019
년, '코티는 2020년 4분기 및 연간 실적을 발표했다' – coty.com – 2020년 8월
27일.

24 '펩시코의 온라인 사업부는 10억 달러 규모까지 성장하기에 이르렀다' –
digitalcommerce360.com – 2018년 2월 14일.

25 '코카콜라 2019년 사업 보고서 – investors.coca-colacompany.com – 2019년,
'코카콜라: 저희는 특히 이커머스를 중심으로 한 급격한 소비자 행태 변화를 받아
들이기로 했습니다' – beveragedaily.com – 2020년 4월 30일.

26 '유니레버는 이커머스 사업부를 30% 성장시켰다' – digitalcommerce360.com

－ 2020년 7월 28일.

27 '2012년-2019년 네슬레의 글로벌 매출 중 이커머스 비중' - statista.com -
2020년 11월 30일.

28 '몬델레즈 인터내셔널 2019년 사업 보고서' - mondelezinternational.com -
2019년, '다농 2019년 사업 보고서' - danone.com - 2019년.

29 'AB인베브 2019년 사업 보고서' - ab-inbev.com - 2020년 2월 27일, 'BAT
2019년 사업 보고서' - bat.com - 2019년, '필립 모리스 인터내셔널 사업 보고
서' - pmi.com - 2019년.

•7장• 비명을 지르는 쇼핑몰

1 '백화점 기업 주식의 최대 문제' - fool.com - 2019년 9월 30일, '미국 백화점 매
출' - ycharts.com - 2020년, '백화점이 사라지고 나면 그 다음 순서는 쇼핑몰
이 될 것' - nytimes.com - 2020년 7월 5일, '죽어 버린 쇼핑몰' - deadmalls.
com - 2021년 1월, '미국의 버려진 쇼핑몰 내부의 을씨년스러운 모습들' -
sephlawless.com - 2021년 1월.

2 '아메리칸 드림이 코로나바이러스라는 벽에 부딪치자 투자자들이 떠나 버렸다' -
bondbuyer.com - 2020년 6월 11일, '아메리칸 드림몰은 팬데믹을 이겨낼 수 있
을 것인가?' - therealdeal.com - 2020년 11월 30일, '아메리칸 드림 소유주가
파산했다' - cnbc.com - 2021년 3월 30일.

3 '허드슨의 공포: 뉴욕의 250억 달러짜리 실패작' - theguardian.com - 2019년
4월 9일, '허드슨 야드는 어떻게 팬데믹에서 살아남을 것인가?' - nytimes.com
- 2020년 6월 19일.

4 '경제에 닥친 그 다음 큰 문제: 기업들이 임대료를 지급할 수 없게 되었다' -
washingtonpost.com - 2020년 6월 4일, '내셔널 체인은 2020년 9월 지급
해야 할 임대료의 86%밖에 내지 못했다' - therealdeal.com - 2020년 10
월 8일, '노드스트롬은 임대료의 절반만 지급하겠다고 건물주에게 통보했다' -
footwearnews.com - 2020년 7월 6일, '임대료를 미지급한 소매 임차인 리스트'
- therealdeal.com - 2020년 4월 22일, '쇼핑몰을 소유하고 있는 사이먼 프로
퍼티가 소매 기업인 갭을 임대료 미납으로 고소했다' - wsj.com - 2020년 6월 4
일.

5 '영국 번화가의 미래' - abcfinance.co.uk - 2020년 5월 22일, '영국에서 200개
이상의 쇼핑센터가 위기 속에 빠졌다' - bbc.com - 2018년 11월 1일.

6 '집중 취재: 2020년 2분기 쇼핑센터와 번화가 경기' - savills.com - 2020년 8월
6일.

7 '왜 중국의 거대 쇼핑몰들이 무너지기 시작했는가' - cbsnews.com - 2018년 6
월 28일, '중국의 유령 쇼핑몰이 부활하는가?' - edition.cnn.com - 2015년 6월
24일, '스마트몰은 중국의 쇠락한 쇼핑센터를 되살릴 수 있는 구원 투수가 될 수 있
을까?' - theguardian.com - 2015년 9월 17일.

•8장• 혼란, 혼란, 또 혼란

1   '죄송해요, 문 닫았습니다. 미국의 유명 유통업체들의 실적 둔화가 일자리를 위협하고 있다.' – economist.com – 2017년 5월 13일.

2   '다우 존스 미국 소매 REIT 인덱스' – marketwatch.com – 2020년 1월 13일.

3   '쇼핑몰 운영 업체인 CBL이 챕터 11에 근거하여 파산 보호를 신청했다' – reuters.com – 2020년 11월 2일.

4   '쇼핑몰 업체인 PREIT는 구조 조정안을 도입하기 위해 챕터 11을 신청했다' – reuters.com – 2020년 11월 2일.

5   '워싱턴 프라임 그룹: 데드캣 바운스가 얼마나 갈까?' – seekingalpha.com – 2020년 6월 2일, 'S&P는 워싱턴 프라임의 신용 등급을 정크 수준으로 하향했다' – wsj.com – 2019년 2월 25일.

6   '사이먼 프로퍼티 그룹은 토브먼 센터를 인수하기로 했다' – investors.simon.com – 2020년 2월 10일.

7   '사이먼 프로퍼티는 마침내 토브먼 센터에 대한 인수를 종결했다' – finance.yahoo.com – 2020년 12월 30일.

8   '채무 유예가 증가함에 따라 CMBS 연체율은 하락했다: 트렙' – cpexecutive.com – 2020년 11월 4일.

9   '2008년 금융 위기 당시보다도 더 높다: 코로나19로 인한 모기지 위기가 과거에 비해 심각한 이유' – vanityfair.com – 2020년 4월 10일.

10 '쇼핑 센터 소유업체 인투는 법정 관리를 받게 되었다' – theguardian.com – 2020년 6월 26일.

11 '해머슨 주가' – google.com – 2021년 1월 14일, '피치는 해머슨에 대한 전망을 부정적으로 하향했다' – fitchratings.com – 2020년 5월 15일, '해머슨의 재무 구조 조정과 채권 발행이 마무리되었다' – Morningstar.co.uk – 2020년 9월 2일.

12 '유니베일-로담코-웨스트필드 CDI 주가' – google.com – 2021년 1월 14일, '무디스는 유니베일-로담코-웨스트필드의 신용 등급을 하향했다' – spglobal.com – 2020년 11월 13일, '영국 부동산 회사 PLC 주가' – google.com – 2021년 1월 14일, '영국 부동산 업계는 소매 업황 악화로 인해 1억 파운드의 손실을 입었다' – ft.com – 2020년 5월 27일.

13 '파크 호텔 앤 리조트 주가' – google.com – 2021년 1월 14일, '페블브룩 호텔 트러스트 주가' – google.com – 2021년 1월 14일, '다이아몬드락 하스피탤리티 컴퍼니 주가' – google.com – 2020년 1월 14일.

14 '사무실 REITs: 코로나바이러스가 기업 문화를 말살했다' – seekingalpha.com – 2020년 5월 21일, '페이스북은 직원들에게 2021년까지 재택근무를 지시했다' – forbes.com – 2020년 8월 7일, '트위터는 직원들이 원한다면 영원히 재택근무를 할 수 있다고 말했다' – cnbc.com – 2020년 5월 12일.

15 '위워크는 5월 동안 더 많은 직원을 해고했다' – therealdeal.com – 2020년 5월 1일, '현금부족에 처한 위워크는 홍콩 공유 오피스 중 5분의 1을 처분했다' –

scmp.com – 2020년 6월 5일, '신용 등급 기관들은 위워크가 생존할 수 있을지 의문시된다고 밝혔다' – commercialobserver.com – 2020년 6월 9일, '위워크의 기업 가치는 지난해 470억 달러를 기록했으나 29억 달러까지 하락했다' – businessinsider.com – 2020년 5월 18일, '위워크의 공동 창업자인 아담 노이만은 30억 달러 규모의 주식 계약 무산에 대해 소프트뱅크를 고소했다' – theverge.com – 2020년 5월 5일.

16 '보스턴 프로퍼티스 주가' – google.com – 2020년 1월 14일, '보네이도 리얼티 트러스트 주가' – google.com – 2021년 1월 14일, '에퀴티 커먼웰스 주가' – google.com – 2021년 1월 14일, '엠파이어 스테이트 리얼티 트러스트 주가' – google.com – 2021년 1월 14일, '엠파이어 스테이트 리얼티 트러스트는 회장이자 COO인 존 B. 케슬러가 회사를 떠나기로 했다고 발표했다' – businesswire.com – 2020년 6월 16일, '엠파이어 스테이트 리얼티 트러스트의 입주사 중 3분의 1은 임대료 감면을 희망했다' – therealdeal.com – 2020년 4월 23일, '2000년–2019년 미국 신규 사기업 오피스 빌딩의 건설 가치' – statista.com – 2020년 11월 19일.

17 '상업용 부동산 투자 – 투자자의 상업용 부동산에 대한 애정이 시험대에 올랐다' – economist.com – 2020년 6월 27일.

•9장• 승자에게는 전리품을 – 닷컴 기업들의 승리

1 '전체 소매 판매 중 온라인 매출 비중' – ons.gov.uk – 2020년 12월 18일.

2 '대영제국 소매 판매액: 2020년 5월' – ons.gov.uk – 2020년 5월, '분기 소매 이커머스 매출' – census.gov, 판매액 조정 방법에 관해서는 1장 출처 11번을 참고할 것.

3 아마존은 경영 실적 및 신규 CEO 선임 계획을 발표했다' – ir.aboutamazon.com – 2021년 2월 2일, '아마존은 올해 대규모 고용 확대 계획을 통해 10만명을 추가 고용하겠다고 밝혔다' – cnbc.com – 2020년 9월 14일, 아마존 시가 총액' – google. com – 2020년 1월 14일.

4 '2014년 3분기 – 2020년 3분기 알리바바의 연결 기준 분기 매출' – statista.com – 2020년 11월 23일, '징동닷컴은 2020년 2분기와 반기 실적을 발표했다' – globalnewswire.com – 2020년 8월 28일, '징동닷컴은 2020년 3분기 실적을 발표했다' – globalnewswire.com – 2020년 11월 16일.

5 '매출 가이던스를 올리면서 부후의 주가가 상승했다' – cmcmarkets.com – 2021년 1월 14일, '부후는 오아시스와 웨어하우스 브랜드 인수에 다시 뛰어들었다' – bbc.co.uk – 2020년 6월 17일, '부후는 법정 관리에 들어간 카렌 밀런과 코스트를 인수했다' – internetretailing.net – 2019년 8월 6일.

6 'ASOS의 전년 실적은 이익이 329% 성장하며 견고한 성과를 굳혔다' – verdict.co.uk – 2020년 10월 14일, '2020년 12월 31일 직전 4개월간 영업 성과' – asosplc.com – 2021년 1월 14일, '잘란도는 성장성과 수익성을 모두 얻은 3분기 실적을 기록했다' – corporate.zalando.com – 2020년 11월 4일.

7 '대영제국 소매 판매액: 2019년 12월' – ons.gov.uk – 2019년 12월, '대영제국 소매 판매액: 2020년 5월' – ons.gov.uk – 2020년 5월, '록다운 상황이 지속됨에 따라 영국 온라인 식품점 성장이 가속화되고 있다' – kantar.com – 2020년 6월 23일.

8 '오카도는 더 많은 제품에 1인당 구매 제한을 걸게 될 것으로 예상했다' – theguardian.com – 2020년 3월 19일.

9 '오카도는 영국 내 배달업의 호황에 힘입어 10억 파운드의 투자를 유치할 계획이다' – theguardian.com – 2020년 6월 10일.

10 '아마존은 프라임 회원제에 가입한 회원들에게는 무료로 아마존 프레시 서비스를 제공하고 있다' – theverge.com – 2019년 10월 29일.

11 '휴엘은 기존의 판을 뒤흔들 만한 신제품을 출시하면서 매출이 급증했다' – welltodoglobal.com – 2020년 9월 14일, '시카고의 스타트업인 이퀼리브리아는 CBD 제품에 여성들이 좋은 반응을 보이며 성장 궤도에 올랐다' – bizjournals.com – 2020년 9월 11일 '바크박스는 100만 명 이상의 구독자를 확보한 후 SPAC(기업 인수 목적 회사)을 통해 상장하려고 한다' – barrons.com – 2020년 12월 17일.

12 '펠로톤이 1억 명의 구독자까지 성장할 수 있는 6가지 전략' – fool.com – 2020년 9월 17일, '사용자 110만 명, 만족도 97%, 매출 6억 700만 달러: 펠로톤은 사용자 참여를 어떻게 활용하여 피트니스계의 애플이 되었는가' – businessinsider.com – 2020년 12월 6일.

13 '속보: 딜리버루의 기업 공개는 빠를수록 좋다' – reuters.com – 2020년 10월 7일, '저스트잇 테이크어웨이 주문량이 급증하고 있다' – thetimes.co.uk – 2021년 1월 14일, '그럽허브의 매출은 코로나에 따라 저녁 식사 포장 판매가 늘어나면서 예상치를 상회했다' – businesstimes.com – 2020년 10월 29일.

•10장• 긍정적인 측면과 부정적인 측면

1 '트위터는 직원들이 원한다면 영원히 재택근무를 할 수 있다고 말했다' – cnbc.com – 2020년 5월 12일, '마크 저커버그는 수많은 직원들을 원격 근무로 전환시켰다' – thevirge.com.

2 '캐나다의 쇼피파이 CEO는 사무실이 중심이던 시대는 끝났다고 말했다' – reuters.com – 2020년 5월 21일.

3 '다음은 재택근무 혁명의 선도 업체입니다' – forbes.com – 2020년 5월 24일.

4 '그룹 PSA는 근무 방법에 대한 새 원칙을 발표했다' – businesswire.com – 2020년 5월 6일.

5 '코로나19 상황에서 미국 내 재택근무 행태 고찰' – news.gallup.com – 2020년 5월 22일.

6 '저커버그: 페이스북에서 일하는 전체 직원 중 50%는 재택근무할 수 있다' – cnbc.com – 2020년 5월 21일, '코로나19가 끝난 후 재택근무에 대한 전망 –

globalworkplaceanalytics.com - 2020년 5월 24일.

7 '코로나바이러스로 시장이 얼어붙으면서 맨해튼의 신규 임대는 71% 급감했다' - cnbc.com - 2020년 5월 15일, '금융권과 테크 회사에 다니는 고액 연봉자들은 왜 뉴욕시를 떠났는가' - cnbc.com - 2020년 10월 31일.

8 '코로나바이러스 록다운 기간 동안 10명의 세입자 중 7명이 옮기는 것보다는 계약 갱신을 택하면서 임대료는 사상 최대 낙폭을 보였다' - thisismoney.co.uk - 2020년 4월 30일.

9 '캐피털 앤 컨트리스 프로퍼티스 주가' - google.com - 2021년 1월 14일, '랜드 시큐리티스 그룹 주가' - google.com - 2021년 1월 14일, '피치는 랜드 시큐리티스 캐피털 마켓에 대한 신용등급을 하향했다' - fitchratings.com - 2020년 4월 6일.

10 '코로나바이러스가 부동산 산업 일간 경기에 미치는 영향' - irwinmitchell.com - 2020년 5월 11일, '유령도시가 된 런던에 생겨난 57억 파운드 규모의 블랙홀: 런던 교통국이 35억 파운드 손실을 입으면서 납세자들의 부담이 커졌고 런던 경제 하루 손실 금액이 5억 7,500만 파운드에 달하면서 런던광역시청과 의회는 20억 파운드 적자 상태에 빠졌다' - dailymail.com - 2020년 8월 19일.

11 '지금은 전시 상황이다: 뉴욕시는 재정난에 직면하고 있다' - nytimes.com - 2020년 9월 29일, '2020년 뉴욕의 폭력 사태가 급격히 증가했다' - nytimes.com - 2020년 12월 29일.

•11장• '코로나 세대'의 출현

1 '코로나19가 어떻게 2020 학번의 인생 전체에 영향을 미칠 것인가' - time.com - 2020년 5월 21일.

2 '2020년 봄 하버드 설문조사' - iop.harvard.edu - 2020년 4월 23일.

3 '2020년 세계 경제 전망 기자 브리핑 스크립트' - imf.org - 2020년 10월 14일.

4 '영국의 학교들은 무기한 휴교에 들어갈 예정이며 모든 시험은 취소되었다' - theguardian.com - 2020년 3월 18일.

5 '29개의 주에서 코로나바이러스 중 휴교하겠다고 밝혔다' - cnn.com - 2020년 3월 15일.

6 '코로나19가 어떻게 2020학번의 인생 전체에 영향을 미칠 것인가' - time.com - 2020년 5월 21일.

7 '코로나19가 어떻게 2020학번의 인생 전체에 영향을 미칠 것인가' - time.com - 2020년 5월 21일.

8 '영국의 일자리 지원 제도 종료 후 젊은이들과 소수 민족이 가장 큰 타격을 입었다' - ft.com - 2020년 10월 28일.

9 '채용이 중단되었다: 학생들은 코로나19 경제 침체 속에서 졸업을 한다' - theguardian.com - 2020년 4월 10일.

10 '코로나바이러스: 일자리가 모두 사라졌어요.' - bbc.com - 2020년 5월 2일.

11 '코로나바이러스: 졸업생들은 코로나19 록다운 비상사태 하에서 일자리를 찾기 위해 고군분투하고 있다' - euronews.com - 2020년 4월 29일.

12 '이들 산업은 2020년 4월에 대규모 실업을 겪었다' - cnbc.com - 2020년 5월 8일.

•12장• 베니스 운하에 돌아온 물고기

1 '코로나바이러스 덕분에 전 세계 탄소 배출량이 급격하게 감소하고 있다' - nationalgeographic.com - 2020년 4월 3일.

2 '자연이 베니스로 돌아오고 있다: 관광객이 사라진 도시에 야생 동물이 돌아오다' - theguardian.com - 2020년 3월 20일, '코로나바이러스로 인한 각종 규제들로 도시가 텅 비자 야생동물들이 도심으로 들어오고 있다' - cnbc.com - 2020년 4월 10일, '기후 위기: 코로나바이러스 록다운 중 자연이 회복하고 있다 - 하지만 이것이 얼마나 갈까?' - theguardian.com - 2020년 4월 9일, '코로나 관련 대책들 덕분에 공기 오염이 감소했다' - airclim.org - 2020년 5월 2일.

3 '기후 위기: 코로나바이러스 록다운 중 자연이 회복하고 있다 - 하지만 이것이 얼마나 갈까?' - theguardian.com - 2020년 4월 9일.

4 '코로나바이러스: 패션 업계가 존재의 위기를 겪는 이유' - bbc.com - 2020년 4월 29일.

5 '온라인 중고 판매 경기는 팬데믹과 무관하다는 점이 밝혀졌다' - fashionista.com - 2020년 6월 23일, '구제 의류 수요가 달아오르며 스레드업은 13억 달러의 가치로 상장될 예정이다' - forbes.com - 2021년 3월 26일, '코로나19 중 중고 판매 성장: 판매업자들은 방역과 위생에 투철하게 대응한다' - fashionunited.uk - 2020년 6월 8일, '스톡X는 팬데믹 중 성장에 가속도가 붙었다' - sgbonline.com - 2020년 7월 16일.

6 '토마이 세르다리 교수는 코로나19 팬데믹이 어떻게 럭셔리 소매 매장을 바꾸었는지 논했다' - stern.nyu.edu - 2020년 7월 1일.

7 '이케아 대표가 말하기를, 가구 소비도 고점을 지났다' - theguardian.com - 2016년 1월 18일.

•16장• 상품 판매를 넘어서는 가치를 제공하라

1 '한 짝을 사면 한 짝을 더 드립니다' - warbyparker.com - 2021년 1월, '우리의 지속 가능성' - allbirds.com - 2021년 1월, '차이를 만들기' - sfbaycoffee.com - 2021년 1월.

•17장• 판매 비즈니스를 '서비스화'하라

1 'CVS헬스는 신규 헬스허브 매장 디자인을 공개했다' - cnbc.com - 2019년 2월 13일.

2 'CVS는 약국이 의사의 역할까지 하도록 바꾸고 싶어한다' – fortune.com – 2019년 5월 17일.

3 'CVS헬스는 헬스허브 포맷을 전국으로 확대하려고 한다' – drugstorenews.com – 2019년 6월 4일.

4 'CVS는 1,500개의 헬스허브 매장을 출점하고 있다. 그들의 최종 목표는 무엇인가?' – advisory.com – 2019년 7월 19일, 'CVS헬스는 다각화된 자산을 통해 각 사업부에서 확고한 성과를 낸 3분기 실적을 발표했다' – prnewswire.com – 2020년 11월 6일.

5 '프낙 다티는 새로운 신뢰의 계약을 내놓았다' – ecommercemag.fr – 2019년 10월 15일, '프낙 다티: 2020년 3분기 매출은 +7.3%의 강한 성장세 기록' – globenewswire.com – 2020년 10월 21일.

•18장• 고객의 감정을 어루만져라

1 '노드스트롬의 고객 서비스는 그저 전설만은 아니다' – bizjournals.com – 2012년 9월 7일.

2 '고객 서비스 문화 구축: 노드스트롬 케이스 분석' – courses.lumenlearning.com – 2021년 1월 14일.

3 '노드스트롬 아르마니 턱시도: 가장 강력한 스토리텔링' – couture.agency – 2021년 1월.

4 '규정집이 아니라 직원을 신뢰하라' – hbr.org – 2017년 4월 20일.

5 '노드스트롬은 2019년 4분기와 연간 실적을 발표했다' – investor.nordstrom.com – 2020년 3월, 'JC페니 컴퍼니는 4분기와 연간 실적을 발표했다' – ir.jcpenney.com – 2020년 2월 27일, '니만 마커스 그룹은 3분기 실적을 발표했다' – businesswire.com – 2019년 6월 11일, '노드스트롬은 2020년 3분기 실적을 발표했다' – press.nordstrom.com – 2020년 11월 24일.

6 '보노보스는 소매 매장을 출점하고 있지만, 매장에서 물건을 살 수는 없다' – businessinsider.com – 2015년 7월 16일.

7 '이제는 오프라인에서 서로를 알아가 봅시다' – modaoperandi.com – 2021년 1월, '로렌 산토 도밍고의 놀라운 새 쇼룸이 소매 산업을 재발명하고 있다' – architecturaldigest.com – 2016년 11월 2일.

8 '패션 소매업체인 이블린이 말도 안 되는 바이럴 효과를 누린 5가지 방법' – referralcandy.com.

9 '킥스타터 캠페인을 활용하여 브랜드를 런칭하는 방법' – business2community.com – 2018년 4월 18일.

10 '사용자들의 참여가 가장 높았던 세 가지 UGC 캠페인 – 어떻게 이런 효과를 만들어 낼 수 있는가' – squareup.com – 2018년 4월 16일.

11 '아메리칸 이글 아웃피터가 3분기 실적을 발표했다' – businesswire.com –

2020년 11월 24일, '애널리스트: 아메리칸 이글의 서브 브랜드인 에어리는 30억 달러 가치의 사업으로 성장할 수 있다' – fool.com – 2020년 8월 12일, '빅토리아 시크릿의 실적이 반등하며 모기업인 L 브랜즈의 3분기 이익이 큰 폭으로 상승했다' – retaildive.com – 2020년 11월 19일, '시카모어는 빅토리아 시크릿 인수를 무산시키려 하고 있다' – ft.com – 2020년 4월 22일.

12 '룰루레몬의 새 경험 컨셉 매장은 소매 산업의 미래를 보여준다' – fool.com – 2019년 7월 23일, '룰루레몬은 성장을 가속화하기 위해 〈셋의 힘〉 전략을 공개했다' – businesswire.com – 2019년 4월 24일, '룰루레몬은 시위즈 하프 마라톤 이벤트 및 의류를 공개했다' – dailyhive.com – 2020년 8월 7일, '운동 기구에 대한 강력한 수요에 힘입어 룰루레몬의 이익과 매출은 예상치를 상회했다' – cnbc.com – 2020년 12월 10일.

13 '라파는 커뮤니티 소매라는 트렌드를 잘 타고 있다' – retailconnections.co.uk – 2020년 2월 18일.

14 '짐샤크 역사상 최대 이벤트 | 버밍햄 팝업 행사' – youtube.com – 2018년 6월 21일, '짐샤크는 어떻게 13억 달러의 브랜드가 되었으며, 우리는 무엇을 배울 수 있는가' – forbes.com – 2020년 8월 17일.

•19장• 마케팅을 철저히 개인화하라

1 '어떻게 타깃은 아버지보다 먼저 10대 소녀의 임신 사실을 알게 되었을까' – forbes. com – 2012년 2월 16일

2 'boltdigital.media', 'propeller.co.uk', 'frac.tl', 'markitors.com', 'webfx.com', 'ignitevisibility.com'.

3 '2020년에 디지털 광고비 지출이 증가하면서 전통 미디어들의 실적이 악화되었다' – searchengineland.com – 2020년 9월 2일, '퍼포먼스 브랜딩이란 무엇이며 퍼포먼스 브랜딩이 마케팅의 ROI를 완전히 바꿔 놓는 방법' – mckinsey.com – 2020년 6월 15일.

4 '타깃: 소매 웹사이트의 재정의' – forbes.com– 2018년 12월 4일, '데이터 사이언티스트에대한 수요는 호조를 보이고 있으며 앞으로 더욱 성장할 것이다' – searchbusinessanalytics.techtarget.com – 2019년 1월 31일.

•20장• 가치를 설정하라

1 '한 짝을 사면 한 짝을 더 드립니다' – warbyparker.com – 2021년 1월, '우리의 지속 가능성' – allbirds.com – 2021년 1월, '차이를 만들기' – sfbaycoffee.com – 2021년 1월.

2 '파타고니아가 일을 능률적으로 하면서도 좋은 일을 할 수 있는 사내 문화를 만든 터무니없는 5가지 방법' – business.linkedin.com – 2019년 12월 27일, '파타고니아의 당당한 정치 전략과 이로부터 구축한 거대한 사업' – inc.com – 2018년 11월 30일.

3 '바디숍 캠페인은 허상이 아니라 사실성을 지향한다' – nytimes.com – 1997년 8월 26일.

4 'EU는 화장품의 동물 실험을 영구히 금지할 예정이다' – prnewswire.com – 2013년 1월 30일.

5 '로레알은 바디숍 인수 금액으로 11억 달러를 지불했다' – nytimes.com – 2006년 3월 18일, '바디숍의 창업자는 좋은 일을 하는 것은 사업에도 도움이 된다고 했다' – bizjournals.com – 2003년 3월 10일.

6 '유니레버의 지속 가능한 사업 계획' – theguardian.com – 2011년 10월 5일, '유니레버의 가치지향적 브랜드들이 탁월한 성과를 내고 있다' – unilever.com – 2019년 6월 11일, '유니레버의 상반기 실적을 보면 순이익이 10% 증가했다' – cosmeticsdesign-europe.com – 2020년 7월 23일, '유니레버 주가' – google.com – 2021년 1월.

7 '베스트 바이의 전임 CEO 허버트 졸리는 기존의 고정관념에 도전했다' – cnbc.com – 2019년 6월 19일, '베스트 바이의 리빙 부문은 노인층이 집에서 혼자 살 수 있도록 도와주었다' – corporate.bestbuy.com – 2017년 10월 4일.

•21장• 데이터의 중요성을 인식하라

1 '토이저러스, 10-K' – sec.gov – 2016년.

2 위의 출처와 동일, '나이키는 성공적으로 운영되고 있는 회원제 프로그램에 특전을 추가할 예정이다' – nypost.com – 2019년 4월 3일.

3 위의 출처와 동일.

4 '3만 1,000명의 토이저러스 임직원들: 퇴직금도 없이 해고되다' – money.cnn.com – 2018년 3월 16일.

5 'M&S 스팍스는 디지털 퍼스트 회원제 프로그램으로 다시 런칭될 예정이다' – corporate.marksandspencer.com – 2020년 7월 2일.

6 '막스 앤 스펜스는 스팍스 회원제 프로그램을 다시 런칭하기로 했다' – retail-week.com – 2020년 7월 2일.

7 '메이시스는 업그레이드된 로열티 프로그램을 내놓았다' – macys.com – 2020년 2월 10일, '노드스트롬은 신용카드를 사용하지 않는 고객들에게도 리워드 혜택을 제공하기로 했다' – retailwire.com – 2016년 5월 23일, 'J.크루는 새로운 회원제 프로그램을 통해 브랜드 로열티를 강화할 계획이다' – retaildive.com – 2018년 8월 6일.

8 '월마트는 디지털 중심으로 1,000개의 매장을 쇄신하기로 했다' – retaildive.com – 2020년 10월 1일.

9 '어반 아웃피터스는 매장 내 핸드폰 충전기를 비치하면서 고객 방문을 늘리고 마케팅 기회를 늘리려고 하고 있다' – retaildive.com.

10 '쇼피파이는 전 세계에 걸쳐 상인들이 소매 산업의 미래에 적응하도록 도와줄 수

있는 새로운 POS를 출시했다' – news.shopify.com – 2020년 5월 4일.

•22장• 디지털로 전환하라

1 '자라 리테일 공화국은 포스트 팬데믹 미래에 30억 달러를 투자하고 있다' –
   edition.cnn.com – 2020년 6월 10일.

2 'H&M은 팬데믹 기간 동안 매출이 감소하자 디지털화 계획을 발표했다' –
   essentialretail.com – 2020년 6월 26일, 'H&M은 내년에 250개 매장을 철수할
   계획이다' – retaildive.com – 2020년 10월 1일.

3 'H&M은 팬데믹 기간 동안 매출이 감소하자 디지털화 계획을 발표했다' –
   essentialretail.com – 2020년 6월 26일.

4 '매장을 폐쇄하고 이커머스와 무점포 소매에 집중하겠다는 계획을 발표하고 난 후,
   갭의 주가는 11% 상승했다' – cnbc.com – 2020년 10월 22일.

5 '작은 노드스트롬의 발자국' – therobinreport.com – 2020년 12월 2일, '팬데
   믹으로 인해 노드스트롬은 저렴한 가격의 이커머스 사업에 더 투자하지 않을 수
   없었다' – modernretail.co – 2020년 6월 1일.

6 '코로나19: JC스포츠는 팬데믹 이후 이커머스에 집중하기로 했다' –
   essentialretail.com – 2020년 7월 7일.

7 '넥스트 사업 보고서' – nextplc.co.uk – 2020년 1월, '넥스트는 3분기 매출이
   기대 수준을 상회하자 이익 전망치를 상향했다' – proactiveinvestors.co.uk –
   2020년 10월 28일.

8 '베드 배스 앤 비욘드(BBBY)는 2020년 2분기 실적을 발표했다' – cnbc.com –
   2020년 10월 1일, '베드 배스 앤 비욘드는 2021년에도 안정적인 매출 성장을 목표
   로 하고 있으며 2023년까지 4~6%대의 성장을 기대한다' – cnbc.com – 2020년
   10월 28일.

9 '록다운 동안 온라인 매출이 성장하면서 킹피셔의 이익이 증가했다' – cityam.
   com – 2020년 9월 22일, '가르니에가 실적이 "탄력적으로 회복했다."고 언급한
   바와 같이 킹피셔의 이커머스 매출액은 급증했다' – retail-week.com – 2020년
   9월 22일.

10 '록다운으로 딕슨스 카폰 온라인 매출이 124% 치솟았다' – retailgazette.co.uk
   – 2020년 9월 10일.

11 '랄프 로렌은 이커머스에 총공세를 퍼부으면서 직원을 감원할 계획이다' –
   businessoffashion.com – 2020년 9월 22일.

12 '아르마니와 육스 넷어포터는 새로운 협력 관계를 체결했다' – drapersonline.
   com – 2020년 7월 22일.

13 '휴고 보스는 온라인 사업을 한 단계 더 끌어올렸다' – group.hugoboss.com –
   2020년 7월 1일.

14 '마켓플레이스 사업 모델은 월마트의 온라인 사업부의 성장을 주도하고 있다' –

marketplacepulse.com – 2019년 9월 14일, '확정: 월마트는 아마존에 대항하기 위해 제트닷컴을 30억 달러에 현금 인수하기로 결정했다' – techcrunch.com – 2016년 8월 8일.

15 '고객의 쇼핑 패턴 변화와 함께 이커머스 매출이 79% 급성장하면서 월마트는 기대치를 상회하는 이익을 기록했다' – cnbc.com – 2020년 11월 17일, '월마트는 2만 명의 임시직을 새로 고용하기로 했다' – marketwatch.com – 2020년 9월 29일, '월마트는 타타에 최대 250억 달러의 투자를 고려하고 있다' – ca.mobile. reuters.com – 2020년 9월 28일.

16 '테스코는 온라인 호조에 따라 1만 6,000명의 정규직을 추가로 고용하기로 했다' – reuters.com – 2020년 8월 24일, '3분기와 크리스마스 시즌 영업 보고서 2020/21' – tescoplc.com – 2021년 1월 14일.

17 '2021년 1월 2일 기준 3분기 중 15주차 영업 보고서' – about.sainsburys.co.uk – 2021년 1월 7일, '포스트 코로나 시대에 온라인 쇼핑 성향은 고착화될 것이다 – 세인즈버리의 CEO였던 마이크 쿠프가 퇴임하기 전 마지막으로 남긴 전언' – diginomica.com – 2020년 5월 4일.

18 'M&S는 오카도와 7억 5,000만 파운드의 식품 배송 사업 인수 계약을 체결했다' – theguardian.com – 2019년 2월 27일, '오카도의 4분기 매출이 35% 증가하면서 M&S가 사업에 미친 효과를 보여 주었다' – internetretailing.net – 2020년 12월 10일.

19 '오카도의 온라인 식료품 사업이 M&S로 전환되면서 동사의 시장 가치는 테스코에 근접하게 되었다' – theguardian.com – 2020년 9월 15일, 'M&S는 타사 브랜드를 판매하면서 이커머스에 날개를 달았다' – drapersonline.com – 2020년 5월 21일.

20 '리들의 대주주는 온라인 입지를 강화하기 위해 마켓플레이스를 인수하기로 했다' – internetretailing.net – 2020년 6월 23일.

21 '코로나19: 영국 알디는 식품을 온라인으로 판매하기 시작했다' – essentialretail. com – 2020년 4월 17일, '알디는 영국에서 최초로 클릭 앤 콜렉트 서비스를 출시했다' – essentialretail.com – 2020년 9월 14일.

22 '알디와 리들은 온라인 배송 사업을 지속적으로 추진하기로 결정을 내렸다' – chargedretail.co.uk – 2020년 6월 19일.

23 '8만 5,000개의 온라인 사업체들이 록다운 기간 동안 새로 창업되었다' – uktechnews – 2020년 7월 3일, '코로나바이러스가 영국의 소매 산업을 바꾼 5가지 방법' – ft.com – 2020년 5월 1일, '이커머스가 미래다: 독립 소매 사업자 돕기' – brevity.marketing – 2020년 10월 2일.

24 '이커머스가 미래다: 독립 소매 사업자 돕기' – brevity.marketing – 2020년 10월 2일.

25 '어떻게 지역 가게들이 온라인 판매로 전환하는가' – uschamber.com – 2020년 4월 23일.

26 '사이먼은 자사 브랜드를 위한 온라인 마켓플레이스를 새로 출시했다' –

digitalcommerce360.com - 2019년 4월 8일.

•23장• 파산했던 브랜드들이 돌아온다

1   '포에버21이 영국 마켓에 온라인 브랜드로 돌아온다' - forbes.com - 2020년 7월 17일, '영국 본점' - en.wikipedia.org - 2021년 1월, '아메리칸 어패럴이 역량 강화에 초점을 두고 돌아온다' - theguardian.com - 2018년 4월 20일.

2   '토마스 쿡은 온라인 여행사로 사업을 재개한다' - theguardian.com - 2020년 9월 16일, '토이저러스는 웹사이트를 다시 오픈했다' - techcrunch.com - 2019년 10월 9일.

3   '메이플린의 IT 담당 임원은 온라인 전용으로 사업을 재개하기로 했다' - essentialretail.com - 2019년 5월 15일.

4   'D2C(Direct-to-Consumer) 판매 모델이란 무엇이며 왜 관심을 가져야 하는가?' - racked.com - 2016년 8월 11일.

5   '마더케어의 2020년 손실이 줄어들면서 주가가 상승했다' - spglobal.com - 2020년 9월 25일, '단상: 마더케어는 부츠와 함께 영국 사업을 재개하기로 했다' - thegrocer.co.uk - 2020년 8월 20일.

6   '리테일 이커머스 벤처스는 드레스반과 피어1를 재기시켰고 파산한 모델의 IP 자산을 인수하고자 한다' - finance.yahoo.com - 2020년 8월 10일.

7   '부후는 오아시스와 웨어하우스 브랜드를 인수하며 다시 오픈했다' - bbc.com - 2020년 6월 17일, '뉴 레이디언트의 보고서를 보면 전통 오프라인 소매업체들이 어떻게 사업을 재개하려고 하는지를 알 수 있다' - prnewswire.com - 2020년 6월 18일.

8   '바니스부터 탑숍에 이르기까지, 어센틱 브랜드는 소매 제국을 세우려고 하고 있다' - forbes.com - 2020년 12월 15일, 'JD스포츠는 탑숍 인수전에서 어센틱 브랜드와 손을 잡았다' - fashionnetwork.com - 2021년 1월 12일, '어센틱 브랜드 그룹' - authenticbrandsgroup.com - 2021년 1월.

9   'TM 르윈의 온라인 사업부는 인수자를 찾았지만 오프라인 매장은 폐쇄될 것이다' - insidermedia.com - 2020년 7월 1일, '제임스 콕스 - 스톤브리지의 창립 파트너' - uk.linkedin.com - 2020년 1월.

•24장• 직판을 늘려 유통망을 단축하라

1   'D2C 브랜드 리스트' - channelape.com - 2021년 1월.

2   '와비 파커 마케팅 전략 해부' - tapjoy.com - 2019년 9월 19일.

3   '달러 쉐이브 클럽은 유니레버에 10억 달러에 매각되었다' - nytimes.com - 2016년 7월 20일, '달러 쉐이브 클럽이 바이럴 영상을 통해 세일즈에 성공한 비법' - inc.com - 2021년 1월.

4   '다음 물결: 디지털 퍼스트 선구자 브랜드들이 고객 데이터와 경험에서 앞서 가며

자체 브랜드로 전환하고 있다' – mi-3.com.au – 2019년 5월 17일.

5 '와비 파커의 기업 가치는 30억 달러' – axios.com – 2020년 8월 27일.

6 '달러 쉐이브 클럽은 새 옴니채널 모델을 통해 새로운 모습을 선보인다' – wwd.
com – 2020년 9월 18일, '단순성에 기반한 사업이 복잡해지면 어떤 일이 일어날
까? 달러 쉐이브 클럽의 창업자 마이클 더빈은 그 답을 알게 되었다' – cnbc.com
– 2019년 3월 24일.

7 '휴엘은 기존의 판을 뒤흔들 만한 신제품을 출시하면서 매출이 급증했다' –
welltodoglobal.com – 2020년 9월 14일, '스타트업인 휴엘은 인재 채용에 집중
해 왔다' – businessinsider.com – 2020년 1월 8일.

8 '글로시에: 33세의 여성은 어떻게 자신의 뷰티 블로그를 10억 달러짜리 브랜드로
키워냈는가' – cnbc.com – 2019년 3월 20일, 'IPO를 향하는 글로시에의 여정'
– wwd.com – 2018년 3월 1일.

9 'D2C 란제리 스타트업인 서드러브는 5,500만 달러의 투자를 유치했다' –
techcrunch.com – 2019년 2월 26일, '차기 10억 달러 가치 스타트업: 빅토리아
시크릿의 약점을 공략하여 브라 비즈니스에서 7억 5,000만 규모의 사업을 일구어
내다' – forbes.com – 2018년 10월 18일.

10 '부후 그룹: 반기 실적' – investigate.co.uk – 2020년 9월 30일.

11 '나이키의 소비자 직접 공략이 성과를 거두고 있다' – fool.com – 2019년 12월
22일.

12 '프록터 앤 갬블은 D2C 브랜드 추가를 검토하고 있다' – digiday.com – 2019년
5월 1일.

13 'P&G는 데오도란트 스타트업을 1억 달러에 인수했다' – axios.com – 2017년 11
월 15일, 'P&G는 경쟁사인 스노우베리 뉴질랜드를 인수했다' – bizjournals.com
– 2018년 2월 6일, 'P&G는 퍼스트 에이드 뷰티를 인수했다' – wwd.com –
2018년 7월 17일.

14 '프록터 앤 갬블은 유색 인종을 위한 제품을 갖추기 위해 스타트업을 인수했다' –
vox.com – 2018년 12월 12일, 'P&G는 디스 이즈 엘을 1억 달러에 인수했다' –
bizjournals.com – 2019년 2월 7일.

15 'M13과 P&G는 고객 혁신 인큐베이터를 설립하기 위해 파트너 계약을 맺었다' –
prnewswire.com – 2019년 2월 21일, 'P&G는 폐경기 여성을 위해 킨드라 브랜
드를 런칭했다' – bizjournals.com – 2019년 11월 15일.

16 '프록터 앤 갬블은 D2C 브랜드 추가를 검토하고 있다' – digiday.com – 2019년
5월 1일.

17 '단독 기사: 유니레버는 밀키트 스타트업인 썬 배스킷에 투자하기로 했다' –
fortune.com – 2017년 5월 11일, '유니레버는 그레이즈를 인수했다' – unilever.
com – 2019년 2월 5일, '유니레버의 아이스크림 온라인 판매는 모든 제품은 온라
인을 통해 판매할 수 있다는 사실을 보여 준다' – bloombergquint.com – 2020
년 7월 23일, '유니레버는 면도칼에서부터 머스타드에 이르기까지 D2C의 물결에
편승하고 있다' – warc.com – 2019년 4월 26일.

18 '유니레버는 슈퍼마켓 채널을 줄이고 온라인 채널을 겨냥하기로 했다' —
    thisismoney.co.uk — 2018년 7월 19일.

19 '로레알은 마케팅에서 디지털 채널 비중을 50%에서 70%까지 올리기로 했다' —
    campaignlive.co.uk — 2020년 6월 16일, '"다른 경쟁사 대비 두 배의 속도로 성
    장 중" — 인사이드 로레알 이커머스 플레이북' — digiday.com — 2020년 11월
    6일, '로레알은 D2C 모발 염색제 브랜드인 Color&Co를 런칭했다' — thedrum.
    com — 2019년 5월 9일.

20 '크래프트 하인즈는 프라이멀 키친을 2억 달러에 인수하기로 했다' —
    foodnavigator-usa.com — 2018년 12월 11일, '하인즈는 D2C "번들" 배송 서비
    스를 출시했다'— stylus.com — 2020년 4월 23일.

21 '펩시코는 소다스트림을 32억 달러에 인수하기로 했다' — cnbc.com — 2018년
    8월 20일, '펩시코는 새로운 D2C 제품을 출시했다' — foodprocessing.com —
    2020년 5월 11일.

22 '네슬레 워터스 노스 아메리카는 레디리프레시로 확장했다' — prnewswire.com
    — 2020년 1월 10일, '네스프레소 공식 웹사이트' — buynespresso.com — 2020
    년 1월.

•25장• PB 상품 비중을 늘려라

1   '지역 내 PB 상품 매출 비중은 최고치인 39.4%를 차지했다' — iriworldwide.com
    — 2018년, '자체 브랜드가 소매 산업을 호령하고 있다' — forbes.com — 2019년
    5월 2일.

2   '코로나19로 인한 사재기를 틈타 매장 자체 브랜드 매출이 급증하고 있다' —
    supermarketnews.com — 2020년 4월 27일.

3   '타깃은 어떻게 가장 혁신적인 회사의 반열에 올랐는가' — fastcompany.com —
    2019년 2월 19일.

4   '코스트코의 커클랜드 브랜드는 성장을 이끌고 있다' — businessinsider.com —
    2019년 3월 22일.

5   '콜즈는 어떻게 아마존의 시대에 대처해 나가는가' — edition.cnn.com — 2018년
    10월 30일.

6   '베드 배스는 새로 취임한 CEO가 타깃의 전략을 도입함에 따라 급성장했다' —
    bloomberg.com — 2019년 2월 10일.

7   '심층 취재: 노련한 산업 베테랑들이 BB&B의 PB 전략을 구축하다' —
    storebrands.com — 2020년 11월 10일, '베드 배스 앤 비욘드 주가' — google.
    com — 2021년 1월 17일.

8   '베스트 바이는 모든 역경을 어떻게 딛고 일어났는가' — retaildive.com — 2017
    년 12월 13일.

9   '월마트와 자체 브랜드의 힘' — scrapehero.com — 2019년 6월 12일, '월마트의
    그레이트 밸류 브랜드는 270억 달러 이상의 이익을 내고 있다' — storebrands.

com - 2020년 2월 18일.

10 '이들은 반쯤 죽을 정도로 겁에 질려 있다 : 소매업체들은 자체 브랜드에 박차를 가하고 있다' - digiday.com - 2019년 3월 18일, '월마트가 판매하는 100달러 미만 태블릿은 소매의 미래를 보여 준다' - forbes.com - 2019년 5월 22일.

11 '심플 트루스: 자체 브랜드 큐레이션, 다른 크로거 브랜드들이 매출을 견인한다' - cinncinnati.com - 2017년 7월 26일, '크로거는 식물 기간 식품 라인인 심플 트루스를 공개했다' - supermarketnews.com - 2019년 9월 5일, '크로거 주가' - google.com - 2021년 1월.

12 '홀 푸드는 365 PB 브랜딩을 업데이트하고 있다' - grocerydive.com - 2020년 1월 16일, '트레이더 조의 전략: 성공을 위한 12개의 열쇠' - indigo9digital.com - 2020년 7월 2일, '남동부 거주자들이 퍼블릭스에서 쇼핑하는 것을 좋아하는 이유는 무엇일까' - envzone.com - 2020년 7월 29일, '식품 소매 사업자들이 웨그맨스 매장 모델에서 배울 수 있는 교훈은 무엇일까' - grocerydive.com - 2017년 2월 10일, '월그린은 자체 브랜드를 통해 어떻게 혁신하는가' - cspdailynews.com - 2019년 5월 20일, '브랜드의 시대가 저물자 CVS는 자체 브랜드에 힘을 싣고 있다' - forbes.com - 2017년 10월 12일, '라이트 에이드는 "미래의 매장" 전략에 자체 브랜드 성장을 반영했다' - storebrands.com - 2020년 3월 18일.

13 '메이시스 10K 보고서' - macysinc.com - 2018년, '메이시스 주가' - google.com - 2021년 1월.

14 'JC페니는 어떻게 무너졌는가' - edition.cnn.com - 2018년 9월 27일.

15 '딕스 스포팅 굿즈는 새 자체 브랜드를 출시했다' - chainstoreage.com - 2019년 8월 1일.

16 '딕스 스포팅 굿즈는 새 자체 브랜드 컬렉션을 런칭했다' - fashionunited.uk - 2019년 8월 2일.

17 '딕스 스포팅 굿즈는 자체 브랜드를 강화하고 있다' - digiday.com - 2019년 3월 13일, '딕스 스포팅 굿즈 2019년 사업 보고서'.

18 '딕스는 자체 브랜드 추진 전략으로 아마존을 이길 수 있을까' - econsultancy.com - 2019년 3월 15일.

19 '딕스의 SG는 팬데믹 중에서도 모멘텀을 형성할 수 있는 기회를 찾았다' - sgbonline.com - 2020년 9월 9일.

20 '전형적인 영국 브랜드: 브랜딩만이 전부가 아니다, 막스 앤 스펜서 브랜딩' - fabrikbrands.com, '존 루이스의 새 전략은 자체 브랜드 패션에 초점을 맞추고 있다' - uk.fashionnetwork.com - 2018년 6월 27일.

21 '아마존은 2년 동안 판매되는 PB 제품 수를 도합 세 배로 늘렸다' - digitalecommerce360.com - 2020년 5월 20일.

22 '타오바오 신슈안을 통해 알리바바는 PB 제품으로 확장하기로 했다' - techinasia.com - 2018년 7월 5일.

23 '온라인 소매업체인 징동닷컴은 아마존이 자체 브랜드를 강화한 전략을 뒤따르고 있다' - scmp.com - 2018년 1월 16일.

24 '얀슈안은 어떻게 중국에서 인기를 얻었는가' – businessinsider.com – 2017년 10월 18일, '플립카트는 스마트바이를 통해 새 카테고리로 확장을 꾀하고 있다' – livemint.com – 2018년 8월 8일.

25 '육스는 8 바이 육스라는 자체 패션 브랜드를 새로 런칭했다' – cpp-luxury.com – 2018년 11월 6일, '모다 오퍼란디는 더 플랫폼을 런칭했다' – businessoffashion.com – 2017년 10월 30일.

26 '모다 오퍼란디는 더 플랫폼을 런칭했다' – businessoffashion.com – 2017년 10월 30일.

•26장• 온라인 공간은 무한하다

1 '아마존 마켓플레이스는 고객에게나 판매자에게나 승자이다' – press.aboutamazon.com – 2001년 3월 19일.

2 '판매자들이 알아야 할 10가지 중요한 아마존 2020년 통계' – bigcommerce.com – 2021년 1월, '전 세계 상위 65개 마켓플레이스 리스트' – vinculumgroup.com – 2021년 1월.

3 '분석: 왜 소매업체의 44%는 마켓플레이스를 런칭하는가' – retail-week.com – 2018년 4월 16일.

4 'Walmart.com에 거의 백만 개의 신규 상품이 추가되었다' – corporate.walmart.com – 2009년 8월 31일, '마켓플레이스는 월마트의 온라인 혁신을 견인하고 있다' – marketplacepulse.com – 2019년 11월 14일.

5 'H&M은 타사 브랜드 판매를 시도하고 있다' – ecommercenews.eu – 2019년 9월 20일.

6 '마이어는 아마존에 맞서기 위한 최후의 수단으로 온라인 마켓플레이스를 공개했다' – smartcompany.com.au – 2017년 11월 2일, 'M&S는 타사 브랜드를 판매하며 이커머스에 날개를 달았다' – drapersonline.com – 2020년 5월 20일, '넥스트의 사업 모델' – nextplc.co.uk – 2021년 1월, '베스트 바이 캐나다는 사업 모델을 발전시켜 마켓플레이스 선두 업체로 자리잡았다' – blog.miraki.com – 2019년 11월 19일, 'OfficeDepot.com에서 판매하세요' – acenda.com – 2021년 1월, '크로거는 아마존과 경쟁하기 위해 온라인 마켓플레이스를 출시했다' – digitalcommerce360.com – 2020년 8월 11일, '프랑스 슈퍼마켓 체인인 오숑은 새 온라인 마켓플레이스를 런칭할 예정이다' – ecommercenews.eu – 2015년 9월 24일, '다티 마켓플레이스: 더 많은 선택권을!' – darty.com – 2020년 2월 29일.

7 emcosmetics.com, hudabeauty.com, kyliecosmetics.com.

8 '팬데믹은 이커머스를 어떻게 마켓플레이스 모델로 전환시켰나' – glossy.co – 2020년 7월 31일.

9 위의 출처와 동일.

10 위의 출처와 동일.

11 Marketplacer.com, Code-Brew.com, Arcadia.com, Wordpress.org, Mirakl. com, Luminoslabs.com, '팬데믹은 이커머스를 어떻게 마켓플레이스 모델로 전환 시켰나' - glossy.co - 2020년 7월 31일.

12 '팬데믹은 이커머스를 어떻게 마켓플레이스 모델로 전환시켰나' - glossy.co - 2020년 7월 31일.

•27장• 오프라인 매장이 지향해야 할 미래는 무엇인가

1 '아마존은 최초로 일반 매장 크기의 무인계산대 전용 식품점을 오픈했다' - cnbc. com - 2020년 2월 25일, '알리바바의 새로운 타입의 슈퍼스토어 허마' - cnbc. com - 2018년 8월 30일, '텐센트는 처음으로 무인계산기 전용 팝업 스토어를 열 었다' - europe.chinadaily.com - 2018년 2월 2일, '와비 파커는 처음에는 온 라인에서 안경을 판매하기 시작했으며, 이제는 출점을 하기 시작했다' - inc.com, '보노보스와 달러 쉐이브 클럽: 온라인 전용 브랜드들이 오프라인으로 확장하고 있다' - forbes.com - 2018년 7월 27일, '이블린이 첫 오프라인 매장을 열었다' - retaildive.com - 2017년 2월 20일.

•28장• 쇼루밍을 활용하라

1 '쇼루밍' - wikipedia.com

2 '소노스의 실험적인 새 매장에는 뭔가 특별한 점이 있다' - futurestores. wbresearch. com.

3 '보노보스처럼 무재고 매장이 어떻게 고객을 만족시키고 소매업체의 생산성을 높 여주는가' - forbes.com - 2019년 9월 29일.

4 '소매업체들이 쇼룸을 내는 까닭은' - retaildive.com - 2017년 4월 20일.

5 '캐나다 안경 브랜드인 클리어리는 오프라인 매장을 다시 오픈했다' - retail-insider.com - 2020년 12월 22일.

6 '소매 포커스: Made.com은 오프라인 소매로 확장을 꾀한다' - designcurial.com - 2020년 4월 6일.

7 '글로시에의 런던 팝업은 연중 내내 영업할 예정이다' - forbes.com - 2020년 1월 31일.

8 '고객 확보를 위한 중요한 접점: 브랜드들은 신규 고객을 모집하기 위해 서비스 기 반 매장을 출점하고 있다' - glossy.com - 2019년 9월 5일.

9 'Well.ca는 토론토에 버추얼 매장을 열었다' - marketingmag.ca - 2012년 4월 2일.

10 '아마존은 아마존 포 스타 매장을 두 배로 늘릴 예정이다' - chainstoreage.com - 2020년 1월 31일.

11 '알리익스프레스 파리 팝업 스토어' - altavia-shoppermind.com - 2020년 10월 13일, '알리익스프레스의 시장 점유율과 글로벌 영향력에 대한 35가지 통계' -

techjury.net – 2020년 7월 25일.

12 '알리바바의 새로운 타입의 슈퍼스토어 허마' – cnbc.com – 2018년 8월 30일, '알리바바는 2,000개의 허마 슈퍼마켓을 출점할 계획이다' – insideretail.asia – 2017년 12월 8일.

13 '나이키의 소매 성공 비밀: 인간적인 접근' – rga.com – 2019년 11월 4일, '나이키는 소형 포맷 매장을 200개까지 늘릴 계획이다' – retaildive.com – 2020년 6월 26일, '나이키의 첫 컨셉 스토어: 나이키 바이 멜로즈' – youtube.com.

14 '올해의 컨셉 스토어: 노드스트롬 로컬' – retaildive.com – 2019년 12월 9일, '노드스트롬은 부티크 스타일 노드스트롬 로컬 숍을 오픈할 예정이다' – youtube.com.

15 '이케아는 소형 포맷 매장을 뉴욕에 출점하고 있다' – cnbc.com – 2019년 4월 10일, '이케아의 새로운 매장에서는 물건을 직접 구입할 수 없다' – fastcompany.com – 2019년 4월 10일, '이케아가 첫 맨해튼 매장을 오픈했다. 한 번 구경해 보자' – youtube.com.

16 '메이시스는 쇼핑몰에서 떨어진 위치에 작은 매장을 출점하려고 계획하고 있다' – cnbc.com – 2020년 9월 2일, '메이시스의 컨셉 스토어가 사우스레이크에 오픈했다' – youtube.com.

17 '애플은 아이폰12 출시와 연휴 기간 쇼핑 시즌에 맞추어 새 익스프레스 매장을 확장하고 있다 - 그곳에서 쇼핑하는 건 어떤지 알아보자' – businessinsider.com – 2020년 10월 24일.

18 '콜은 시범적으로 알디에게 매장을 임대하면서 매장을 축소하고 있다' – marketwatch.com – 2018년 3월 4일, '콜은 플래닛 피트니스 체육관에게 매장을 임대하면서 매장을 축소하고 있다' – edition. cnn.com – 2019년 3월 5일.

19 '딕슨스 카폰은 온라인 매출이 114%로 급증하자 빠르게 옴니채널로 전환하고 있다' – internetretailing.net – 2020년 12월 16일, '딕슨스 카폰: 2020/21 반기 실적' – investigate.co.uk – 2020년 12월 16일.

•29장• 고객에게 체험을 제공하라

1 '실험적 소매가 미래라는 것을 입증하는 9가지 사례 연구' – thestorefront.com.

2 '아이스크림 박물관' – museumoficecream.com, '아이스크림 박물관' – Wikipedia.org.

3 '로제 맨션 홈' – rosemansion.com, '로제 맨션에 방문해 보았습니다. 내부는 어떤지 같이 보실까요?' – foodandwine.com – 2018년 7월 11일.

4 '과자 놀이동산인 캔디토피아는 50만 번째 슈가 러시 사진과 함께 신규 지점의 성공을 축하했다' – prweb.com – 2019년 4월 28일, '기네스 팰트로와 드루 배리모어가 열광하는 캔디 테마파크의 내부를 밝힌다' – marketwatch.com – 2018년 8월 14일.

5 '도쿄의 프리쿠라 성지 모레루미뇽' – tokyocreative.com.

6 '팀랩 보더리스 도쿄 공식 홈페이지' - borderless.teamlab.art, '도쿄 팀랩 보더 리스: TOP 10' - youtube.com.

7 '세계에서 가장 흥미로운 가게가 뉴욕 시티에 나타났다' - forbes.com - 2018년 12월 16일.

8 '쇼핑, 유혹, 그리고 미스터 셀프리지' - cannonballread.com.

9 '셀프리지의 11가지 비밀' - londonist.com - 2016년 10월 19일, '화제 만발한 셀프리지' - selfridges.com.

10 '셀프리지는 영국 유일의 무료 나무 바닥 스케이트 보울을 열었다' - retailgazette.co.uk - 2018년 10월 29일, '셀프리지는 루프탑 호수와 칵테일바를 오픈했다' - dailymail.com - 2011년 7월 22일, '셀프리지는 놀라움으로 가득하다' - theguardian.com - 2007년 11월 21일.

11 '10 꼬르소 꼬모' - wikipedia.org.

12 '가상현실 미식 여행: 부르생' - trendhunter.com - 2015년 8월 18일.

13 '네슬레는 초콜릿 맞춤형 킷캣 웹 스토어를 새로 런칭했다' - confection-eryproduction.com - 2020년 3월 12일, '치즈맛 킷캣을 원하시나요? 녹차, 칠리, 자주색 감자맛 킷캣은 어떠신가요? 특이한 초콜릿 바를 위한 부티크가 일본에서 오픈했다… 행운의 상징이라고 여겨지는 곳에서' - dailymail.com - 2014년 1월 21일.

14 '하우스 오브 반스' - houseofvanslondon.com, '하우스 오브 반스' - vans.com.

15 '어벤져스 S.T.A.T.I.O.N. 라스베이거스 스트립의 최신 명소' - youtube. com, '마블이 타게티드크리에이티브 기술에 대해 우리에게 알려 준 것은'- brightlineinteractive.com.

16 '세포라는 프랑스에서 새로운 오프라인 매장 컨셉을 시험해보고 있는 중이다' - fashionnetwork.com - 2017년 4월 5일, '스펙세이버의 가상현실 안경 시험 착용.' - retailinnovation.com - 2019년 11월 11일.

•30장• 에듀테인먼트를 통해 고객에게 다가가라

1 '팀버랜드는 플렉스 인 더 시티 활동을 개최했다' - campaignlive.co.uk - 2017년 5월 11일.

2 '투데이 앳 애플' - macrumors.com.

3 'D2C 브랜드들이 오프라인 매장을 내는 궁극적인 목적은 무엇인가' - retaildive. com - 2019년 2월 6일, '매트리스 스타트업 캐스퍼는 25달러를 내면 낮잠을 잘 수 있는 공간을 뉴욕에서 운영하고 있는 중이다. 한 번 체험해 보자' - businessinsider.com - 2019년 1월 23일, '더 드리머리 바이 캐스퍼' - timeout. com - 2018년 7월 10일.

4 'D2C 브랜드가 매장을 내는 목적은?' - retaildive.com - 2019년 2월 6일.

5 '리틀비츠는 리틀비츠 스토어를 발표했다' - busineswire.com - 2015년 7월 16

일, '아야 브데이어는 리틀비츠 스토어를 소개했다' - youtube.com.

6 '맥주에 대해 배울 수 있는 맥주 가게: 주류 판매점' - trendhunter.com - 2015
년 11월 13일.

7 '인터랙티브 위스키 공간' - trendhunter.com - 2015년 9월 3일.

•31장• 브랜드 커뮤니티는 고객 충성도의 열쇠이다

1 '소셜 미디어와 정신 건강' - helpguide.org.

2 '매슬로우의 욕구 5단계 이론' - simplypsychology.org - 2020년 12월 29일,
'2020년 6월 대영제국의 코로나바이러스와 성인 우울증 간의 상관관계' - ons.
gov.uk - 2020년 6월.

3 '클럽하우스' - raphe.cc.

4 '회사 소개' - eu.lululemon.com, '시카고의 대형 룰루하우스 신설 매장 탐방' -
cnbc.com - 2020년 7월 11일, '내부 취재: 시카고 룰루레몬 플래그십 스토어 -
고객 경험 브리프' - youtube.com, '룰루레몬 2020년 3분기 실적, 매출 기대치
상회' - cnbc.com - 2020년 12월 10일, '룰루레몬 애슬레티카 주가' - google.
com - 2021년 1월.

5 '로모그래피 갤러리/매장이 로스앤젤레스에 문을 연다' - youtube.com, '옛날 스
타일 스타트업' - ft.com - 2012년 6월 24일.

6 '짐샤크는 런던 번화가에 첫 매장 오픈 일자를 확정했다' - retailgazette.co.uk -
2020년 2월 20일.

7 '펠로톤 운동 바이크와 스트리밍은 어떻게 열광적인 지지를 얻었나' - cnbc.com
- 2019년 2월 12일, '펠로톤 주가' - google.com - 2020년 9월.

8 '우리의 스토리 - 켈리, 브라이언, 그리고 잇지 릿지' - itzyritzy.com.

9 '서던 코옵은 지역 사회를 돕습니다' - thesouthernco-operative.co.uk.

10 'outdoorseiten.net의 커뮤니티와 브랜드 발전' researchgate.com.

•32장• 고객 서비스가 해답이다

1 '소매: 매장이 어떻게 고객이 쇼핑하는 방법을 변화시키고 있나' - money.com -
2017년 11월 20일.

2 '소매 고객 여정에 관한 9가지 통계' - salesforce.com - 2019년 4월 9일.

3 '소매: 매장이 어떻게 고객이 쇼핑하는 방법을 변화시키고 있나' - money.com -
2017년 11월 20일.

4 'REI의 협동조합 소매 사업 모델이 이익을 내는 방법' - 2017년 3월 21일.

5 '소매 고객을 어떻게 맞이할 것인가' - vendhq.com - 2018년 3월 2일.

6 '퍼블릭스에 관해 알려지지 않은 진실' - mashed.com, '퍼블릭스' - wikipedia.

com, '퍼블릭스는 2020년 3분기 실적을 발표했다' – finance.yahoo.com – 2020년 11월 2일.

7 '소매: 매장이 어떻게 고객이 쇼핑하는 방법을 변화시키고 있나' – money.com – 2017년 11월 20일, '월마트는 지난 5년간 어떻게 변화했는가' – fool.com – 2018 년 1월 29일.

•33장• 디지털 기술로 고객 데이터를 확보하라

1 '매장에 들어서는 순간 당신의 모든 움직임은 비밀스럽게 감시당하게 된다' – nytimes.com – 2019년 6월 14일.

2 '모든 것을 보는 천장. 소매업체들은 카메라를 어떻게 이용하고 있는가' – medium.com.

3 '메이시스는 안면 인식 기술로 인해 고객 프라이버시 침해로 소송당했다' – retailcustom-erexperience.com – 2020년 8월 10일.

4 '기술이 없이는 소매 사업은 흥하기 힘들 것이다: 루티는 매출을 끌어올리기 위해 매장 내에서 안면 인식 기술을 활용하고 있다' – glossy.co – 2019년 9월 23일.

5 '파페치는 미래 증강 소매 매장을 발표했다' – vogue.com – 2017년 4월 12일.

6 '쇼필드: 세상에서 가장 흥미로운 매장인가?' – retail-week.com – 2019 년 1월 15일, '네이버후드 굿즈: 소매의 관련성을 만들다' – thecurrentdaily. com – 2019년 11월 29일, 'B8ta는 소매 매장 모델을 재구성하고 있는가?' – martechvibe.com.

•34장• 기술을 활용하여 비용을 절감하라

1 '계산하지 말고 나가세요: 아마존은 첫 슈퍼마켓을 선보였다' – theguardian. com – 2020년 2월 26일.

2 'RFID(Radio Frequency Identification: 무선 주파수 인식)' – Wikipedia.com, '아마존은 소매업체들에게 아마존 GO에 적용된 기술을 제공하고 있다' – zdnet. com – 2020년 3월 9일.

3 '그랩 앤 고 – 자율 소매 사업 모델이 꽃피는 이유' – diginomica – 2020년 10 월 21일.

4 'AiFi는 무인 계산 소매업을 들고 나와 모습을 드러냈다' – techcrunch.com – 2018년 2월 27일.

5 '세븐일레븐 타이완은 최초의 무인점포인 X스토어를 출점했다' – taiwannews. com.tw – 2018년 1월 3일, '무인 계산 및 점포' – mag.euroshop.de – 2020 년 7월 31일, '팬데믹으로 중국의 무인점포가 새로 들어서며 임대 계약을 하다' – sixthtone.com – 2020년 3월 12일.

6 '슈닉스 마켓은 전체 매장 절반 이상에 탤리 로봇을 도입했다' – businesswire. com – 2020년 9월 30일.

7 '코로나바이러스 기간 동안 식품점은 로봇으로 전환했다' - fox5vegas.com - 2020년 4월 7일, '아스다는 영국 슈퍼마켓 최초로 자동 청소 로봇을 도입했다' - chargedretail.co.uk - 2020년 7월 16일.

8 '로이스는 새로운 매장 자율 로봇인 로이봇을 출시했다' - cnbc.com - 2016년 8월 03일, '소매에 쓰이는 페퍼' - softbankrobotics.com - 2020년 7월 23일.

9 '세븐프레시의 스마트 쇼핑카트' - retail-innovation.com - 2019년 11월 11일, '월마트는 빠르게 물건을 하역할 수 있는 시스템인 CASI를 발표했다' - youtube.com - 2019년 5월 8일.

10 '일하는 로봇들: 네덜란드의 레스토랑에서 음식을 내가는 로봇' - youtube.com - 2020년 6월 7일.

11 '코로나19로 인해 비현금 결제가 호조를 보이고 있다' - theconversation.com - 2020년 9월 9일.

12 '세이프 큐: 앱으로 사회적 거리두기 강화' - developer.ibm.com - 2020년 5월 6일.

13 '나이키의 새 미래지향적 매장 내부 풍경 - 패스트 컴퍼니' - youtube.com - 2018년 11월 21일

14 '20개의 QR 코드 도구 및 활용법' - practicalecommerce.co - 2011년 6월 16일.

15 '크로거의 스마트 선반으로 종이와 불이 필요 없어졌다' - news.microsoft.com - 2018년 6월 25일.

16 '소매가 자동화된 미래에서의 일자리' - mckinsey.com - 2019년 5월 23일.

•35장• 기존의 장기 임대 계약 형태에 얽매이지 말라

1 '소매 아포칼립스가 공식적으로 아메리카 대륙에 당도했다' - businessinsider.com - 2017년 3월 21일.

2 '보고서: 소매업체들은 반드시 미국 내 오프라인 노출을 줄여야 한다' - retaildive.com - 2017년 1월 24일

3 '영국의 번화가 공실률 상승은 공식 통계로 드러났다' - theguardian.com - 2020년 8월 10일.

4 '쇼핑몰이 소매업체를 소유하게 된다면' - retaildive.com - 2020년 8월 17일, '미국 최대 쇼핑몰 운영업체는 17억 5,000만 달러에 JC페니 인수를 낙찰받았다' - ft.com - 2020년 11월 10일, '포에버21은 소매 사업을 8,100만 달러에 매각하기로 했다' - cnbc.com - 2020년 2월 3일.

5 '온라인 소매업체들이 점점 더 오프라인 매장을 출점하는 이유는 무엇인가' - npr.org - 2019년 9월 26일, '부동산 업체들은 소매 임대 계약이 더 유연해질 것으로 예상하고 있다' - therealdeal.com - 2020년 5월 6일.

출처
411

•36장• 상업용 부동산도 RaaS 트렌드에 동참한다

1 '서비스로서의 소매가 우리에게 주는 시사점은 무엇인가' – valtech.com – 2020
년 1월 24일.

2 '네이버후드 굿즈는 새 백화점 모델의 가능성을 입증했다' – forbes.com
– 2020년 7월 5일, '네이버후드 굿즈는 대시보드 서비스를 출시했다' –
modernretail.com – 2020년 3월 13일.

3 '프림 앤 프로퍼' – primandproper.com.

4 '브랜드 / 네이버후드 굿즈' – neighbourhoodgoods.com.

5 'RaaS 업체들은 영업을 유지하기 위해 온라인으로 전환하고 있다' – glossy.com
– 2020년 4월 17일.

6 '쇼필드, 세계에서 가장 흥미로운 매장' – showfields.com.

7 '페미니스트 스타트업 불레틴은 전통적인 소매를 재정의하고 있다' –
fastcompany.com – 2018년 8월 6일.

8 'B8ta: 최신 기술을 시험해 보고 구입하기 위해 최적화를 거쳐 디자인된 소매 매
장' – B8ta.com, 'B8ta가 생각하고 있는 소매란 무엇인가' – retaildive.com –
2018년 6월 28일.

9 '전통적인 백화점이 흔들리는 가운데, 이 4명의 도전자가 소매 산업의 사업 모델을
업그레이드하려고 하고 있다' – tefter.io.

10 '토이저러스와 메이시스 매장은 B8ta에서 센서와 데이터를 시험해 보고 있다' –
businessinsider.com – 2020년 2월 12일.

11 '립 – 성장하는 브랜드를 위한 소매 플랫폼' – leapinc.com, 'RaaS 업체인 립은
300만 달러 투자를 유치했다' – techcrunch.com – 2018년 11월 1일.

12 '브랜드박스' – brandbox.com, '쇼핑몰 운영업체 마세리치는 온라인 브랜드에게
최적화된 솔루션을 제공한다' – forbes.com – 2018년 11월 13일.

13 '루스벨트 필드의 디 에디트, 사이먼 몰' – simon.com, '사이먼은 디 에디트를 통
해 온라인과 오프라인의 가교 역할을 담당한다' – retaildive.com – 2017년 11
월 30일.

14 '번개 같은 속도로 브랜드에게 힘을 실어 주기 위해, 사이먼은 디 에디트를 런칭했
다' – prnewswire.com – 2017년 10월 13일.

15 '쇼핑몰 운영 업체들은 온라인 소매업체들이 실생활에서 매장을 낼 수 있는 장소를
마련해 준다' – retaildive.com – 2017년 8월 8일, '실리콘 밸리 중심부에서 새롭
게 디자인된 쇼핑센터' – urw.com.

•37장• 타깃

1 '타깃 코퍼레이션' – Wikipedia.org, 타깃은 매력을 잃고 있는가' – theatlantic.
com – 2017년 3월 1일, '주가 일일 낙폭이 2008년 12월 이후 최대치를 기록했다'

- marketwatch.com – 2017년 3월 1일.

2 '타깃은 당일 배송 회사인 그랜드 정션을 인수할 계획이다' – retaildive.com – 2017년 8월 14일, '타깃이 배송 스타트업인 시프트를 인수한 까닭은 무엇인가' – digitalcommerce360.com – 2018년 3월 20일.

3 '당일 배송 덕분에 타깃은 비용을 90% 절감할 수 있었다' – cnbc.com – 2019년 5월 23일, '타깃 매장의 드라이브 업 서비스를 이용하면 주문한 제품을 차로 직접 받을 수 있다' – twincities.com – 2017년 10월 3일.

4 '강력한 투자 전략 덕분에 타깃의 실적이 회복되며 주가는 93% 상승했다' – forbes.com – 2019년 10월 18일.

5 '타깃은 매장을 리모델링하는데 연간 30억 달러를 지출할 예정이다' – finance. yahoo.com – 2019년 12월 9일, '타깃은 100개의 미니 스토어를 열고 500개의 정규 매장은 리모델링할 계획이다' – cnbc.com – 2019년 8월 23일.

6 '젊은 고객층을 잡기 위해 타깃은 어떻게 소형 포맷 매장을 활용했는가' – retaildive.com – 2017년 8월 24일.

7 '올해 런칭된 타깃의 8가지 자체 브랜드' – retaildive.com – 2018년 11월 20일.

8 '타깃은 어떻게 패스트 컴퍼니가 선정한 가장 혁신적인 회사 중에 들었을까' – fastcompany.com – 2019년 2월 19일.

9 '타깃은 3분기 실적을 발표했다' – investors.target.com – 2020년 11월 18일, '타깃 주가' – google.com – 2021년 2월.

•38장• 베스트 바이

1 '베스트 바이' – en.wikipedia.com.

2 '어쩌다가 베스트 바이는 서서히 몰락하게 되었는가' – forbes.com – 2012년 1월 2일, '모두들 아마존 때문에 저희가 망할 거라고 생각했습니다' – adnews. com.au – 2019년 3월 28일.

3 '베스트 바이는 어떻게 소매 중심에서 고객 중심으로 전환했는가' – cmo.com.au – 2019년 3월 27일, '상승 반전: 베스트 바이의 회복' – tjwaldorf.com.

4 '베스트 바이는 어떻게 소매 중심에서 고객 중심으로 전환했는가' – cmo.com.au – 2019년 3월 27일.

5 '베스트 바이 CEO는 성공 비결은 디지털과 피지컬을 적절히 혼합한 전략이라고 말했다' – retailcustomerexperience.com – 2019년 3월 29일.

6 '베스트 바이는 어떻게 소매 중심에서 고객 중심으로 전환했는가' – cmo.com.au – 2019년 3월 27일.

7 '베스트 바이는 아마존에 대항하기 위해 어떻게 CX 전략을 재창조했는가' – marketing-interactive.com – 2019년 3월 27일.

8 '베스트 바이는 어떻게 소매 중심에서 고객 중심으로 전환했는가' – cmo.com.au

－ 2019년 3월 27일.

9   위의 출처와 동일.

10 위의 출처와 동일.

11 위의 출처와 동일.

12 위의 출처와 동일.

13 '베스트 바이 주가' － 2021년 1월 21일.

•39장• 에어리

1   '아메리칸 이글의 서브 브랜드인 에어리는 경쟁사 빅토리아 시크릿의 길을 따라갈 수 있다' － forbes.com － 2014년 3월 24일, '친근한 이미지의 에어리는 현실적이다' － prnewswire.com － 2014년 1월 17일.

2   '에어리는 어떻게 거울 전략을 이용해 시장 점유율을 얻었는가' － medium.com － 2020년 7월 7일, '에어리는 소셜 미디어에서 빠르게 점유율을 올리고 있다' － cnbc.com － 2018년 6월 22일.

3   '#AerieREAL 라이프' － ae.com, '아메리칸 이글에 따르면 에어리 캠페인은 틱톡에서 거의 20억 회에 달하는 조회 수를 얻었다' － marketingdive.com － 2020년 6월 5일.

4   '2020년 #AerieREAL 롤 모델을 만나 보세요.': '2020년 #AerieREAL 혁신 활동가를 만나 보세요', '다음 #AerieREAL 대사가 되어 보시겠어요?' － ae.com.

5   ae.com/aerie-real-life/better-world#x2019.

6   '에어리는 소셜 미디어에서 빠르게 점유율을 올리고 있다' － cnbc.com － 2018년 6월 22일, '섭식 장애 단체들이 에어리와 파트너십을 맺었다' － associationsnow.com － 2018년 8월 16일, '에어리가 위대한 브랜드를 만든 비결과 성공 전략' － indigo9digital.com － 2020년 10월 6일.

7   '에어리는 매출 성장을 지속할 수 있을까?' － forbes.com － 2019년 11월 1일, '에어리는 아메리칸 이글의 매출 성장을 견인하고 있다' － fashionnetwork.com － 2020년 3월 5일, 'L 브랜즈 사업 보고서' － 2015년과 2019년, '에어리의 매출은 10억 달러를 넘었다' － wwd.com － 2021년 1월 21일.

•40장• 짐샤크

1   '짐샤크가 13억 달러의 브랜드로 성장할 수 있었던 비결과 우리가 짐샤크의 성공에서 배울 점' － forbes.com － 2020년 8월 17일.

2   '내가 영국에서 가장 빨리 성장하는 기업을 창업하게 된 계기: 나의 짐샤크 스토리' － youtube.com － 2017년 2월 26일, '가격대별로 엉덩이를 받쳐 주는 최고의 20가지 레깅스' － womenshealthmag.com － 2020년 6월 11일.

3   '인플루언서 마케팅으로 짐샤크가 100만 달러 브랜드를 구축한 방법' －

influencermatchmaker.co.uk – 2021년 1월 18일.

4 '66일 만에 당신의 인생을 바꾸는 방법 | 짐샤크66' – youtube.com – 2020년 12월 8일, '케이스 스터디: 짐샤크 인플루언서가 틱톡 챌린지에 다 같이 참여한다' – mediakix.com.

5 '인플루언서 마케팅으로 짐샤크가 성공한 피트니스 브랜드를 구축한 방법' – webhub.hi2y.com.

6 '짐샤크 역사상 최대 이벤트 | 버밍햄 팝업 행사' – youtube.com – 2018년 6월 21일, '짐샤크는 첫번째 팝업 스토어의 문을 열었다' – essentialretail.com – 2020년 3월 2일.

7 '짐샤크가 영국에서 가장 빨리 성장하는 회사가 될 수 있었던 이유' – manyofmany.com – 2018년 4월 24일, '벤 프랜시스' – en.wikipedia.com, '짐샤크는 이제 공식적으로 인스타그래머들이 가장 좋아하는 브랜드에서 셀럽들이 가장 좋아하는 브랜드로 거듭났다' – shape.com – 2020년 10월 16일.

8 '벤 프랜시스' – en.wikipedia.com, '짐샤크: 전직 피자 배달부 소년이 세운 스포츠웨어 기업' – bbc.com – 2020년 8월 14일.

9 '제네럴 아틀란틱은 짐샤크 브랜드에 13억 달러를 투자했다' – 2020년 8월 14일, '짐샤크: 전직 피자 배달부 소년이 세운 스포츠웨어 기업' – bbc.com – 2020년 8월 14일.

•41장• 로제 맨션

1 '로제 맨션' – rosewinemansion.com.

2 '모건 퍼스트는 창업가 정신으로 커리어를 그렸다' – bostonherald.com – 2008년 6월 1일, '저자와의 인터뷰' – 2020년 8월.

3 '세컨드 글래스 와인 라이엇' – vimeo.com – 2010년 2월 8일, '저자와의 인터뷰' – 2020년 8월.

4 '저자와의 인터뷰' – 2020년 8월.

5 '로제 맨션은 2018년 여름에 뉴욕에서 문을 연다' – refinery29.com – 2018년 6월 5일, '참여 아티스트 – 로제 맨션' – rosewinemansion.com.

6 '로제 맨션에서는 그림으로 그린 듯한 와인 천국을 즐길 수 있다' – youtube.com – 2018년 8월 23일, '로제 맨션을 방문해 보았습니다. 함께 보시죠' – foodandwine.com – 2018년 6월 11일, '저자와의 인터뷰' – 2020년 8월.

7 '저자와의 인터뷰' – 2020년 8월.

•42장• 월마트

1 '월마트' – en.wikipedia.com, '이커머스를 둘러싼 월마트와 아마존의 마찰' – wsj.com – 2013년 6월 19일, '월마트는 지난 5년간 어떻게 바뀌었나' – fool.

출처
415

com - 2018년 1월 29일, '아마존은 2023년까지 미국 이커머스 시장의 50%를 점유할 것이다' - retaildive.com - 2018년 9월 12일, '월마트와 아마존의 온라인 매출' - businessinsider.com - 2015년 11월 9일.

2 '월마트는 제트닷컴 인수를 완료했다' - corporate.walmart.com - 2016년 9월 19일, '마크 로어' - en.wikipedia.com, '월마트는 2020년에 온라인에서 매출을 얼마나 창출할 수 있을까?' - forbes.com - 2020년 3월 2일, '월마트의 이커머스를 진두지휘하던 마크 로어가 회사를 떠나기로 했다' - wsj.com - 2021년 1월 15일.

3 '월마트는 왜 이커머스 인수에 대규모로 투자하는가' - retaildive.com - 2017년 5월 21일, '월마트는 어떻게 옴니채널 전략을 이끌어 나가는가' - insights.digitalmediasolutions.com - 2020년 10월 5일.

4 '월마트는 월마트+ 멤버십 서비스를 출시하기로 했다' - retaildive.com - 2020년 9월 1일, '월마트가 이커머스에서 성장하면서 투자자들은 향후 계획을 궁금해하기 시작했다' - cnbc.com - 2020년 2월 14일.

5 '월마트의 래스트 텐 마일스 - 아마존보다 빠르고 싸다' - therobinreport.com - 2018년 2월 21일, '아마존 물류 창고 지도' - cnbc.com - 2020년 1월 19일, '월마트는 매장 환경을 개선하기 위해 110억 달러를 지출하고 있다' - digiday.com - 2019년 4월 15일.

6 '월마트는 호실적을 발표했다' - forbes.com - 2020년 11월 18일.

•43장• 쇼필드

1 '세계에서 가장 흥미로운 매장' - showfields.com.

2 위의 출처와 동일.

3 '저자 인터뷰' - 2020년 9월 30일.

4 '쇼필드는 오프라인 매장 공간을 새롭게 선보였다' - retaildive.com - 2019년 3월 15일.

5 '저자 인터뷰' - 2020년 9월 30일.

6 '신선한 아이디어: 쇼필드: Showfields' - youtube.com - 2019년 3월 29일, '새로운 오프라인 매장 솔루션은 디지털 브랜드의 성장의 열쇠일까?' - retailwire.com - 2019년 1월 29일.

7 '저자 인터뷰' - 2020년 9월 30일.

8 위의 출처와 동일.

9 위의 출처와 동일.

10 '초대받은 업체들만 참여할 수 있는 새로운 소매 컨셉으로 디지털 브랜드들이 쉽게 사용할 수 있었다' - businessoThome.com - 2019년 3월 6일.

11 '저자 인터뷰' - 2020년 9월 30일.

12 위의 출처와 동일.

13 '쇼필드의 더 로프트' - eventup.com.

14 '저자 인터뷰' - 2020년 9월 30일.

15 위의 출처와 동일.

16 '쇼필드는 간편한 오프라인 매장 출점 솔루션으로 900만 달러의 투자를 유치했다' - techcrunch.com - 2019년 2월 22일, '저자 인터뷰' - 2020년 9월 30일.

17 위의 출처와 동일.

18 위의 출처와 동일.

19 '이 자동화된 결제 서비스 앱은 고객들에게 안전하다는 느낌을 제공한다' - fastcompany.com - 2020년 7월 9일, '노호 백화점의 빠른 전환' - psth.com - 2020년 9월 1일.

20 '저자 인터뷰' - 2020년 9월 30일.

21 위의 출처와 동일, '세계에서 가장 흥미로운 매장 쇼필드가 링컨 로드에 문을 연다' - miaminewtimes.com - 2020년 12월 21일.

22 '저자 인터뷰' - 2020년 9월 30일.

•44장• 휴엘

1 '휴엘 | 완전 식품' - huel.com.

2 위의 출처와 동일.

3 '휴엘은 1억 달러의 매출을 예상하며 대체 식품 시장을 뒤흔들었다' - forbes.com - 2020년 2월 25일, '휴엘과 음식의 맛을 놓고 싸운다' - pymnts.com - 2019년 3월 20일, '영양소를 왜 복잡하게 생각합니까? 휴엘 공동 창업자이자 CEO' - nutritioninsight.com, '저자 인터뷰' - 2020년 12월 16일.

4 '휴엘의 파우더 식사 - 패스트푸드지만 정크푸드는 아닌' - huel.com.

5 위의 출처와 동일.

6 '영국의 비건 수는 2020년에 급증했다' - plantbasednews.org - 2021년 1월 8일, '새 연구 결과에 따르면 플렉시테리언 식단은 기후 변화를 줄이는 핵심이라고 한다' - standard.co.uk - 2018년 10월 11일.

7 '휴엘은 영양학적으로 완전하면서도 따뜻한 식사를 처음으로 출시했다' - vegworldmag.com - 2020년 9월 8일, '어떻게 이 비건 파우더 식품 브랜드가 How 4,500만 파운드 규모로 성장했는가' - forbes.com - 2018년 7월 20일.

8 '휴엘은 어떻게 소셜 미디어를 이용하여 40만 명의 구독자를 확보하였는가' - buffer.com - 2020년 8월 11일, '휴엘은 사회적 거리두기를 적용한 팝업 스토어를 런칭하며 모범을 보였다' - eventindustrynews.com - 2020년 9월 10일.

9 '줄리안 헤른은 휴엘을 제시하며 건강하지 않은 식사에 종말을 고했다' -

elitebusinessmagazine.com - 2019년 4월 10일.

10 '휴엘 - 목적지향적 사업' - businessofpurpose.com - 2019년 10월 15일.

11 '5,000만 개의 식사가 80개 이상의 국가에서 판매되었다' - huel.com, '파워 파우더 휴엘은 성장을 지속하기 위해 2,000만 파운드의 투자 유치에 성공했다' - cityam.com - 2018년 10월 4일.

12 '맛이 없는데도 휴엘은 어떻게 성장을 지속하는가' - wired.co.uk - 2019년 7월 17일, '휴엘은 1억 달러의 매출을 예상하며 대체 식품 시장을 뒤흔들었다' - forbes.com - 2020년 2월 25일, '휴엘' - en.wikipedia.org.

13 '휴엘은 기존의 판을 뒤흔들 만한 신제품을 출시하면서 매출이 급증했다' - welltodoglobal.com - 2020년 9월 14일.

•45장• 라파

1 '라파' - rapha.cc, '상황을 완전히 바꾸어 놓는 기업들: 라파 사이클 클럽 사례 연구' - youtube.com.

2 '열린 길' - rapha.cc.

3 '라파는 새 자선 재단을 만들면서 150만 달러를 후원하기로 했다' - cyclist. co.uk.

4 '사람과 문화' - rapha.cc.

5 '라파 사이클링 클럽' - rapha.cc.

6 '저자 인터뷰' - 2020년 11월 18일.

7 위의 출처와 동일.

8 위의 출처와 동일, 라파가 차세대 할리 데이비슨인 이유는 무엇인가' - research. peopleand.com - 2017년 10월 12일, '라파는 브랜드가 아니라 최고의 브랜드 커뮤니티 매니저이다' - brand-experts.com - 2019년 4월 18일.

9 '저자 인터뷰' - 2020년 11월 18일.

10 위의 출처와 동일.

11 '스포츠 잉글랜드의 조사에 따르면 여성 라이더의 증가하면서 사이클 인기가 성장하고 있다고 한다' - bikeradar.com - 2019년 10월 22일, '라파- 의류 그 이상, 매장 그 이상, 스포츠 그 이상' - thegeniusworks.com, '새 투자를 유치하면서, 사이클링 복장 제조업체인 라파는 업계에서 앞서 나가기를 희망한다' - wsj.com - 2017년 8월 14일.

12 '저자 인터뷰' - 2020년 11월 18일, '록다운이 해제된 이후 라파는 어떻게 온라인 커뮤니티를 성장시켰나' - essentialretail.com - 2020년 6월 5일.

13 '저자 인터뷰' - 2020년 11월 18일.

14 위의 출처와 동일.

•46장• 서던 코옵

1   '서던 코옵'- en.wikipedia.org, '서던 코옵 소개'- thesouthernco-operative. co.uk.

2   '저자 인터뷰' - 2020년 9월 17일, '서던 코옵' - en.wikipedia.org.

3   '저자 인터뷰' - 2020년 9월 17일.

4   '유한회사 서던 코옵 - thesouthernco-operative.co.uk - 2019년 1월 27일, '서 던 코옵' - en.wikipedia.org.

5   '서던 코옵 홈' - thesouthernco-operative.co.uk.

6   '이웃을 사랑하라' - thesouthernco-operative.co.uk, '저자 인터뷰' - 2020년 9월 17일.

7   '저자 인터뷰' - 2020년 9월 17일.

8   '우리의 계획 - thesouthernco-operative.co.uk.

9   '서던 코옵은 로컬 플레이버 10주년을 기념했다' - thenews.coop - 2018년 8월 3일, '서섹스 푸드 앤 드링크 어워드' - thesouthernco-operative.co.uk.

10 '저자 인터뷰' - 2020년 9월 17일, '변화 주도' - thesouthernco-operative. co.uk.

11 '저자 인터뷰' - 2020년 9월 17일.

12 위의 출처와 동일.

13 '우리의 계획' - thesouthernco-operative.co.uk.

14 '저자 인터뷰' - 2020년 9월 17일.

15 위의 출처와 동일.

•47장• 보노보스

1   '보노보스(의류)' - en.wikipedia.org, '성공한 회사를 설립하고 매각한 보노보스 의 앤디 던' - youtube.com - 2018년 6월 14일.

2   '우주가 음모를 꾸민다' - linkedin.com - 2019년 5월 7일, '하나를 사더라도 제 대로 된 제품을 사라' - dunn.medium.com.

3   '보노보스 CEO: 저는 패션 회사의 CEO에 정말 어울리지 않는 사람입니다' - inc.com - 2017년 4월 17일.

4   위의 출처와 동일.

5   '자포스에서 영감을 받은 이 스타트업은 남성 바지에 전념하고 있다' - cbsnews. com - 2009년 10월 9일.

6   '보노보스 치노 팬츠' - bonobos.com.

7   '마케팅 어카이브 - 전체 637페이지 중 423페이지 - 브리스톨 마케팅 에이전시

- thepixelworks. uk', '#EvolveTheDefinition' - youtube.com - 2018년 7월 18일.

8 '우리는 가장 성공한 22개의 D2C 브랜드를 분석하여 성장의 비밀을 알아냈다 — 그 비밀을 알아보자' - cbinsights.com - 2020년 12월 8일.

9 '보노보스 CEO는 가이드숍 모델은 효과가 있다고 말했다' - chicagotribune. com - 2016년 4월 25일.

10 '보노보스 가이드숍은 무엇인가? 이 혁신적인 남성복 소매업체의 쇼룸을 들여다 보자' - youtube.com - 2020년 1월 2일, '성공한 회사를 설립하고 매각한 보노 보스의 앤디 던' - youtube.com - 2018년 6월 14일.

11 '보노보스 - 매장 수' - bonobos.com - 2019년 5월, '보노보스: 핏감이 좋은 바지를 위한 좋은 사업 모델' - digital.hbs.edu - 2015년 12월 2일.

12 '보노보스의 창업자가 통장 잔고 부족으로부터 매출 1억 달러 이상을 찍기까지' - thehustle.co - 2016년 1월 25일.

13 '월마트는 남성복 브랜드인 보노보스를 3억 1,000만 달러에 인수하기로 했다' - nytimes.com - 2017년 6월 16일.

•48장• 나이키

1 '나이키에 대해서' - nike.com, '나이키' - en.wikipedia.org, '나이키는 새로운 소비자 직접 공략 계획을 발표했다: 거대 브랜드가 고객을 개인적으로 만족시킬 수 있는 빠른 파이프라인' - news.nike.com - 2017년 6월 15일.

2 '나이키는 소매 파트너 수를 큰 폭으로 줄였다' - mytotalretail.com - 2017년 10월 27일.

3 '차별화되지 않은 평범한 소매업체는 살아남지 못할 것입니다: 나이키는 소매 전략 수정안을 발표했다' - investors.com - 2017년 10월 25일.

4 '나이키는 새로운 고객 경험 유통 전략을 시작했다' - forbes.com - 2018년 12월 1일.

5 '나이키는 모바일 앱을 어떻게 활용하여 가시적인 매출 성장을 이루었는가' - indigo9digital.com - 2020년 1월 14일.

6 '나이키플러스가 고객 충성도를 어떻게 제고했는지 알아보자' - bizjournals.com - 2018년 2월 6일.

7 '나이키는 새로운 고객 경험 유통 전략을 시작했다' - forbes.com - 2018년 12월 1일.

8 '나이키는 가장 큰 데이터, 즉 인구통계학적인 데이터를 바탕으로 선두에 설 것이다' - forbes.com - 2017년 6월 19일.

9 '나이키는 왜 팬데믹의 한가운데에서 파리 플래그십 스토어를 열었는가' - footwearnews.com - 2020년 7월 29일, '나이키 뉴욕 하우스 오브 이노베이션 내부 탐방' - youtube.com - 2020년 2월 12일.

10 '나이키는 가장 개인적이고 반응적인 스포츠 소매 경험을 주는 나이키 뉴욕 하우스 오브 이노베이션을 오픈했다' – businesswire.com – 2018년 11월 14일, '나이키 스토어에서 나이키 앱을 어떻게 쓰는지 알아보자' – nike.com.

11 '나이키플러스를 소개합니다' – youtube.com – 2017년 11월 25일, '나이키의 바이 유 스튜디오는 소매의 미래를 보여준다' – highsnobiety.com.

12 '나이키는 새로운 매장에 8만 5,000kg에 달하는 지속 가능한 소재를 사용했다' – designboom.com – 2020년 7월 31일.

13 '뉴욕에 있는 나이키의 새 매장에는 농구 코트도 있다' – qz.com – 2016년 11월 14일.

14 '나이키 2020년 사업 보고서' – investors.nike.com.

15 '나이키는 자포스, 벨크, 딜라드, 그리고 다른 소매업체와의 제휴 관계를 단절했다' – businessinsider.com – 2020년 8월 25일, '나이키는 2021년 2분기 실적을 발표했다' – news.nike.com – 2020년 12월 18일, '나이키 주가' – google.com – 2020년 11월, '아디다스 주가' – google.com – 2020년 11월, '언더아머 주가' – google.com – 2020년 11월.

소매상을 복구하라

1판 1쇄 발행 2022년 10월 25일

글쓴이   마크 필킹턴
옮긴이   이선애

편집   이용혁
디자인   성영신

펴낸이   이경민
펴낸곳   (주)동아엠앤비
출판등록   2014년 3월 28일(제25100-2014-000025호.)
주소   (03737) 서울특별시 서대문구 충정로 35-17 인촌빌딩 1층
전화   (편집) 02-392-6903   (마케팅) 02-392-6900
팩스   02-392-6902
홈페이지   www.dongamnb.com
전자우편   damnb0401@naver.com
SNS   🅵 🅾 🆃

ISBN: 979-11-6363-632-8 (13320)